전자상거래 원론

[제5판]

이재규·김우주·이경전 편저

PRINCIPLES OF ELECTRONIC COMMERCE

법영사

머 리 말

전자상거래원론이 5판을 출간하게 되었다. 이 책은 많은 저자들의 공저로 구성되었다. 방대한 분야에 대한 빠른 변화를 한두 사람이 추적하는 것이 거의 불가능하기 때문이다. 많은 전문가가 집필에 참여함으로써 혼자서는 상상하기 힘든 자료가 수집, 분석, 정리되었다. 공저자들에게 깊이 감사드리며 함께 집필을 하게 된 것에 긍지를 느낀다. 이 구조는 일부 편집자나 필자가 은퇴하더라도 촉망되는 후진들이 유지 · 발전시켜 나갈 수 있는 체계이다. 분야의 변화와 특성을 감안하여 책의 구성에 대해 함께 논의하고 자료를 공유하는 그 과정 그 자체가 귀중한 학술 교류의 장이라고 생각된다.

각 장의 필자가 명시되어 있다. 그러나 여러 저자가 공저한 책은 일관성을 유지하기 어렵다는 단점이 있다. 그래서 각 장간의 연결성을 유지하기 위해 편저자들이 중복성을 점검하여 필자에게 까다롭게 재집필을 요구하였다. 이 번거로움을 관대하게 인내해 준 필진들께 감사와 경의를 표하고 싶다. 그 동안 각장도 많은 자료를 반영하기 위해 다수의 공저를 하였으나 5판에서는 축약과 일관성의 목적을 위해, 편저자와의 공저를 제외하고는 각 장의 필진을 1명으로 하는 원칙을 유지하였다. 그 동안 함께 노력한 필자들에게 너무나 미안한 일이었지만 독자들을 위한 취지를 이해하고 용납해 주셔서 감사드린다.

이 책의 초판은 1999년 4월에 첫 출간되었고, 4개월만인 1999년 8월에 전정판이 출간되었다. 제2판까지의 주된 관심사는 전자상거래를 구현하기 위한 기술에 초점을 두었다. 그러나 2002년 8월에 개정된 3판에서는 전자상거래를 이용한 구매와 판매를 효과적으로 구현하여 경영혁신을 하는 것이 중요하게 다루어졌다. 2006년에 출간된 제4판은 3판의 내용 중에서 꼭 필요한 내용중심으로 개편하고, 지속적으로 변화하는 통계 자료들은 과감히 제외하고 개념정리에 초점을 맞추었다. 그 대신 검증된 지식과 이론, 관련 연구, 그리고 새롭게 등장한 전자상거래 유형 등을 새로이 추가하였다.

책의 구성 관점에서는 국내사례를 해외 사례와 함께 각 장에 포함시켰다. 그리고 각 장의 서두에 그 장의 목적과 목차를 제시하였고, 각 장의 끝 부분에 각 장의 국내외 사례, 요약, 주요 용어정리, 연습문제, 참고문헌, 참고 사이트의 순으로 자료를 정리하였다.

그리고 이 교재를 활용하는 강사님들을 위한 Power Point도 별도로 준비하였다.

이번 제5판에서는 내용을 더욱 압축하여 총 11장으로 구성하였고, 각 장마다 최신 동향과 사례를 추가하였다. 2장에서 전자상거래의 가장 대표적인 형태인 B2C(소비자 대상) 전자상거래, 3장에서는 온라인 고객과 CRM(고객 관계 관리), 4장에서는 온라인 광고, 제5장에서는 온라인 경매를 설명한다. 6장은 온라인으로 제공되는 다양한 서비스(은행, 증권, 여행, 부동산, 직업알선 등)에 대해서 관찰하고 오프라인 서비스에 비해서 어떤 혁신을 이루고 있는지 대비한다.

7장은 전자상거래에서 보안과 결제 방법, 8장에서는 기업간 전자상거래, 9장에서는 공급망 관리와 물류에 대해서 설명한다.

10장은 전자상거래의 새로운 형태인 모바일 커머스와 유비쿼터스 환경에서의 전자상거래에 대해서 설명한다. 11장에서는 전자상거래 법률과 제도를 설명한다.

제5판을 내도록 격려해 주신 법영사 고준영 사장님과 이 책을 함께 만들어 주신 공저자께 감사드린다. 인터넷이 전자상거래의 도구로 경제적 실크로드가 될 뿐만 아니라, 진리를 세상에 전하는 생명줄도 되기를 바란다.

2012년 1월
제5판의 출간을 마무리하며

편저자
KAIST 경영대학
이 재규

연세대학교 정보산업공학과
김 우주

경희대학교 경영대학
이 경전

차례(요약)

제 1 장 전자상거래 개요

이 재 규, KAIST 경영대학 교수, jklee@business.kaist.ac.kr
이 경 전, 경희대학교 경영학과 교수, klee@khu.ac.kr

제 2 장 B2C

송 용 욱, 연세대학교 경영학부 교수, yusong@yonsei.ac.kr

제 3 장 고객과 CRM

김 우 주, 연세대학교 정보산업공학과 교수, wkim@yonsei.ac.kr

제 4 장 광 고

이 현 정, 서강대학교 경영전문대학원 BK21 연구교수, hjlee5249@yahoo.com

제 5 장 온라인 경매

박 종 한, 한국과학기술원 경영대학원 선임 연구원, john@kaist.ac.kr

제 6 장 e-서비스

권 순 범, 국민대학교 경영정보학부 교수, sbkwon@kookmin.ac.kr

제 7 장 전자상거래 보안 및 결제

성 기 윤, 비씨카드(주), sky@bccard.com

제 8 장 B2B 전자거래와 전자조달

임 규 건, 한양대학교 기술경영전문대학원 / 경영대학 교수, gglim@hanyang.ac.kr
이 재 규, KAIST 경영대학 교수, jklee@business.kaist.ac.kr

제 9 장 SCM과 물류

이 재 규, KAIST 경영대학 교수, jklee@business.kaist.ac.kr
장 용 식, 한신대학교 e-비즈니스학과 교수, yschang@hs.ac.kr

제 10 장 M-커머스와 소셜네트워크

이 호 근, 연세대학교 경영학과 교수, h.lee@yonsei.ac.kr
이 경 전, 경희대학교 경영학과 교수, klee@khu.ac.kr

제 11 장 전자상거래관련 법률과 제도

장 재 경, 정보통신산업진흥원 연구위원, jasmine@nipa.kr

제 1 장 전자상거래 개요

1.1 전자상거래의 개념과 등장배경 ······ 4

1.1.1 전자상거래의 정의 ······ 4

1.1.2 전자상거래 관련 용어 ······ 6

1.1.3 전자상거래의 혜택과 해결해야 할 문제점 ······ 7

1.2 전자상거래의 구성요소 ······ 9

1.2.1 전자상거래 수행 전략 및 사업 모형 ······ 10

1.2.2 온라인 마케팅 ······ 10

1.2.3 전자상거래에서의 보안과 전자결제 ······ 11

1.2.4 물류 수송 배달체계 ······ 13

1.2.5 전자상거래와 인터넷 쇼핑몰 ······ 13

1.3 본서의 구성 ······ 14

요 약 ······ 15

주요 용어정리 ······ 15

연습문제 ······ 16

참고문헌 및 참고사이트 ······ 16

제 2 장 B2C

2.1 서 론 ······ 20

2.1.1 유통산업의 변화 필요성 ······ 20

2.1.2 유통업의 업무프로세스 변화 ······ 23

2.2 유통 사업모델의 변화 ······ 24

2.2.1 순수 인터넷 유통기업 : Pure click 모델 ······ 25

2.2.2 전통적방식(B&M : brick & mortar)에서 인터넷 유통으로의 확대 : Click & mortar ····· 28
2.2.3 전통적 방식(B&M)의 기능차별화 모델 ····· 30

2.3 채널갈등 현상과 극복전략 ····· 31
2.3.1 직접 판매 모델과 채널갈등 현상 ····· 31
2.3.2 소극적인 갈등 극복 방법 ····· 32
2.3.3 적극적 채널 설계 방법 ····· 34

2.4 인터넷 쇼핑몰 ····· 36
2.4.1 인터넷 쇼핑몰의 발전 ····· 36
2.4.2 인터넷 쇼핑몰의 구조 ····· 38
2.4.3 인터넷 쇼핑몰의 유형 ····· 40
2.4.4 인터넷 쇼핑몰의 성공전략 ····· 41
요 약 ····· 45
주요 용어정리 ····· 45
연습문제 ····· 46
참고문헌 및 참고사이트 ····· 47

제 3 장 고객과 CRM

3.1 서 론 ····· 54
3.2 온라인 고객의 구매 행태 ····· 54
3.2.1 소비자 구매 행태 모델 ····· 54
3.2.2 온라인 고객의 구매 특성 ····· 56
3.2.3 온라인 고객의 행동 특성 ····· 56

3.3 소비자 구매의사결정 ····· 61
3.3.1 소비자 구매의사결정 모형 ····· 61
3.3.2 인터넷에서의 구매의사결정 ····· 63
3.3.3 인터넷 구매의사결정 지원 ····· 65

3.4 고객 관계 관리(CRM) ····· 66
3.4.1 고객 관계 관리란? ····· 66
3.4.2 고객 라이프 사이클과 고객 평생 가치 ····· 67
3.4.3 고객 관계 관리의 단계 ····· 69

3.5 인터넷 시대의 고객 관계 관리 ····· 70

3.5.1 고객 관계 관리를 위한 정보 채널 : 웹체인 …… 71
3.5.2 전자상거래 기업을 위한 고객 관계 관리 모형들 …… 73

3.6 CRM 시스템의 구성 …… 75

요 약 …… 79
주요 용어정리 …… 80
연습문제 …… 81
참고문헌 및 참고사이트 …… 82

제4장 광 고

4.1 서 론 …… 86
4.2 광고 관련 용어 …… 87
4.3 인터넷 광고 기법 …… 90
4.4 모바일 광고 기법 …… 94
4.5 광고 전략 …… 97
4.6 광고시장 현황 …… 100
4.6.1 인터넷 광고 현황 …… 100
4.6.2 모바일 광고의 기회와 문제점 …… 101
4.7 맺음말 …… 103

요 약 …… 106
주요 용어정리 …… 107
연습문제 …… 108
참고문헌 및 참고사이트 …… 108

제5장 온라인 경매

5.1 서 론 …… 112
5.2 온라인 경매 …… 113
5.2.1 온라인 경매 구성요소 …… 113
5.2.2 온라인 경매의 특징 …… 115
5.2.3 온라인 경매에서의 사기 및 방지대책 …… 116
5.3 온라인 경매 유형 …… 118

5.3.1 경매유형 ········· 118
5.3.2 경매 주도자에 따른 경매 유형 ········· 121
5.3.3 참여자 구성에 따른 경매 유형 ········· 123
5.3.4 기타 경매 유형 ········· 124

5.4 온라인 경매 프로세스 및 지원기술 ········· 126

5.4.1 탐색(Searching and Comparing) ········· 126
5.4.2 경매 시작 ········· 127
5.4.3 입 찰 ········· 128
5.4.4 경매완료 ········· 129

5.5 온라인 경매의 미래 ········· 131

5.6 맺음말 ········· 131

- EC연구 ········· 132
- 요 약 ········· 134
- 주요 용어정리 ········· 135
- 연습문제 ········· 135
- 참고문헌 및 참고사이트 ········· 136

제 6 장 e-서비스

6.1 인터넷 뱅킹 서비스 ········· 140

6.1.1 발전배경과 발전단계 ········· 140
6.1.2 인터넷 전업은행 vs. 겸업은행 ········· 142
6.1.3 인터넷뱅킹의 기반기술 ········· 144
6.1.4 인터넷 뱅킹의 다양한 서비스 ········· 145

6.2 인터넷 증권거래 서비스 ········· 149

6.2.1 개 요 ········· 149
6.2.2 인터넷 증권거래 서비스의 발전 : 미국과 한국 ········· 150
6.2.3 인터넷 증권거래 서비스의 미래 ········· 152

6.3 보험 분야의 인터넷 서비스 ········· 153

6.3.1 인터넷 보험의 개요 ········· 153
6.3.2 인터넷 보험의 서비스와 경쟁구도 ········· 153

6.4 여행산업의 인터넷 서비스 ········· 154

6.5 구인·구직시장의 인터넷 서비스 ········· 156

6.6 기타 인터넷 서비스 ······ 158
6.6.1 인터넷 부동산 중개 ······ 158
6.6.2 인터넷 식품 주문 및 배달 서비스 ······ 159
■ 요 약 ······ 161
■ 주요 용어정리 ······ 161
■ 연습문제 ······ 161
■ 참고문헌 및 참고사이트 ······ 162

제 7 장 전자상거래 보안 및 결제

7.1 개 요 ······ 166
7.1.1 전자상거래와 보안 ······ 166
7.1.2 전자상거래 결제 서비스 ······ 169
7.2 전자상거래 보안 기술 ······ 171
7.2.1 네트워크 암호화 기술 ······ 171
7.2.2 인증서와 인증기관 ······ 177
7.2.3 다양한 본인인증 방식 ······ 179
7.2.4 기타 전자상거래 보안 기술 ······ 182
7.3 전자상거래 결제 ······ 184
7.3.1 전자상거래 결제서비스의 구조 ······ 184
7.3.2 인터넷 결제 서비스 ······ 185
7.3.3 모바일 결제 서비스 ······ 188
■ 요 약 ······ 195
■ 주요 용어정리 ······ 195
■ 연습문제 ······ 197
■ 참고문헌 및 참고사이트 ······ 198

제 8 장 B2B 전자거래와 전자조달

8.1 기업간 전자상거래의 이해 ······ 202
8.1.1 B2B EC 목적과 발전 ······ 202
8.1.2 B2B EC 처리 정보 ······ 203
8.1.3 B2B EC 거래 품목과 유형 ······ 203

8.2 B2B 전자시장의 구조 ········ 204
8.2.1 판매자 위주 전자시장(seller-centric e-marketplace) ········ 205
8.2.2 중개자 위주 전자시장(intermediary-centric e-marketplace) ········ 207
8.2.3 구매자 위주 전자시장(buyer-centric e-marketplace) ········ 211
8.3 전자조달(e-procurement) 개요 ········ 213
8.3.1 전자조달의 목적 ········ 215
8.3.2 전자조달 프로세스 ········ 215
8.3.3 전자조달시스템과 전자시장과의 통합 ········ 216
8.4 전자조달 추진 방안 ········ 217
8.4.1 전자조달 추진 전략 ········ 217
8.4.2 일상제품 시장 ········ 218
8.4.3 차별화제품 시장 ········ 218
8.4.4 파트너십제품 시장 ········ 218
8.4.5 전략적 제품 시장 ········ 219
8.5 B2B EC와 B2C EC의 비교 ········ 219
8.6 맺음말 ········ 223
EC연구 ········ 224
요 약 ········ 227
주요 용어정리 ········ 227
연습문제 ········ 229
참고문헌 및 참고사이트 ········ 229

제 9 장 SCM과 물류

9.1 공급망관리의 이해 ········ 234
9.1.1 공급망의 기본개념 ········ 234
9.1.2 공급망 프로세스 구분 ········ 236
9.1.3 공급망관리 ········ 239
9.1.4 공급망의 문제점과 해결방안 ········ 241
9.2 공급망관리의 정보기술 응용 ········ 245
9.2.1 공급망관리를 위한 정보기술의 역할 ········ 245
9.2.2 공급망관리의 응용기술 ········ 248
9.3 공급망과 물류 ········ 251

9.3.1 공급망과 물류의 기능 251
9.3.2 e-Logistics 252
9.3.3 물류네트워크의 최적화 254
EC 연구 258
요 약 261
주요 용어정리 262
연습문제 262
참고문헌 및 참고사이트 263

제 10 장 M-커머스와 소셜네트워크

10.1 서 론 270
10.2 m-Commerce 270
10.2.1 스마트폰의 보급 및 확대 270
10.2.2 m-Commerce의 특성 271
10.2.3 스마트폰과 m-Commerce 272
10.2.4 m-Commerce를 통한 기업가치증대 275
10.3 소셜미디어(Social Media) 275
10.3.1 Social Media의 개념 및 등장 배경 275
10.3.2 Social Media의 특징 277
10.3.3 Social Media 서비스 종류 278
10.3.4 기업에서 Social Media 활용시 고려사항 281
10.4 U-Commerce 비즈니스 모델 283
10.4.1 연결완전성(Seamlessness) 284
10.4.2 프라이버시 285
10.4.3 U-비교쇼핑 286
10.4.4 U-추천 마케팅 288
10.4.5 U-지불 290
10.5 맺음말 292
EC 연구 294
요 약 297
주요 용어정리 297
연습문제 297
참고문헌 및 참고사이트 298

제 11 장 전자상거래관련 법률과 제도

11.1 전자상거래 기본법규 ······ 302
- 11.1.1 전자거래기본법 ······ 302
- 11.1.2 전자서명법 ······ 309
- 11.1.3 전자상거래 등에서의 소비자보호에 관한 법률 ······ 312
- 11.1.4 전자금융거래법 ······ 317

11.2 전자상거래 관련 법규 ······ 320
- 11.2.1 소비자기본법 ······ 320
- 11.2.2 약관의 규제에 관한 법률 ······ 322
- 11.2.3 정보통신망 이용촉진 및 정보보호 등에 관한 법률 ······ 323

11.3 전자상거래 관련 제도 ······ 326
- 11.3.1 전자거래분쟁조정위원회 ······ 326
- 11.3.2 에스크로(Escrow)제도 ······ 327
- 11.3.3 전자상거래의 조세제도 ······ 328
- 11.3.4 공인전자문서보관소 제도 ······ 329

11.4 전자상거래 관련 지침 및 약관 ······ 330
- 11.4.1 전자상거래 등에서의 소비자보호지침 ······ 330
- 11.4.2 개인정보 보호지침 ······ 331
- 11.4.3 전자상거래(인터넷 사이버몰 이용) 표준약관 ······ 332

- 요 약 ······ 334
- 주요 용어정리 ······ 334
- 연습문제 ······ 335
- 참고문헌 및 참고사이트 ······ 335

❆ 찾아보기 ······ 337

❆ 저자소개 ······ 346

사례목차

<제 3 장> 외환 은행의 CRM 구축 사례 …… 77

<제 4 장> 구글(Google)의 광고 기법 …… 103

일본의 모바일 광고시장 …… 105

<제 5 장> 검색어 광고 시장에서의 광고 경매 …… 125

eBay와 페이팔 …… 133

<제 7 장> Paypal[www.paypal.com] …… 192

<제 8 장> Alibaba.com Limited …… 225

<제 9 장> 스마트 물류시스템을 지향하는 CJ GLS …… 259

<제 10 장> 페이스북(facebook) …… 294

근접 무선 통신(Near-Field Communication : NFC) …… 295

제 5 판

전자상거래 원론

제 1 장

1

전자상거래 개요

학 습 목 표

- 전자상거래의 개념과 등장배경을 알아본다.
- 전자상거래와 관련한 기본 용어들을 이해한다.
- 전자상거래의 구성 요소들을 살펴본다.

저 자 소 개

이재규, KAIST 경영대학 교수, jklee@business.kaist.ac.kr
이경전, 경희대학교 경영학과 교수, klee@khu.ac.kr

차 례(I)

1.1 전자상거래의 개념과 등장배경

1.1.1 전자상거래의 정의

1.1.2 전자상거래 관련 용어

1.1.3 전자상거래의 혜택과 해결해야 할 문제점

1.2 전자상거래의 구성요소

1.2.1 전자상거래 수행 전략 및 사업 모형

1.2.2 온라인 마케팅

1.2.3 전자상거래에서의 보안과 전자결제

1.2.4 물류 수송 배달체계

1.2.5 전자상거래와 인터넷 쇼핑몰

1.3 본서의 구성

요 약

주요 용어정리

연습문제

참고문헌 및 참고사이트

1.1 전자상거래의 개념과 등장배경

전자상거래는 컴퓨터 통신망을 수단으로 하여, 사업적 관계를 유지하고 정보, 서비스, 물품 등을 거래하는 것으로 정의할 수 있다. 본 장에서는 전자상거래의 기본개념과 등장배경 그리고 전자상거래의 구성요소와 현황 등을 살펴봄으로써 전자상거래에 대한 전반적인 이해를 돕고자 한다.

1.1.1 전자상거래의 정의

전자상거래는 미국의 Lawrence Livermore National Laboratory가 미 국방부의 프로젝트를 수행하면서 처음으로 사용한 용어인데, 거래가 시작되면서부터 끝날 때까지 서류가 사용되지 않는 기업 환경을 정보기술에 의해 달성하려는 데 그 목적이 있었다. 사실 이것은 인터넷과는 별도로 제안된 것이었고, 또 그 적용범위도 일반 대중이 크게 관심을 가질 영역은 아니었다. 그러나 네트워킹과 컴퓨팅 기술의 놀랄만한 성장과 표준화된 멀티미디어 문서의 개발 기술은 인터넷의 폭발적인 성장과 보급을 가져왔다. 즉 인터넷을 기반으로 하는 시장이 형성되었고 시간적 · 공간적 장벽을 뛰어 넘어 전 세계를 포괄하게 되었다.

전자상거래에 대한 정의는 여러 가지 관점에서 다양하게 내릴 수 있겠으나, Kalakota와 Whinston [1996]은 네트워크를 통한 상품의 구매와 판매로 정의한다. 그러나 전자상거래의 활용영역이 금융, 교육, 전시회 등 다양한 분야에까지 확산된 점을 감안해 볼 때 네트워크를 활용하여 수행되는 모든 상거래 행위와 이를 지원하는 활동들을 포함하는 일련의 행위로 정의내리는 것이 합당하리라 본다. 예를 들어 기업과 소비자 간의 전자상거래 형태는 판매상들이 고객들이 구매하고자 하는 상품의 모습을 컴퓨터 화면을 통하여 볼 수 있도록 진열해 놓고, 고객들이 원거리에서 네트워크를 통하여 이러한 상점 사이트를 방문하여 원하는 물건이 있다면 컴퓨터 화면상에서 고객이 주문을 내고, 주문 결과에 대한 대금 결제 처리를 행하고 나면, 대금 결제가 끝난 주문된 상품에 대하여 고객에게 배달된다. 이때 상거래를 위해 필요한 각종 정보의 검색이나 의사결정과정을 정보 기술에 의해 지원을 받을 수 있기 때문에 좀 더 효율적이면서도 신속한 거래가 가능하게 된다. 이러한 전자상거래는 기존의 상거래 유형에 단순히 새로운 유형이 첨가된 정도의 변화라기보다는 상거래에 있어 근본적인 새로운 혁명의 시작이라고 볼 수 있다. 우선 상행위 또는 마케팅에 있어 중요한 요소라고 할 수 있는 지역적, 공간적인 제약을 극복할 수 있게 되었다.

전자상거래는 처음에 EDI의 발달에서 비롯되었다. EDI는 1960년대에 국제운송회사들이 운송서류를 신속히 전달할 목적으로 전자문서를 표준화하여 사용한 것이 시초이다. EDI는 기업거래에서 표준화된 전자형식으로 컴퓨터와 컴퓨터 간에 상호 정보를 처리하는 절차라고 정의할 수 있다. 정보통신기술과 컴퓨터기술의 발달에 따라 이러한 EDI체제는 기업간 전자상거래(Business-to-Business EC ; B2B EC) 체계에 포함되어 발전하였다. EDI는 본래 기업거래에 있어서 종이서류에 의하여 발생되는 오류를 감소하고, 처리비용을 절감하기 위하여 탄생된 것으로서 신속성과 비용절감효과가 그 장점으로 부각된다. 그러나 EDI는 전자상거래가 적용되면서 그 한계를 갖게 된다. 전자상거래는 위에서도 언급한 바와 같이 EDI를 포함하여 기업간의 효율적인 활동을 도와줄 수 있는 공통의 데이터베이스를 공유하면서 개인과 개인간의 상호 통신교류 및 자금의 이전을 가능하게 하는 전자거래이다. 즉 EDI가 회사간의 컴퓨터와 컴퓨터 간에 기술적으로 사용될 목적으로 단일한 기술을 사용하도록 고안된 것인 반면, 전자상거래는 기업 대 기업은 물론이고 개인 대 개인간의 관계에서 이용되는 것이며, 전자상거래를 유지하는 기술적 구성요소도 전자적으로 사람들 사이의 통신이 가능하여야 한다. 따라서 전자상거래는 전자상거래의 기술적인 수단을 이용하여 거래상대방사이의 관계성과 계약이행을 강화하는데 그 목표를 두게 된다. 이러한 점에서 전자상거래는 EDI와 다르며 전자상거래가 EDI 보다 더 포괄적인 개념이다.

한편, CALS는 상품의 설계, 개발, 생산, 판매, 유지보수, 폐기 등 상품의 전주기에 걸친 기업 활동 전반을 전자화 하는 것이며 궁극적으로는 국내외 전체 산업 활동을 전자화하는 것이다. CALS의 개념은 1985년에 처음으로 미국에서 무기 매뉴얼의 디지털화 등 국방 업무에 중점을 두고 Computer Aided Logistics Support의 개념에서 출발하였다. 그 후 Computer aided Acquisition and Logistic Support(1988, 무기 및 각종 물자의 조달) 개념에서 Continuous Acquisition and Life-cycle Support(1993, 제조업분야의 산업정보화에 이은 모든 산업에의 적용)개념으로 발전되었다. 그리고 1994년에는 Commerce At Light Speed(초고속 상거래 시스템)로 정의되어 전자상거래의 한 부문으로 인식되게 되었다. 국내에서는 CALS/EC란 용어를 함께 병기하는 경우가 많은데 이는 CALS의 정의의 애매성에 기인한다고 여겨진다. 본서에서는 CALS를 Continuous Acquisition and Life-Cycle Support로 인식하여, 기업간 전자상거래를 통한 공급체인관리의 수단으로 CALS의 기여를 정의함으로써 전자상거래와의 관계를 정립하고자 한다.

1.1.2 전자상거래 관련 용어

본 절에서는 전자상거래와 관련된 기본적인 용어들을 살펴보기로 한다.

- Business-to-Consumer(B2C) EC : B2C 전자상거래란 기업이 소비자에게 재화 또는 용역을 판매하는 것을 말한다. 이것의 대표적인 예로는 Amazon.com이나 인터파크 등을 들 수 있다.
- Business-to-Business(B2B) EC : B2B 전자상거래란 기업들이 재화 또는 용역을 서로 판매하고 구매하는 것을 말한다.
- B2B Exchange : B2B Exchange 또는 B2B Hub는 B2B 전자상거래를 위해 판매업체와 구매업체를 서를 연결시키는 시장을 제공하는 중간상을 말한다. 허브의 유형은 수직적 허브와 기능적 허브로 나눌 수 있다. 수직적 허브(Vertical hub)는 일반적으로 산업 또는 시장에 초점을 두고 판매업체, 구매업체 및 보완업자가 속한 해당 산업의 고유 가치시스템과 관련된 컨텐트를 제공한다. 기능적 허브(Functional hub)는 상이한 산업에게 동일한 기능을 제공함으로써 기능별 고유능력을 구축할 수 있도록 한다.
- Business-to-Government(B2G) EC : B2G 전자상거래란 기업과 정부 간의 전자상거래를 말하며, 특히 조달청에 의한 조달 업무의 전자화가 여기에 속한다. 어떤 사람들은 B2G도 B2B의 일부로서 보아, 별도로 분류하지 않기도 한다.
- Consumer-to-Consumer(C2C) EC : C2C 전자상거래란 소비자가 다른 소비자에게 상품 등을 판매하는 것을 말한다. eBay나 Auction과 같은 경매회사가 C2C 전자상거래를 위한 중간상의 역할을 한다고 볼 수 있다.
- Consumer-to-Business(C2B) EC : 소비자가 자신의 가격을 제시하고 기업은 그 가격의 수용여부를 결정하는 역경매에 의한 전자상거래를 B2C와 구분하여 C2B 전자상거래라고 부르기도 한다. Priceline에서는 잠재 고객들이 특정 비행기 편에 대한 가격을 제시하고 항공회사가 수용여부를 결정하도록 한다. 이때, Priceline은 중간상의 역할을 한다.
- Clicks and Mortar : 기존의 굴뚝 기업(Bricks and Mortar : B&M)에 인터넷 사업 모형이 이식된 것을 말한다. 인터넷 사업 모형은 순수 인터넷 사업 모형과 Clicks-and-mortar 사업 모형으로 나눌 수 있으며, 개념적으로 기업이 기존의 굴뚝(Bricks-and-mortar) 사업 모형을 가지지 않으면 그 기업은 순수 인터넷 사업 모형을 가진다고 할 수 있다.

1.1.3 전자상거래의 혜택과 해결해야 할 문제점

전자상거래의 혜택

구매자와 판매자 양자를 만족시키기 위하여 전통적인 상거래 상에서 발생한 문제점을 개선하는 해결책으로 전자상거래를 이용할 수 있다. 이 같은 전자상거래 활용의 장점을 거래 상대자인 구매자와 판매자의 입장에서 살펴보자.

먼저 구매자 측면에서 전자상거래의 장점을 살펴보면 첫째, 상품을 구매하는 데 있어 시간적·공간적 제약을 받지 않는다. 즉 원하는 상품을 사기 위해 퇴근시간 후에 백화점으로 급하게 달려갈 필요 없이, 늦은 밤 집에서 느긋하게 원하는 물건을 구매할 수 있게 된다. 둘째, 상품 구매에 대한 의사결정을 하는 과정에서 해당 상품에 대한 다양한 판매자들의 가격정보는 물론 유사상품에 대한 정보까지도 앉은 자리에서 쉽게 확보할 수 있어 좋은 구매결정을 내릴 수 있다. 특히 이러한 기능은 판매자로 하여금 터무니없는 가격을 책정할 수 없게 유도하여 소비자로 하여금 바가지요금의 불안에서 벗어나게 한다. 셋째, 상품을 직접 눈으로 확인하지 않고도 신뢰성 있게 물건을 구매할 수 있다. 이것은 전자상거래가 활성화되기 위해 해결되어야 할 가장 심각한 문제점들 중의 하나인 동시에 이 문제가 해결된다면 소비자들은 자신이 원하는 물건을 속지 않고 구매할 수 있게 된다.

다음으로 전자상거래가 판매자에게 가져다 줄 수 있는 이점으로 다음과 같은 것을 들 수 있겠다.

첫째, 값비싼 물리적 전시공간이 없어도 되기 때문에 상대적으로 저렴한 비용으로 전시가 가능하다. 즉 사람들의 왕래가 많은 교통의 중심지에 값비싼 전시장을 두지 않아도 되기 때문에 상품을 저렴한 가격으로 공급할 수 있게 된다. 물론 소프트웨어 개발비용이 들지만 이는 임대료에 비할 바가 아니다.

둘째, 광고비용을 대폭 줄일 수 있다. 현재 주로 활용되는 광고 매체인 신문이나 TV의 경우 한정된 지면과 한정된 시간대 때문에 광고를 한 번 내기 위해서는 매우 비싼 비용을 지불해야 하지만 전자상거래에서는 시간 및 공간의 제약이 심각하지 않기 때문에 상대적으로 저렴한 비용으로도 광고가 가능하다.

셋째, 언제 어떠한 상황에서도 판매가 가능하다. 교통이 마비되거나 눈비가 내리거나 설·추석 연휴에 관계없이 판매가 가능한데 이는 구매자의 입장에서도 도움이 될 수 있다. 마지막으로 고객의 구매 행태를 자동적으로 분석할 수 있어 적절한 판매 전략의 수립이 가능하다. 즉 어떤 고객이 언제 어떤 물건을 샀는지에 관한 정보를 모두 자동적으로 관리할 수 있다. 따라서 이를 토대로 어떤 고객은 주로 고급 제품만을 구매하는 경향이 있다든지, 어떤 고객은 인터넷 쇼핑몰에 들어와서 둘러보기만 하고 실제로 구매는 많이 하지 않는다든지에 관한 사항을 모두 신속하게 파악할 수 있어 개별 고객들에 대한 적절한 판매 전략의 수립을 가능케 한다.

해결해야할 문제

이러한 전자상거래는 장점만 있는 것이 아니라 앞으로 해결해야 할 문제나 어려운 점도 있다. 우선 쇼핑몰의 주체가 인터넷 서버를 관리하기 때문에 이들이 모든 상품의 품질 보증 그리고 서비스 등을 감당하기에는 경영이나 관리에 관한 경험과 지식이 모자라 고객에게 상품을 충분히 홍보할 수 없는 일이 생길 수 있다. 또한 고객은 직접 상품을 볼 수 없기 때문에 상품의 기능이나 특성 등의 품질을 확인하기 힘들다. 따라서 가입업체들이 전시하는 상품에 대한 신뢰성 있는 보증장치가 요구된다. 둘째, 고객이 원하는 상품을 구매하기 위해서 필요한 상품에 대한 정보를 얻기가 어렵다. 이를 해결하기 위한 방법 중의 하나로 지능형 정보기술을 이용한 판매 전문가시스템, 비교쇼핑정보제공기능 등을 활용할 수 있다. 이러한 시스템을 이용함으로써 고객은 원하는 상품 및 유사 상품에 대한 가격 등의 정보와 새로운 상품에 대한 정보 등을 제공받을 수 있다. 셋째, 상품의 규격과 고객의 요구를 표현하는 데 있어서 표준화가 필요하다. 유사상품에 대한 여러 가지 정보를 제공할 수 있는 비교쇼핑을 지원하기 위해서는 유사상품을 비교할 수 있는 기준이 필요하며 또한 고객의 선호도에 따라 고객에게 제시해 주는 상품에도 차이가 있을 수 있다. 예를 들면 가격 보다 품질을 중요시하는 고객이 있는가 하면 비슷한 품질이라면 보다 저렴한 가격의 제품을 원하는 고객이 있을 수 있다. 따라서 다양한 제품과 고객의 요구를 표현할 수 있는 표준이 마련되어야 한다. 넷째, 현실 세계와 같은 대금 결제 방식을 사용할 수 없기 때문에 전자적인 대금 결제 방식을 사용해야 되는데 여기에는 기술적인 문제가 뒤따른다. 다섯째, 효율적인 물류 및 배달체계가 구축되어야 한다.

▷▷ 표 1-1 전자상거래의 혜택과 해결해야 할 문제

혜 택	해결해야할 문제
- 시간적 · 공간적 제약의 해결 - 다양한 상품정보 - 비용의 절감 - 고객의 구매형태 분석용이 - 저렴한 비용의 마케팅과 상품광고 - 정보산업의 활성화	- 원하는 상품정보 확인을 위한 장치와 신뢰 - 상품규격 등의 표준화 - 안전한 대금결제방식이 요구됨 - 효율적인 물류 및 배달체계의 구축이 요구됨

1.2 전자상거래의 구성요소

지금부터는 전자상거래의 구성요소에 대해 살펴보기로 하자. <그림 1-1>에서 보는 바와 같이 전자상거래의 구성요소는 크게 인프라 부문, 사회적 부문, 제도적 부문, 기반 시스템 부문 등 네 부분으로 구성된다. 경우에 따라 전자상거래의 인프라 부문을 보다 세분할 수도 있지만 여기서는 네트워크, 멀티미디어 기술, 정보고속도로 등을 모두 포함하는 개념 즉 네트워크와 그에 관련된 기술로 인식하고자 한다. 사회적 · 제도적 부문은 개인의 정보유출이나 기술적 표준 등에 관한 내용을 포함하는 것으로 전자상거래가 활성화되기 위해서 사회적 · 제도적으로 지원되어야 할 장치나 법률 등을 의미하는 것이다. 그리고 기반 시스템 부문이란 전자상거래를 지탱하게 해주는 보편적이고 핵심적인 구성요소를 의미하는데 여기서는 이러한 기반 시스템을 구성하는 각 요소들에 대해 개략적으로 살펴보기로 한다. 이상의 구성요소들을 기반으로 다양한 전자상거래 응용 영역들을 구현할 수 있는데 본 장에서는 이러한 응용 영역들 중 대표적인 몇 가지에 대해 간략하게 소개하고 이들에 대한 보다 자세한 내용은 다음 장 이후부터 체계적으로 소개하기로 한다.

▶▶ 그림 1-1 전자상거래의 구성요소와 주요 응용영역

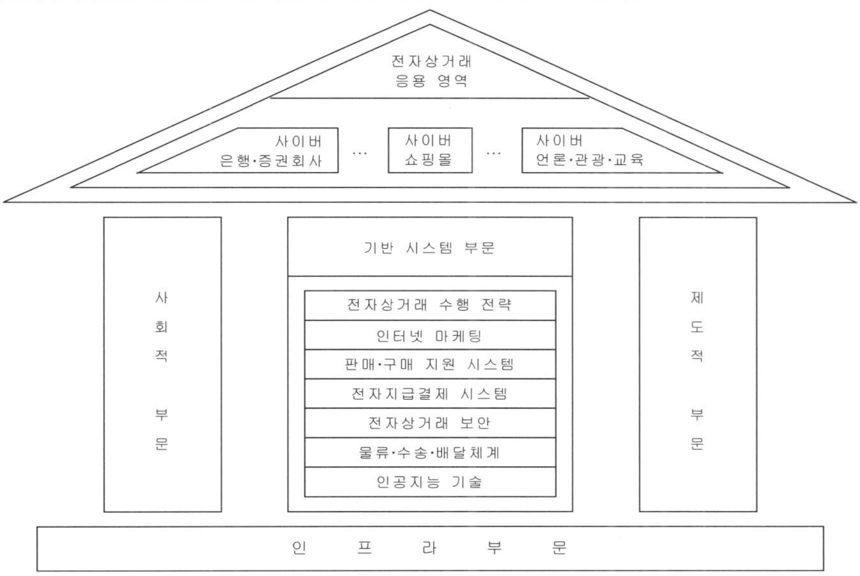

1.2.1 전자상거래 수행 전략 및 사업 모형

전자상거래를 수행하는 것은 항상 그 이유가 있고, 또 그 이유를 달성하기 위해서는 전략을 세워야 한다. 전자상거래의 수행 이유로는 이윤을 얻기 위한 것도 있고, 기업의 이미지를 제고하기 위한 것도 있고, 고객 서비스의 증대를 통해 고객의 충성심을 높이고, 나아가 기업의 경쟁우위를 확보하기 위한 것도 있으며, 공급사슬 관리를 통해 생산의 효율성을 증대하거나 비용을 절감하려는 것도 있다. 전자상거래를 제대로 수행하기 위해서는 자신이 수행하려는 전자상거래 사업 모형을 명확히 한 후 사업 모형의 구성요소별로 수행 전략을 세운 후 그 전략에 따라 전자상거래를 수행해 나아가야 한다.

사업 모형의 구성 요소로는 고객가치, 범위, 가격설정, 수익원천, 연계된 활동, 실행, 사업수행능력, 지속가능성 등이 있다. 한 기업이 지속적으로 이윤을 얻기 위해서는 고객에게 경쟁사가 제공할 수 없는 가치 있는 무엇인가를 끊임없이 제공해야 한다. 고객가치는 차별화된, 또는 저비용의 제품형태를 띠어야 한다. 이러한 기업은 또한 적절한 가치 믹스를 가진 제품이나 서비스가 있는 적절한 세분 시장을 목표로 해야 한다. 왜냐하면 어떤 고객가치가 모든 고객에게 의미가 있는 것은 아니기 때문이다. 즉, 시장과 제품의 범위가 또한 중요하다. 올바른 고객에게 올바른 가치를 제공해야 한다는 것은 단지 공식의 일부일 뿐이다. 기업은 적절하게 가격을 책정해야 한다. 고객에게 가치를 제공하기 위해서 기업은 가치를 뒷받침하는 활동을 수행해야 한다. 이 활동들은 사람들에 의해 수행되거나 실행되어야 하며 이 사람들은 잘 관리되어야 한다. 이 개인들과 기업들이 가치를 창출하는 활동을 어떻게 잘 수행하는가 하는 것은 이들의 사업 수행 능력의 우수성을 나타낸다. 얼마나 많은 경쟁우위를 가졌는가 하는 것은 사업 수행 능력의 차별성과 관련된다. 흔히 한 기업은 하나 이상의 수익 원천을 가지므로, 고객에게 어떤 가치를 제공할 것인지, 가격 결정을 어떻게 할 것인지, 어떤 활동들을 수행할 것인지 등을 결정할 때 이 모든 수익 원천들을 고려해야 한다. 이 모든 구성 요소들을 갖추어서 잘 만들어진 사업 모형은 수익성을 가질 수 있다. 그러나 일단 한 기업이 수익을 얻기 시작하면, 경쟁자들은 보통 그에 대한 행동을 취하게 된다. 경쟁우위를 가진 기업이라 하더라도 이익의 지속가능성에 대해 걱정해야 한다. 계속해서 이윤을 창출하고, 경쟁우위를 유지할 방법을 발견해야 한다.

1.2.2 온라인 마케팅

과거 산업사회에서는 대량생산 방식에 따라 물건을 생산하고 대중매체를 통해 불특정 다수에게 광고함으로써 생산된 물건을 판매하는 형태를 취하였다. 그러나 이제 정보화시대가 진전됨에 따라 고객의 취향이 점점 다양해져 자연히 생산형태도 고객의 요구를 반영한 다품종 소량생산 방식으로 바뀌어 왔으며, 광고 또한 불특정 다수를 대상으로 하는 것보다는 특정인들을 대상으로 집중 공략하는 것이 효과가 크다는 사실을 인식하게 되었다. 즉, 대상층에 따라 다른 광고를 내보내는 선택적 광고가 상당한 효과를 거둘 수 있다는 뜻이다. 이를 위해서는 시스템 스스로 사용자의 이용패턴을 추적해서 광고물을 교체할 수 있는 기능이 있어야 하는데, 예를 들어, Google(http://www.google.com)은 사용자들이 입력하는 단어에 따라 다른 종류의 광고를 선택적으로 내보내는 키워드 검색광고로 수익을 낸다.

또한, 단순히 고객에게 알맞은 상품을 알린다는 광고의 개념을 뛰어넘어, 고객에 대한 정확한 이해를 바탕으로 고객이 원하는 제품과 서비스를 지속적으로 제공함으로써 고객을 계속 유지시키고 결과적으로 고객의 평생가치를 극대화하여 수익성을 높이고자 하는 고객관계관리(CRM)의 개념도 도입되었다. Kalakota와 Robinson(1999)에 따르면 고객관계관리(CRM)란 강력한 협동 체제를 바탕으로 하는 통합된 영업, 마케팅 및 고객 서비스 전략이라고 정의되는데, 이 정의에서 통합된 영업, 마케팅 및 고객 서비스란 말을 다시 생각해보면 영업, 마케팅 및 고객 서비스가 하나의 채널을 통해 발생하고 또한 이들의 데이터베이스가 통합되어 있는 상황이 바로 이러한 상황에 걸 맞는다고 볼 수 있으며 이는 전자상거래 판매 사이트가 활동하는 환경의 상황이 바로 이 상황과 일치한다고 볼 수 있다. 왜냐하면 먼저 전자상거래 판매 기업에 있어서의 광고, 판매 유치, 상품 추천 모두 웹상에서 발생하며 또한 주문 이후 관리나 서비스 측면에서의 접촉도 웹상이나 이메일을 통해서 발생하게 되기 때문이다.

1.2.3 전자상거래에서의 보안과 전자결제

인터넷이란 정보의 공유와 개방을 목표로 개발되었기 때문에 기본적으로 보안의 관점에서 취약성을 가진다. 따라서 인터넷을 기반으로 수행되는 전자상거래가 활성화되기 위해서는 보안이 중요한 문제이다. 일반적으로 인터넷에서의 보안은 크게 두 가지로 나눌 수 있다. 하나는 시스템의 보안이며, 다른 하나는 네트워크의 보안이다. 시스템의 보안이란 시스템(예를 들면 쇼핑몰 서버)에 저장되어 있는 고객의 거래내용이나 신용카드번호, 계좌번호 및 비밀번호 등과 같은 개인적인 정보들을 해커들이 침입해 파괴하거나 도용할 수 없도록 하는 것을 말한다. 네트워크의 보안이란 인터넷을 통해 전달되는 각종 거래에 관한 비밀정보가 중간에 제삼자에 의해 누출, 변경되지 않도록 하는 것이다. 여기서 시스템의 보안 문제는 해당 시스템에는 허락을 받은 사람만 들어올 수 있도록 조치해 놓음으로써 제삼자에 의한 침입을 원천봉쇄하는 방법으로 해결할 수 있다. 이에 비해 네트워크의 보안은 수많은 사람들 사이에 이루어지는 수많은 거래가 안전하게 이루어질 수 있도록 해야 하는데 이를 위해서는 다소 복잡하고 어려운 기법들이 동원되어야 한다.

네트워크 상에서 야기될 수 있는 보안문제는 다양하지만 문제해결의 관점에서 볼 때 대개 네 가지로 분류할 수 있다. A회사가 B회사에 특정 물품 1,000개를 구매한다고 하자. A회사의 입장에서 볼 때, 이러한 거래내용을 경쟁 회사인 C회사가 중간에서 보지는 않을까(confidentiality, 기밀성의 문제), 거래내용을 C회사가 바꾸지는 않을까(integrity, 무결성의 문제), B회사가 주문을 받고도 나중에 부인하지는 않을까(non-repudiation, 부인방지의 문제), C회사가 보낸 다른 주문내용을 B회사가 자기회사(A회사)가 보낸 것으로 알지는 않을까(authentication, 인증의 문제) 등의 의심을 할 수 있다. 마찬가지로 B회사의 입장에서도 똑 같은 종류의 의심을 할 수 있다.

이러한 문제를 해결할 수 있는 여러 가지 보안 기법들이 개발되어 있는데 이중 대표적인 것이 암호화 방식이다. 암호화란 누구나 알 수 있는 문장을 특정인 이외에는 알아볼 수 없는 신호인 암호문으로 바꾸는 과정을 말하며, 복호화는 허용된 사람이 암호문을 해독하는 과정을 말한다. 이러한 방법으로 허용된 사람들끼리만 정보를 주고받을 수 있도록 함으로써 보안을 유지하는 것이 암호화 방식인데 정보의 기밀성을 지킬 수는 있지만, 해당 정보가 정말 본인이 기대했던 사람이 보낸 것인지 또 제삼자에 의한 내용의 수정은 없었는지에 대한 보증은 할 수 없다. 이러한 문제를 해결하기 위해 널리 사용되는 것이 전자서명 기법이다. 전자서명은 메시지를 송수신하는 당사자가 과연 본인인지의 여부를 명확하게 하기 위해 사용되는 방법으로, 수신자 측에서는 해당 메시지가 정말 기대했던 송신자로부터 온 것인지를 확인할 수 있게 하고, 송신자는 자신이 서명한 메시지를 부인하지 못하도록 하며, 수신자가 부당한 메시지를 생성해서 송신자가 보낸 것이라고 주장할 수 없도록 하는 기능이 있다. 이와 같이 전자서명방식은 위의 기밀성, 무결성, 부인방지 인증과 같은 문제를 해결할 수 있는 좋은 보안 방법 중의 하나이다.

인터넷상에서 상거래가 이루어질 경우 대금결제를 어떻게 하는 것이 바람직할까? 여러 가지 방법이 있을 수 있겠지만 구매 장소와 대금결제 장소가 달라지는 경우는 별로 바람직한 방법이 못 된다. 예를 들면 물건의 구매는 인터넷상에서 하고 대금결제는 구매자로 하여금 직접 은행에 가서 송금하게 하거나, 전화 혹은 우편으로 신용카드번호를 알려주는 방식을 채택하게 되면 구매자나 판매자 모두 불편하기 때문이다. 결국 현실세계에서와 마찬가지로 물건의 구매와 함께 바로 대금결제가 이루어질 수 있어야 한다. 즉 주문-결제-배달의 일원적 쇼핑(One-Stop Shopping)이 이루어져야 한다. 일반적으로 현실세계에서의 대금결제 방법에는 현금과 신용카드가 주종을 이루는데 전자상거래에서는 전자현금, 신용카드, 전자수표, 전자이체 등의 방법과 함께 휴대폰이나 이메일 등을 이용한 가상계좌이체 방법 등이 사용된다. 전자결제는 현실세계와 달리 면대면 상황이 아닌 상태에서 이루어지기 때문에 결제정보의 보안 및 상대방의 인증이 중요한 문제로 대두되며, 이를 위해서 다양한 암호화 기법이 사용된다.

1.2.4 물류 수송 배달체계

모든 유통경로 상에 있어서 제품(또는 서비스)은 중간상 또는 고객이 원하는 장소, 시간, 그리고 정해진 품질로 전달되어야 한다. 물류는 이와 같이 제조업체로부터 최종 소비자에게 이르기까지 제품(조는 서비스)의 흐름을 관리하는 것을 의미한다. 기업은 물류관리를 물류만의 문제가 아니라 기업의 마케팅 및 유통경로 활동과의 전체적인 맥락 속에서 고려하여야 하며, 기본적인 수송과 보관 외에 경쟁적 우위를 확보함으로써 차별적인 마케팅 활동을 수행하기 위한 전략적 도구로 활용하여야 한다. 또한 비용효율화 차원을 넘어 신속한 배송, 안전한 배달 등 고객의 다양한 욕구를 만족시켜 주는 것으로 물류목표의 전환을 시도하여야 한다.

이러한 물류시스템을 가동시키는 시작점은 고객의 주문이다. 고객의 주문 사이클은 주문준비와 전송, 주문접수, 주문유입, 주문처리, 창고선택과 포장, 수송, 배달과 고객에게 하역 하는데 소비되는 총 시간을 의미한다. 따라서 고객 주문 사이클의 길이는 제품의 물적 움직임뿐만 아니라 유통경로상의 정보와 커뮤니케이션의 흐름속도 및 효율성에 의해서도 결정된다.

물류관리는 기술의 발전과 함께 깊은 관련을 맺는다. 정보처리의 전산화, 각종 자동화된 물류설비의 발전은 개별기업의 물류활동을 보다 원활하게 수행할 수 있도록 해 준다. 특히 전자상거래는 기존의 상품 구매과정과는 다르기 때문에 기업은 전자상거래 환경에 맞는 대 고객 서비스 방향을 설정하고 최소의 물류비로 이를 달성할 수 있도록 각 물류활동을 새로운 차원에서 관리해야 한다.

1.2.5 전자상거래와 인터넷 쇼핑몰

인터넷은 우리 생활의 일부분이 되었다. 더욱 쉽게 인터넷을 접할 수 있는 인터넷 TV, 케이블 모뎀 등의 등장은 생활 속의 인터넷이라는 말을 정착시켰다. WWW(World Wide Web)의 발전으로 인해 연구, 학술목적의 인터넷이 상업적 이용이라는 측면에서 대두된 개념이 전자상거래였고, 전자상거래 중에서도 가장 활발하게 진행된 부분이 바로 인터넷 쇼핑몰이다. 이러한 인터넷 쇼핑몰이 인터넷에 등장하게 된 배경은 인터넷의 이용 가능성과 많은 사용자 그리고 구축비용이 저렴하다는 이유이다. 인터넷 쇼핑몰에 대해서는 제2장에 정리하였고, 5장에서는 온라인 경매를 설명하였다.

1.3 본서의 구성

본서는 2장에서 전자상거래의 가장 대표적인 형태라고 할 수 있는 B2C(소비자 대상) 전자상거래에 대해서 다룬다. 3장에서는 소비자 대상 전가상거래에서의 고객과 CRM에 대하여 다루며, 4장과 5장에서는 온라인에서 이루어지는 광고와 경매에 대해서 각각 설명한다. 6장은 온라인으로 제공되는 다양한 서비스에 대해서 살펴본다. 상품의 판매 외에도 기존의 서비스 산업에 속하는 은행, 증권, 여행, 부동산, 직업알선 등의 서비스가 인터넷 환경에서 얼마나 활성화 되어 있고 오프라인 서비스에 비해서 어떤 혁신을 이루고 있는지 살펴본다.

7장은 전자상거래에서 보안과 결제 이슈와 메커니즘에 대해서 설명하고, 8장에서는 기업간 전자상거래를 설명하며, 9장에서는 공급망 관리와 물류에 대해서 설명한다.

10장은 전자상거래의 비교적 새로운 형태인 모바일 커머스와 유비쿼터스 환경에서의 전자상거래에 대해서 설명한다. 11장에서는 전자상거래 법률과 제도를 설명한다.

요 약

전자상거래는 네트워크를 통하여 수행되는 모든 상거래 행위와 이를 지원하는 활동들을 포함하는 일련의 행위라고 정의할 수 있다. 전자상거래는 새로운 비즈니스 환경으로 인식되어 급속히 개발되어 왔으며, 이는 종래의 컴퓨터 데이터 네트워크가 비즈니스 거래를 측면 지원하는 것과는 현격한 차이가 있다. 이러한 형태의 보다 빠르고 값싼 경영 방식은 기업에게 위협 요인이자 동시에 새로운 기회가 된다.

전자상거래의 종류로는 B2B EC, B2C EC, C2C EC 등이 있으며, 이것을 세분하여 B2G EC, C2B EC 등을 추가하기도 한다.

전자상거래의 장점으로는 시간적·공간적 제약의 해결, 다양한 상품정보, 장바구니 기능, 품질보증제도, 비용의 절감, 고객의 구매형태 분석용이, 저렴한 비용의 마케팅과 상품광고, 정보산업의 활성화 등을 들 수 있다.

주요 용어정리

- 인터넷
- 인터넷 사업 모형
- 전자상거래
- 전자상거래 보안
- B2B EC(Business-to-Business Electronic Commerce)
- B2B Exchange
- B2C EC(Business-to-Consumer Electronic Commerce)
- B2G EC(Business-to-Government Electronic Commerce)
- C2B EC(Consumer-to-Business Electronic Commerce)
- C2C EC(Consumer-to-Consumer Electronic Commerce)
- CALS
- Clicks and Mortar
- CRM(Customer Relationship Management)
- EDI(Electronic Data Interchange)
- Metcalfe's law
- Network Externalities
- TCP/IP
- WWW(World Wide Web)

연 습 문 제

[1] 전자상거래의 등장 배경을 설명하시오.

[2] 전자상거래, EDI, CALS 간의 관계를 설명하시오.

[3] Clicks and Mortar의 의미를 설명하시오.

[4] 전자상거래의 혜택과 해결해야할 문제점을 생각해 보시오.

& 참고문헌 및 참고사이트

[1] 김종우·송주석, "전자 지불 프로토콜 표준화 동향", 통신정보보호학회지, 제10권, 제2호, 2000.6, pp. 33-42.

[2] 김형도, B2B전자상거래@XML, 배움터, 2000년12월.

[3] 박선희, 인터넷 신문의 뉴스 특성과 대안언론의 가능성, 한국언론학보, 제45-2호, 2001. 3.31, pp. 117~155.

[4] 산업자원부, 한국전자거래협회, 2001 전자상거래백서. 2001.10.

[5] 이재규, "Artificial Intelligence In The Electronic Commerce", The 3rd World Congress Expert Systems, 1996.2

[6] 이재규, 송용욱, "인터넷 전자상거래 보안과 SET 표준", 컴퓨터 월드 1997.5.

[7] Afuah, A. and Tucci, C., Internet Business Models and Strategies: Text and Cases, McGraw Hill, 2000.

[8] Berry, M. and G. Linoff, Mastering Data Mining: The Art and Science of Customer Relationship Management, Wiley, 2000.

[9] Chopra, S. and P. Meindl, "Supply Chain Management: Strategy, Planning, and Operation," Prentice Hall, 2001.

[10] Turban, E., King, D., Viehland, D., Lee, J., Electronic Commerce 2006: A Managerial Perspective, Prentice Hall, 2006.

[11] Kalakota, R. and M. Robinson, e-Business Roadmap for Success, Addison-Wesley, 1999.

[12] Kalakota, R., Andrew B. Whinston, "Frontiers Of Electronic Commerce", Addison-Wesley, 1996.

[13] Kalakota, R., Andrew B. Whinston, "Readings In Electronic Commerce", Addison-Wesley, 1996.

[14] Kalakota, R., Andrew B. Whinston, Electronic Commerce, Addison Wesley, 1997.

[15] Lee, J. K., Y. U. Song, and J. W. Lee, "A Comparison Shopping Architecture over Multiple Malls: The Meta Malls Architecture," Proceedings of International Conference on Electronic Commerce '98, April 1998, pp. 149-154.

[16] Timmers, P., "Business Models for Electronic Markets", Electronic Markets, Vol. 8, No. 2, 1998, pp. 3-8.

[17] Visa, 3-D Secure: Protocol Specification - Core Functions v1.0.1, 2001.

[1] Auto-By-Tel ………………………………………………… http://www.autobytel.com
[2] BOA(Bank Of America) ……………………………… http://BankofAmerica.com
[3] Google ………………… …………………………………… http://www.goole.com
[4] Forrester Research ……………………………………… http://forrester.com
[5] ICEC …………………………………………………………… http://www.icec.net
[6] 유로피언 유니온 뱅크 ………………………………… http://www.eubank.com

제 2 장

2

B2C

학 습 목 표

- 전자상거래의 등장에 의한 유통사업 모델의 변화와 성공적인 사업전략을 이해한다.
- 인터넷이 미치는 경제적인 특징과 산업 구조의 변화를 논의한다.
- 온라인과 오프라인 사업의 병행 시 대두되는 채널갈등 현상과 극복 방안에 대해서 논의한다.
- 국내외 인터넷 쇼핑몰의 성장과 현황을 파악한다.
- 인터넷 쇼핑몰의 유형을 구분하고 각 유형의 대표적 사례를 살펴본다.
- 인터넷 쇼핑몰의 성공전략을 생각해 본다.

저 자 소 개

송 용 욱, 연세대학교 경영학부 교수, yusong@yonsei.ac.kr

차 례(2)

2.1 서 론

2.1.1 유통산업의 변화 필요성

2.1.2 유통업의 업무프로세스 변화

2.2 유통 사업모델의 변화

2.2.1 순수 인터넷 유통기업 : Pure click 모델

2.2.2 전통적 방식(B&M)에서 인터넷 유통으로 확대 : Click & mortar

2.2.3 전통적 방식(B&M)의 기능차별화 모델

2.3 채널 갈등현상과 극복전략

2.3.1 직접 판매 모델과 채널갈등 현상

2.3.2 소극적인 갈등 극복 방법

2.3.3 적극적인 채널 설계 방법

2.4 인터넷 쇼핑몰

2.4.1 인터넷 쇼핑몰의 발전

2.4.2 인터넷 쇼핑몰의 구조

2.4.3 인터넷 쇼핑몰의 유형

2.4.4 인터넷 쇼핑몰의 성공전략

요 약

주요 용어정리

연습문제

참고문헌 및 참고사이트

2.1 서 론

전자상거래 또는 인터넷 상거래는 전통적 유통사업의 구조 변화에 근본적인 변화를 미쳐왔다(Turban et al. 2004). 유통산업의 각 분야에서 온라인과 오프라인의 신규경쟁자의 진입, 모델의 변화, 그리고 합종연횡이 전쟁을 방불케 할 정도로 발생해왔다. 이에 각 사업모델에서 기업들이 처한 환경적 상황, 경쟁구도를 기반으로 인터넷의 전략적 활용을 통해 시장 경쟁력을 확보해 나갈 수 있는 방안의 필요성이 대두된다.

이 장의 목표는 B2C(business to consumer) 전자상거래의 등장에 따라 성공적이고 지속적인 유통사업 모델을 갖추기 위한 모델과 전략을 이해하고 대표적인 B2C 전자상거래 모델인 인터넷 쇼핑몰을 살펴보는 데 있다. 본 절에서는 효율적인 유통구조 도입의 필요성과 업무프로세스의 변화 방향에 대해서 살펴본다. 2절에서는 유통업체의 현재 비즈니스 위치에 근거하여 순수인터넷모델(pure click), 온·오프라인병행모델(click & mortar), 그리고 오프라인모델(brick & mortar)로 분류하여 각 모델의 정의와 주요 사례들을 살펴본다. 3절에서는 온라인과 오프라인 사업의 병행 시 대두되는 채널갈등 현상과 극복 방안에 대해서 논의하고, 4절에서는 인터넷 쇼핑몰의 구조와 유형 및 발전 전략을 알아본다.

인터넷의 확산에 따른 새로운 변화의 물결은 유통분야에도 예외 없이 밀려왔다. 1990년대 후반 소수의 인터넷 기업들에 의해 시작된 인터넷 상거래는 인터넷 인구의 증가, 즉 실소비자의 증가로 인해 오프라인 유통시장 점유율을 서서히 잠식해왔다. 생산자와 소비자가 시공을 초월하여 직접 연결되고, 점포 중심의 소매업 개념이 온라인 판매 서비스제공과 경쟁 혹은 통합되어 왔다.

국내의 경우도 백화점, 할인점, 홈쇼핑 등 전통적인 유통업체들의 온라인 사업 진출이 증가하면서 대부분의 유통사업체들이 구매, 판매, 고객 서비스, 광고 등의 업무를 인터넷으로 서비스해왔다. 오프라인 상점을 포기하고 온라인으로만 판매하겠다는 것은 아니지만, 온라인 판매와 서비스를 고려하지 않을 수 없게 된 것이다.

2.1.1 유통산업의 변화 필요성

전통적인 유통산업 모델에서는 유통 업체들이 증가하고 고객의 욕구가 다양해지면서 경제 주체들에게 여러 가지 비용을 초래하게 된다. 또한 수확체감의 법칙에서 보는 바와 같이 시장 성장과 역할의 한계가 있음을 알 수 있다.

전통적인 유통방식에서는 다음과 같은 문제점이 있다.

- 거래의 범위가 전세계적이지 않고 국지적이다.
- 시장의 변화와 소비자로부터의 피드백은 중간 단계를 거쳐서 일정한 시간이 지난 뒤에 파악된다.
- 전세계에 존재를 알리는 데 필요한 비용이 매우 크다.
- 거래비용의 증가로 인한 물리적인 성장의 한계가 있다.

거래비용(transaction cost)

거래비용(transaction cost)은 제품의 가격 외에 추가로 발생하는 비용을 말하며 탐색 비용, 이동비용 그리고 물류비용 등이 이에 속한다. 탐색비용(search cost)은 수요자 측면에서 잠재 고객이 제품을 찾기 위해 전화, 신문, 지역정보지(예 : 벼룩시장), 카탈로그, 그리고 통신(PC통신, 인터넷)을 이용해 정보를 알아보거나 실제 매장을 찾아 상품이나 서비스를 찾는데 소요되는 비용을 말한다. 이러한 탐색비용이 크면 클수록 소비자는 상품에 대한 정보획득이 어려워지며 심한 경우에 정보 탐색 자체를 포기할 수도 있다(Bakos, 1991). 전화, 신문, 카탈로그, 통신 등이 모두 이러한 탐색 비용을 줄이기 위해 지속적으로 진화해왔다.

전자상거래가 유통업에 도입됨으로써 거래 비용은 감소한다. 고객들은 인터넷을 통해서 실제 가격보다 저렴한 가격에 구입을 하는 것 외에도 탐색에 필요한 시간 절약과 매장까지 이동을 줄이게 됨으로써 거래비용이 줄어들게 될 것이다. 제품을 확인하고 사는 고객의 구매성향도 온라인 상의 구매지원을 위한 다양한 부가 서비스에 의해 점차 해결될 것이다.

이동비용(transportation cost)

고객이 원하는 제품에 대한 정보를 구한 후에 해당 유통 채널(상점)까지 이동하는데 소요되는 교통비 등을 이동비용(transportation cost)이라고 한다. 이러한 비용들은 유통구조가 복잡해지면 질수록 점점 높아지는 것이 문제점으로 지적된다. 또한, 제 비용들은 개인이나 기업의 차원을 넘어 교통 혼잡 등의 사회적 문제인 것이 현실이다. 그 한 예로 서울 시내의 백화점들이 세일 판매하는 날에 주변의 교통정리를 위해 교통경찰이 특별히 파견되는 현상을 들 수 있다.

성장의 한계

Alfred Marshall은 수확이 계속해서 증가하면 한계에 달하는 점이 있어 그 점 이후에서는 수확이 오히려 감소하는 형태로서 가격과 시장이 균형(equilibrium) 상태에 이르게 된다는 이른바 수확체감의 법칙(diminishing returns)을 정의했다(Arthur, 1996). 이러한 현상은 곡물, 광물, 가축, 식료품, 소매상품 등의 자원을 이용해 대량 생산을 하게 됨으로써 자원이 한계에 달하는 데서 출발한다. 성장의 한계가 유통산업에 적용되는 다음과 같은 사례가 있다. 미국의 유통업체인 K-Mart가 도산한 이유도 비용과 수익 기반의 사업추진보다는 규모(volume)에 대한 무리한 투자가 그 원인이었다.

Box사례 2.1

서울의 강북에 있는 한 대형 유통업체인 E사는 평일 저녁과 주말에는 대부분 방문 손님이 너무 많아서 10여 개 이상 되는 계산대를 전부 운영함에도 불구하고 손님들을 30분 이상을 계산을 위해 기다리게 한다. 다른 손님들이 서 있는 줄에 놀란 손님 중에는 중간에 포기하고 불평을 하면서 그냥 되돌아가는 사람도 있다.

.... (필자의 경험)

Box사례 2.2

40년 만에 찾아온 최악의 황사(黃砂) 때문에 백화점 매출과 휴대전화 통화량이 급격히 줄어든 반면, TV홈쇼핑이나 인터넷 쇼핑몰은 때 아닌 특수(特需)를 누리고 있다. 백화점도 황사 피해를 받기는 마찬가지. 롯데백화점은 22일 매출이 1주일 전보다 5~7% 줄었고, 현대백화점도 매출이 3~4% 가량 감소했다. 하지만 TV 홈쇼핑 업체인 현대홈쇼핑은 오히려 매출이 1주일 전보다 35%나 늘어나는 기염을 토했다. 현대백화점의 온라인쇼핑몰인 e-현대백화점도 매출이 50%나 껑충 뛰었다.

.... (조선일보 2002년 3월 22일자)

위 두 가지 사례는 인터넷 쇼핑몰의 필요성과 가치를 잘 나타내준다. 이 경우 매장의 물리적 한계가 있기 때문에 문제를 쉽게 해결할 수 없다. 재고 관리에 있어서도 유사한 문제가 발생한다. 수요가 공급에 비해 너무 많으면 그 수요를 즉석에서 충족시켜주지 못하는 경우가 있다. 각 유통 업체들은 이러한 위험을 방지하기 위해 적정한 재고 보유를 위해 재고관리 프로세스를 따로 유지한다. 하지만 그 한계는 쉽게 드러나는 경우가 많다.

이러한 문제의 해결 방안은 통신 매체를 이용하여 온라인 주문을 하게 되면 상당히 해결될 수 있다. 뒤에서 다루게 될 인터넷 서점인 아마존의 경우에 재고 보유량이 경쟁사 보다 적음에도 불구하고 더 많은 서적을 인터넷에서 판매한다.

2.1.2 유통업의 업무프로세스 변화

전자상거래(EC)의 도입으로 각 유통 채널에서의 업무 프로세스 변화도 함께 발생한다. [표 2-1]의 업무 프로세스 변화에서는 전자상거래의 도입이 구매 관리, 고객 구매지원, 재고 관리 그리고 물류 관리 프로세스에 미치는 영향을 정리한 것이다.

▷▷ 표 2-1 업무 프로세스 변화

	구매 관리	고객 구매지원	재고 관리	물류 관리
EC 도입전	o 구매부서 의존	o 비교검색지원불가 o 고객분석어려움	o 매장재고 의존	o 고객직접 방문
EC 도입후	o 전자 입찰 출현 - 구매혁신모델 - Intranet/B2B 활성화	o 비교구매활성화 o CRM기반마케팅 - Data mining 활성화 - 관련 상품/서비스 제공	o 원격지재고 관리 - B2B 등 활용 및 의존도 증가	o 택배의존도 증가 - 제3자 물류 - 내부 물류

기업의 입장에서 볼 때, 고객의 구매 관련 정보와 소비자행동을 분석하여 CRM(customer relationship management)의 효과가 향상되고, 구매, 재고, 물류의 투명화와 자동화를 통해 SCM(supply chain management)의 효율성이 증가할 수 있다. 한편, 고객의 입장에서는, 기업들의 이러한 프로세스의 변화로 인해 편리함과 저렴함의 혜택을 오프라인만을 이용할 때보다 더 누릴 수 있을 것이다. 구매 관리에서는 전자상거래 도입에 따라 구매 혁신을 통한 비용절감이 일어나며 B2B 마켓플레이스(marketplace)를 이용하여 사업 파트너와의 원활한 정보전달로 효율성을 높이게 된다. 한편, 고객 구매지원 측면에서 볼 때 현재에서 타사의과의 가격이나 품질을 비교 서비스하는 곳은 거의 없다. 하지만 인터넷상거래에서는 고객이 스스로 가격 비교하는 것도 기존에 비하여 쉽고 각각의 매장 상품을 비교하는데 소요되는 검색비용이 적기 때문에 비교 구매가 활성화되어왔다.

또한, 데이터 마이닝(data mining)을 이용하여 고객의 선호나 요구에 따라 관련 상품이나 서비스를 제공해 주는 지원이 증가해왔다. 예를 들면 아마존에서 특정한 책을 검색한 후 해당 책의 서평 등과 함께 제공되는 유사도서 추천 서비스를 들 수 있다. 이외에도 데이터마이닝을 이용하여 고객의 과거 거래 기록을 분석하여 새로운 상품이나 서비스를 추천해 주거나, 회원 고객이 사이트를 방문할 때 원하는 상품 군이나 서비스 형태만을 맞춰서(customizing) 제공할 수도 있다.

재고 관리는 고객이 실물 상품을 확인 후 구매하고 구매 후 바로 상품이 출고되는 전통적 모델에서는 매장의 창고에서 항상 관리하였다. 그러나 온라인 상에서 데이터베이스에 저장되어있는 디지털 이미지를 보고 구매가 이루어지는 상황에서는 재고를 꼭 매장에 관리할 필요가 없다. 사실 완전 온라인 모델인 경우에는 매장이 존재하지도 않는다. 삼성물산 인터넷쇼핑몰(현 AK몰)의 경우는 철저하게 무재고 원칙을 따른다고 한다. 즉, 고객이 주문을 하면 이 때 재고를 보유한 공급업자와 물류를 담당하는 택배회사에 정보를 전달하여 주문을 처리한다. 아직 재고 관리에 있어 엑스트라넷의 의존은 약하지만 점차 증가할 것이다. 아마존의 경우는 모든 주문과 재고관리를 엑스트라넷을 이용하여 자동화 함으로써 자동 응답과 주문이 가능하게 한다.

또한, 고객이 매장을 직접 방문하지 않고 온라인 상에서 주문을 하게 되면 택배의 의존도가 급증할 것이다. 각각의 유통 채널은 제3자 물류를 이용하거나 자사의 물류시스템을 이용하게 될 것이다.

2.2 유통 사업모델의 변화

인터넷과 같은 정보통신 기술이 유통산업에 미치는 큰 영향은 기존의 중간채널(intermediary)이 없어지고(disintermediation) 새로운 중간 유통채널이 형성된다(reintermediation)는 것이다. 여기서 기존의 유통채널은 오프라인모델(brick & mortar)이고, 새로운 중간 유통채널이란 순수인터넷모델(pure click)과 온・오프라인병행모델(click & mortar)이라고 할 수 있다. 각 모델의 정의는 다음과 같다(Lee et al, 2002).

- **순수인터넷모델**(pure click) : 물리적인 매장이 없는 순수인터넷 유통기업. 일반적으로 순수인터넷 유통기업 중에 소수의 매장을 보유한 경우에도 이 모델로 간주.
- **온・오프라인병행모델**(click & mortar) : 온라인유통채널을 운영하는 오프라인 유통기업.
- **오프라인모델**(brick & mortar) : 온라인유통채널이 없는 오프라인 유통기업.

이 장에서는 각 모델의 소개와 사례를 살펴보겠다.

2.2.1 순수 인터넷 유통기업 : Pure click 모델

사업모델의 변화가 본격화되면서 인터넷이 유통업에 미치는 가장 큰 영향이었던 중간유통채널의 변화(reintermediation)는 유통시장에서 더욱 큰 변화를 겪게 될 것이다. 이러한 이유는 아마존과 같이 기존의 유통망이 없이 전자상거래에 진출하는 기업들이 증가하는 것과 다수의 업체가 진출함에 따른 경쟁 심화 때문이다. 그리고 비교 검색과 에이전트 기술 등의 활성화로 소비자들에게 가격 비교와 상품 검색을 효율적이면서 효과적으로 지원해 주면서 또 다시 변화를 겪게 될 것이다. 유통업영역은 더 이상 유통기업들의 고유한 분야가 아니라 정보통신기업들의 새로운 사업영역으로 주목받아왔다. 지금은 인터넷 쇼핑몰에서 발생한 거래의 배달만 담당하는 FedEx가 향후에 쇼핑몰을 구축할 수도 있다는 것이다.

본 절에서는 전자상거래, 유통업자와 중개업자의 비교, 일반 쇼핑몰과 전문 쇼핑몰, 비교쇼핑, 그리고 경매/입찰 등의 순수 인터넷모델을 소개한다.

유통업 모델과 중개업 모델

전자상거래에서 유통업자(distributor)와 중개업자(broker)를 구별하는 것은 중개업자가 주문처리와 보증에 대한 책임이 있느냐의 여부에 따라 다르다. 중개업자는 소비자들이 원하는 상품의 공급자를 단순히 소개만 시켜주는 반면 유통업자는 주문과 결제까지 책임을 진다. 대금 결제는 계약에 따라 중개업자가 하는 경우와 판매자가 하는 경우가 있다. 롯데닷컴, AK몰, 현대Hmall, Yes24, FashionPlus, Amazon 등 알려진 대부분의 기업들이 유통업모델이다.

한편, Yahoo, Naver, Daum 등 주요 포털사이트의 쇼핑몰 등과 Price Grabber, Compare.net 등은 중개업 모델을 가진다.

종합 쇼핑몰과 전문 쇼핑몰

종합 인터넷 쇼핑골(Generalized shopping mall)은 다양한 상품을 판매하는 것을 말한다. 인터넷상의 백화점들은 이 범주에 속한다. 반면에 특정한 상품 군만을 취급하는 쇼핑몰을 전문 쇼핑몰(specialized electronic mall)이라고 한다(Lee, 1999). 예를 들어 Cdnow(www.cdnow.com)는 음악 관련한 제품을 판매하는 전문몰(specialized mall)이다. 반면에 인터파크(www.interpark.co.kr)나 AK몰(www.akmall.com) 등은 다양한 상품을 취급하므로 일반몰로 분류된다.

아마존은 서적의 전문 쇼핑몰로 출발했지만, 비디오, 장난감, 정원용품, 전자제품에 이르기까지 계속 상품군을 추가하여 일반 쇼핑몰로 전환하였다. 반면, 포도주(wine), 화장품(cosmetics), 식료품(specialty foods)과 같은 특정화된 상품을 취급하는 전문 상점도 성장해왔다(Business Week, 1999). 이러한 현상은 일반 종합 쇼핑몰의 경쟁이 심화된 요인도 있고, 제품이 누구나 판매할 수 있는 일용품이 많기 때문에 가격 경쟁으로 차별화를 하기 때문이다. 하지만 전문 상점은 차별화된 시장(differentiated market)으로서 다른 상점요인도 찾아보기 힘든 상품이나 서비스가 핵심이다. 따라서 전문 상점은 특정 상품 군에 대한 전문지식과 정보 등을 제공하면서 소비자들에게 단순히 일반적인 쇼핑몰이 아닌 전문화된 커뮤니티가 되기 때문에 효과가 더욱 크다.

비교 중개업 모델과 비교 유통업 모델

전자상거래에서 유통이 재정립되는(reintermediation) 현상이 발생하여 비교 중개업자(comparison broker)와 비교 유통업자(comparison distributor) 등이 출현하였는데, 예를 들어 Amazon.com과 Barnes&Nobles의 경쟁 구도에 비교검색 기능을 강화한 Bestbookbuy.Com, Pricescan.Com 등의 비교 중개업자가 등장하는 구도를 말한다.

전자상거래에 진출한 업체들이 많아질수록 소비자 입장에서는 원하는 상품이나 서비스의 검색이 어려워진다. 따라서 이러한 수많은 유통 업체들의 가격이나 상품을 비교 검색해 주는 전문 비교 사이트가 등장해왔다. 비교 중개업자와 비교 유통업자의 차이는 주문처리와 지불결제 책임의 문제이다. 비교 중개업자는 주문과 결제에 대한 책임은 없고 단지 정보만 검색해 준 후, 해당 사이트로 연결시켜 주는 형태이고 비교 유통업자는 주문과 결제까지 책임지는 쇼핑몰이다. 전자의 대표적인 예로는 국내의 비비(www.bb.co.kr)와 미국의 Pricescan.Com이 있고 후자의 경우는 Buy.Com이 있다. 또한 비교 구매지원만 전문적으로 지원하는 Bestbookbuy.Com, Compare.Net과 같은 비교 중개업자가 등장해왔다.

Pricescan.com은 정보 제공자(information provider)이다. 서적, 컴퓨터, 가전 제품, 비디오, S/W 등의 원하는 상품을 선택한 후 선호 조건을 상품 사양(specification) 중심으로 입력하면 해당 조건에 따라 모든 제품의 가격과 사양을 비교해 준다. 비교 유통업자의 예로서는 Buy.Com을 들 수 있다. Buy.Com은 전문 쇼핑몰들을 모아 놓은 형태이다. 가격 비교 기능은 Pricescan.Com의 검색 엔진을 이용하며 비교 후에는 직접 구매를 할 수 있다.

비교중개업자 중에서는 단순히 상품 가격, 배달 조건, 지불조건 등을 비교 제공하는 것에 머무르지 않고, 쇼핑몰들과의 제휴를 통해서 자신이 중개한 상품의 판매에 대해서 문제가 발생했을 경우를 대비하여 거래 정보를 보관하여 주는 서비스를 제공하기도 한다.

경매·입찰 중개 모델

① 경매 모델

특히 경매의 경우에는 현 eBay(www.ebay.com), Amazon, Yahoo, Onsale(www.onsale.com)을 비롯하여 아주 많은 사이트가 존재하는데, 이들이 인기 있는 이유는 거래비용이 상당히 낮기 때문이다. 경매 장소까지 직접 이동하여 원하는 물건이 나올 때까지 기다리는 등의 불편함이 전혀 없고, 평균 1주일 정도의 경매 기간이 있어 여유를 두고 생각하면서 경매에 참여할 수 있는 장점에도 불구하고 인터넷상으로 경매를 하면서 단점으로 지적되어 온 것은 입찰자와 낙찰자에 대한 신뢰이다. 거래 상대방이 누구인지 모른 채 입금을 하기는 어렵다. 이 문제는 거래 당사자들에 대해 거래 경험이 있는 제3자가 평가를 해주는 방식을 도입함으로써 일부 해결할 수 있다.

또한, 거래에 있어 문제가 발생 시 보험이나 제3의 보안기관과 인증기관을 이용하여 극복할 수 있다. eBay.com에서는 TrustE.org와 BBB.org라는 인증기관을 통하여 자사의 사이트를 검증 받고 있으며 200달러 이하의 거래에 문제가 발생했을 경우 SafeHarbor라는 프로그램을 통해 Lloyd's라는 보험회사를 통하여 지원을 해준다.

또한 200 달러 이상의 거래에 대해서는 i-Escrow라는 제3의 대행기관을 통하여 거래를 하도록 지원을 하고 있다. i-Escrow는 구매자의 입금을 대신 받아 보관하고 있다가 구매자로부터 판매자의 물건을 안전하게 받았다는 메시지를 받으면 판매자에게 금액을 지불해 주는 역할을 한다. 이렇게 함으로써 고객들에게 보다 더 신뢰도 있는 거래를 보장할 수 있을 것이다. 우리나라에서는 옥션의 에스크로나 국민, 우리, 하나은행 등의 에스크로 결제가 유명하다.

② 입찰

입찰은 기업 대상과 개인 대상의 두 가지로 분류될 수 있다. 기업 대상 입찰은 기업의 구매를 인터넷상에서 공개적으로 하는 사이버 구매입찰을 말하며, 개인 대상은 고객이 가격을 설정할 수 있는 역경매를 말한다. 전자의 예로는 유통산업에서 LG유통을 들 수 있다. LG유통은 1999년 3월 인터넷으로 쇼핑백, 무지 봉투 등을 공개 입찰하였는데 입찰 비용으로 23%를 줄였다고 한다. 이러한 구매혁신을 위한 입찰 방식은 기업 변화에 큰 역할을 할 것이다.

한편, 개인 대상의 역경매(reverse auction) 모델은 개인 고객이 자신이 원하는 상품의 목록과 가격을 제시하면 해당 조건에 공급이 가능한 공급업자가 상품이나 서비스를 제공하는 것이다. 전통적인 경매에서는 생산자, 유통업자, 소비자 간의 역할 분담이 명확하고,

생산자와 유통업자가 소비자에 비해 많은 정보를 가지며, 광고는 생산자나 유통업자가 소비자에게 정보를 전달하는 것으로 이해돼 왔다. 그러나 인터넷이라는 글로벌 디지털 네트워크가 탄생하면서 생산자, 유통업자, 소비자 간의 역할이 모호해지고 소비자 중심으로 그 역할이 재통합되어 왔다.

대표적인 예로는 미국의 Priceline.com을 들 수 있다. Priceline.com에서는 사용자가 원하는 가격을 자신이 직접 설정하는 "name your own price"라는 이름의 역경매 방법을 제공한다. Priceline.com은 양방향 구매자 중심의 상거래(bilateral buyer-driven commerce)라는 독특한 이름의 비즈니스 모델로 특허까지(No. 5,794,207) 획득했다. 항공권, 호텔, 자동차 등의 서비스를 선택하여 다른 여행 서비스에서와 마찬가지로 자신이 원하는 서비스 항목을 입력한 후에 원하는 가격을 입력하면 해당 가격에 맞는 공급자를 찾아 주는 서비스를 제공한다. 이런 서비스는 인터넷 비즈니스의 양방향성 특성이 제공하는 대표적인 신규 비즈니스 유형이다.

소비자가 원하는 사양과 함께 가격까지 제시하면서 상품을 팔 것인지를 협상하는 역경매 모델은 앞으로 여행, 항공, 가전제품, 컴퓨터, 광고 등 많은 산업에 적용될 수 있을 것이다.

2.2.2 전통적 방식(B&M: brick & mortar)에서 인터넷 유통으로의 확대: Click & mortar

많은 순수인터넷기업들의 성장에 대응하여 인터넷 비즈니스에 대한 기대가 더욱 커지면서 오프라인 유통기업들이 진출하였다. 기존의 유통채널이 인터넷 상거래를 하는데 있어 <그림 2-1>와 같은 변화전략을 취할 수 있다. 이 모델을 통하여 기존의 A, B, C라는 상품군이 있을 때 전통적 오프라인 채널에서 전환하는데 기존의 상품군 중 어떤 것을 가져갈 것인지와 완전 전략인지 부분 전략인가를 결정할 수 있다.

또한 기존의 상품군이 아닌 전혀 새로운 상품군을 도입할 수도 있다. 아래 그림 상에서 D, E라는 상품 군이 새롭게 도입된 것임을 알 수 있다. 삼성 인터넷쇼핑몰의 경우는 온라인 전환을 하면서 새로운 상품을 취급한다. 삼성물산은 홈플러스라는 기존의 유통망이 있음에도 불구하고 상품관리, 공급망관리, 고객관리 등 모든 운영을 별도로 구축하였다. 이 모델을 통하여 초기 위치(initial position)에서 어디로 위치를 이동시키며 어디로 사업전환(business transformation)을 할 것인지, 즉 목표 위치(final position)가 어딘가를 결정할 수 있다.

▶▶ 그림 2-1 상품군별 시장 전환 모델

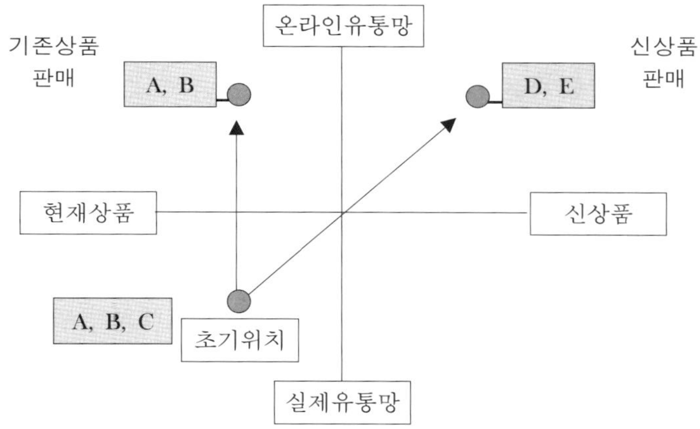

혼합 모델

혼합 모델은 기존의 유통채널은 그대로 두고 인터넷의 고객과 기회를 위해 하나의 온라인 상점을 개설하는 것이다. 국내의 교보문고, 롯데백화점, GS 숍과 국외의 Barnes &Nobles, Wal-mart등의 같은 인터넷쇼핑몰들이 이에 속한다.

혼합 모델을 선택하게 되는 조건으로는 다음과 같은 것들이 있다.

- 인터넷 유통 진출 필요
- 실제 매장과 병행 효과 존재(leverage effect)
- 경쟁자 진입에 따른 대응 전략 필요(reactive strategy)

순수 온라인 모델

순수 온라인 모델은 기존의 마케팅 채널이 존재하는 유통업체에서 기존 채널을 전혀 무시하고 온라인 상점만을 위해 모든 프로세스를 새로 갖추는 것이다. 즉, 고객 관리, 구매 관리, 재고 관리 그리고 물류 처리 등의 프로세스를 인터넷 환경에 맞게 구축하는 것을 말한다.

순수 모델을 선택하게 되는 조건으로는 다음과 같은 것들이 있다.

- 온라인 매장을 통한 충분한 고객 가치 제공 가능
- 경쟁자에 대한 선점 전략의 필요(proactive strategy)

순수 온라인 모델의 사례로는 외국의 Egghead.com의 사례가 있다. Egghead.com은 1984년부터 사업을 시작한 유통회사이다. 이 회사는 1998년에 컴퓨터(computers), 소프트웨어(software), 장식용품(accessories), 그리고 주변기기(peripheral devices) 등을 인터넷을 통해서만 할인 판매한다. 국내에도 패션플러스(www.fashionplus.co.kr) 등이 오프라인의 노하우를 기반으로 온라인 사업에만 집중하여 전통적 유통업체들과 경쟁하고 있는 대표적인 사례이다.

2.2.3 전통적 방식(B&M)의 기능차별화 모델

기존유통채널은 고객의 편안한 장소로서 오랜 기간 존재해왔기 때문에 그 존재의 가치는 여전히 높다. 또, 어떤 산업 내에서는 인터넷의 필요성을 전혀 느끼지 못하는 경우도 있으나, 궁극적으로 인터넷을 통한 상거래가 활성화되면서 전통적인 유통 방식은 변화될 것이 확실하다.

기능 차별화 모델은 전자상거래가 편리함을 추구하는 고객들을 위주로 활성화되면서 기존의 유통업에 대한 의존도가 떨어지기 때문에 고려할 수 있는 전략이다. 하지만 전통적인 유통형태가 완전히 없어진다고 볼 수는 없을 것이다. 왜냐하면 실제 매장을 선호하는 소비자들이 일시에 인터넷 상거래로 전환하지는 않을 것이기 때문이다.

기존의 유통 업체들이 기능 차별화 모델을 위한 조건으로는 다음과 같은 것들이 있다.

- 기존 매장의 존재 필요
- 현재 방식의 차별화 가능
- 순수 온라인 모델의 실현 가능 희박
- 경쟁 업체들의 진출 미비

우선 기존 매장이 계속 존재할 이유가 있는가를 파악해야 될 것이다. 이는 상품의 특성에 따른 차이가 있을 것이다. 상품의 전시 상태를 확인하고자 하는 소비자들과 함께 상품을 실제 보아야만 구입할 수 있는 상품은 여전히 존재하기 때문이다. 예를 들어 의류를 생각해 보자. 자신이 일단 경험을 충분히 한 상품의 경우에는 인터넷 구매가 계속 일어나지만 그렇지 않고 처음 시도해 보는 의류 상품은 매장에 직접 찾아 자신에게 어울리는 지를 확인하고 싶을 것이다. 반즈앤노블의 경우 오프라인 매장을 카페분위기로 유지하는 한편, 자회사인 Barnesandnoble.com사와 협력하여 도서의 배송과 교환, 반품 대행을 한다.

둘째, 현재 유통 방식으로 차별화가 가능한지 여부이다. 온라인구매가 주는 가격과 편리성의 혜택으로 인해 고객들의 온라인 이용이 계속해서 증가해왔다. 그러나 오프라인 매장의 경우 고객들에게 본래의 목적 외에 부가적인 서비스를 제공함으로써 기능적 존재의 가치를 넘을 수 있을 것이다. 서점의 카페시설과 함께, 할인점에서 유아방, 미용실, 식당, 은행 등의 서비스를 도입한 것도 같은 맥락이다. 앞으로 기존의 유통 매장들은 이러한 형태의 사업 전략을 도입함으로써 단지 편리함만이 아닌 휴식과 쇼핑의 공간을 함께 누리고자 하는 고객들에게 가치를 부여함으로써 온라인 매장과는 완전한 차별화를 할 수 있을 것이다.

2.3 채널갈등 현상과 극복전략

많은 제조업체가 인터넷을 이용한 온라인 판매채널이 거래 비용을 줄이고, 고객과의 양방향 의사소통의 개선으로 고객서비스를 강화할 수 있음을 잘 알지만, 가트너그룹에 의하면, 미국 제조업체가 인터넷 온라인 판매채널을 이용하지 않는 가장 큰 이유가 채널갈등(channel conflict)이라고 조사되었다. 제조업체의 입장에서는 기존의 오프라인 유통업체를 이용한 오프라인 판매채널이 이미 확보되어 있어 안정적인 판매가 어느 정도 보장되어 있는데, 온라인으로 직접 혹은 간접으로 상품을 판매하면, 기존의 오프라인 유통업체의 반발에 직면하게 된다. 대리점과 도소매상 등의 오프라인 유통채널 간 채널갈등 현상에 대한 연구와 논의가 있었지만, 인터넷 등장이후 온라인과 오프라인 유통채널 간의 갈등이 많이 나타났다. 국내에서는 자동차 판매에 있어서 기존의 대리점 영업채널과 온라인 자동차 판매 사이트간의 채널 갈등 현상을 자주 접할 수 있다. 본 절에서는 이러한 채널갈등현상에 대한 이해와 극복 방안을 논의하고자 한다.

2.3.1 직접 판매 모델과 채널갈등 현상

직접 판매(direct marketing) 모델은 제조업체가 기존의 오프라인 유통망을 이용하지 않고 인터넷을 이용해서 최종소비자에게 직접 판매하는 모델이다. <그림 2-2>는 전통적 유통채널과 직접 판매 모델을 비교한 것이다. 앞서 설명한 중간유통상의 소멸을 설명하는 것으로도 볼 수 있다. 그림에서 창고를 표시한 이유는 기존의 모델에서는 도매업체와 소매업체가 제품의 재고를 가지므로 제조업체 입장에서는 어느 정도의 완충적 재고 역할을 하지만, 직접 판매 모델에서는 고객의 주문량의 변화를 제조업체 자신이 바로 대응해야 함을 표시하기 위함이다.

▶▶ 그림 2-2 직접판매 모델

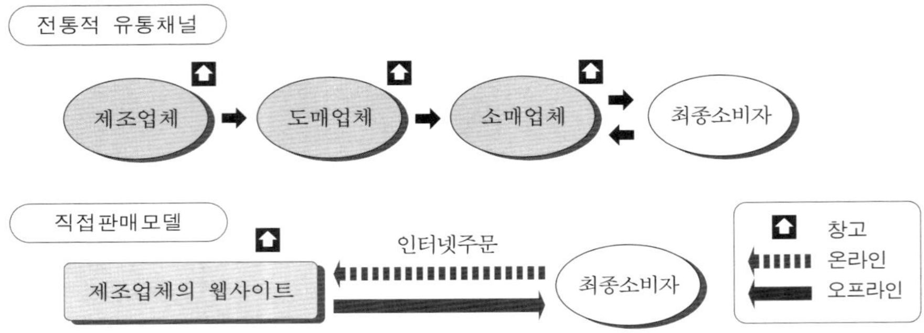

2.3.2 소극적인 갈등 극복 방법

인터넷 온라인 채널을 도입한 제조업체의 경우 다양한 방법으로 채널갈등 현상을 줄이기 위한 노력을 하는데, 여기서 소개하는 방법은 오프라인 판매채널의 반발을 무마하기 위해서 온라인 판매기능을 통제하는 소극적인 방법들이다. 대표적인 방법이 마케팅의 4가지 요소(4P)인 상품(product), 가격(price), 물류(placement), 광고(promotion)를 이용하여 온라인 판매를 통제하는 것이다. 4P를 혼합하여 동시에 적용하기도 한다.

가격 통제

가장 많이 사용하는 방법이 온라인 판매의 가격을 통제하는 것이다. 인터넷 온라인 판매가 오프라인 보다 가격이 저렴한 것은 일반적인 현상이다. 제조업체 입장에서는 도, 소매상의 마진이 없기 때문에 오프라인 판매에서 보다 싸게 가격을 책정할 수 있다. 그러나 기존의 오프라인 판매보다 가격을 싸게 책정하면 기존의 판매망에서의 매출이 격감할 수도 있고, 대부분의 경우는 기존의 오프라인 채널에서 제조업체의 마진이 더 높기 때문에 전체적인 수익이 줄어들 수도 있다.

한편, 온라인에서는 오프라인 채널에서 보다 가격의 통제가 매우 쉽기 때문에 제조업체가 상황의 변화에 따라서 즉각적으로 가격을 변경할 수 있다. 판매 사이트와 연동되는 자신의 데이터베이스 상품 가격을 바꾸기만 하면 온라인 판매 사이트의 가격을 갱신할 수 있다. 오프라인에서는 자신이 만든 제품이지만, 유통업자에게 어떤 가격을 강요하기가 쉽지 않았고, 즉각적인 통제도 불가능했다. 또한, 자신의 제품이 온라인의 여러 사이트에서 얼마에 판매되는지를 실시간으로 모니터링 할 수 있기 때문에 자신의 판매 사이트에서의 가격결정도 쉽게 할 수 있다.

일본의 대표적인 게임소프트웨어 판매업체인 세가(SEGA)사는 인터넷 온라인 판매채널을 도입하였지만, 기존의 오프라인 판매채널에서의 가격과 동일한 가격으로 통제하고, 포장, 발송비를 따로 부과하였다.

상품 통제

상품 통제는 오프라인 판매상품과 온라인 판매상품을 달리하여 차별화하는 방법이다. 아예 온라인과 오프라인에서 다루는 제품군을 다르게 하여 차별화할 수도 있고, 같은 기능의 제품이더라도 디자인과 브랜드만을 다르게 하여 차별화할 수도 있다.

소니사는 미국 시장에서 자사의 상품 중에서 정보제품(예 : 노트북)과 오락제품(예 : 게임소프트웨어)은 온라인과 오프라인 판매를 병행하지만, 가전제품(예 : TV, 음향기기)에 대해서는 오프라인 채널만을 이용한다. 소니 미국이 가전제품에 대해서 온라인 판매를 하지 않는 이유는 소니사가 가전제품에 대해서는 아직 오프라인 유통업자 의존도가 커서 유통업자가 협상력 우위에 있다는 것을 의미하기도 한다. 그러나 정보제품은 기존 채널에 많이 의존하지 않고도 판매할 수 있기 때문에 온라인 판매를 병행한다. 가전제품에 대해서 온라인 웹사이트에서 주문은 받지만, 주문의 처리는 주문을 한 고객의 지역 대리점에서 수행하는 온라인 오프라인 협조모형인 주문전달(order forwarding) 시스템을 구현, 이용한다.

또 다른 예로는 Harley Davidson사는 주력 제품인 오토바이 본체는 오프라인 채널에서만 판매하고, 자사의 웹사이트에서는 액세서리 판매와 동호회 활동의 지원, 그리고 오토바이와 관련된 유용한 정보를 제공한다. 재미있는 점은 오프라인 지역 대리점 모집의 신청접수와 안내를 온라인 웹 사이트를 이용한다. Gibson이라는 전자기타 제조업체도 주력제품인 전자기타 본체는 오프라인에서만 판매하고 부품 판매, 애프터서비스 접수, 처리에 웹사이트를 이용한다. Gibson사는 오프라인 유통채널을 무시하고 싼 가격으로 온라인에서 판매하다가 오프라인 대리점의 반발로 한 달 만에 온라인에서 철수한 경험이 있다.

지역/광고 통제

IBM사의 경우 미국에서는 온라인으로만 PC를 판매하지만, 다른 지역에서는 온라인과 오프라인을 다 이용하여 지역에 따라 다른 채널 정책을 사용한다. Nike사도 미국의 웹사이트에서는 자사의 제품을 직접 판매하지만, 다른 지역에서는 온라인 판매를 하지 않는다.

광고의 경우에도 앞서 예를 든 SEGA사의 경우, 사이트 회원에게 이메일을 이용하여 신제품을 광고하며, 온라인 회원을 대상으로만 하는 제품 프로모션 이벤트를 자주 개최한다.

2.3.3 적극적 채널 설계 방법

여행사나 증권사의 경우, 인터넷 온라인을 이용한 여행상품 판매나 주식거래의 비중이 급격하게 증가하였다. 온라인 판매 증가로 온라인 수익도 크게 증가하였는데, 여행업이나 증권업의 특성상 판매 수당의 지급문제가 발생하게 되었다. 증권업의 경우 애초 고객의 유치는 오프라인에서 이루어 졌지만 거래는 온라인을 이용하는 비중이 늘어나자 오프라인 영업망에 있는 직원과 온라인 시스템을 관리하고 온라인 회원을 유치한 온라인 관련 업무 직원 간에 이익을 분배하여 서로의 이익을 지켜주고 인센티브의 효과도 유지하는 온라인 오프라인 협력형 모델이 나타났다. 여행업의 경우, 오프라인 직원은 단체 여행 상품 같은 상담이 필요한 업무에 집중하고, 단순한 비행기 티켓 판매나 호텔 예약은 온라인 시스템을 이용하되, 지역 영업망에서의 비행기 티켓 판매에는 일정 수당을 지급하는 방법을 사용한다.

본 절에서는 온라인 판매의 통제를 이용한 소극적인 채널 갈등 해소 방안이 아니라, 근본적으로 온라인 오프라인 채널의 포트폴리오를 설계하여 양측의 역할과 기능을 재정의하는 방법론을 논의한다.

사전 시장조사

제조업체 입장에서 채널 포트폴리오를 설계하기 위해서 가장 먼저 해야 할 일이 시장조사이다. 온라인 채널 판매가 기존의 고객과는 상관없는 새로운 고객을 창출한다면 채널갈등 현상이 크게 일어나지 않게 된다. Avon사는 화장품 제조업체로 사전 마케팅 조사를 통해서 온라인 판매채널의 구현이 기존의 방문판매의 매출에 큰 영향을 주는 않는다는 것을 확인하고 온라인 판매채널을 가동하였다. Warner Music사는 자신의 이름을 감추고 다른 이름의 웹사이트(www.thedave.com)를 만들고 이 사이트에서 실제 제품을 판매하여 온라인 매출규모를 예측하는 사전 시장조사를 수행하였다.

채널 역할의 분석

사전 시장조사 결과가 온라인 진출에 대해서 긍정적으로 나왔다면, 기존 오프라인 채널의 역할에 대한 분석을 수행해야 한다. 제조업체가 속한 산업의 종류나 상품의 특성에 따라서 오프라인 채널의 역할이 차이가 나기 때문에 분석결과를 일률적으로 적용할 수는 없다. [표 2-2]는 오프라인 채널에서 수행하는 각각의 기능에 대한 평가를 수행하기 위한 평가표이다.

▷▷ 표 2-2 오프라인 채널의 역할 평가표

기능	평가 기준		
	편의성	서비스의 폭	서비스의 질
정보제공 - 진열, 상담, 비교			
주문처리			
지불처리			
문제 발생 시의 연락처			
고객 반응 수집			
애프터서비스 처리			
재고유지와 관리			
배달 및 설치			

기본적으로 오프라인 채널에서 정보의 제공(기능설명과 비교), 주문의 처리, 지불처리, 문제 발생 시의 연락처, 고객의 반응수집, 애프터서비스 처리, 재고유지와 관리, 배달과 설치의 수행 등의 기능과 역할을 하는 것으로 요약할 수 있다. 물론 제품 특성에 따라서 오프라인 유통업자의 역할이 차이가 날 수 있다. 역할 분석 후에는 각각의 기능을 편의성, 서비스의 폭(다양한 서비스의 제공 가능성)과 질(소비자 만족을 높일 수 있는 차별화 된 서비스의 제공) 측면에서 평가한다. 평가는 해당 기능을 온라인 채널에서는 얼마나 잘 구현 제공할 수 있는가의 관점에서 비교 평가한다.

포트폴리오 설계에서의 고려요소

제조업체들은 온라인과 오프라인 채널의 각각의 강점을 살려서 전체적인 채널의 경쟁력을 높이기 위한 방향으로 노력을 기울여야 한다. 즉, 온라인, 오프라인 어느 한쪽으로 유통채널을 선택하는 것이 아니라 상품이나 기존 오프라인 유통업체와의 관계를 고려하여 온라인과 오프라인 채널의 포트폴리오를 설계해야 한다.

첫 번째 고려요소는 상품과 서비스의 특성이다. 다음과 같은 특성을 지닌 상품이나 서비스는 온라인 채널 판매가 강점을 지닌다. 그러나 단순하게 아래의 특징을 지닌 상품은 온라인 판매로 전환하는 의사결정이 아니라, 다음과 같은 특징이 위에서 분석한 채널의 역할과 기능에서 온라인과 오프라인 채널 포트폴리오 구성 설계에 고려, 반영되어야 함을 의미한다.

- 인터넷 상에서 다운로드 하여 판매할 수 있는 디지털 상품
  .... (예 : 전자책, 음악, 영화, 소프트웨어)
- 상품 자체에 정보를 많이 포함하고, 소비자의 상품 선택이 정보에 의해 좌우되는 경우 .... (예 : 보험, 대출 등의 대부분의 금융 상품, 여행상품)
- 상품의 가치가 정해진 시간에 가까움 혹은 경과에 따라서 변하는 경우
  .... (예 : 비행기, 철도, 고속버스 좌석표, 공연 티켓)
- 사용자가 선택할 수 있는 옵션이 많은 경우
  .... (예 : 자동차, 컴퓨터, 보험상품)
- 오프라인 유통업자의 판매 마진이 상당히 높은 경우
  .... (예 : 비행기 티켓)

반면에 직접 상품을 만져보고 느껴야 하는 상품이나, 아주 자세한 설명을 필요로 하는 경우는 오프라인 판매가 적당하다.

두 번째 고려요소는 기존 오프라인 유통업체와의 관계이다. 기존 유통업체에의 의존도가 커서 협상력이 떨어지는 경우, 온라인 판매로 전환하기 보다는 협력 모델을 설계하는 것이 바람직하다. 반면에 항공사의 경우 여행사에 대해서 협상력 우위에 있는 경우는 온라인 판매를 구현해도 채널갈등 현상이 크게 문제가 되지 않는다.

세 번째 고려요소는 제조업체의 백엔드 시스템의 준비정도이다. 예를 들면, 앞서 언급한대로 기존 유통업체가 재고의 완충역할을 했으나, 온라인 판매로 전환하면, 수요의 변화에 대해서 제조업체가 발 빠르게 적응할 수 있는 시스템이 갖춰야 한다.

마지막으로 유통채널의 기능 중에서 어떤 기능을 온라인으로 구현한다는 것이 결정되면, 해당 온라인 기능의 구현에 따른 비용효과 분석과 같은 경제 분석을 해야 한다.

2.4 인터넷 쇼핑몰

2.4.1 인터넷 쇼핑몰의 발전

인터넷 쇼핑몰은 B2C 전자상거래의 대표적인 모델이고, 일반인이 전자상거래를 경험하기 가장 좋은 모델이기도 하다. 인터넷이 상용화된 이후 쇼핑몰은 전자상거래의 핵심 모델로 각광을 받았고, 다양한 쇼핑몰이 전 세계적으로 구현되었다. 현실세계의 백화점이나 상점을 인터넷이라는 가상공간에 구현해 놓은 인터넷 쇼핑몰에 실제로 소비자가 방문하여 물건을 구매하기 시작하였고, 그 거래량이 상당히 가파르게 증가하였다. 모든 포털

이 검색기능 외에 상품과 서비스를 판매하기 시작하였고, 쇼핑몰 기능이 현재 주력 수입원 중의 하나가 되었다. Amazon은 미국의 대표적인 인터넷 책 판매 서점이었지만 판매물품을 확대하여 쇼핑몰로 변신하였다. 인터넷 쇼핑몰의 매출액은 꾸준히 증가해왔으며, 백화점, 할인점에 비해서 빠르게 성장해왔다.

인터넷 쇼핑몰의 발전 양상을 살펴보면 다음과 같다. 첫째, 초기에 B2C 판매를 주로 하던 대규모의 쇼핑몰들이 일반 소비자뿐만 아니라 기업 고객을 대상으로 하는 판매와 서비스로 자사의 사이트를 확장하였다. 대표적인 쇼핑몰인 Amazon.com의 경우, 기업 고객을 대상으로 하여 대량의 책 주문을 담당하는 부서와 사이트 메뉴가 있다. Walmart.com도 Sam's Club을 통해서 기업고객 서비스를 제공한다. 따라서 인터넷 쇼핑몰에서 상이한 비즈니스 프로세스와 마케팅 방법이 적용되는 B2C와 B2B(business to business) 전자상거래를 모두 제공하지만, 본 장에서는 B2C를 대상으로 하여 설명한다.

둘째, 백화점이나 할인점 등의 오프라인 유통업체가 자사의 인터넷 쇼핑몰을 열어서 온·오프라인 유통채널을 동시에 갖추어 경쟁력과 시장 확대를 추구한 것이다(예: Wall-mart, 이마트). 또한 오프라인 유통업체와 순수 인터넷 쇼핑몰 업체가 인수합병이나 전략적 제휴를 통해서 온라인의 장점과 오프라인의 장점을 결합한 click & mortar 모델을 구현하였다. 그리고 TV 홈쇼핑이나 카탈로그 쇼핑업체들도 인터넷 쇼핑몰을 추가로 개설하여 해서 온라인다양화를 진행해왔다. 이 방식@존 물류망을 그대로 활용할 수 있다는 장점이 있기 때문에 CJ 오쇼핑(http://www.cjmall.com), GS 홈쇼핑(http://www.gsshop.com) 등 국내 주요업체들은 모두 자사 인터넷 쇼핑몰을 개설하여 가격 경쟁력과 시장 확대를 추구하였다.

셋째, 개방형 전자시장(일명, 오픈마켓)이 부상하였다. 판매자, 구매자, 중개자의 신뢰성 문제로 활성화되지 못했던 개방형 전자시장 모델이 온라인 쇼핑몰의 안정적 거래에 대한 확신과 판매자, 구매자 간의 신뢰를 확보할 수 있는 시스템 구축으로 급성장하였다. Auction, Gmarket, 11번가 등이 선도했던 이 모델이 GS 숍을 비롯하여 SBS Golf 쇼핑몰 같은 전문 쇼핑몰에까지 확산되었다. 개방형 전자시장의 장점은 소비자 입장에서 상품가격이 싼 물건이 많다는 점이고, 판매자 입장에서는 적은 물량이라도 경쟁력이 있기만 하면 손쉽게 판매를 성사시킬 수 있다는 점이다. 몇몇의 분쟁 사례가 발생하였지만, 중견 제조업체가 판매자로 적극 참여하여 판매액이 지속적으로 증가하였다.

국내 및 국외 인터넷 쇼핑몰의 성장을 보여주는 통계자료를 위해서 통계청이 1/4분기마다 발표하는 사이버쇼핑몰 통계조사 결과를 참고하기 바라며, 국외 통계로는 eMarketer(http://www.emarketer.com), Forrester Research(http://www. forrester.com), IDC(http://www.idcresearch.com) 등 각종 통계조사 기관의 자료를 참고하기 바란다.

2.4.2 인터넷 쇼핑몰의 구조

소비자가 인터넷 쇼핑몰에서 물건을 사는 과정은 <그림 2-3>과 같이 구조화할 수 있다. <그림 2-3>은 인터넷 쇼핑몰의 전형적인 구조를 그린 것이다. 따라서 구체적인 모습은 경우에 따라 달라질 수 있다. 예를 들어 결제수단이 신용카드일 경우 <그림 2-3>의 4번 항목에서는 먼저 거래승인 메시지가 전달되고 실제 대금은 며칠 후에 전달된다.

▶▶ 그림 2-3 인터넷 쇼핑몰의 구조

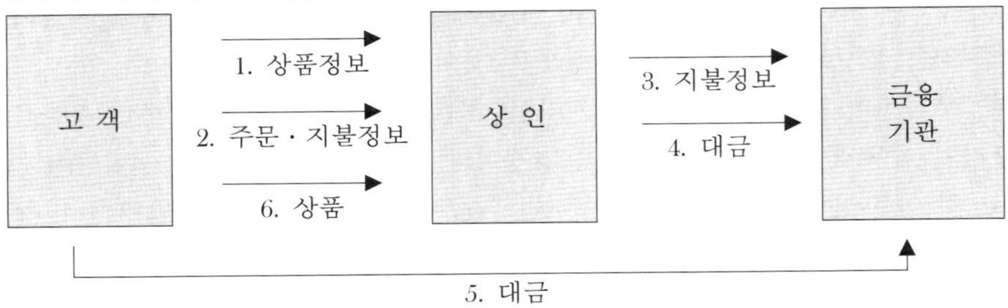

위 그림은 우리가 슈퍼마켓에 가서 물건을 사는 경우와 연결하여 생각하면 쉽게 이해할 수 있다. 슈퍼마켓에 가면 구입할 물건을 고르기 위해 먼저 상점 안에 진열된 물건들을 둘러보게 된다. 마찬가지로 인터넷 쇼핑몰도 고객에게 판매상품들을 진열하여 보여주게 된다. 이것이 <그림 2-3>의 1번에서 상인이 고객에게 상품정보를 보여주는 과정이다. 상품진열은 대개 두 가지 형태로 나타나게 되는데 하나는 상품 카탈로그이고, 다른 하나는 상품검색엔진이다.

한 상점에서 판매하는 상품의 수는 대부분 매우 많으므로 한 화면에서 보여줄 수가 없다. 따라서 상품을 가전제품, 의류, 스포츠 용품 등으로 구분하고, 또, 그 각각에서 세분하고, 또 세분하는 식으로 계층구조로 분류하여 보여주게 되는데 이것을 상품 카탈로그 또는 상품 디렉토리라고 부른다.

상품검색엔진이란 고객이 자신이 찾고자 하는 상품명의 전부 또는 일부를 입력하면 해당하는 상품들의 목록을 디스플레이 해 주는 시스템이다. 상품 카탈로그가 상품을 계층적으로 분류하여 찾기 쉽게 해놓았다 하더라도 찾고자 하는 상품까지 찾아 내려가는데 시간이 걸리기도 하고 경우에 따라서는 고객 자신이 찾고자 하는 상품이 어느 디렉토리에 있는지 알기가 어려운 경우가 있을 수 있으므로 이러한 경우에 상품검색엔진이 크게 도움이 된다.

<그림 2-3>의 2번에서 주문정보란 어떤 상품들을 몇 개 사겠다는 정보이며, 지불정

보는 주문대금의 결제를 어떻게 처리하겠다는 정보이다. 주문정보의 전달을 편리하게 하기 위하여 대부분의 인터넷 쇼핑몰들은 장바구니(쇼핑백, 쇼핑카트)의 개념을 이용한다. 이것은 우리가 슈퍼마켓에 가서 구매할 물건을 일단 장바구니에 모았다가 나오면서 한꺼번에 계산하는 것을 모방한 것이다. 인터넷 쇼핑몰의 상세상품정보 화면들을 보면 '쇼핑백에 넣기', '장바구니에 담기' 등과 같은 버튼이 있다. 이것을 누르면 이 상품은 장바구니에 넣어진다.

지불정보를 전달하는 방식은 구체적인 결제수단과 지급결제시스템에 따라 달라진다. 가장 단순한 경우에는 WWW의 CGI Form 기능을 이용하여 웹 브라우저에서 신용카드의 번호나 계좌번호와 계좌-비밀번호 등을 입력받는다. 그러나 인터넷은 보안성이 없는 공중 네트워크이기 때문에 지불정보가 도청될 위험이 있다는 것이 문제가 된다. 만약 도청이 된다면 이것을 도청한 사람은 그 정보를 이용하여 다른 인터넷 쇼핑몰에 가서 자신의 물건을 구입하는 데 사용할 수 있기 때문이다. 이것을 방지하기 위하여 SSL(Secure Socket Layer)을 사용하기도 하는데 이 경우는 SSL의 보안 등급이 그리 높지 않다는 것이 문제가 되고, 보안이 된다고 하더라도 상인 자신이 이 지불정보를 볼 수 있다는 데 문제가 있다. 만약 상인이 나쁜 사람이라면 이 정보를 이용하여 다른 인터넷 쇼핑몰에 가서 자신의 물건을 구입하는 데 사용할 수도 있기 때문이다. 이런 문제점들을 해결하기 위하여 결제수단별로 암호화를 바탕으로 한 보안 방안들이 제시되어 시스템화 되어왔다. 이러한 전자지급결제시스템들에 대해서는 제7장을 참고하기 바란다.

주문정보와 지불정보를 받은 상인은 이들 중에서 지불정보를 금융기관에 보내어 결제를 받게 된다. 이 과정은 각 전자 결제 보안규정에 따라 구체적인 모양이 달라진다. SET이라는 결제시스템 경우를 예로 들면 지불정보는 금융기관만이 풀어 볼 수 있도록 암호화되어 있으므로 상인은 고객에게서 받은 암호화된 지불정보를 그대로 금융기관에 전달한다. 이것을 받은 금융기관은 암호를 풀어서 그 내용을 확인한 후 거래승인을 내려준다. <그림 2-3>에서 금융기관으로부터 상인에게 가는 4번 대금항목은 SET의 경우에는 거래승인을 의미한다. 또 5번 대금항목도 바로 고객으로부터 금융기관으로 대금이 가는 것이 아니라 한두 달 후 고객에게 거래내역서가 통지된 후 고객의 자동이체 구좌로부터 카드회사로 대금이 이체될 것이다. 만약 결제수단이 신용카드가 아니고 계좌이체라면 고객의 계좌로부터 곧바로 상인의 계좌로 대금이 이체될 것이다.

위와 같은 과정을 거쳐서 대금의 결제 또는 그 확약(거래승인)이 이루어진 후 상인은 고객에게 물건을 보내주게 된다. 물건을 보내주는 방법은 그 물건이 디지털 상품(digital goods)이냐 실물상품(real goods)이냐에 따라 달라진다. 디지털 상품의 경우에는 다운로드 방법에 의하여 물건이 전달되고 실물상품일 경우에는 우편, 택배 등의 방법에 의해 배달된다. 실물상품의 경우에는 배달지의 주소가 중요하므로 주문정보를 받을 때 반드시 배달지의 주소와 전화번호 등을 입력받는다.

이상으로 인터넷 쇼핑몰을 사용하여 물건을 구매하는 과정을 살펴보았다. 위에서 설명할 때 언급한 바와 같이 구체적인 모양은 상품의 종류나 결제수단에 따라 달라진다. 다만 전체적인 모양은 위에서 설명한 것처럼 요약할 수 있다.

2.4.3 인터넷 쇼핑몰의 유형

김효석 · 홍일유[2000]는 인터넷 쇼핑몰의 판매제품 유형과 제품판매 유형을 기준으로 [표 2-3]과 같이 인터넷 쇼핑몰의 분류 모형을 제시하였다.

▷▷ 표 2-3 인터넷 쇼핑몰의 분류 모형

인터넷 쇼핑몰의 분류		인터넷 쇼핑몰의 제품판매 유형	
		간접판매	직접판매
인터넷 쇼핑몰의 판매제품 유형	다 종	종합중개형	종합직판형
	단 일	전문중개형	전문직판형

<※ 자료원 : 김효석 · 홍일유, 2000>

판매하는 제품에 대하여 품질 보증과 배달의 책임이 인터넷 쇼핑몰과 직접 연관이 있는 판매형태를 직접판매형이라고 하고, 품질 보증과 배달의 책임이 간접적일 경우 간접판매형이라고 한다. 즉, 간접판매형의 인터넷 쇼핑몰은 제품을 구매하는 소비자와 이를 판매하는 판매자, 제조업자, 유통업자들의 중간에서 상호 중개하는 역할을 수행한다. 또한, 인터넷 쇼핑몰에서 판매되는 제품의 유형에 따라 단일유형(전문형)과 다중유형(종합형)으로 구분할 수 있다. 단일유형은 판매되는 제품이 꽃이나 책, CD, 소프트웨어와 같은 단일 업종의 제품인 경우를 말한다. 스포츠 전문상품이나 종교 관련 상품, 유아용품 등과 같이 제품의 업종이 상이한 제품들이 판매되는 경우에도 하나의 통일된 이미지로 그룹화할 수 있으면 단일 유형에 포함된다. 그에 비해 다중유형은 판매되는 제품업종이 둘 이상일 뿐 아니라, 하나의 이미지로 통일화시킬 수 없는 제품 유형일 경우에 해당된다.

[표 2-3]에 나타난 바와 같이 인터넷 쇼핑몰의 제품판매 유형이 직접 판매이고 판매하는 제품의 유형이 다양하면 종합직판형, 인터넷 쇼핑몰의 제품판매 유형이 간접판매이고 판매하는 제품의 유형이 다양하면 종합중개형, 인터넷 쇼핑몰의 제품판매 유형이 직접판매이고 판매하는 제품의 유형이 단일유형이면 전문직판형, 인터넷 쇼핑몰의 제품판매 유형이 간접판매이고 판매하는 제품의 유형이 단일유형이면 전문중개형이라고 할 수 있다. 종합직판형의 예로는 롯데닷컴(www.lotte.com), 신세계몰(mall. shinsegae.com),

현대Hmall(www.hyundaihmall.com) 등이 있고, 종합중개형의 예로는 인터파크(www.interpark.com) 등이 있다. 또한 전문직판형으로는 아마존(www.amazon. com), 교보문고(www.kyobobook.co.kr) 등을 예로 들 수 있으며, 전문중개형으로는 전자부품 중개 사이트인 패스트파츠(www. fastparts.com), 플라스틱과 고무산업분야의 기업에 특화하여 거래를 알선하는 폴리소트(www.polysort.com) 등을 예로 들 수 있다.

2.4.4 인터넷 쇼핑몰의 성공전략

상품전략

인터넷 쇼핑몰에서 상품의 선택은 현실세계에서의 상품 선택보다 더 중요하다. 왜냐하면, 현실세계에서는 유동인구가 많은 목 좋은 곳에 자리를 잡으면, 어떤 장사를 해도 매출을 올릴 수 있다. 그러나 인터넷에서는 상점의 접근성이 크게 차이가 나지 않을 수 있기 때문에, 취급상품이 상대적으로 중요해 진다. 일반적으로 현실세계에서 판매할 수 있는 거의 모든 상품을 온라인으로 판매할 수 있다. 인터넷 쇼핑몰에서의 판매상품 비중의 변화 추세를 살펴보면 인터넷 쇼핑몰에서의 상품 전략이 중요함을 알 수 있다.

상품의 특성 면으로는 첫째, 상품의 질이 표준화되어 있는 제품이 유리하다. 책, CD, 컴퓨터 부품 등은 제품의 질이 표준화되어 있으므로, 소비자가 상품 질에 대한 염려 없이 주문할 수 있다. 인터넷 쇼핑몰에서 많이 판매되는 상품순위의 상위품목이 컴퓨터, CD, 도서인 것은 이러한 이유에서이다.

둘째, 정보 상품 또는 상품에 부가된 정보가 있는 확장상품(augmented product)이 유망하다. 인터넷의 탄생 자체가 정보를 교환하는 것이었고, 오늘날 인터넷을 사용하는 대부분의 사람이 정보를 얻기 위해서이다. 상당한 수의 인터넷 사용자가 오프라인 혹은 온라인에서 물건구매 하기 전에 인터넷에서 제공하는 상품 정보를 찾아본다고 했다. 따라서 정보자체 혹은 정보가 부가된 형태의 상품이 바람직하다. CDNow나 Amazon에서 단순히 상품을 파는 것이 아니라, 상품정보를 충실히 제공하여 정보제공 서비스를 함께 판매하는 것이다. 여행상품이나 보험, 예금 등의 금융상품은 근본적으로 상품의 성격 자체가 정보이므로, 인터넷 판매에 적합한 상품이다.

셋째, 맞춤상품(customized product)이 유망하다. 첫 번째 유망 상품특성에 반대되는 특성이지만, 오늘날 소비자 욕구가 다양해지고 개성화 되는 추세로 볼 때, 앞으로 유망한 상품이 맞춤상품이다. 컴퓨터 판매업에서 급부상한 Dell사는 매출신장의 주요요인이 인터넷 전자쇼핑상점의 판매에 기인한다고 분석했었다. Dell사의 판매 사이트에서는 소비자가 원하는 대로 부품을 선택하여 PC 사양을 구성할 수 있다. 부품의 선택에 따른 가격의 계산은 물론이고, 부품 간 호환성 문제의 발생도 체크해 준다. 컴퓨터 외에도 자동차, 네트워크 제품, 엔지니어링 제품 등 옵션이 다양한 물리적 상품은 물론이고, 더 큰 가능성이 있는 상품은 보험, 주식, 투자자문 등의 금융상품과 정보제공 서비스 상품이다. 이러한 상품은 근본적으로 상품의 성격이 맞춤서비스를 제공하여야 하는 것으로, 판매 사이트에서 잘 구성된 시뮬레이션, 의사결정, 전문가시스템 소프트웨어의 도움으로 맞춤기능을 고도화할 수 있다.

사이트 운영전략

성공요인 중에 상품보다 중요한 요소는 인터넷 쇼핑몰의 운영이다. 같은 과일가게라도 새벽에 일찍 일어나 가게 앞을 깨끗이 청소하고 과일들을 반짝반짝하게 닦아놓은 과일가게가 장사가 잘되는 것은 당연한 일이고, 이러한 원칙이 인터넷 쇼핑몰에서도 적용된다.

(1) 사이트의 구성과 디자인

소비자가 첫 번째 갖는 인상은 방문한 사이트의 디자인에서 결정된다. 깔끔하고 미적 감각이 있는 사이트 디자인은 쇼핑몰의 신뢰도에도 영향을 미친다는 연구결과가 발표되었다. 레이아웃, 색 구성, 폰트, 정보의 정리 상태, 이미지구성 등이 디자인 요소가 된다.

(2) 쉬운 검색

소비자가 원하는 것은 쇼핑몰에 원하는 상품(혹은 상품정보)이 있는가이다. 따라서 최대의 관건은 소비자가 찾고자 하는 상품이나 상품정보를 얼마나 잘 찾을 수 있도록 구성하고 빠르게 제공하는 가이다. 상품리스트나 가격이 여러 페이지를 거쳐야만 볼 수 있도록 구성해선 안 되며, 자신의 사이트에 있는 상품을 찾아주는 검색기능을 갖추어야 하며, 검색기능이 없다면 상품군 별로 잘 정리된 인덱스 목록을 제공하여야 한다. 그리고 또한 가지 고려할 점은 대부분의 경우, 검색엔진을 이용하여 사이트의 특정 페이지로 바로 들어오기 때문에, 이렇게 바로 들어온 사용자가 사이트에서 길을 잃지 않고 쉽게 사이트 내의 다른 페이지로 옮겨가거나, 정보를 찾을 수 있도록 하여야 한다는 점이다.

(3) 신뢰성

인터넷 쇼핑몰의 신뢰성을 높이는 것이 초기 판매뿐만 아니라 고객의 만족감을 높여 사이트를 다시 찾도록 하는 중요한 요인이 된다. 인터넷 쇼핑몰의 신뢰성을 높일 수 있는 요소들을 살펴보면 다음과 같다. 첫째, 자신과 자신의 사이트에 대해서 가공의 인물이나 이름이 아닌 실제의 인물과 기업이라는 것을 밝혀야 한다. 언론 보도나 평가기관의 평가 자료를 갖추어 객관적인 판단자료를 제공하는 것도 신뢰성 향상에 도움이 된다. 둘째, 취급하는 상품의 종류에 대해서는 되도록 많은 구색을 갖추는 것도 이 사이트가 정말로 진지하게 사업을 하는 인터넷 쇼핑몰이라는 인식을 줄 수 있는 요소가 된다. 셋째, 주문한 상품에 대해서 주문확인 전자메일을 자동으로 전송하고, 현재 주문한 상품의 처리 상황을 고객에게 알려주는 것도 중요한 요소이다. 넷째, 품질보장과 환불조건을 명확히 밝혀 두어야 한다. 마지막으로, SSL이나 SET같은 보안이 강화된 시스템을 구축함으로써 고객에게 신뢰감을 줄 수 있어야 한다.

(4) 광고

실질적인 매출을 올리기 위해서는 자신의 사이트를 널리 알리는 일이 중요하다. 가장 손쉽고 효과적인 방법이 자신의 쇼핑몰을 검색엔진에 등록하는 것이다. 모든 검색엔진에 등록할 필요는 없으며 주요 검색엔진 열 개 정도에 등록한다. 상품이나 쇼핑몰만을 전문적으로 검색해 주는 검색엔진들에도 등록한다. 좀 더 적극적으로 광고하는 방법은 검색엔진에서 관련 키워드가 입력되었을 때, 자신의 광고를 띠우는 것이다(예를 들면, 검색엔진의 사용자가 검색어로 '자동차'를 쳤을 때, 자동차판매 사이트인 자신의 광고를 띄운다). 물론 비용이 들지만, 관심 있는 고객에게 광고하므로 광고의 효과는 크다. 또 다른 방법은 다른 웹 사이트에 링크를 다는 방법이다. 자신의 쇼핑몰에 방문하는 소비자가 어떤 경로로 찾아오는가를 분석하여, 가장 많이 이용되는 경로에 있는 사이트에 자신의 인터넷 쇼핑몰의 링크를 붙이는 노력을 한다.

기타 전략

(1) 아웃소싱·제휴 전략

인터넷 쇼핑몰의 운영상 모든 기능을 다 자체적으로 감당하는 것은 불가능하다. 특히, 창고, 배송, 결제 등의 오프라인 기능은 인터넷 쇼핑몰 업체가 자체적으로 해결하기 어렵기 때문에 외부의 전문업체에게 아웃소싱(outsourcing) 한다. 아웃소싱에서 고려하여야 할 여러 가지 중에서 특히 중요한 점은 인터넷 쇼핑몰의 경우 거의 모든 업무처리가 정보시스템에 의해서 온라인으로 이루어지기 때문에 아웃소싱 협력업체도 정보시스템이 잘 갖추어져서 엑스트라넷을 이용한 업무처리의 원활한 연동과 통합이 이루어지는 것이 바람직하다. 아웃소싱의 일반적인 전략과 절차는 이재남(2002)을 참조하기 바란다.

자사의 핵심역량에 집중하고 나머지 자원과 기능을 획득하는 또 다른 방법으로 전략적 제휴가 있는데, 인터넷 쇼핑몰 업체도 다양한 전략적 제휴를 맺어서 자사의 가치를 높인다. 전략적 제휴에는 자본적 제휴(합작회사의 설립, 자본투자)와 기능적 제휴(공동 제작,

기술지원, 공동 마케팅, 유통채널의 교차활용, 공동 연구개발)가 있는데, 인터넷 쇼핑몰에서 가장 활발히 이루어지는 제휴는 마케팅 제휴로 마일리지 교환, 고객 계정의 연계·통합, 공동 프로모션, 제휴 판매 등이다.

전략적 제휴에서는 어떠한 기능에 대해서 누구와 제휴를 맺을 것인가의 분석이 매우 중요하며, 이를 위해서는 자사의 자원시스템과 가치사슬 분석을 통해서 가능하다(권순범, 2002). 인터넷 쇼핑몰의 전략적 제휴에서도 아웃소싱과 마찬가지로 정보시스템에 의한 전략적 제휴의 설계, 구현, 관리가 중요하다.

(2) 발전 전략

인터넷 쇼핑몰은 그 기반이 인터넷이다. 그러므로 인터넷에서의 기술발전과 네티즌의 동향을 끊임없이 파악하고 따라가야 한다. '나는 장사만 하면 된다'라는 생각으로는 인터넷 쇼핑몰에서 절대로 성공할 수 없다. 인터넷 쇼핑몰의 운영자, 관리자 스스로가 최신의 기술에 관심을 갖고, 사용해 보고, 토론할 수 있는 네티즌이어야 한다. 자신의 쇼핑몰을 끊임없이 개선하고 발전시켜야 살아남을 수 있다.

인터넷 사업의 경쟁에서는 전략적 우위를 제공하는 기능(예 : 화물추적 기능, 추천기능)의 중요성이 경쟁업체에게 인식되면, 경쟁업체는 곧바로 해당 기능을 모방, 구현하여 차별화 요소가 없어지게 된다. 즉, 일반 기업에 비해서 차별적인 경쟁우위 요소의 지속성이 상대적으로 짧고, 항상 새로운 경쟁의 요소가 등장하게 된다.

따라서 인터넷 쇼핑몰 사업자는 인터넷에서 3일이 이상이 지난 것은 벌써 구식으로 취급 받는 사실을 인지하고 정기적인 사이트 개조뿐만 아니라, 경쟁기반의 변화 추세, 고객의 불만과 요구사항을 분석하여 끊임없는 개선 노력을 기울여야 한다.

요 약

1. 전자상거래는 유통시장에서 가격을 낮추며, 신규 경쟁을 가속화시키고, 소비자 중심으로 변하게 될 것이다.
2. 기존 중·소·대형 업체들의 경쟁 뿐 아니라 순수인터넷(pure click)·온오프라인(click & mortar)·오프라인(brick & mortar)의 경쟁으로 확대될 것이다.
3. 인터넷 유통의 등장 이후 온라인과 오프라인 유통채널 간의 갈등이 심화될 것이며 이에 대한 적절한 대응이 필요하다.
4. 인터넷 쇼핑몰의 성공전략으로 어떤 특성을 갖는 상품이 적절한지, 사이트 운영은 어떻게 하여야 하는지, 경쟁력 확보를 위한 아웃소싱과 제휴의 고려사항은 무엇인지를 생각해 보았다.
5. 인터넷 쇼핑몰의 유형을 판매제품의 유형 및 제품의 판매 유형별로 나누어 종합직판형, 종합중개형, 전문직판형, 전문중개형으로 분류하고 그 사례 및 성공전략을 알아보았다.

주요 용어정리

- 가치사슬(value chain)
- 개방성
- 거래비용(transaction cost)
- 경제적 효용성
- 균형(equilibrium)
- 기업소비자간 전자상거래(B2C EC)
- 데이터마이닝(data mining)
- 디렉토리
- 레버리지효과(leverage effect)
- 맞춤상품(customized goods)
- 비교검색 에이전트(agent)
- 비교유통업자(comparison distributor)
- 비교중개업자(comparison broker)
- 상품통제
- 생산자
- 소비자
- 수확체감법칙(diminishing returns)
- 순수인터넷모델(pure click)
- 오프라인모델(brick & mortar)
- 온·오프라인병행모델(click & mortar)
- 이동비용(transportation cost)
- 인터넷 쇼핑몰
- 전문중개형
- 전문직판형
- 전자지급결제시스템

- 정보제공자(information provider)
- 종합중개형
- 종합직판형
- 주문전달(order forwarding)
- 중간채널(intermediary)
- 직접 판매(direct marketing)
- 채널갈등(channel conflict)
- 컨텐츠
- 후발주자의이익(second mover's advantage)
- CRM(customer relationship management)
- SCM(supply chain management)

연 습 문 제

[1] 인터넷의 개방성(openness)의 의미와 유통에 미치게 되는 영향에 관해서 논하시오.

[2] 제한적 합리성(bounded rationality)이 의미하는 것이 무엇인지 설명하시오.

[3] 전통적인 유통산업과 전자상거래에 기반한 유통산업이 어떻게 다른지 프로세스와 소비자 관점에서 논하시오.

[4] Disintermediation과 reintermediation 현상에 대해서 논하시오.

[5] 순수인터넷모델(pure click), 온/오프라인병행모델(click & mortar), 그리고 오프라인모델(brick & mortar)의 장단점을 논하시오.

[6] 온라인과 오프라인 채널갈등 현상을 예를 들어 설명하고 그 해결방안에 대해 논하시오.

[7] 국내의 AK몰과 해외의 Amazon 사이트를 방문하여 상품의 종류, 고객 서비스, 사이트 디자인, 주문의 절차 등의 여러 요소를 비교하여 보시오.

[8] 검색엔진을 이용하여 국내 Top 10 쇼핑몰들의 목록을 찾은 후 이들을 유형별로 분류하여 보시오.

[1] 권순범, 인터넷이 기업경영을 바꾼다, 1996.
[2] 권순범·김서형, "전자상거래 기업의 전략적 제휴에 관한 연구-제휴과정의 가이드라인," 한국전자거래학회지, 제7권1호, 2002.
[3] 김효석·홍일유, 디지털 경제시대의 경영정보시스템, 법문사, 2000.
[4] 송지희, "온라인 쇼핑몰 업체분석," 정보통신정책ISSUE, 13권1호, 2001.
[5] 이경전, 디지털 경제시대의 비즈니스 모형, en@ble 창간호, 1999.
[6] 이경전, 소비자 중심 경제, 월간 en@ble, 1999, 5월호.
[7] 이재규 외, 전자상거래 관리사 학습서, 법영사, 2000.
[8] 이재규, 이한수, 인터넷 비즈니스 사업 전환 모델 : 유통산업 관점, 1999.
[9] 이재규, 장용식, 이한수, 김상우, CALS/EC 도입에 따른 산업구조 변화와 대응방안 수립, 1999.
[10] 이재남, "정보시스템의 구현 : 아웃소싱," 경영정보시스템 원론의 제14장, 법영사, 2002.
[11] 전자상거래 원론, 이재규, 김현수, 최형림, 이경전, 법영사, 2000.
[12] 통계청, "2003년 12월 및 연간 사이버쇼핑몰통계조사 결과", 2004.2.
[13] 통계청, 2001년 국내 인터넷 쇼핑몰 현황, 2002.
[14] 한국전산원 "국내 소비자 대상 전자상거래 현황 아마존 사례분석"
[15] 한림과학원, 미국에서의 전자상거래 추진전략 분석 및 국내 산업의 대응전략에 관한 연구, 1998.
[16] K 마트의 몰락과 월 마트의 성공, LG경제연구원, 2002.
[17] Korean Click and RI Korea, "제4차 인터넷 사용실태 조사보고서," 2002.3.
[18] A Surprise From Amazon : Its First Profit, January 23, 2002, www.nytimes.com
[19] Aladwani, A. M. and P. C. Palvia, "Developing and Validating an Instrument for Measuring User-Perceived Web Quality," Information & Management, Vol. 39, No. 6, 2002.
[20] Aladwani, A. M., "The Development of Two Tools for Measuring the Easiness and Usefulness of Transactional Web Sites," European Journal of Information Systems, Vol. 11, No. 3, 2002.
[21] Anderson, Eric, Strategic Channel Design, Sloan Management Review, Summer 1997, pp. 59-69.
[22] Ardissono, L., A. Goy, G. Petrone, and M. Segnan, "Personalization in Business-to-Customer Interaction," Communications of the ACM, Vol. 45, No. 5, 2002.
[23] Bailey, J. P. "Intermediation and Electronic Markets: Aggregation and Pricing in Internet Commerce," Ph.D. Thesis, 1998.
[24] Barnes, S. J. and R. Vidgen, "An Evaluation of Cyber-Bookshops: The Webqual Method," International Journal of Electronic Commerce, Vol. 6, No. 1, 2001.
[25] Bennett, R., "Use of Curiosity Arousing Websites for Business-to-Business Internet Marketing," Quarterly Journal of Electronic Commerce, Vol. 3, No. 2, 2002.

[26] Bethany McLean, Did Nasdaq's reforms backfire? Fortune, Mar 1, 1999.
[27] Bruner II, G. C. and A. Kumar, "Similarity Analysis of Three Attitude toward the Website Scales," Quarterly Journal of Electronic Commerce, Vol. 3, No.2, 2002.
[28] Calkins, John D., et al., From retailing to e-tailing, The McKinsey Quarterly, 1999, No.1.
[29] Christine B. Bucklin, et al., Channel Conflict: When it is dangerous?, The Mckinsey Quarterly, 1997, No.3.
[30] Cunliffe, D., "Developing Usable Web Sites - a Review and Model," Internet Research, Vol. 10, No. 4, 2000.
[31] Daniel Amor, e-Business Revolution, Hewlett-Packard Professional Books, 1999.
[32] Doherty, N. F. and F. E. Ellis-Chadwick, "The Relationship between Retailers' Targeting and E-commerce Strategies: an Empirical Analysis," Internet Research, Vol. 13, No. 3, 2003.
[33] Efraim Turban, David King, J. K. Lee, Merrill Warkentin, and H. Michael Chung, Electronic Commerce 2002: A Managerial Perspective, Prentice Hall, 2002.
[34] eMarketer, "eCommerce: B2C Report," August 2001.
[35] FCC, CS Docket No. 96-496, 1997; ADSL, Emerging Digital Economy Report, Werbach, 1997, p. 75.
[36] Fink, D., and R. Laupase, "Perceptions of Web Site Design Characteristics : a Malaysian/ Australian Comparison," Internet Research, Vol. 10, No. 1, 2000.
[37] Glezer, C. and S. B. Yadav, "A Conceptual Model of an Intelligent Catalog Search System," Journal of Organizational Computing and Electronic Commerce, Vol. 11, No. 1, 2001.
[38] Heikkila, J., J. Kallio, T. Saarinen, et al., "Entrepreneurial Opportunities Created by Electronic Grocery Shopping," Electronic Markets, Vol. 10, No. 1, 2000.
[39] Huizingh, E. K. R. E., "The Content and Design of Web Sites : an Empirical Study," Information & Management, Vol. 37, No. 3, 2000.
[40] Jae Kyu Lee, Heegoo Kang, Hoe Kyung Lee, and Han Soo Lee, Evolutionary Stages of e-Tailers and Retailers : Firm Value Determinants Model, Journal of Global Information Management, 2002.
[41] Jenamani, M., P. K. J. Mohapatra, and S. Ghose, "Benchmarking for Design Evaluation of Corporate Web Sites: a Study," Quarterly Journal of Electronic Commerce, Vol. 3, No. 4, 2002.
[42] Joh, Y. H. and J. K. Lee, "Buyer's Customized Directory Management over Seller's E-Catalog : Logic Programming Approach," Decision Support Systems, Vol. 34, No. 2, 2003.
[43] Kim, J. K., Y. H. Cho, and W. J. Kim, "A Personalized Recommendation Procedure for Internet Shopping Support," Electronic Commerce Research and Applications, Vol. 1, No. 3~4, 2002.
[44] Kim, S. E., T. Shaw, and H. Schneider, "Web Site Design Benchmarking within Industry Groups," Internet Research, Vol. 13, No. 1, 2003.

[45] Kmart case, CNET, 2002.4.
[46] Kowtha, N. R. and T. W. I. Choon, "Determinants of Website Development: a Study of Electronic Commerce in Singapore," Information & Management, Vol. 39, No. 3, 2001.
[47] Kwon, Suhn Beom, "Strategies for Reduction of Channel Conflict Caused by Direct Marketing in EC," Proceeding of 2000 MIS/OA International Conference, June 8-10 2000, pp. 71-75.
[48] Lee, J., M. Podlaseck, E. Schonberg, et. al., "Understanding Merchandising Effectiveness of Online Stores," Electronic Markets, Vol. 10, No. 1, 2000.
[49] Liu, C. and K. P. Arnett, "Exploring the Factors Associated with Web Site Success in the Context of Electronic Commerce," Information & Management, Vol. 38, No. 1, 2000.
[50] Liu, C., K. P. Arnett, and C. Litecky, "Design Quality of Websites for Electronic Commerce: Fortune 1000 Webmasters' Evaluations," Electronic Markets, Vol. 10, No. 2, 2000.
[51] Merrill Lynch Warns: Get Online Or Perish By Chet Dembeck E-Commerce Times, May 20, 1999.
[52] Michael May, Consumers still wary of buying food from online grocers, Nando Times, May 21, 1999.
[53] Nour, M. A., and A. Fadlalla, "A Framework for Web Marketing Strategies," Information Systems Management, Vol. 17, No. 2, 2000.
[54] November 6, 1998, NEW YORK, NY. 1999.
[55] Otto, J. R., and Q. B. Chung, "A Framework for Cyber-Enhanced Retailing : Integrating E-Commerce Retailing with Brick-and-Mortar Retailing," Electronic Markets, Vol. 10, No. 3, 2000.
[56] Paik, H., B. Benatallah, and R. Hamadi, "Dynamic Restructuring of E-Catalog Communities Based on User Interaction Patterns," World Wide Web, Vol. 5, No. 4, 2002.
[57] Palmer, J. W., "Web Site Usability, Design, and Performance Metrics," Information Systems Research, Vol. 13, No. 2, 2002.
[58] Paul Timmers, Business Models for Electronic Markets, Electronic Markets, Vol.8 1998.
[59] Raghu, T. S., P. K. Kannan, H. R. Rao, and A. B. Whinston, "Dynamic Profiling of Consumers for Customized Offerings over the Internet: a Model and Analysis," Decision Support Systems, Vol. 32, No. 2, 2001.
[60] Ranganathan, C. and S. Ganapathy, "Key Dimensions of Business-to-Consumer Web Sites," Information & Management, Vol. 39, No. 6, 2002.
[61] Rao, B., "Developing an Effective E-tailing Strategy," Electronic Markets, Vol. 9, No. 1~2, 1999.
[62] Ravi Kalakora, Andrew B. Whinston, Electronic Commerce, Addison Wesley, 1997.
[63] Raymond, L., "Determinant of Web Site Implementation in Small Businesses," Internet Research, Vol. 11, No. 5, 2001.
[64] Robbins, S. S. and A. C. Stylianou, "Global Corporate Web Sites: an Empirical Investigation of Content and Design," Information & Management, Vol. 40, No. 3, 2003.

[65] Rogers, M. and T. M. Rajkumar, "Developing Electronic Commerce Web Sites for the Visually Impaired," Information Systems Management, Vol. 16, No. 1, 1999.
[66] Ron Hasty, James Reardon, Retail Management, McGraw-Hill, 1996, p. 578.
[67] Schubert, P., "Extended Web Assessment Method(EWAM) : Evaluation of Electronic Commerce Applications from the Customer's Viewpoint," International Journal of Electronic Commerce, Vol. 7, No. 2, 2002.
[68] Sieber, P., "Consumers in Swiss Online Grocery Shops," Electronic Markets, Vol. 10, No. 1, 2000.
[69] Stell, R. and N. Paden, "Creating Retail Web Sites for Different Consumer Shopping Orientations," Journal of Internet Commerce, Vol. 1, No. 1, 2002.
[70] Tamini, N., M. Rajan, and R. Sebastianelli, "The State of Online Retailing," Internet Research, Vol. 13, No. 3, 2003.
[71] Tapscott, Digital Economy, McGraw-Hill, 1996, p. 27~28.
[72] Teo, T. S. H. and J. S. Tan, "Senior Executive's Perceptions of Business-to-Consumer(B2C) Online Marketing Strategies : The Case of Singapore," Internet Research, Vol. 12, No. 3, 2002.
[73] The White House, A Framework For Global Electronic Commerce, http://www.ecommerce.gov/ framewrk.htm
[74] Turban, E., King, D., Lee, J., Viehland, D., Electronic Commerce 2004 : A Managerial Perspective, Prentice Hall, 2004.
[75] U.S. Department of Commerce, Emerging Digital Economy, 1998.
[76] U.S. Government Working Group on Electronic Commerce, First Annual Report
[77] W. Brian Arthur, Increasing Returns and the Two Worlds of Business, HBR, Jul/Aug. 1996.
[78] Wan, H. A., "Opportunities to Enhance a Commercial Website," Information & Management, Vol. 38, No. 1, 2000.
[79] Yannis Bakos, A Strategic Analysis of Electronic Marketplaces, Communications of ACM, 1991.
[80] Yen, B. P. and R. C. Kong, "Personalization of Information Access for Electronic Catalogs on the Web," Electronic Commerce Research and Applications, Vol. 1, No. 1, 2002.
[81] Yuan, S. T., "A Personalized and Integrative Comparison-shopping Engine and its Applications," Decision Support Systems, Vol. 34, No. 2, 2002.
[82] Zhang, P., G. M. Von Dran, P. Blake, and V. Pipithsuksunt, "Important Design Features in Different Web Site Domains: an Empirical Study of User Perceptions," E-Service Journal, Vol. 1, No. 1, 2002.

[1] 교보문고 ······ http://www.kyobobook.co.kr
[2] 국내 의류 쇼핑몰 사이트 ······ http://www.fashionplus.com
[3] 네이버 지식 쇼핑 ······ http://shopping.naver.com/

[4] 롯데닷컴 ································ http://www.lotte.com
[5] 미국 상장 기업 재무자료 ································ http://www.quicken.com
[6] 신세계몰 ································ http://mall.shinsegae.com
[7] 야후! 쇼핑 ································ http://kr.shopping.yahoo.com
[8] 인터파크 ································ http://www.interpark.com
[9] 통계청 ································ http://kostat.go.kr
[10] 패스트파츠 ································ http://www.fastparts.com
[11] 폴리소트 ································ http://www.polysort.com
[12] 현대Hmall ································ http://www.hyundaihmall.com
[13] AK몰 ································ http://www.akmall.com
[14] Amazon ································ http://www.amazon.com
[15] Barnes & Noble 도서 사이트 ································ http://www.barnesandnoble.com
[16] CJ 오쇼핑 ································ http://www.cjmall.com
[17] D&Shop ································ http://www.dnshop.com
[18] eBay의 경매 사이트 ································ http://www.ebay.com
[19] eMarketer ································ http://www.emarketer.com
[20] Forrester Research ································ http://www.forrester.com
[21] Gmarket ································ http://www.gmarket.com
[22] GS 홈쇼핑 ································ http://www.gsshop.com
[23] IDC ································ http://www.idcresearch.com
[24] Price Grabber ································ http://www.pricegrabber.com
[25] Priceline의 역경매 사이트 ································ http://www.priceline.com
[26] Wal*Mart 쇼핑몰 ································ http://www.wal-mart.com

제 3 장

3

고객과 CRM

학 습 목 표

- 온라인 고객에 대한 정의를 파악하고 그 중요성을 이해한다.
- 소비자 구매 행태 모델을 살펴보고 이에 입각한 구매 행태 특성을 알아본다.
- 온라인 고객의 구매 의사 결정 과정을 이해하고 관련 모델들을 살펴본다.
- 고객관계관리에 대하여 그 정의와 관련 개념이 고객 라이프 사이클과 평생 가치에 대해 알아보고자 한다.
- 고객 관계 관리의 단계들을 살펴보고 단계 별 고려 사항들을 파악한다.

저 자 소 개

김 우 주, 연세대학교 정보산업공학과 교수, wkim@yonsei.ac.kr

차 례(3)

3.1 서 론

3.2 온라인 고객의 구매 행태

3.2.1 소비자 구매 행태 모델

3.2.2 온라인 고객의 구매 특성

3.2.3 온라인 고객의 행동 특성

3.3 소비자 구매의사결정

3.3.1 소비자 구매의사결정 모형

3.3.2 인터넷에서의 구매의사결정

3.3.3 인터넷 구매의사결정 지원

3.4 고객관계관리(CRM)

3.4.1 고객관계관리란?

3.4.2 고객 라이프 사이클과 고객 평생 가치

3.4.3 고객관계관리의 단계

3.5 인터넷 시대의 고객관계관리

3.5.1 고객관계관리를 위한 정보 채널 : 웹체인

3.5.2 전자상거래 기업을 위한 고객관계관리 모형들

3.6 CRM 시스템의 구성

사 례

외환 은행의 CRM 구축 사례

요 약

주요 용어정리

연습문제

참고문헌 및 참고사이트

3.1 서 론

본 장에서는 인터넷을 이용하여 상거래를 하는 소비자(잠재 고객을 포함하는 광의의 고객)를 고객이라고 정의하고자 하며 이를 온라인 고객이라 부르고자 한다. 본 장에서는 이와 같은 온라인 고객이 누구이며 온라인 고객의 특성들이 일반 소비자와 어떻게 다르며 또한 이들의 행태는 어떠하며 결과적으로 이들에 대한 영업 활동과 서비스를 하기 위해서 어떤 점들을 고려해야 되는지에 관련된 조사와 논의를 다루고자 한다.

또한 온 · 오프라인 고객에 구분 없이 정보기술의 발달로 고객이 발생시키는 방대한 양의 정보가 기업의 데이터베이스에 축적되어 왔으며 이를 이용하여 고객의 평생 가치를 극대화하고자 하는 전사적 전략, 즉 고객관계관리(Customer Relationship Management)와 그 접근 방법에 대해 알아보고자 한다.

3.2 온라인 고객의 구매 행태

본 절에서는 온라인 고객들이 인터넷 구매에 있어 어떤 과정을 거치게 되는지 알아보고 이들 전체 과정 혹은 각 단계 과정에서 나타나는 특성이나 유의점들을 살펴보고자 한다.

3.2.1 소비자 구매 행태 모델

모든 다른 기업에서와 마찬가지로 전자상거래 기업에 있어서도 모든 활동의 궁극적 목적은 고객으로 하여금 그 기업에서 제공하는 상품이나 서비스를 구매하도록 하는 데 있다. 따라서 온라인 고객의 구매 행태란 무엇이며 고객의 구매 행태에 영향을 미치는 요인들이 무엇인지를 본질적으로 정의하고 정확하게 파악하는 것은 다른 어떤 활동보다도 중요하다 할 수 있다. 소비자 구매 행태란 많은 정의들이 존재하겠지만 일반적으로 왜 구매를 하고자 하며 구매 활동의 결과로 인하여 무엇을 얻게 되는지를 의미한다 하겠다. 그러면 이제 이러한 소비자 구매 행태에 영향을 주는 요인들이 무엇인지에 대해 <그림 3-1>의 전자상거래 소비자 행태 모형(Turban, Lee, King, Liang and Turban, 2009)을 바탕으로 알아보고자 한다.

▶▶ 그림 3-1 전자상거래 소비자 행태 모형

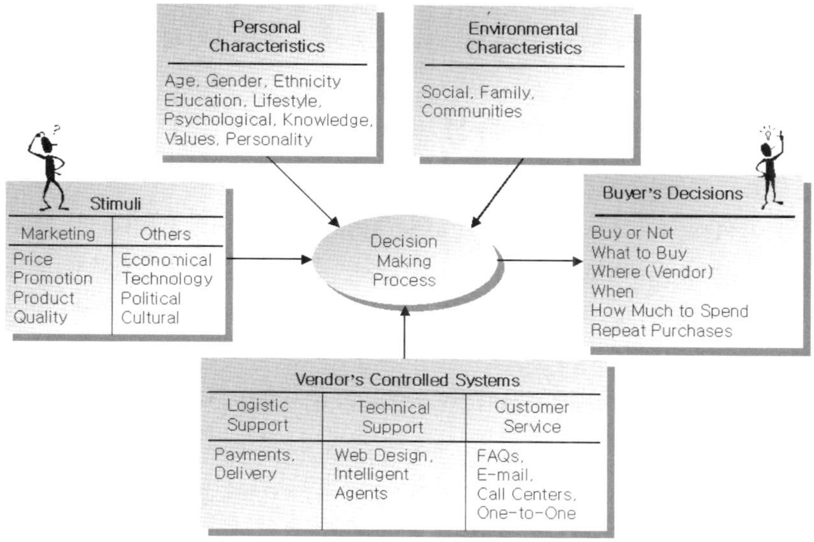

<※ 자료원 : Turban, E., Lee, J.K., King, D., Liang, T.P. and Turban, D., 2009>

이 그림은 전자상거래 소비자의 구매 행태를 판매자의 자극에 대한 소비자의 반응의 과정으로서 구매의사결정과정(purchase decision making process)을 보여준다. 이제 우리는 먼저 이 모형에서 얻을 수 있는 몇 가지 함축적 의미들을 파악해보고자 한다.

첫째, 전자상거래 소비자의 구매는 기본적으로 판매자가 제공하는 가격, 제품, 품질, 판촉 등의 자극에 대한 반응의 과정으로 나타나지만 고객 개인의 특성이나 환경적 요인을 무시하고서는 원하는 성과를 거두기 힘들다는 점이다.

둘째, 전자상거래 소비자의 구매 과정에서 결정해야 할 여러 가지 요소, 즉 살 것인지 사지 않을 것인지, 무엇을 살 것인지, 누구로부터 살 것인지 등이 존재하는데 이들 각각의 의사 결정 요소마다는 서로 다른 요인들에 의해 영향을 받을 수 있다는 점이다. 다시 말해서 각각의 의사 결정 요소마다 그 특성에 맞는 지원이나 자극이 뒷받침되어야 최종적인 구매 결정을 이끌어 낼 수 있는 것이다. 예를 들어 어떤 상품을 고객으로부터 구매를 하겠다는 것은 이끌어 냈으나 이러한 구매 의사를 궁극적으로 해당 상품에 대한 구매로 연결시키지 못한다면 결국 판매 기업으로서는 아무런 의미가 없게 되는 것이다.

셋째로 고객 중심적(buyer centric) 접근 방법이나 고객 맞춤 또는 일대일 마케팅 등은 모두 초기 판매의 발생보다는 기존 고객의 유지(customer retention)에 초점을 맞춘다. 이들은 모두 전자상거래 소비자의 의사 결정 요소 중 재구매(repeat purchases) 의사 결정에 해당된다. 특히 재구매 의사 결정은 상대적으로 소비자의 구매 경험에 영향을 많이 받게 되는 바 이 그림에서 제시하는 많은 영향 요인들이 관련되겠지만 상대적으로 판매자의 물류(logistics), 기술적 지원(technical support), 고객지원(customer service) 등의 역량이 재구매 의사결정을 유도하는 데 있어 보다 중요한 역할을 수행하게 될 것이다.

3.2.2 온라인 고객의 구매 특성

오프라인 고객과 온라인 고객의 여건상의 차이와 비용요인을 정리하면 [표 3-1]과 같다.

오프라인 고객과 온라인 고객의 구매 수단과 각 비용 요소의 경중에 따라 사용률이 다르게 된다. 예를 들어 집 근처의 24시간 편의점에서 간단한 편의품을 구입하는 경우, 온라인 방식과 비교하여 접근비용, 정보획득 비용, 이용시간 제한 등 오프라인에서의 구매비용이 매우 싸다. 따라서 물품 가격 등 다른 비용 측면에서 온라인 방식이 월등히 유리하지 않으면 고객은 오프라인 방식을 사용할 것이다.

반면, 온라인 증권거래의 경우 수수료가 싸고 네트워크 속도가 빠르며 많은 정보를 보다 편하게 볼 수 있어 직접 매장에 나가 매매하는 경우보다 비용이 저렴하여 증권거래에 있어 인터넷을 선호하게 된다. 다만 가정에 인터넷 연결이 어렵고 컴퓨터 사용방법을 배우는 것이 능숙하지 않는 경우 매장이 개인적으로 비용이 싸게 인식될 것이다.

도서의 경우도 책의 내용을 직접 읽어보는 품질비용이 큰 사람은 직접 매장을 찾게 되며, 이미 아는 책을 구입하거나 전문서점까지의 이동비용이 큰 사람은 인터넷 서점을 이용하게 될 것이다.

우리는 판매되는 제품·서비스의 성질(가격, 경험충족의 필요성, 정보요구도, 디지털화 여부 등), 판매장의 특징, 인터넷 환경과 숙련도 등 다양한 측면에서 고객입장의 비용이 달라지며 이에 따라 인터넷 구매율이 변하게 될 것이다. 따라서 우리는 고객입장에서의 온라인 고객구매비용과 오프라인 고객구매비용의 상대적 차이에 따라 인터넷 구매율이 결정된다고 볼 수 있다.

과연 어떤 요소가 어떻게, 언제, 어느 정도로 고객의 구매를 결정짓는지는 전자상거래에서 매우 중요한 연구주제이다.

3.2.3 온라인 고객의 행동 특성

인터넷 세계에서 어떠한 요인이 고객의 행동을 유발시키는지를 이해하는 것이 중요하다. 예를 들어, 고객이 컴퓨터 화면의 재료들에 대해 어떻게 대응하는지, 사회적인 관계형성 여건의 제약과 품질에 대한 검증이 제한적인 가운데 의사소통이나 거래가 어떻게 이루어지는지, 고객이 자신이 원하는 정보를 찾아내기가 얼마나 어려운지 등에 따라 온

▷▷ 표 3-1 온라인 고객과 오프라인 고객 간의 구매 비용 요소의 차이

구매비용 요소		오프라인 고객	온라인 고객
판매점에의 접근	방법	물리적 수단으로 해당 장소로 이동	컴퓨터 상에 해당 URL로 이동한다
	주요비용 요인	교통수단비용 이동시간 물품 운반의 노동력 주차비용 지역을 벗어나면 급격한 이동비용 증가	네트워크 속도, 컴퓨터 구입비용 컴퓨터 사용방법 습득 네트워크 사용료 인터넷 사용방법습득
판매점에서의 물품 접근	방법	진열대에서 직접 물품 검색	브라우징, 서핑, 검색
	주요비용 요인	줄서기 물품을 찾기 위한 매장 내 이동 찾는 시간	끊어진 링크 느린 페이지 로딩시간 2 검색 시간
사용자가 지불하는 가격	가격구성	제조자 판매가+유통비용+최종판매점의 운영비용, 마진, 광고비용+세금+배달(설치)비용	
	주요가격 상승요인	최종판매점의 진열비용, 토지비용, 건물 비용, 점원 인건비 등	배달비용 웹 컨텐츠 개발비용 거래시스템 운영비용
	주요가격 하락요인	보통 배달비용이 포함 안됨	온라인 거래의 세금감면 최종판매점의 운영비용 및 거래비용 감소 제조자 직판이 용이하여 유통비용 감소
정보획득	방법	판매 직원에 문의 사용자간 의견 교환	온라인 정보 제공 온라인 의견 교환 비교 쇼핑
	주요비용요인	정보제공력 있는 판매직원 부재	정보제공 컨텐츠 부족
이용시간성	주요비용	영업시간 내 한정	-
품질확인	방법	직접 살펴봄	웹 상에서 그래픽 등으로 확인
	주요비용 요인	-	실물감 부족으로 품질 판단이 어려움
기타	개인정보보호 관련 고객비용	고객전산화가 되어 있는 경우 개인정보 유출의 가능성	개인정보의 유출 서버 해킹
	보안관련 고객비용	-	신용카드번호의 유출

라인 고객의 행동양식은 다르게 나타난다.

이제 온라인 고객의 행동특성에 대한 영향요인을 살펴보겠다.

상호작용성과 고객의 접촉빈도

온라인 고객의 상호작용성이 증가하면 매우 빠르게 고객의 접촉빈도와 사용률이 증가하는 것으로 나타나고 있다.

상호작용성은 사용자들에게 새로운 기능, 정보, 그리고 기회를 제공함으로써 나타난다. 기본적으로 사용자에게 필요한 정보가 제공되면 사용자의 사용률 또한 곧 증가되는 것을 목격하기란 쉽다. 반대로, 웹의 속도가 느리거나 필요한 정보를 찾을 수 없을 경우 웹을 사용하지 않는다고 GVU의 조사에서 나타났듯이 상호작용성을 저해하는 여러 가지 이유(속도, 정보의 신뢰성 및 최신성, 링크연결실패 등)는 고객 사용률을 급격히 저하시킨다.

▶▶ 그림 3-2 고객사용률과 상호작용성의 관계

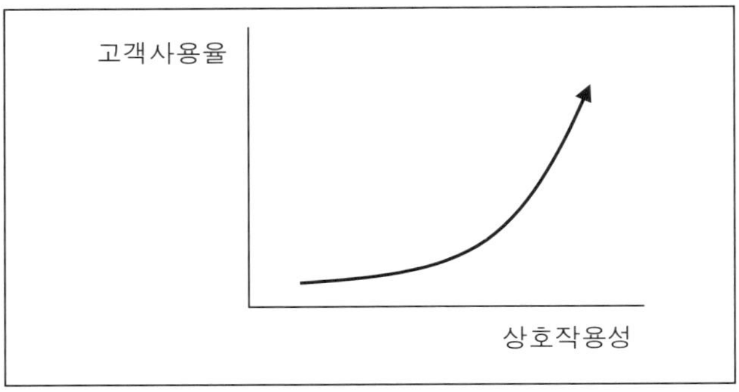

<※ 자료원 : Miletsky, J. I., 2009>

상호작용성이 증가되면 사용자들은 더욱더 서비스를 자주 이용하게 되고 서비스를 이해하기 위해 보다 많은 시간을 투자하고, 따라서 고객들의 인터넷 접촉시간을 더욱 길게 한다.

실제 비즈니스에서는 고객의 접촉시간이 길면 매우 큰 비용을 발생시킨다. 예를 들어 과도한 고객들의 서비스 콜이나, 아무런 이익이 없는 고객들의 점포 방문 등을 말한다. 그러나 인터넷에서는 이러한 현상은 반대로 나타난다. 온라인 고객의 활동이 활발해진다고 해도 거의 비용이 증가하지 않는다. 오히려 고객들의 성향을 파악한 개인화 전략, 커뮤니티 형성, 실시간 마케팅 등을 할 기회가 커진다.

상호작용성의 증가를 위한 방안으로는

- 해당 사이트와 고객 간의 직접 커뮤니케이션을 증가시킨다.
- 커뮤니케이션 외에도 분류정리, 선택, 조언, 거래 등 다양한 상호작용 수단을 제공한다.
- 고객 간의 네트워크 형성을 촉진한다 등이 있다.

인터넷 커뮤니케이션의 유형과 웹의 개인화와 동적화

인터넷 커뮤니케이션의 모델은 크게 3가지를 들 수 있다. 하나는 동일한 메시지를 모든 고객에게 전파(방송)하는 것으로서 가장 낮은 수준의 커뮤니케이션이다. 둘째는 고객에 따라 서로 다른 메시지를 전파하는 것으로 등록한 개인 고객(또는 그룹)에 따라 다양한 메시지를 준비하여 제공한다. 그러나 이 두 가지 모델은 인터넷 서비스 제공자로부터 고객으로의 단방향 커뮤니케이션만을 제공한다. 반면에 일대일 상호작용적 커뮤니케이션 모델은 고객으로부터 인터넷 서비스 제공자로의 피드백이나 대화가 가능하게 한다.

이 세 가지 커뮤니케이션 방식을 인터넷은 모두 가능하게 한다. 반면 전화나 TV, 게시판, 신문, 잡지, 직접적 개인 간 대화 등은 이들 커뮤니케이션의 한두 모델만을 만족시킨다.

Hoffman과 Novak(1996)은 각종 미디어의 동적(정적)인 측면과 개인적인 측면(비개인적인 측면)의 차원에서 비교한 바 있다. 개인적 측면이 강할수록 사용자 위주의 메시지를 전달할 수 있으며, 비개인적일수록 제품위주가 된다.

<그림 3-3>에서 화살표로 갈수록 동적이며 개인적인 커뮤니케이션 방법론에 해당한다. 웹의 위치는 중간 윗 부분으로서 약간 비인격적이며 그러나 어느 정도의 동적인 미디어임을 나타낸다. 만약 매우 동적이거나 매우 인격적인 커뮤니케이션 미디어를 찾는다면 웹은 그렇게 좋은 방법론이지는 못하다는 것을 알 수 있다. 그러나 웹은 다른 미디어가 갖는 많은 요소를 가진다.

가장 기본적인 단계에서 웹은 단순히 인쇄물을 대체하는 정도이다. 정적이며 비인격적이다. 두 번째 단계에서 웹에 데이터베이스를 연동시킴으로써 보다 동적으로 정보를 제공하게 할 수 있다. 세 번째 단계는 사용자의 선택과 사용 이력에 따라 해당 사이트를 보다 개인화 할 수 있다. 즉 단계가 진행될수록 <그림 3-3>에서 웹은 좌하반부에서 우상반부로 이동한다.

예를 들어 야후의 일반적인 디렉토리 서비스는 정적이며 비인격적인 방법이다. 그러나 야후는 마이 야후를 각 사용자별로 만들 수 있게 함으로써 보다 개인화 된 웹을 구성하게 하며 일대일 커듀니케이션이 가능한 채팅, 토론, 그룹 캘린더 기능을 통해 보다 동적이고 사회적인 서비스를 제공한다.

▶▶ 그림 3-3 상이한 커뮤니케이션방법의 비교

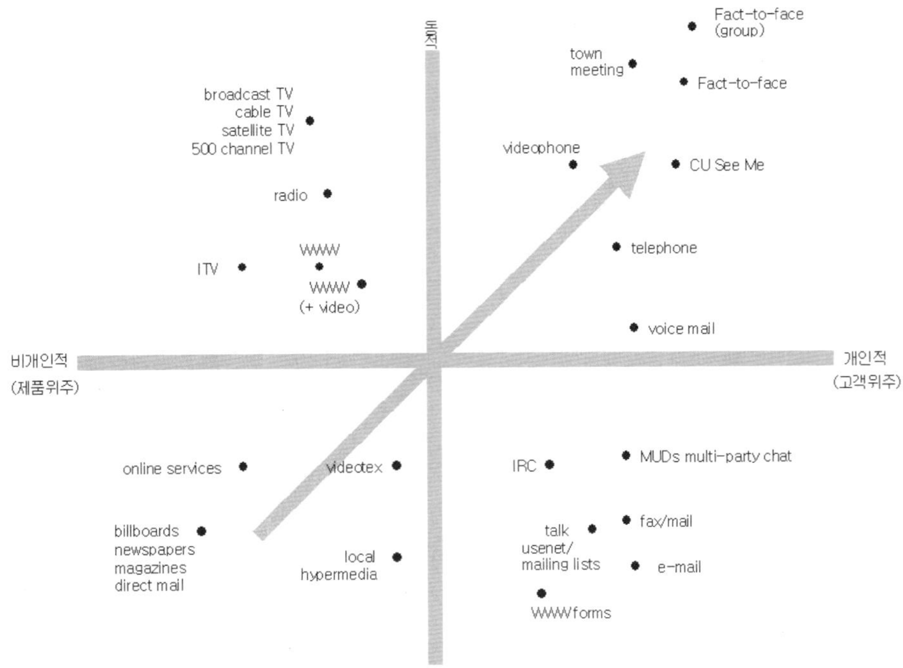

<※ 자료원 : Hoffman, D. L. and Novak, T. P., 1996>

지속적인 고객 충성도 제고 방안

온라인 고객은 오프라인 고객에 비해 다음과 같은 점에서 온라인 구매의 우월성을 기대한다.

- 고객이 찾고자 하는 상품이나 정보를 쉽게 찾을 수 있다.
- 사이트는 사용하기 쉽고, 필요한 정보가 오류 없이 신속히 다운로드 된다.
- 가격, 제품정보, 구매가능여부가 정확하며 경쟁력이 있다. 특히 고객에 대한 서비스는 가격보다 더욱 중요시 여긴다.
- 배달 시점을 정확히 제시하고 제시간에 배달이 된다.
- 전자우편을 통해 주문확인, 배달 통보 등을 전달한다.
- 반품, 환불, 교환 등의 정책이 명확히 지켜진다.

따라서 이러한 기대에 미치지 않으면 온라인 고객은 유동적이기 때문에 쉽게 다른 사이트로 옮겨 가게 된다. Reicheld와 Schefter(2000)은 다음과 같이 고객충성도를 제고하는 기본 결정 요소를 제시한 바 있다.

- 우수한 고객 서비스
- 정시 배달
- 탁월한 제품 표현과 설명
- 편리하고 합리적인 가격의 배송료
- 명확하고 신뢰할 만한 개인정보보호와 보안

그러나 Chaffey와 Smith(2008)는 Xerox를 떠난 고객 중의 65%에서 85%는 만족한 고객으로 분류되었던 고객이었다는 연구 자료를 들며 단순히 고객만족 차원보다 적극적으로 고객을 기쁘게 해야 고객의 충성도를 확보할 수 있음을 주장하며 다음과 같은 추가적인 고객 충성도 제고 요소를 첨가했다.

- 고객과의 접촉을 통한 추가적인 서비스와 고객에게 제공할 수 있는 기회와 가치 발굴
- 고객의 특성을 파악한 개인화(personalization)
- 고객들 사이의 공동체(community) 형성
- 온라인 이벤트나 전자우편 등을 통한 고객보상기회(incentive) 제공
- 고객시스템과 연동을 통해 다른 사이트로의 전환비용(switching cost)을 높게 함

3.3 소비자 구매의사결정

3.3.1 소비자 구매의사결정 모형

본 절에서는 앞에서 살펴보아 왔던 소비자 구매 행태에의 영향 변수들을 바탕으로 소비자의 구매의사결정이 어떠한 과정을 통하여 이루어지는지에 보다 초점으로 맞추고자 한다. 일반적으로 소비자의 구매의사결정 과정을 <그림 3-4>와 같은 다섯 단계로 구성된 일련의 과정으로 본다. 이들 다섯 단계는 그림에 나타난 바와 같이 각각 첫째 필요의 인식(need identification), 둘째 정보 검색(information search), 셋째 대안 평가, 절충 및 선택(alternative evaluation, negotiation and selection), 넷째 구매 및 배달(purchase and delivery) 그리고 마지막으로 구매 후 활동, 서비스 및 평가(after purchase, service and evaluation) 등으로 구성되어진다(Turban et al., 2009).

▶▶ 그림 3-4 소비자 구매의사결정 과정

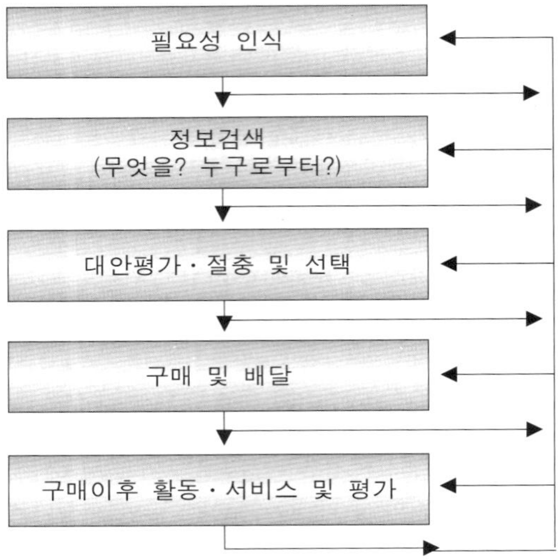

이제 이들 각 단계들에 대해 좀 더 살펴보면 먼저 첫 번째 단계인 필요 인식 단계는 소비자가 구매의 필요성을 인식하는 단계로서 소비자의 어떤 욕구에 대한 만족 수단과 현재 소비자의 상태간의 차이를 보상하고자 할 때 발생한다. 일반적으로 판매자 또는 마케팅 담당자는 소비자들의 이러한 차이를 정확히 인식하여야 하며 또한 이의 해소에 적절한 제품이나 서비스를 제공함으로써 판매 기회를 찾을 수 있을 것이다. 둘째 단계인 정보 검색 단계는 소비자가 구매 필요성을 인지한 후 그 필요성을 만족시킬 수 있는 대안들을 찾고 설정하는 단계이다. 특히 Turban et al.(2009)은 이 단계에서 소비자가 크게 두 종류의 대안을 설정한다고 보았고 하나는 어떤 제품을 살지(what product to buy)이며 다른 하나는 누구를 통하여 구매할 지(from whom to buy it)로 나누어 살펴본다. 이외에도 이 단계에서 정보 검색 영역 관점에서 내부 검색(internal search)과 외부 검색(external search)으로 나누어 볼 수도 있는데 후자에 있어서는 향후 소개하게 될 검색 엔진(search engine)이나 비교 엔진(comparison engine) 등의 기술이 이의 의사 결정 과정에 많은 도움을 줄 수 있다.

이러한 정보 수집과 대안 설정이 완료되면 세 번째 단계로 접어드는데 이 단계에서는 이들 대안에 대한 평가와 대안간의 절충 등을 통하여 최종적인 대안을 선정하는 활동이 이루어진다. 상품 비교 기능은 이 세 번째 단계에서도 역시 도움을 줄 수 있다. 이제 네 번째 단계에서는 선택된 대안에 대해 필요한 구체적 구매 과정에서의 의사 결정이 발생하는데 지불 방법, 배달 요구일, 보증 기간 등의 결정이 이에 해당한다. 일단 이 네 번째 단계가 종료되면 단일 제품에 대한 구매 과정이 종료되었다고 보아도 되나 이러한 구매 과정의 소비자 관점에서 계속 반복되며 마지막 다섯 번째 단계인 구매이후 활동, 서비스 및 평가 단계에서는 구매이후의 구매 결과에 대한 평가, 유지 보수 활동 및 애프터 서비스 등과 관련된 여러 의사 결정 등이 이루어지며 이 단계에서의 의사 결정 내역들은 향후 고객의 구매 의사 결정에 다시 중대한 영향을 끼치게 됨으로써 전체 구매 의사 결정 과정의 한 단계로서 포함된다.

이상의 구매 의사 결정 과정에서 또 하나 살펴볼 것은 기업 구매자의 경우 이들 각 단계가 그 역할에 따라 조직적으로 분화되어 있다는 점이다. 다시 말하자면 위의 각 단계들이 특정 부서나 책임자에게 분권화 되어 있으며 따라서 이러한 기업 고객을 대상으로 판매할 경우 보다 복잡하게 접근하여야 하며 이러한 점에 있어서 Kotler와 Amstrong(2005)은 이들 각각의 역할을 순서대로 제안자(initiator), 정보제공자(influencer), 의사결정자(decider), 구매자(buyer), 사용자(user)로서 구분한다. 굳이 기업 구매자가 아니라 일반 가정에서의 구매에서도 이러한 역할 분담은 어느 정도 발생하며 따라서 판매자 입장에서는 판매하고자 하는 상품에 대한 구매 의사 결정에서의 이러한 역할 분담 정도와 그 구조에 대해서도 주의를 기울여야 할 것이다.

3.3.2 인터넷에서의 구매의사결정

소비자의 구매의사결정을 모델링하고자 하는 연구는 오래 전부터 있어 왔으며 많은 연구자들에 의해 여러 가지 모델들이 제시된 바 있다. 한편 Guttman과 그 동료들은 1998년 이들 과거에 제시된 모델들에서 공통의 구매 행태를 추출하고(거의 <그림 3-4>와 유사함) 이를 전자상거래 상황에 맞도록 조정을 하였다(Guttman et al., 1998a; Guttman et al., 1998b). <그림 3-5>는 이와 같은 조정된 소비자 구매 의사결정 과정을 보여주는데 총 6 단계의 과정으로 구성되어 있다. 이제 다음에서는 이들 각 단계들에 대해 설명하고자 한다.

필요 인식(Needs Identification)

이 단계에서는 소비자는 지금까지 파악하지 못했던 새로운 필요성을 인식하게 되는 단계이다. 소비자는 여러 방법과 매체를 통해 필요성 인식을 자극 받을 수 있는 단계이기도 하다.

상품 중개(Product Brokering)

구매의 대상을 결정하기 위해 필요한 정보를 수집하는 단계로서 소비자의 주관적 기준에 의해 제품 대안들에 대한 평가도 포함한다. 이 단계의 결과로서 우리는 구매를 고려하고자 하는 일단의 제품 집합을 얻게 되는 것이다.

▶▶ 그림 3-5 인터넷에서의 구매의사결정 과정

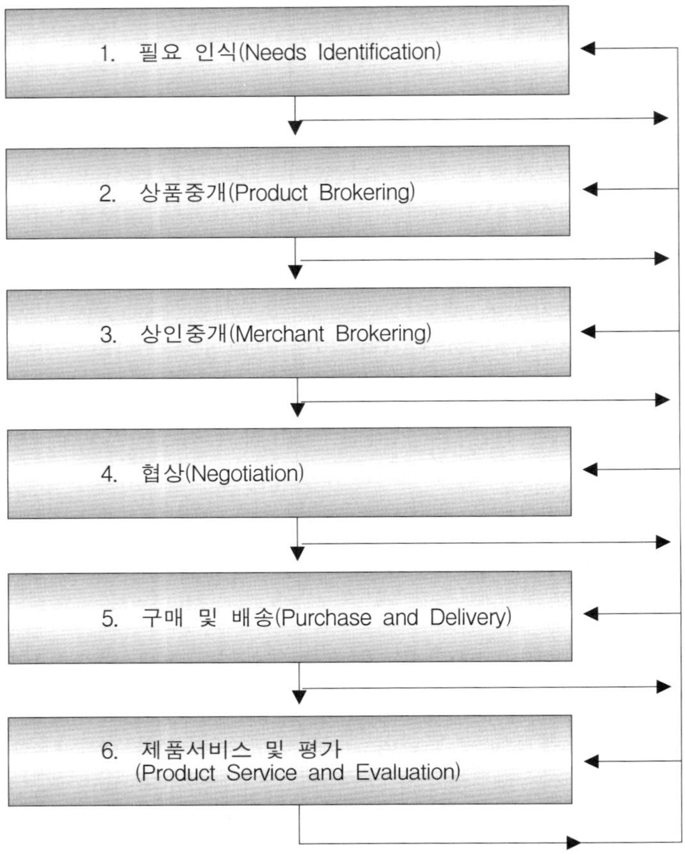

상인 중개(Merchant Brokering)

본 단계는 앞 단계의 결과물인 고려대상 제품집합과 거래처에 관련된 정보를 연계시키는 단계라 할 수 있다. 거래처 관련 정보란 특정 제품을 누구로부터 구매할 것인지에 관련된 정보를 의미하는데 여기에는 역시 소비자 관점에서의 거래처 대안들에 대한 평가를 포함한다. 거래처의 평가 기준으로는 일반적으로 가격, 보증, 가용성, 배송 시간, 명성 등을 들 수 있겠다.

협상(Negotiation)

본 단계는 어떻게 거래를 성사시킬 것인지에 대한 협상에 관련된 단계로서 협상 기간이나 그 복잡도는 시장의 특성에 따라 매우 다르게 나타날 수 있다. 전통적인 소매 시장에서는 가격과 기타 거래 관련 변수들이 대부분 이미 결정되어 있으며 따라서 추가적인 협상의 여지가 없는 것이 일반적이었다. 그러나 이외의 시장 즉 주식 시장, 자동차 시장, 미술 관련 시장 및 재래시장 등에서는 가격이나 기타 거래 관련 요소들에 대한 협상이 활발히 발생한다. 특히 차별화 정도가 큰 제품일수록 이러한 협상의 여지가 더욱 커진다 하겠다.

구매 및 배송(Purchase and Delivery)

일반적으로 구매와 배송은 곧 협상이 과정이 이미 종결되었음을 의미하며 경우에 따라 지불 방법이나 배송 방법 등이 앞 단계들의 의사 결정 과정에 개입되는 경우도 많이 존재한다 할 수 있다.

제품 서비스 및 평가(Product Service and Evaluation)

구매 이후에 발생하는 이 단계는 주로 제품 관련 애프터서비스나 제품에 대한 소비자의 만족도를 주관적으로 평가하는 과정이 될 것이다. 평가 대상은 주로 구매 조건이나 환경 그리고 구매 제품에 대한 경험적 품질 등이며 이 단계는 구매자가 누구인가에 따라 매우 의존적으로 나타나게 된다.

이상에서 살펴본 전통적 소비자 구매 의사 결정 모델이나 조정된 모델이나 모두 전자상거래 판매 사이트 혹은 전자 시장(electronic marketplace)에서는 매우 중요한 의미를 갖는다 하겠다. 이러한 의미들을 간단히 다음 절에서 정리해보고자 한다.

3.3.3 인터넷 구매의사결정 지원

소비자 구매 의사 결정 모델들은 전자상거래에서 소비자에게 제품을 판매하거나 전자 시장에서 소비자간에 물건으로 거래할 경우 과연 어떠한 지원을 해주어야 하는지를 명확히 정의할 수 있게 해준다. 특히 여러 학자들은 소위 CDSS(Consumer Decision Support System)이라는 체제를 제안하고 있다 [표 3-2] (O'Keefe and McEachern, 1998; Westerman et al., 2007). 먼저 앞에서 살펴 본 각각의 소비자 구매 의사 결정 단계 별로 필요한 일반적인 웹과 인터넷 기술과 추가적인 의사 결정 지원 요소들을 정의한다. 전체적으로 이 표는 전자상거래 기업들에게 이들 소비자 구매 의사 결정 단계에서 어떤 단계에 핵심적 역량을 개발하고자 할 경우 유의하거나 집중해야 할 기술적 분야와 의사 결정 지원 역량이 무엇인지를 잘 보여준다.

필요성 인식 단계에서는 클라이언트 쪽의 에이전트 소프트웨어나 이벤트 알람 시스템 등이 유효하게 소비자의 필요성 인식을 강화시킬 수 있는 지원 기능이라 할 수 있으며, 개인화 기술을 활용하여 소비자의 프로파일에 적합한 동적 배너를 구성하는 방법 등도 이에 관련된다 하겠다. 효과적 구조화나 인터넷 검색에 반응성을 제고하려는 노력이 효과적으로 소비자에게 다가 설 수 있는 지원 방법이라 할 수 있다. 이제 다음에 이어지는 인터넷 광고, 인터넷 마케팅과 CRM을 다루는 장들에서 이에 관련된 각론들을 좀 더 자세히 다루게 될 것이며, 구매 지원에 관련한 내용은 다음 절에서 설명한다.

▷▷ 표 3-2 소비자 구매 의사 결정 지원 시스템

소비자 구매의사 결정과정	CDSS 요소	관련 인터넷 및 웹 기술
필요성 인식	에이전트 및 이벤트 통지	배너 광고 URL 홍보 뉴스 그룹의 활용
정보 검색	가상 카탈로그 인터넷 검색 구조적 상호 접촉 외부 정보 출처 검색	웹 디렉토리 및 분류 외부 검색 엔진 정보 중개 사이트
대안 평가	FAQ 및 기타 리포트 샘플 및 시험 사용 평가 모델 지원 기존 고객의 평가 참고	뉴스 그룹의 활용 제품 비교 평가 모델
구매	제품이나 서비스 주문 지불 방법 결정 배송 방법 결정	전자 화폐 및 가상 금융 물류 업자 및 배송 추적
구매 사후 평가	이메일이나 뉴스그룹을 통해 고객 지원 이메일 기반 정보 수집	뉴스 그룹의 활용

3.4 고객 관계 관리(CRM)

3.4.1 고객 관계 관리란?

고객 관계 관리(CRM)는 강력한 협동 체제를 바탕으로 하는 통합된 영업, 마케팅 및 고객 서비스 전략으로 정의할 수 있는데(Destination.com, 2010), 이 정의에서 통합된 영업,

마케팅 및 고객 서비스란 말을 다시 생각해보면 영업, 마케팅 및 고객 서비스가 하나의 채널을 통해 발생하고 또한 이들의 데이터베이스가 통합되어 있는 상황이 전자상거래 사이트가 활동하는 환경의 상황과 일치한다고 볼 수 있다. 왜냐하면 먼저 전자상거래 판매 기업에 있어서의 광고, 판매 유치, 상품 추천 모두 웹상에서 발생하며 또한 주문 이후 관리나 서비스 측면에서의 접촉도 웹상이나 이메일을 통해서 발생하게 되기 때문이다. 이는 너무도 자연스럽게 이들 여러 기능들을 하나로 통합하기 쉽게 해주며 실제 데이터베이스 상에서도 이들 모두가 매우 유기적으로 연결되어 있는 것이 사실이다.

이러한 면에서 전자상거래 기업이 고객 관계 관리에 있어 실물 기업들보다 고객 관계 관리 면에서 훨씬 유리한 위치를 가진다고도 볼 수 있으며, 또한 고객 관계 관리에 있어 가장 큰 목적은 이미 형성되어 있는 고객과의 관계를 강화시키고 또한 이를 이익의 발생으로 연결시키고자 하는 데에 있는데, 이 역시 이를 위해서는 고객의 과거 이력 정보는 매우 중요한 의미를 가지게 되는데 전자상거래 기업에서는 아주 자연스럽게 이러한 정보들을 축적하게 된다. 반면 실물 기업에서도 많은 부분 전산화되어 있음에도 불구하고 고객의 이력 관리를 위해 수동적으로 데이터를 입력해야 되는 일들이 너무도 빈번하게 일어나는데 견주어 보면 이 또한 전자상거래 기업에 있어서는 매우 손쉽게 이를 달성한다는 것을 알 수 있다. 따라서 이러한 전자상거래 기업들은 이상과 같은 고객 관계 관리 측면에서의 상대적 장점을 보다 적극적으로 이용하여 같은 전자상거래 기업 간에 있어서의 경쟁력으로서 작용할 수 있도록 부단한 노력을 해야 할 것임은 분명한 사실이다.

3.4.2 고객 라이프 사이클과 고객 평생 가치

고객의 라이프 사이클(Lifecycle)이란 고객이 기업과 가지게 되는 관계의 단계들을 말한다. 물론 일반적으로 인간의 라이프 사이클이란 유아에서 어린이로 어린이에서 청년으로 나아가 중년 그리고 노년으로 이어지는 단계라 볼 수 있으나 이것은 인간 고유의 라이프 사이클이며 기업과 관계된 라이프 사이클이라 보기는 어렵다. 따라서 기업의 입장에서 고객의 라이프 사이클은 일반적으로 <그림 3-6>에서와 같이 네 단계로 나누어 볼 수 있다(Linoff and Berry, 2011).

그림에서와 같이 고객은 기업 입장에서 잠재적 고객 단계, 반응 고객 단계, 구매 고객 단계, 그리고 이탈 고객 단계를 시간의 흐름에 따라 순서대로 옮겨가게 된다. 잠재적 고객이란 마케팅의 대상으로 파악된 목표 시장에 소속된 고객을 의미하며 반응 고객이라 함은 임의의 마케팅 활동에 관심을 표명한 고객을 말한다. 나아가 구매 고객은 마케팅 활동의 결과로 해당 기업의 상품이나 서비스를 구매한 고객을 의미하며 마지막으로 이탈 고객은 어떤 이유에서든 그 기업의 상품이나 서비스의 구매를 중지한 고객을 말한다.

▶▶ 그림 3-6 고객 라이프 사이클 모델

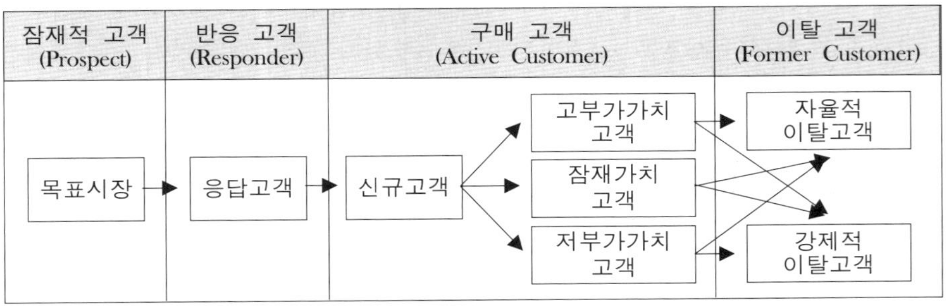

<그림 3-6>에는 각 단계 별로 좀 더 세분화된 고객의 상태 단계를 보여주는데 구매 고객은 다시 추가적으로 신규 고객, 고부가가치 고객, 잠재가치 고객, 저부가가치 고객의 네 가지 유형으로 구분될 수 있으며 새로이 구매 고객에 합류한 고객은 신규 고객이며 이들 신규 고객은 이후 지속적으로 구매 고객으로 남아 있을 수 있는데 이 때 세 가지 유형 중 하나로 존재할 수 있다. 기업에 많은 이익을 가져오는 고부가가치 고객과 비록 수익성은 좋지 않으나 잠재적인 가능성인 높은 잠재 가치 고객 그리고 기업에 수익적인 측면의 기여는 없으면서 오히려 손실을 초래할 수도 있는 저부가가치 고객 등이 그 것이다. 이들 세 가지 유형의 구매 고객들은 궁극적으로 이탈 고객으로 전환되게 되는데 이 역시 이탈의 이유에 따라 자율적 이탈 고객과 기업에 의한 강제적 이탈 고객으로 나누어 볼 수 있다.

이상에서 살펴 본 고객 라이프 사이클의 중요성 중 하나는 바로 이제까지의 전통적 마케팅이 주로 목표 시장의 설정, 고객의 응답률, 및 신규 고객의 창출 등에 주로 초점을 맞추어 왔다면 고객 관계 관리는 이후의 과정 즉 신규 고객의 전환 유형 및 구매 고객으로서의 지속성 그리고 이탈 고객에 대해 보다 많은 무게 중심을 둔다는 점이고 곧 이 고객 라이프 사이클 모델이 이러한 고객 관계 관리를 시작함에 있어 가장 기본적인 틀을 제시해 준다는 점이다. 고객의 평생 가치(Lifetime value) 역시 단순히 응답 고객에서 신규 고객으로 전환됨으로써 발생하는 일시적 수익성이라기보다는 위의 네 가지 단계를 거치면서 발생하는 총 가치를 의미한다.

이러한 고객의 라이프 사이클과 평생 가치 그리고 이를 바탕으로 하는 고객관계관리는 일반적인 마케팅 관점에서도 중요하지만 인터넷 시대의 전자상거래 기업에 있어서도 간과할 수 없다. 인터넷과 전자상거래는 고객에 대한 라이프 사이클의 전 단계에 걸친 관리를 가능하게 하고 이로 인한 고객의 평생 가치를 극대화할 수 있는 기술적 배경과 환경을 제시하기 때문이다. 따라서 고객 관계 관리 전략을 다른 경쟁 전자상거래 기업에 비해 보다 완벽하고 효율적으로 수행할 수 있는 역량이 지금 이 시대에서 요구하는 기업의 경쟁 우위라 할 수 있는 것이다. 이제 다음 절들에서는 이러한 고객 관계 관리 전략을 수행하기 위해 실질적으로 필요한 절차와 방법론들에 대해 살펴보고자 한다.

3.4.3 고객 관계 관리의 단계

기업에 있어서 고객 관계의 관리 과정이란 아래의 <그림 3-7>에서 보여주는 것과 같이 분석, 정보 및 지식 획득, 획득된 정보 및 지식을 활용한 고객 대응의 끊임없는 과정이라 볼 수 있다.

한편 이러한 고객 관리의 과정은 궁극적으로 다음과 같은 네 가지 단계의 고객과의 단계적 관계를 형성하게 되는데 이러한 기업과 고객 간의 관계들과 형성 단계를 살펴보자.

▶▶ 그림 3-7 고객관계관리 업무의 순환과정

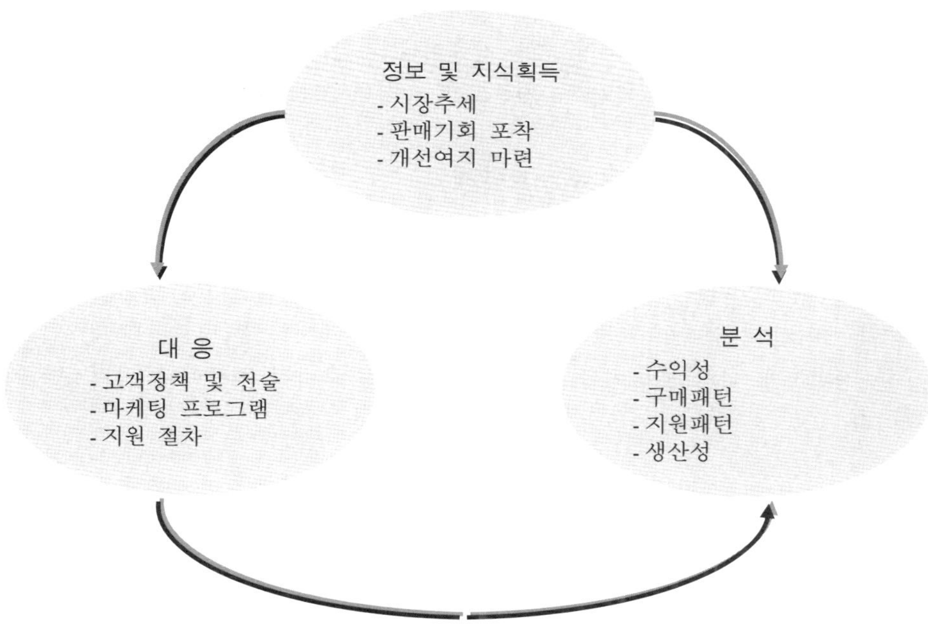

고객 획득(Customer Acquisition) 단계

초기에 잠재적 고객에게 상품을 판매하고 최초로 고객과의 관계가 형성되는 단계이다. 물론 이 단계에서는 고객의 상품 구매를 이끌어내기 위한 모든 방법들이 이 단계와 관련을 가진다 하겠다. 어쩌면 과거 대부분의 마케팅 활동은 이 단계에 초점을 맞추었다

할 수 있다.

고객 강화(Customer Empowerment) 단계

고객이 스스로 자신의 관계를 기업에 대해 강화시키는 단계로서 예를 들면 스스로 해당 기업이나 구매 제품의 특징을 배우거나 친숙해지는 과정의 단계이다. 이 단계에서는 고객으로 하여금 계속적인 관심을 가지도록 유도하며 또한 고객이 기업이나 제품에 대한 궁금증이나 문제 해결 방안을 스스로 탐색하여 찾을 수 있도록 배려되어야 한다. 예를 들면 웹 기반 매뉴얼이나 이메일을 통한 적극적 정보 제공 서비스가 이 단계에 중요한 역할을 한다고 볼 수 있다.

고객 유지(Customer Retention) 단계

고객 유지 단계는 현재의 고객을 향후 지속적인 고객으로 남게 하고자 노력하는 단계를 말한다. 따라서 기존 고객과의 모든 접촉이나 지원은 이 단계와 관련된 업무들이며 판매 후 관리(after service), 콜 센터 등 기존고객 중심의 모든 서비스를 총괄한다 하겠다.

고객 성장(Customer Growth) 단계

마지막으로 고객 성장 단계는 고객으로 하여금 해당 기업의 또 다른 제품이나 서비스를 구매하도록 유도하는 단계이다. 예를 들어 냉장고를 판매했다면 냉각기의 우수성을 인지시키고 에어컨의 구매를 촉발시키는 것과 같은 단계이다. 이 단계에서는 현존 고객의 욕구를 정확하게 파악하고 이를 만족시킬 수 있는 추가적 제품이나 서비스를 제공하는 단계이다.

3.5 인터넷 시대의 고객 관계 관리

이제 고객 관계 관리가 인터넷 시대에 있어 인터넷을 주요 채널로 하는 전자상거래 기업에 있어서의 고객 관계 관리를 위한 몇 가지 주제들을 차례로 살펴보고자 한다. 먼저 웹 기반 고객 관계를 웹 체인을 통해 살펴보고 이어 이러한 고객의 웹 사용에 따른 추적과 정보 수집 나아가 이를 고객 관계 관리에 활용하는 방법 즉 웹 마이닝에 대해 살펴보기로 하자. 세 번째 주제는 이메일을 통한 고객 관계 관리이고 마지막 주제는 고객

서비스 센터를 통한 고객 관계 관리이다. 이제 다음에서 이들 각 주제들에 대해 하나씩 알아보고자 한다.

3.5.1 고객 관계 관리를 위한 정보 채널 : 웹체인

웹 체인이란 웹 사이트의 방문자가 행하게 되는 일련의 단계적 순서를 의미한다. 이러한 웹 체인을 <그림 3-8>에서 도식화하여 보여주는데 이 그림은 하나의 배너광고가 있는 웹 페이지를 본 방문자의 행동을 가정하고 웹 체인을 구성한 것이다.

이 방문자는 배너광고를 아예 보지 못할 가능성이 있는데, 이를 NNR(No Notice Rate)로 정의하며, 위의 표에서는 이를 70%로 가정한다. 이 경우 배너광고를 아예 보지 못하였으므로, 이 방문자로부터는 어떤 유효한 결과도 얻지 못한 결과(그림에서 R1)가 된다. 한편, 이 방문자가 이 배너광고를 클릭할 수 있는데, 이러한 사건이 일어날 확률을 CTR(Click Through Rate)로 정의하고, 위의 표에서는 2.7%로 가정한다. 이 경우 이 방문자는 배너광고가 인도하는 사이트로 이동하게 되고, 이때 이 방문자를 전망고객(prospect)이라고 정의한다. 한편 배너광고를 보긴 보았는데, 클릭하지 않을 확률은 (1-NNR-CTR)이 되는데, 이 경우 배너광고에 대한 인지도 효과를 기대할 수는 있다(그림에서 R2).

이를 광고-브랜드 효과(ad-brand impact)라고 하는데, 위의 표에서는 이를 $0.0로 가정하였다. 한편 배너를 클릭하고 사이트로 들어온 전망고객이 어떤 상품을 구매할 확률을 PCR(Prospect Conversion Rate: 전망고객 변환률)이라고 정의하고 위 표에서는 15%로 가정하였다. 먼저 전망고객이 상품을 이 웹사이트에서 구매하지 않는 경우를 분석하면, 전망고객 중(1-PCR)의 확률로 그러한 일이 일어나고, 이 경우 이 고객이 오프라인에서 같은 회사의 상품을 구매할 확률과 그렇지 않을 확률로 나눌 수 있는데, 이 고객이 오프라인에서 구매할 확률을 OIB(Off-line Induced Buy Rate)로 정의하고 위 표에서는 0.05로 가정한다.

방문자가 오프라인에서 구매할 경우 이 웹사이트는 고객으로부터 광고-브랜드 효과, 웹사이트-브랜드 효과, 오프라인 이익 등의 결과(그림에서 R3)를 얻게 되고, 방문자가 구매하지 않을 경우에는 광고-브랜드 효과와 웹사이트-브랜드 효과를 얻게 된다. 여기서 웹사이트-브랜드 효과란 방문자가 이 웹사이트를 방문함으로써 발생하는 인지도 효과를 의미하여, 위 표에서는 이를 $0.3으로 가정하였다. 한편 전망고객에서 구매자가 된 경우를 다시 두 가지로 나눌 수 있는데, 한 경우는 재 구매한 고객이고 다른 한 경우는 신규 구매자가 된다(그림에서 R5).

▶▶ 그림 3-8 웹체인의 구성도

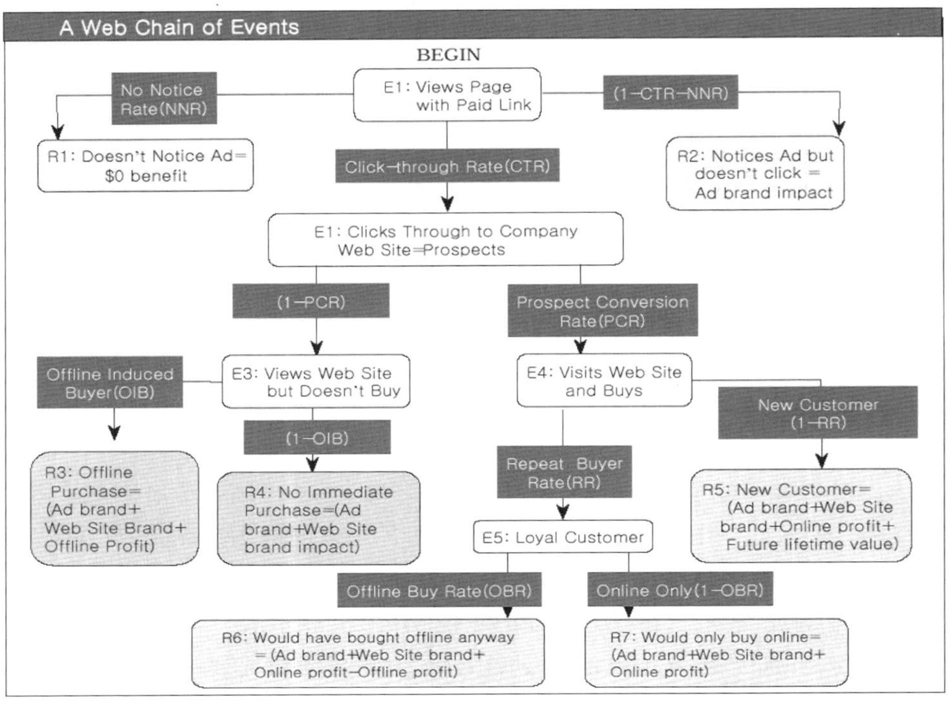

<※ 자료원: Hanson, W. and Kalyanam, K., Internet Marketing and e-Commerce, 2006>

재구매율을 RR(Repeat Buying Rate)로 정의하고, 위 표에서는 90%로 가정한다. 재구매를 했다는 것은 충성도가 높은 고객(Loyal Customer)임을 의미하게 되는데, 이 고객들은 다시 오프라인에서도 어차피 같은 회사의 제품을 구매할 의사가 있었던 고객(R6)과 그렇지 않은 고객(R7)으로 나눌 수 있다. 오프라인에서도 어차피 자사의 제품을 구매할 고객의 비율을 OBR(Offline-Buy Rate)이라고 정의하고, 위 표에서는 0.30으로 정한다.

이와 같이 방문자의 행동 양식과 특성을 반영하여 일련의 체인을 구성하고, 각각의 사건에 대해 기대 효과를 계산하는 것은 고객관계관리 및 전자상거래 마케팅에서 매우 중요한 작업이 된다.

다음은 위의 웹체인과 표에 근거하여 각 결과를 계산한 것이다.

① 신규 고객의 기대 가치(Expected Value of a New Customer)

=R5

=광고−브랜드효과+웹사이트−브랜드효과+온라인이익+고객의 평생가치

= 0+0.30+23.00+125=$148.30

② 재구매 고객의 기대 가치(Expected Value of a Repeat Buyer)

$= OBR \times R6 + (1 - OBR) \times R7$

$= 0.3 \times (0 + 0.3 + 23 - 15) + 0.7 \times (0 + 0.3 + 23)$

$= \$18.80$

③ 전망고객의 기대가치(Expected Value of a Prospect)

$= PCR \times \{RR \times$ 재구매고객의 기대가치 $+ (1 - RR) *$ 신규고객의 기대가치 $+ PCR\} \times \{OIB \times R3 + (1 - OIB) \times R4\}$

$= 0.15 \times \{0.9 \times 18.80 + (1 - 0.9) * 148.30 + 0.15\} \times \{0.05 \times (0+0.3+15) + (1 - 0.05) \times (0+0.3+0)\}$

$= \$5.02$

④ 광고노출 한번의 기대 가치(Expected Value of an Impression)

$= NNR \times R1 + (1 - NNR - CTR) \times R2 + CTR \times$ 전망고객의 기대가치

$= 0.70 \times 0 + 0.278 \times 0 + 0.027 \times 5.66$

$= \$0.15$

3.5.2 전자상거래 기업을 위한 고객 관계 관리 모형들

전자상거래는 인터넷상에서의 광고, 발주, 상품과 서비스의 구매 등 모든 경제 활동을 뜻한다. 이것은 기존의 거래 형태에서는 획득하기 힘들었던 고객의 구매패턴이나 성향 등에 관련된 중요한 상거래 정보가 웹 데이터의 형태로 비축된다는 것을 의미한다. 이러한 구체적인 상거래 관련 데이터의 축적은 기업의 입장에서는 고객에 대한 보다 상세한 정보를 획득할 수 있다는 점에서 다양한 경영 전략의 수립 및 고객 관리를 용이하게 하여 보다 적극적인 마케팅을 가능케 하는 환경이 제공되는 것으로 해석할 수 있다. 즉, 기업은 신용카드 거래를 기본 지불 방법으로 하는 전자상거래가 회원 가입 등을 통한 고객의 나이, 학력, 직업 등의 고객등록정보 데이터와 웹 로그데이터 분석을 통하여 획득할 수 있는 사용자의 웹 사이트 이동 경로 데이터, 거래 시 발생되는 구매 이력 데이터 등 마케팅에 직접적으로 활용될 수 있는 보다 구체적이고 상세한 데이터를 보유하게 된 것이다. 또한 인터넷을 통한 사용자와의 접촉은 공간적, 시간적 제한이 없는 직접적인 일대일 접촉이라는 점에서 각종 마케팅 전략을 활용하기에 매우 적절한 상황이라고 할 수 있다. 인터넷은 기본적으로 능동적인 대중 매체이기 때문에 표적 집단(target group)을 선정하고 이들에 대한 웹을 통한 마케팅 활동은 결국 구체적인 상거래로 연결될 가능성이 높음을 의미한다. 다른 채널들과는 달리 웹은 일대일 마케팅 환경을 조성하며 고객

과 기업간의 밀접한 상호작용을 구축할 수 있게 하는 B-to-C(business- to-customer) 환경을 제공한다. 인터넷을 통한 판매는 쌍방향 상호작용을 유발하여 상품을 생산하고 마케팅활동을 전개하고 판매 행위를 하며 이는 다시 소비자와의 상호 작용 속에서 다음 마케팅 전략 수립의 자료 역할을 하게 되는 일련의 사이클 과정이 되는 것이다.

전자상거래는 충분히 대용량의 데이터가 웹상에서 발생 저장되며, 일대일 마케팅, DB 마케팅 등이 직접적으로 적용될 수 있다는 점에서 데이터 마이닝을 통한 데이터 분석이 적극적으로 요구되는 분야라 할 수 있다. 데이터 마이닝을 통해서 기업은 웹사이트 상의 패턴을 의미 있는 정보로 종합해내고, 인터넷 상의 고객들과 예상 치들을 이해하고 연관시킬 수 있게 된다. 데이터와 웹이 제공하는 방대한 사업지식의 흐름에 근거한 데이터 마이닝은 온라인 고객과의 관계를 생성하고 유지시키며 생산성 있는 온라인 상점의 최전선을 구축하는 데 있어 결정적 열쇠가 되는 것이다.

전자상거래에서 데이터 마이닝 활용 분야로는 고객 성향에 맞는 개인화 광고나 고객에게 최적의 구매 환경을 제공하기 위한 차별화 된 상품 추천 및 서로 다른 형태의 접속 페이지 제공 등을 들 수 있다. 다양한 데이터 마이닝 기법들은 전자상거래를 이용하는 고객들의 온라인 행동을 예측하고 그들의 광고나 배너, 구매 제안에 대한에 대한 선호도 뿐만 아니라 온라인 구매를 유발시키기 위한 목적으로 사용될 수 있다. 데이터 마이닝 기법들을 활용하여 사이트의 방문자들이 남기고 간 흔적들과 구매 이력 데이터, 방문자의 통계학적 데이터 등의 비축된 데이터를 대상으로 각 상품에 대해 긍정적이거나 부정적인 소비자의 행위에 대한 패턴을 고찰하고, 각각에 소속된 고객의 특성을 파악하여 이에 부응하는 마케팅 활동을 펼치는 데 유용하게 활용될 수 있다. 즉 마이닝 과정을 통하여 생성된 상품에 대한 고객 선호도 평가 모형은 사이트에 방문한 사람을 상품 기준으로 평가하여 구매 가능성이 높은 상품 등을 예측함으로써 그 고객에게 적합한 상품과 광고, 마케팅 메시지, 판촉 메일 등을 전달할 수 있다. 이를 추천하는 등의 형태로 소비자 만족도를 높이고 구매를 활성화시키는 파급 효과를 얻을 수 있다.

정형화된 데이터 마이닝 모델이 구축된 후에도 민감도 분석 보고서(sensitive analysis report)는 끊임없이 갱신되면서 지속적으로 온라인 판매의 예측 결과를 생성할 수 있도록 해준다. 이러한 타입의 보고서는 어떤 인구통계학적 특성이, 혹은 소비자들과 인터넷 사이트가 어떤 상호작용을 하는 것이 온라인 판매에 결정적 역할을 하게 되는지를 보여주는 것이다. 한편 아래의 <그림 3-9>는 데이터 마이닝이 전자상거래 기업의 고객 관계 관리에 어떻게 기여할 수 있는지를 도형화하여 보여준다. 이외에도 방문 또는 구매의 순차 패턴 탐사, 고객 분할, 프로파일링 등의 추가적인 응용 분야를 찾을 수 있으며(Mena, 2002), 그 활용 분야는 무궁무진하며 이러한 데이터 마이닝 기법을 어떻게 적용하고 이용하는가 하는 것이 전자상거래 기업의 가장 핵심적인 역량 또는 경쟁력으로서 작용할 것이라 조심스럽게 예측하고자 한다.

▶▶ 그림 3-9 전자상거래 기업을 위한 데이터베이스 분석의 모형 예

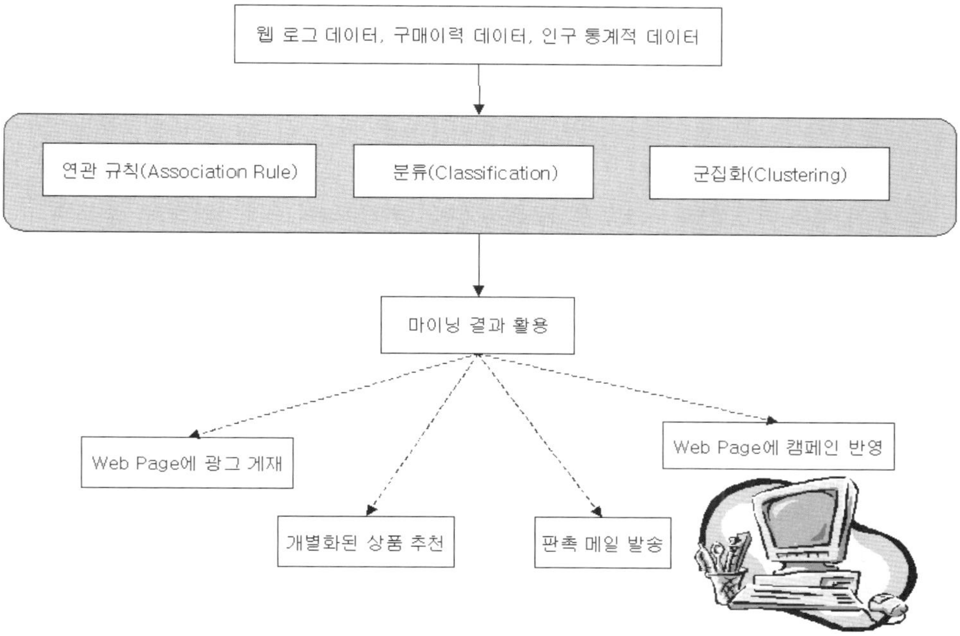

3.6 CRM 시스템의 구성

CRM 전략을 실행하기 위한 CRM 시스템의 전반적 구성과 주요 목적에 따른 CRM 시스템의 분류에 대해 알아보고자 한다.

먼저 다음의 <그림 3-10>은 현재 CRM 시스템들이 표방하는 시스템의 구성을 도식화하여 보여준다. 그림에서도 볼 수 있듯이 CRM 시스템은 크게 그 목적 관점에서 세 가지로 분류할 수 있는데 첫째가 운영적(operational) CRM이고 둘째가 분석적(analytical) CRM이며 마지막으로 세 번째가 협업적(collaborative) CRM이라 할 수 있다. 운영적 CRM이란 그 주요 목적을 영업 자동화(sales force automation), 주문 관리(order management), 계산서 발부 및 사후서비스(after service) 등과 같은 근본적인 비즈니스 기능들을 지원하고 보다 고객 중심적 방식으로 업무 수행이 이루어질 수 있고 이로 인해 기업은 고객으로부터의 가치를 최대화한다. 한편 분석적 CRM은 기본적으로 고객에 대한 모든 형태의 접점 자료 및 기초

자료를 바탕으로 보다 고객에 대한 폭 넓고 깊이 있는 지식이나 정보를 추출함으로써 고객 관련 업무의 질적 수준을 높이고자 하는 목적을 가진다. 마지막으로 협업적 CRM이란 고객 나아가 공급자 및 파트너와의 일관성 있고 끊임이 없는 통신 채널들을 통합 관리함으로써 고객으로부터의 가치를 공급자 및 파트너와도 공유할 수 있으며 역시 공급자 및 파트너의 가치를 고객에게 전달할 수 있는 체계를 구축하고 이로 인해 공유된 목표는 협업적으로 달성하도록 지원하는 데에 목적을 가지는 것이다.

역시 그림에서 나타난 바와 같이 운영적 CRM은 다시 그 중심이 백 오피스인지 프론트 오피스인지에 따라 추가적인 구분이 가능하며 아마도 궁극적으로는 모든 기업들이 이들 세 가지 분류의 CRM 시스템을 구축하였을 때 CRM이 갖는 역량을 충분히 이용할 수 있게 될 것이다. 그러나 일시에 이들 전체 시스템을 구축하기는 일반적으로 어려울 것이며 따라서 어떤 유형의 CRM 시스템을 먼저 구축하고 나머지를 어떤 순서에 의해 단계적으로 추가할 지는 기업에 따라 전략적인 고려와 결정이 있어야 할 것이다.

▶▶ 그림 3-10 CRM 시스템의 구성도

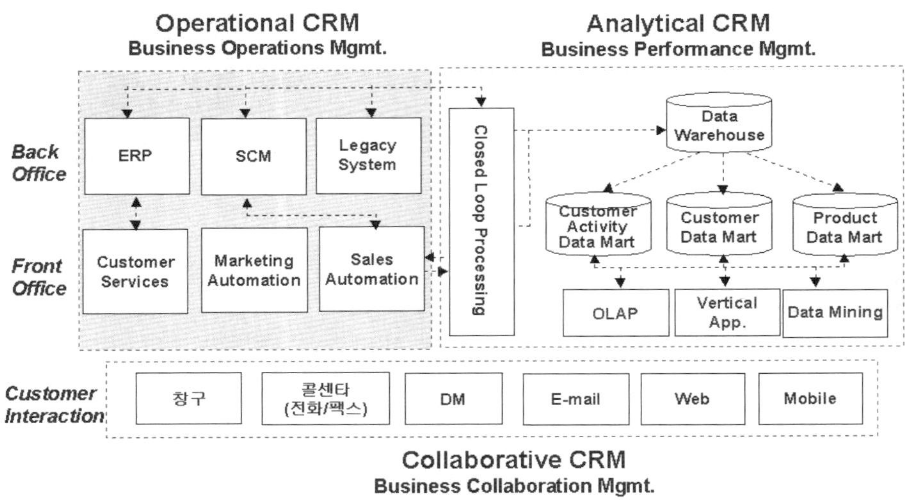

<※ 자료원: META Group>

이제 이상에서의 CRM 시스템 구성과 분류를 바탕으로 최근의 주요 CRM 상용 도구들을 살펴보고자 한다. 먼저 소개할 각 상용 도구들은 물론 <그림 3-10>에서 보여주는 모든 기능을 수행한다고 대부분 주장하나 각각은 특정 부분에서의 강점과 약점을 가지는 것이 사실이다. 먼저 운영적 CRM에서 보다 강점을 가지는 상용 도구로는 SAP의 mySAP, Siebel, SalesLogix, Xchange 등을 들 수 있겠다. 이 중 Siebel, SalesLogix, Xchange 등은 운영

적 CRM 중 특히 프론트 오피스에 해당하는 분야에 강점을 가지며, mySAP은 SAP의 강력한 ERP 시스템을 근간으로 백오피스 분야에서 보다 강점을 가진다고 보여 진다.

본 절에서 우리는 간략하게나마 CRM 시스템의 구성과 분류 그리고 상용 도구들의 특성을 살펴보았다. 물론 이 정도로 각 상용 도구의 기능과 그 능력을 정확히 파악할 수 있다고는 할 수 없으나 단지 어떤 종류의 대표적 상용 도구가 있으며 그들은 각각 어떤 강점이 있으며 어떤 상황에 적합한지를 엿볼 수는 있었다. 순수 전자상거래 기업이든 전자상거래를 도입하려는 전통적 기업이든 각 기업의 입장과 환경에 따라 앞에서도 말한 바와 같이 그 기업의 고유 역량을 충분히 활용할 수 있도록 CRM 시스템 개발에 있어 전략적 결정이 선행되어야 할 것이다.

사례 : 외환 은행의 CRM 구축 사례

외환은행의 CRM 구축 프로젝트에는 국내외 7개 정보 기술 기업들이 연합으로 수행하며 FuterGroup을 중심으로 Opentech, Spectra, KoreaExpert, Wealthia, 및 후지쯔로 구성되어 각자의 솔루션이나 하드웨어를 바탕으로 역할 분담을 하여 추진 중에 있다.

이 CRM 프로젝트는 급변하는 인터넷과 은행권의 환경 변화에 대응하여 고객에 대한 5R(Right quality, Right service, Right time, Right quantity, Right place)의 서비스를 제공함으로써 고객의 만족을 극대화하며 동시에 외환은행으로서는 비용의 절감과 인터넷 시대의 경쟁력을 확보하고자 하는 것을 목적으로 한다. 이를 달성하기 위해 수행할 세부 과제들을 다음과 같이 계획 수행한다.

- □ 웹 사이트의 재설계 및 UI 작업
- □ 고객 정보 수집 체계 구축 및 데이터마트 설계 및 구현
- □ 웹 및 오프라인 데이터베이스 통합 OLAP 및 데이터 마이닝 체계 구축
- □ 일대일 마케팅 및 개인화 컨텐츠 관리 체계 구축
- □ 이메일 마케팅 체계 구축
- □ 이메일 응답 및 내부 대응 책임 분배 체계 구축

이들 세부 과제를 달성함에 있어 이들 세부 과제들을 밀착 연계시킴으로써 외환은행에 있어서의 고객에 대한 웹 사이트와 이메일 채널의 통합 관리 및 정보 수집을 가능하게 할 수 있으며 이는 채널에 관계없이 단일 관점에서 고객을 바라볼 수 있게 해주며 고객에 대한 축적된 고도의 정보와 지식을 바탕으로 채널에 관계없이 일대일 마케팅, 개인화 정보 서비스 및 금융 상담 서비스를 제공할 수 있게 될 것이다. 결과

적으로 웹이나 이메일을 이용하는 고객들은 보다 일관성 있고 의미 있는 외환은행의 서비스를 받을 수 있게 됨으로써 만족 수준이 높아질 것이며 은행 관점에서는 보다 많은 상품 판매 기회를 찾을 수 있게 될 것으로 기대한다. 향후 이러한 CRM의 최대 가치를 도출하기 위해서는 외환은행은 아마도 웹이나 이메일 외에도 기존의 콜 센터를 비롯한 전화, 팩스 및 기타 통신 채널에 이르는 협업적 CRM으로 확장할 필요성을 곧 느끼게 될지도 모른다(아래 그림은 이 프로젝트의 시스템 구성을 보여준다).

▶▶ 그림 3-11 CRM 시스템의 구성도

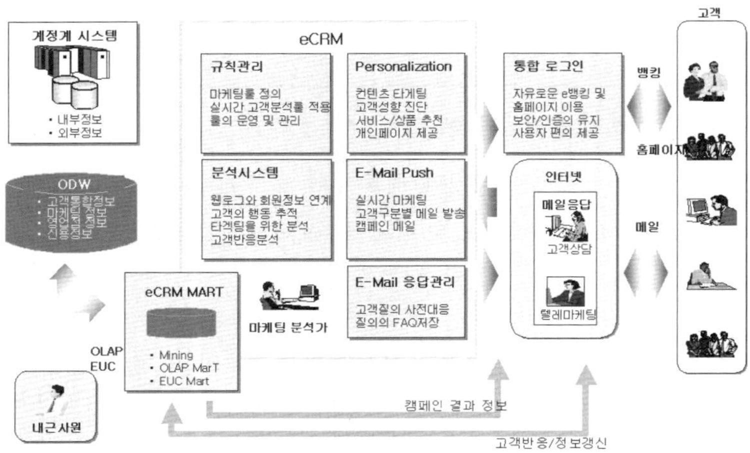

요 약

본 장에서 다루었던 내용들을 주제 별로 요약하면 다음과 같다.

1. 온라인 고객의 특성과 현황. 인터넷 시대에 있어 인터넷을 기반으로 상품이나 서비스를 구매하거나 혹은 구매할 가능성이 있는 인터넷 사용자들의 행태 특성들을 살펴보았으며 이들 특성과 현황의 분석은 자연스럽게 소비자를 대상으로 하는 인터넷 기업에 있어서 마케팅과 고객 관계 관리에 있어서의 출발이며 이를 통하여 각 인터넷 기업의 목표와 핵심 전략의 수립과 실천의 바탕을 제공하는 것이며 이와 같은 조사 결과에 대한 지속적인 관찰과 분석이 이들 기업들이 환경에 빠르게 적응하고 그 경쟁 우위를 확보 또는 유지하는 기초가 될 것이다.
2. 온라인 고객의 구매 행태 모델과 특성. 온라인 고객 역시 인터넷을 통한 구매에 있어 분석의 바탕이 될 수 있는 구매 행태 모델을 적용할 수 있으며 이러한 구매 행태 모델을 기반으로 그 특성을 파악할 수 있다. 이렇게 구매 행태 모델을 기준으로 파악된 특성들은 보다 구체적인 인터넷 기업의 대 고객 전략과 전술 수립과 실행에 이용될 수 있는 것이다.
3. 온라인 고객의 구매 의사 결정 모델과 의사 결정 지원 방법. 온라인 고객의 구매 행태 모델의 구매 과정은 나아가 구매 의사 결정 모델로서 보다 자세히 그 과정을 나누어 볼 수 있으며 역시 이와 같이 파악된 온라인 고객의 각 구매 의사 결정 단계는 이에 적합한 의사 결정 지원 방법들과 접목될 수 있다.
4. 전사적 전략으로서의 고객 중심적 접근 전략인 고객 관계 관리(Customer Relationship Management)는 상품이나 서비스를 중심으로 한 과정 즉 상품/서비스 기획, 광고 및 마케팅, 판매의 과정으로 기업의 비즈니스 과정을 보지 않고 개별 고객을 중심으로 그 고객과의 관계를 상품이나 서비스의 제공 및 유지 보수 등을 매개로서 지속시키는 과정으로 파악하고 개별 제품이나 서비스로부터의 이윤 극대화라기보다는 개별 고객의 평생 가치를 극대화하는 방향을 지향하고자 하는 것을 목적으로 한다. 그러나 대량 생산과 동시에 이와 같은 고객 관계의 관리는 이제 정보 기술을 바탕으로 가능하며 정보 기술과 관련 방법론들이 이에 어떻게 기여할 수 있는 지를 살펴보았다.
5. 일반적 고객 관계 관리를 넘어 인터넷을 주요 접점 기반으로 하는 고객들에 대한 고객 관계 관리를 구체화하기 위해 웹 체인을 바탕으로 관리 자료를 웹 마이닝을 통한 고객 지식 획득을 나아가 웹 기반 채널들을 통한 관리 활동의 전개를 할 수 있는 방법론들을 살펴보고 그 구현 방법론을 다루었다.

- 구매 및 배달(Purchase and Delivery)
- 구매 후 활동, 서비스 및 평가(After Purchase, Service and Evaluation)
- 내부 검색(Internal Search)
- 대안 평가, 절충 및 선택(Alternative Evaluation, Negotiation and Selection)
- 상인 중개(Merchant Brokering)
- 상품 중개(Product Brokering)
- 상호작용성(Interactivity)
- 소비자 구매 행태 모델(Consumer Buying Behavior Model)
- 온라인 고객(Online Customer)
- 외부 검색(External Search)
- 의사결정자(Decider)
- 정보 검색(Information Search)
- 정보제공자(Influencer)
- 제안자(Initiator)
- 필요 인식(Need Identification)
- 고객 평생 가치(Customer Lifetime Value)
- 고객 강화(Customer Reinforcement)
- 고객 성장(Customer Growth)
- CTR(Click Though Rate)
- 고객 라이프 사이클(Customer Life Cycle)
- 고객 획득(Customer Acquisition)
- 고객 유지(Customer Retention)
- 데이터 마이닝(Data Mining)
- 웹 체인(Web Chain)

[1] 온라인 고객과 오프라인 고객 간의 구매 행위에 있어 비용 요소를 비교해 보시오

[2] 전자상거래 소비자의 구매 행태에 영향을 미치는 요인 네 가지를 들고 각각에 대해 간략히 예를 드시오.

[3] 온라인 고객의 상호작용성에 대하여 설명하시오.

[4] 전통적 소비자 구매의사결정과정의 단계들을 나열하고 각 단계에 대해 간략히 설명하시오.

[5] 전통적 소비자 구매의사결정과정과 인터넷에서의 구매의사결정과정을 서로 비교하고 그 차이점을 설명하시오(차이가 존재하는지의 여부부터 살펴보시오).

[6] 고객 라이프 사이클의 네 가지 단계가 각각 무엇인지 나열하고 각 단계를 설명하시오.

[7] 웹 체인이란 무엇이며 이것이 CRM에서 갖는 의의는 무엇인지 설명하시오.

[8] 운영적 CRM, 분석적 CRM, 협업적 CRM에 대해 각각 설명하고 비교하시오.

[9] 온라인 고객에 대한 특성을 살펴보고 온라인 고객의 충성도를 제고할 수 있는 방안에 대해 말해보시오.

[10] NNR과 CTR에 대해 설명하시오.

[1] 이재규·송용욱·이재원 외, 메타-몰 구조를 갖는 차세대 전자쇼핑몰의 개발, 정보과학회지, 제16권, 제5호, 1998.5, pp.32~38
[2] 김진우, 인터넷비즈니스.COM, ㈜영진출판사, 1999.
[3] 박찬욱, 데이터베이스 마케팅 : 고객정보의 활용을 통한 기업경쟁력의 강화, 연암사, 1996.
[4] Daniel Amor, "The E-Business (R)evolution", Prentice Hall PTR, 2000.
[5] Decina, M. and V. Trecordi, "Voice over Internet Protocol and Human-Assisted E-Commerece," IEEE Communications Magazine, Vol. 37 No. 9, September 1999, pp. 64-67.
[6] DestinationCRM.com, What Is CRM?, 2010.
[7] GVU's 10th WWW User Surveys, http://www.gvu.gatech.edu/user_surveys/
[8] Hanson, W. and Kalyanam, K., Internet Marketing and e-Commerce, South-Western College Publisher, 2006.
[9] Hoffman, D. and Novak, T. "Marketing in hypermedia Computer-Mediated Environments: Conceptual Foundations," The Journal of Marketing, Vol. 60, No. 3, 1996, pp.50-68.
[10] Kalakota, R. and M. Robinson, e-Business Roadmap for Success, Addison-Wesley, 1999.
[11] Kotler, P. and Armstrong, G., Principles of Marketing, Prentice Hall, 11th edition, 2005.
[12] Linoff, G. S. and Berry, M. J., Data Mining Techniques : For Marketing, Sales, and Customer Relationship Management, Wiley, 2011.
[13] McAfee, R. Preston and McMillan, John, Electronic Markets, In Ravi Kalakota and Andrew B. Whinston (Eds.), Readings in Electronic Commerce, Addison Wesley, 1997.
[14] Mena, J., Investigative Data Mining for Security and Criminal Detection, Butterworth-Heinemann, 2002.
[15] Miletsky, J. I., Principles of Internet Marketing: New Tools and Methods for Web Developers, Course Technology, 2009.
[16] O'Keefe, M. and T. McEachern, "Web-Based Customer Decision Support System," Communications of ACM (March 1998).
[17] Reichheld, F. F. and Schefter, P., "E-Loyalty : Your Secret Weapon on the Web," Harvard Business Review, July-August 2000, pp. 105-113.
[18] Chaffey, D. and Smith, P. R., eMarketing eXcellence : Planning and optimising your digital marketing, A Butterworth-Heinemann Title, 3rd edition, 2008.
[19] Smith, Michale D., Bailey, Joseph, and Brynjolfsson, Erik, Understanding Digital Markets: Review and Assesment. In Erik Brynjolfsson and Brian Kahin, (Eds.) Understanding the Digital Economy, MIT Press, 2000.
[20] Turban, Efraim, J. K. Lee, David King, T. P. Liang and D. Turban, Electronic Commerce 2010 : A Managerial Perspective, Prentice Hall, 6th edition, 2009.
[21] Wang, Y., K. L. Tan, and J. Ren, "A Study of Building Internet Marketplaces on the Basis of Mobile Agents for Parallel Processing", World Wide Web, Vol.5, No.1, 2002.

[22] Westerman, S. J., Tuck, G. C., Booth, S. A. and Khakzar, K., "Consumer Decision Support Systems : Internet versus In-store Application," Journal of Computers in Human Behavior, Vol. 23, Issue 6, 2007, pp. 2928-2944.

[23] Whinston, Andrew B., Dale O. Stahl and Soo-Yong Choi, The Economics of Electronic Commerce, Macmillan Technical Publishing, 1997.

[1] Accure ······ www.pilotsw.com
[2] Active Buyers Guide ······ http://www.activebuyersguide.com/
[3] become.com ······ http://become.com
[4] Best Book Buys ······ http://www.bestbookbuys.com/
[5] Book Finder ······ http://www.bookfinder.com/
[6] Danawa ······ http://www.danawa.co.kr/
[7] DataDistiller ······ www.datadistilleries.com
[8] DoubleClick ······ www.doubleclick.com
[9] Enuri ······ http://www.enuri.com/
[10] froogle. ······ http://froogle.com
[11] GVU's 10th WWW User Survey ······ http://www.gvu.gatech.edu/user_surveys/
[12] Kelkoo ······ http://www.kelkoo.com/
[13] mySimon ······ http://www.mysimon.com/
[14] Overture ······ http://www.overture.com/
[15] Pathfinder ······ www.timeinc.com
[16] Peppers & Rogers Group ······ www.1to1.com
[17] PointCast ······ www.pointcast.com
[18] ShopBinder ······ http://www.shopbinder.com/
[19] The Pew Research Center ······ http://people-press.org
[20] Yavis ······ http://www.yavis.com/

제 4 장

4

광 고

학 습 목 표

- 광고 관련 용어를 알아본다.
- 인터넷 광고 기법을 살펴본다.
- 모바일 광고 기법을 살펴본다.
- 광고 전략을 살펴본다.
- 인터넷, 모바일 광고 시장 현황을 살펴본다.

저 자 소 개

이 현 정, 서강대학교 경영전문대학원 BK21 연구교수, hjlee5249@yahoo.com

차 례(4)

4.1 서 론
4.2 광고 관련 용어
4.3 인터넷 광고 기법
4.4 모바일 광고 기법
4.5 광고 전략
4.6 광고시장 현황
4.6.1 인터넷 광고 현황
4.6.2 모바일 광고의 기회와 문제점
4.7 맺음말
사 례
구글(Google)의 광고 기법
일본의 모바일 광고시장
요 약
주요 용어정리
연습문제
참고문헌 및 참고사이트

4.1 서 론

온라인 광고는 인터넷 광고와 모바일 광고라는 디지털매체를 통해 행해지고 있는 광고 활동 전반을 의미하며, 이는 보편적으로 배너광고 뿐 만 아니라, 이메일 광고, 도메인 광고, 검색 광고, UCC광고, 문자메세지, 동영상 광고 등 디지털 매체 상에서 기업 및 상품 정보전달과 관련된 모든 행위를 포함한다.

전통적 광고 수단으로는 TV, 신문, 잡지, 라디오 4대 매체가 대표적이었다. 그러나 현재는 기존 4대 매체 보다는 인터넷이나 모바일 매체를 이용한 광고에 많은 사람들이 보다 많은 시간을 활용하고 있다. eMarketer에 의하면 온라인 광고비용이 2011년에는 500억에 달할 것으로 보고 있다(New Media Trend Watch 2009). 따라서 많은 기업들이 광고의 중점을 전통적 광고에서 인터넷 광고로 움직이고 있는 상황이다. 기존에는 텔레비전에 노출되었던 사람들이 현재는 인터넷과 모바일 폰의 노출에 빈도와 시간을 보다 많이 할애 하고 있다. 그리고 이들 대부분이 고등 교육을 받아 수입도 많은 편으로 이에 따른 구매력이 상대적으로 큰 것으로 보고 있다. 2005년 인터넷 사용자가 12억을 넘어섰으며, 2011년에는 24억이 넘어 설 것으로 예측되고 있다(Computer Industry Almanac 2006).

온라인 광고는 24시간 365일 광고가 가능하고, 지역적 제한을 받지 않으며, 소비자와의 상호작용이 가능하고 소비자의 특성 기반 맞춤 광고가 가능하다는 장점이 있다. 또한 기존 미디어에 비해 저렴한 비용으로 기존 미디어 광고의 효과를 낼 수 있으며, 웹 페이지는 문장, 소리, 그래픽, 동영상 및 심지어 게임 등의 다양한 정보전달 수단을 포함할 수 있다. 멀티미디어의 기능과 가상현실 등의 최신 기술의 적용이 가능함에 따라 온라인 광고는 가장 최근의 정보를 소비자에게 전달하는데 무리가 없으며, 판매를 목적으로 하지 않아도 단순히 기업이미지 및 브랜딩을 위한 광고로 웹페이지를 이용하는 것이 가능하여 그 효과와 필요성이 증대되고 있다. 그럼에도 불구하고 온라인 광고는 시장의 크기를 측정하기 어렵고 광고효과를 측정하는 기준이나 표준 등이 모호한 문제점 등이 있다.

포레스트 리서치(Forester Research)는 인터넷 광고를 실시한 미국의 52개의 기업을 대상으로 웹 광고를 통해서 주로 얻고자 하는 효과가 무엇인지를 조사한 결과, 고객과의 관계 강화, 측정가능성, 속도 등을 중요하게 생각하는 것으로 나타났는데, 이는 앞서 열거한 인터넷 광고의 특성을 광고주들이 제대로 알고 있다는 것을 의미하며, 광고주들이 온라인 광고를 통해 광고 노출에 의한 인지도 제고보다는 고객에 대한 빠른 정보 전달과 관계 강화를 기대하고 있다는 것을 시사한다.

본 장에서는 온라인 광고 현황과 특징, 유형 및 광고전략, 광고기술, 광고효과 측정 및 가격모델과 그 외 고려사항에 대해 살펴보고자 한다.

4.2 광고 관련 용어

애드 뷰(Ad view, Page view, Impression, Exposure)

사용자가 배너가 들어간 페이지를 요청한 횟수로, 즉 광고 배너가 들어있는 웹 페이지가 소비자에게 노출된 횟수를 말한다. 측정이 용이하여 널리 사용되고 있으며 검색엔진에서 광고비 산정 시 주로 사용되는 기법이다. 그러나 배너 광고가 화면에 뜨기 전에 페이지를 넘기거나 배너가 페이지 하단에 위치하여 사용자가 미처 보지 못하고, 페이지를 넘기더라도 하나의 노출수로 기록되는 단점이 있다.

버튼(Button)

웹페이지 상에 배너형태로 표시되어 방문자가 클릭하면 웹사이트로 직접 연결되거나 소프트웨어를 다운로드할 수 있도록 하는 작은 배너를 말한다.

페이지(Page)

주로 HTML로 구성된 문장이나 멀티미디어 데이터 등을 포함하고 있는 문서를 웹 페이지 또는 페이지라고 말한다.

클릭(Click, click-through, ad click)

웹 페이지 방문자가 배너를 클릭한 횟수를 말한다. 클릭수는 사용자의 능동적인 행위를 나타내는 것으로 최소한의 광고에 대한 주목과 광고 페이지로의 이동을 보증해주는 지표이다.

CPM(Cost Per Mile)

CPM은 1,000번의 광고노출을 기준으로 가격을 책정하는 방법이다. 이 모델은 특정 사이트의 특정 배너 광고에 노출된 방문자 수를 세는 방식으로, 기존의 일 대 다수 방식의 전통적인 매스미디어 광고효과를 판단하기에는 적합하였지만, 다수 대 다수 방식의 온라인 광고의 효과를 판단하기에는 미흡하다. 웹의 광고 효과 측정과 사용자와의 상호 작용을 고려하지 않은 가격 모델로, 배너광고의 경우 클릭으로 인한 타겟 광고로의 이동은 고려하지 않는 것이 단점이다.

광고대비 구매율(Conversion rate)

광고를 클릭한 사용자 중 실제로 상품을 구매한 사용자의 비율을 말한다. 구매 액의 일정 이익을 웹 사이트 운영자에게 광고비로 지불하는 방식으로 광고비 책정이 이루어진다. 광고주들이 광고의 효과를 알아보는 데 가장 중점을 두는 사항은 실제 매출액과의 연관성이라 할 수 있다. 즉 1백 명의 방문자들보다 1명의 실구매자 또는 광고주의 사이트에서 사용자 등록을 통해 자신의 정보를 제공한 몇 명의 사용자가 광고주들에게는 더 가치가 있듯이 웹 광고 가격 모델 역시 광고에 따른 구매 결과에 기반한 방법이 광고주들에게 더 합리적으로 보인다. Pay Per Purchase, Cost Per Inquiry, Cost Per Lead, 또는 Cost Per Sale이라고도 불리 우며 Amazon의 경우 제휴 프로그램을 통해 링크되어 방문한 사용자가 책을 구입할 경우 책값의 최고 8퍼센트를 커미션으로 제휴사이트에 지불하고 있다.

클릭률(Click-through rates)

배너를 클릭해서 그 광고에 노출된 사용자의 비율을 말한다. 소비자가 인터넷이나 모바일 광고를 보고 더 많은 정보를 얻거나 혜택을 누리기 위해 광고주의 사이트로 이동한 비율이다. 소비자는 온라인 광고를 통해 더 많은 정보를 얻고, 광고주는 소비자와 상호작용할 수 있는 기회를 얻는다. 인터넷 배너광고의 클릭률이 0.2퍼센트인 반면 모바일 배너 광고의 클릭률은 3에서 6퍼센트에 이른다고 한다(ABI Research, 2006. 12). 클릭률은 배너 광고 노출빈도 당 사용자가 광고배너를 클릭한 횟수를 기반으로 광고비 책정이 가능하다. 광고에 대한 사용자의 반응에 따라 광고비를 지출하므로 광고주에게 유리한 방법이라 할 수 있다.

히트(Hit)

웹 서버에 데이터를 요청한 횟수를 표시하는 단위이다. 웹사이트 접속 시 해당 사이트의 서버로부터 일정시간동안 웹 사용자들에게 보내지는 파일의 수를 측정하는 방법이다. 가장 먼저 온라인 광고의 효과측정 기준으로 사용되었으나 현재는 별로 사용되지 않고 있다. 히트 기준의 문제점은 사용자가 단지 한 번의 클릭으로 특정 웹 페이지를 불러

올 때 해당 문서에 포함된 사진이나, 그래픽, 아이콘, 링크페이지, 또는 에러 메시지까지 각각 히트수로 기록되기 때문에 단지 한 페이지의 웹을 보더라도 해당 페이지를 구성하는 구성요소의 수에 의해 히트수는 달라진다. 즉 실제 클릭수보다는 웹 페이지의 제작시 구성요소의 수나 디자인에 따라 히트수가 달라진다. 따라서 특정 광고에 대한 효과측정을 원하는 광고주에게 히트수는 별 의미가 없다는 단점이 있다.

방문(Visit)

1인의 사용자가 웹 페이지에 머무른 일정 시간 동안 서버에 대한 데이터의 일련의 요청을 말한다. 방문자가 특정시간 동안 사이트에 데이터를 요청하고 중단한(타임아웃: time out) 후에 동일 방문자에 의해 다시 데이터 요청이 일어나도 새로운 방문으로 간주하는 단점이 있다. 이에 반해 유일 방문(Unique visit)은 사이트를 방문한 방문자의 숫자를 말한다.

지속시간(Duration Time/Stickiness)

지속시간은 특정 인터넷광고의 웹페이지에 사용자가 머물러 있는 평균시간을 의미한다. 이는 광고를 클릭한 결과로 접속한 온라인 광고의 내용에 어느 정도 주목하는지를 양적으로 산출할 수 있는 지표이며, 이를 통해 제품이나 광고에 대한 선호도를 추정할 수도 있다.

PPC(Pay Per Click)

오버추어의 빌 그로스가 1998년 개발한 광고모델로 클릭수를 기준으로 트래픽을 판매한다. 대개 PCC광고는 검색어 기준으로 이루어지며, 검색광고는 위치, 지역, 행동경향, 인구통계학적 데이터에 따른 세분화와 텍스트 기반 링크를 통합적으로 제공한다. PPC광고는 검색광고에서 최고가 입찰자가 최상위에 링크된다. 광고 클릭율이 노출순위를 결정하며 검색어와 연관성이 높은 광고가 좋은 자리에 배치된다. 즉 효과적인 광고를 만들어서 높은 클릭률을 기록한 광고주는 트래픽에 비해 적은 비용을 지불하게 된다.

4.3 인터넷 광고 기법

인터넷은 이미지를 노출하는 전통적인 방식의 광고뿐만 아니라 검색기능을 이용한 새로운 방식의 광고를 제공한다. 또한 텍스트, 이미지, 비디오, 오디오를 통합적으로 노출시키는 것이 가능하고 멀티미디어를 통해 정보와 오락을 제공하며 상거래까지 성사시킨다. 또한 주요한 장점 중의 하나는 소비자가 주가 되어 상호작용의 가능성을 극대화하는 매체라는 점이다. 또한 소비자가 인터넷 사용 경향과 검색어 입력 등을 통해 스스로의 취향을 드러내므로 소비자 정보의 수집이 기존 4대 매체에 비해 훨씬 용이해진 장점이 있다. 따라서 광고주들은 이러한 특성에 기반 해 다음과 같은 광고기법을 구사하였다.

배너(Banner) 광고

배너는 웹 페이지 상의 직사각형 띠 모양의 공간에 광고를 게재하는 방법이다. 주로 그 크기는 가로, 세로 15센티미터에서 3센티미터 내외이다. 보통 다른 웹 컨텐츠(Contents)와 링크되도록 구성되는데, 클릭할 경우 관련 사이트의 홈페이지 화면으로 들어가도록 만들어진 것이 일반적이다. 배너 광고는 온라인 광고의 시초로서 인터넷 마케팅의 발전의 가속화에 일조해왔으나 크기의 제한으로 인해 카피 한 줄과 회사 로고 정도로 공간이 채워지게 되므로 표현상의 제약이 있다. 최근 들어 동적인 배너나 비디오 클립이나 음성을 동원한 배너 광고가 등장하고 있다.

배너에는 서치엔진에 사용된 키워드에 따라 뜨는 키워드 배너, 웹 페이지 사용자에 관계없이 뜨는 랜덤 배너가 있다. 랜덤 배너는 기업이 새 제품을 소개하고자 할 때 주로 사용된다. 또한 배너 광고에는 광고의 내용이 변하지 않고는 고정 형태를 유지하는 고정 배너(Static Banner), 팝업 배너(Pop-up) 등이 있다. 현재 많은 페이지들이 웹페이지를 방문하는 사용자의 정보를 알고 있으며, 이에 따라 가까운 미래에는 방문자의 이름 등의 정보를 가진 맞춤 배너가 등장할 것으로 기대된다. 예를 들어 Dotomi.com은 방문자에게 맞춤 배너를 제공함으로써 배너 클릭율이 3-5퍼센트에서 14퍼센트로 증가했다. 또한 기업들 간의 배너를 교차하여 광고하는 교차 광고도 등장했다.

배너 광고의 장점은 사용자가 광고를 클릭함으로써 바로 광고주의 웹사이트로 이동할 수 있다는 점과 맞춤 광고가 가능하다는 것이다. 주요 단점으로는 다소 많은 비용이 들고, 배너 상에 위치하는 정보가 한정된다는 점, 시간에 따른 클릭률(Click Rate)의 감소 등을 들 수 있다.

검색광고

2005년 45퍼센트였던 검색광고는 2007년 온라인 광고 지출의 약 60퍼센트를 차지하는 것으로 나타났다. 검색광고는 도입기의 텍스트 검색을 통한 제한적인 메시지 전달에 한계를 극복하고, 2006년 이후로는 이미지 등의 멀티미디어 검색이 가능하게 되었고 포탈, 블로그, 카페, 동영상 등에서의 멀티 검색이 가능해졌다. 키워드 검색 광고는 구글, 야후, 오버츄 등의 검색사이트에서 사용되어지고 있다. 광고주들의 광고는 이미 입찰된 광고비에 따라 관련된 키워드가 검색될 때마다 검색 페이지에 정렬된다. 즉 입찰된 금액이 크면 리스트의 상단에 위치하게 된다. 최근 들어 키워드 검색광고로 포털의 수익성이 매우 강화되었다. 구글의 바코드 검색, 어스 검색 등의 새로운 전자상거래 모델이 등장하고 있다.

동영상 광고

2007년 이후 급속히 성장한 동영상광고는 동영상전문사이트와 포털 동영상 채널 두 가지 형태의 서비스에 의해 이루어지고 있다.

포털 동영상 채널로는 다음의 TV팟, 싸이월드의 '광장', 야후의 '야미' 서비스, 프리챌의 '프리챌 Q', 네이버의 '네이버 비디오' 등이 있다.

동영상 전문 사이트로는 곰 TV가 인터넷 TV인 '곰 TV'를 통해 10개 채널을 제공하고 있으며, 컨텐츠 제공 사업자가 100개에 이른다. 판도라 TV에서는 2004년 UCC서비스를 시작으로 2,000건 이상의 새로운 동영상이 매일 업로드 되고 있으며, 2007년 6월을 기점으로 1위를 차지하고 있다. 이외에 기존 미디어에서 생산된 콘텐츠를 재가공 해 서비스를 제공하는 엠군(사용자 참여를 핵심으로 사이트를 개편), 라이브 동영상 방송으로 관심 끌고 있는 아프리카, 전신이 다모임인 엠엔캐스트, 2007년 8월 한국어 서비스를 시작한 유튜브 등이 주목받고 있는 동영상 전문 사이트들이다.

온라인 동영상 서비스는 UCC(User Created Contents)채널과 RMC(Ready Made Contents)채널로 서비스 내용에 따라 분류된다. UCC는 이용자가 제작한 컨텐츠가 밀집되어 있는 서비스 채널이고, RMC는 전략적 컨텐츠 제휴를 통해 전문가(방송사/영화사)가 제작한 컨텐츠(스포츠 생중계, 영화 등)를 제공한다. 인터넷 동영상 서비스는 VOD콘텐츠와 UCC가 혼재되어 있는 양상을 보이며 다양한 플랫폼을 통해 콘텐츠 확보에 주력하는 과정에 있는 것으로 보인다. 또한 인터넷 동영상 광고는 2005년 1,096건이었던 것에 비해 2007년 2,186건으로 2배 이상의 증가치를 보이며 빠르게 성장하고 있다(애드클릭 2008). 일반 배너보다 동영상 광고의 클릭률(CTR)이 더 높게 나타났으며, 동영상 혹은 플래시+동영상 형태의 광고상품의 효과가 우수한 것으로 나타나고 있다(애드클릭, 2008).

UCC(User Created Contents) 광고

UCC는 '사용자가 제작한 콘텐츠'를 의미하며 넓은 의미에서 카페, 블로그, 미니홈피 등에 게시된 모든 종류의 게시물을 포함한다. 제작 목적에 따라 오락목적의 E-UCC (Entertainment), 정보 제공 목적의 I-UCC(Information), 그리고 판매를 목적으로 하는 B-UCC(Business)로 구분된다. UCC를 제작관여정도에 따라 UGC(User Generated Contents)라 불리 우며, 이는 이용자들이 제작한 순수 콘텐츠들로 이루어지는 것을 말한다. UMC(User Modified Contents)는 원본을 약간 변형한 UCC를 말한다. URC(User Recreated Contents)는 원본과 다른 의미를 창출하도록 수정된 UCC이다. 서비스 플랫폼에 따라 포털 UCC(커뮤니티 UCC, 미디어 UCC, 검색 UCC)와 동영상 전문 UCC사이트인 비포털 UCC로 구분된다. UCC를 광고와 연계시키는 방법은 UCC동영상 사이트나 포털사이트에서 많이 활용되는 것으로 UCC동영상의 로딩 중에 광고를 강제로 노출시키는 것이다.

구전광고(바이럴 마케팅 ; Viral Marketing)

이 전략은 구전(word-of-mouth) 마케팅 전략이라고도 하며 수 세대에 걸쳐 사용되어 왔으며 온라인 매체를 통해 급속히 확산되고 있다. 구전 광고 모델은 최소 비용으로 브랜드 인지도를 높이고자 할 때 자주 이용되는 방법으로서 온라인 광고에서는 주로 젊은 층을 위한 제품 광고에 이용되곤 한다. 이 전략의 수단으로서는 전이성이 좋은 간단한 게임, 유틸리티 프로그램이나 특별한 컨텐트 등을 이용할 수도 있으며 기본적으로는 이메일 자체로도 가능하다. 광고 효과를 충분히 달성하기 위해서는 컨텐트 자체가 고객에게 가치를 제공하거나 아니면 이메일에서의 전달 기능을 이용하고자 할 경우 관련된 인센티브 시스템이 잘 마련되어야 할 것이다.

구전 광고의 단점으로는 자칫 의도적으로 치명적 바이러스가 함께 전파될 수 있으며 이는 오히려 치명적인 손실을 가져올 수도 있음을 항상 유의하여야 한다. 바이럴 마케팅은 포털매체의 블로그 플랫폼 활용, 개인 블로그 내 배너 게재, 특정 상품에 블로그 포스팅을 유도하는 등의 수단을 이용하고 있다.

다이렉트 이메일 광고

광고로서의 이메일은 보통 배너와 달리 사용자의 액션이 세부적으로 확인가능하다. 메일 발송, 성공, 오픈, 클릭, 최종 액션 완료에 이르기까지 이를 수치로 전환하여 성공률, 오픈율, 클릭률, 전환율 등을 통해 효과에 대한 검증도 할 수 있다. 또한 인구통계학적 구분, 매체에 따른 관심사, 구매 이력 등을 통해 타깃팅이 가능한 장점이 있다. 그러나 무분별하게 발송되는 이메일은 스팸메일로 인식되어 그 효과를 낮출 수 있는 단점이 있다. 그 결과 이메일 광고의 수신을 전제로 광고 메일을 발송하는 퍼미션 마케팅으로 진화하였다. 즉 메일은 수신자의 동의 없이 발송되는 스팸메일, 수신자의 동의에 기반한 옵트인 메일, 무작위로 메일을 발송하나 수신자가 수신을 거부 할 수 있는 옵토 아웃메일로 분류된다. 이메일 광고의 장점으로는 저비용으로 광범위한 범위의 고객을 대상으로 광고가 가능하다는 점과 비용 대비 효과 면에서 다른 광고채널보다도 더 신속히 반응 정도를 평가할 수 있는 마케팅 채널로 이용될 수 있다는 점이다.

게임 내 광고

게임의 미디어적인 환경 아래 이루어지는 다양한 마케팅 활동을 의미한다. 최근에는 광고가 게임과 융합되는 형태인 PPL로 진화하고 있다. 즉 게임 중간 중간에 광고 동영상을 삽입하여 광고를 노출시키는 기법과 별도의 광고 서버를 이용하여 게임 사업자 네트워크를 구축하여 광고를 노출시키는 트라이 코드 솔루션 등이 개발되었다.

협찬광고

배너 광고에 제한되지 않는 확장적 관점에서 웹 매체와의 협찬형식을 통해서 편집된 기사의 내용부분에 광고 메시지나 브랜드 로고, 제품 정보 등을 삽입하는 광고 형식이다. 이는 관심 있는 고객의 방문을 능동적으로 끌어들이며, 매체의 공신력을 이용한 뉴스나, 생활 정보 등의 웹 컨텐츠와 제품이 갖는 속성을 잘 조화시켜서 고객들에게 다가가는 바람직한 광고 형태이다. 제품 삽입광고는 영화, 음반에서 주로 하는 형식으로 웹사이트 내에 특정제품을 삽입하여 보여주는 형태의 협찬광고를 말한다. 이외에 애드버토리알즈(Advertotials)광고는 신문・잡지에서처럼 특정광고 내용을 웹사이트 내에 통합시켜서 웹 매체내용과 광고내용을 구분하기 힘든 형태의 협찬광고를 말한다.

틈새 또는 팝업 광고(Pop-up ad)

팝업 광고는 사용자가 웹페이지를 방문할 때 자동적으로 새 브라우저에 광고내용이 뜨도록 하여 원래 사용자가 보고자 했던 페이지를 보기 전에 볼 수 있도록 만든 광고이다. 즉, 웹사이트의 컨텐츠 페이지와 컨텐츠 페이지 사이의 화면 이동시 전체화면으로 삽입되어 광고메시지를 보여주는 광고형식으로 노출효과가 확실한 장점이 있다. 그러나 많은 사용자들이 이를 좋아하지는 않아, 대부분의 브라우저들이 팝업 창의 블록 설정을 가능하도록 하고 있다. 스플래쉬 스크린(Splash Screen)은 매체의 컨텐츠를 클릭할 때 다음 페이지로 연결되기 전 중간에 한 페이지의 광고메시지를 보여주는 Pop-up페이지 형태의 광고이다. 인터머시알즈(Intermercials)은 스플래쉬 스크린처럼 중간에 광고가 표출되거나, 광고메시지가 고정되어 있지 않고, 움직이거나 게임을 하게 하거나 클릭하게 하여 광고메시지로 유도하는 형태의 광고를 말한다.

4.4 모바일 광고 기법

모바일 매체는 인터넷에 이은 두 번째 디지털 매체로서 대규모로 보급된 대중매체이면서 휴대성, 카메라와 음성을 사용한 입력장치 및 결제 장치가 내장된 장점을 가지고 있다는 면에서 광고 매체로서 잠재적 우위를 점하고 있다. 따라서 현재 광고주들은 실험적인 캠페인을 실행하면서 광고형식을 다양화하고 있다. 모바일은 양방향성 광고가 가능하기 때문에, 기존 4대 매체가 모바일을 보완매체로 활용하고 있다. 또한 인쇄매체도 QR코드인 모바일 바코드로 광고의 새로운 가능성을 열었다. 지역검색광고는 소비자들에게 유효한 정보를, 광고주들에게 웹 버전을 확장시켜 광고효과를 강화할 기회를 제공하였다. 그러나 광고주, 광고대행사, 솔루션 제공업체, 사이트 운영업체, 이동통신사, 소비자로 구성된 복잡한 가치사슬의 통합 및 다양한 사업모델의 수립 및 표준화와 관련된 많은 쟁점들의 해결이 요구된다.

기존 매체에 보완적 모바일 광고

문자메시지는 라디오나 TV의 인기 프로그램의 문자메시지 투표가 모바일 매체의 양방향성을 보여주는 사례이다. 문자메시지를 이용한 퀴즈, 복원, 채팅 등이 등장했으며 문자메시지 사용자의 폭발적 증가는 모바일 광고의 본격적 성장의 신호탄이 되었다. 즉 상당한 매출과 이용규모를 창출하면서 광고 효과 측정의 도구로서의 역할도 제공하고 있다.

광고판에 문자메시지를 보내면 4분짜리 음악을 무료로 다운로드할 수 있는 전화번호를 보여준다거나 광고모델에 대한 의견을 문자메시지로 보낼 수 있는 광고판 등이 등장했다. 즉 광고를 보고 간단한 문자메시지를 보내면 음악이나 동영상 혹은 할인권을 다운로드할 수 있도록 하였다. 현재는 광고에 있는 QR코드를 인식하면 관련 광고를 다운 받고 할인권 등을 다운로드 할 수 있다. 모바일이 문자메시지 등을 이용하여 기존 매체에 측정성을 제공하도록 하였다. 즉, 실시간으로 광고에 대한 반응을 확인하는 것이 가능해졌다.

모바일 배너 광고

2006년부터 모바일 인터넷에 배너 광고가 등장했다. 모바일 배너 광고는 인터넷 배너광고와 유사한 형태를 띠고 있으며, 매년 콘텐츠 공급업체의 사이트에 배너광고를 실시하는 비용이 급상승하고 있으며, 모바일 폰 이용자의 3에서 5퍼센트가 배너광고를 클릭하고 있다. 이는 인터넷 배너 광고의 클릭률이 1퍼센트 미만인 것에 비하면 괄목할 만한 수치다. 현재 모바일 배너 광고는 대부분 브랜드 마켓팅의 일환으로 집행된다. 그러나 어플리케이션의 호환성 문제가 큰 단점이다.

모바일 검색 광고

모바일 검색은 이용자의 명확한 의도에 기초하여 고도로 표적화된 메시지를 전달할 수 있는 역량과 커다란 잠재력을 지녔다. 따라서 모바일 광고주들은 한 번에 수억 명에게 접근할 수 있는 검색어 광고에 관심을 가질 수밖에 없다. 현재 인터넷 검색의 강자인 구글, 야후 등은 기존 광고서비스를 모바일 환경으로 확장하고 있다. 또한 이들은 단말기 제조사들과의 계약을 통해 유리한 고지를 점유하려 한다. 일각에서는 모바일 키워드 광고 요율이 온라인보다 높아야 한다고 생각한다. 모바일 폰으로 검색하는 소비자는 구매에 보다 가깝게 다가갔다고 볼 수 있기 때문이다. 특히 벨소리나 게임 같은 모바일용 컨텐츠의 경우는 더더욱 그렇다고 볼 수 있다. 이를 위해 트래픽, 높은 호환성, 오트텍 검색 등이 충족되어야 할 것이다. 또한 모바일 검색이 가지고 있는 작은 키패드 등의 문제점 해결을 위한 음성검색 등의 활성화도 기대된다.

위치기반 모바일 광고

위치기반 모바일 광고는 소비자가 특정 매장이나 식당 앞을 지나면 해당 매장의 문자메시지가 할인권과 함께 도착하도록 하는 방식이다. 그런데 문제는 이 메시지를 전달하는데 건당 들어가는 비용이 만만치 않고, 할인권 교환율이 2-3퍼센트에 불과하다는 것이다. 즉 승인기반 모바일 광고를 충분한 규모로 진행하지 않으면 비용 대비 효과가 크지 않은 것이 현재의 문제점이다. 유럽에서 인기 있는 기술 중의 하나가 블루투스이다. 근접마케팅 혹은 블루캐스팅은 광고물이나 매장 근처에 있는 소비자에게 블루투스로 광고메시지를 전달한다. 이 방법은 무료로 쓸 수 있는 무료주파수를 활용하기 때문에 비용 측면에서 매력적이나 소비자의 승인을 필요로 하지 않아 스팸으로 처리될 수 있는 단점이 있다. 소비자의 승인을 이용한 광고메시지로는 QR코드를 이용한 광고가 있다. 소비자가 QR코드를 인식하여 필요로 하는 광고메시지를 수용하는 방식이다. 즉 위치기반 광고에서는 소비자의 참여에 기반한 광고 제공을 고려하는 것이 중요하다.

지역검색기반 모바일 광고

지역검색기반 모바일 광고는 위치기반 검색 어플리케이션과 GPS어플리케이션을 이용하여 이용자의 정확한 위치를 파악하고 해당지역에 대한 검색결과를 보여주는 것이다. 소비자의 위치에서 반경을 정하여 음식점, 커피전문점, 관공서 등의 정보 제공이 가능하고, 이들 검색결과에 따른 할인 쿠폰의 제공 등이 광고의 성장을 가능하게 한다.

상황기반 모바일 광고

올바른 때에, 올바른 메시지를, 적합한 소비자에게 전달하기 위한 방법론으로 소비자의 위치, 물리적, 동적, 사회적 관계 상황 등에 기반하여 소비자가 찾는 정보를 파악하고, 이에 대한 광고를 소비자에게 전달하기 위한 방법론이다.

행동 기반 모바일 광고

모바일 테이터 사용, 모바일 미디어 구매 이력, 소속 커뮤니티, 사이트 방문 이력과 같은 정보들을 기반으로 기대하지 않은 장소에서 관심분야의 광고를 제공한다. 즉, 취향을 분명하게 파악하여 광고에 노출시킨다. 모바일 광고는 행동기반 표적화의 활용 면에서 인터넷을 빠르게 따라잡고 있으며, 어플리케이션 이용 내역에 따른 묵시적 데이터와 신상정보 같은 명시적 데이터의 결합은 새롭고 강력한 광고모델이 가능하도록 하고 있다.

미디어 경험기반 모바일 광고

아이폰은 강력한 프로세서, 풍부한 메모리, 대형 화면을 갖춘 휴대전화로 모바일 시장을 개편하고 있다. 즉, 멀티미디어 콘텐츠 활용과 모바일 광고가 후원하는 미디어 어플리케이션이 쏟아져 나오고 있으며 이들은 모바일 광고시장의 활성화에 주된 토대를 놓고 있다.

광고가 첨부된 무료 미디어 광고

광고가 노골적으로 드러나지 않으나 상황에 맞게 적절히 결합된 모바일 동영상 광고는 방송 전후 또는 중간에 광고를 삽입하는 광고 기법이다. 이러한 솔루션은 광고효과 측정역량까지 갖추어 광고매체로서도 매력이 있으며 소비자의 참여도를 정확히 측정할 수 있다는 장점이 있고 소비자들 간의 손쉬운 전달로 전염효과를 일으킬 수 있다. 그러나 소비자에게 또 다른 스팸이 될 수 있는 여지가 있어 길이는 5초에서 10초 내외로, 노출빈도는 서너 개의 동영상마다 한번으로 한정하는 등의 방안을 고려하는 것을 권장한다.

대기화면을 이용한 광고

대기화면은 모바일 이용자들이 다양한 메뉴를 거쳐 다른 미디어로 가는 창구로서 광고공간으로서의 활용의 가치가 있다. 그러나 대기화면 디자인은 미디어 접속뿐만 아니라 기초적인 통화기능에도 충실해야 한다. 통화기능을 방해하는 대기화면의 삽입은 광고효과를 삭감할 것이다. 최초의 성공적인 대기화면을 이용한 광고 캠페인은 혼다에서 진행됐다. 태국의 모바일 가입자를 대상으로 오토바이 안전수칙을 전달하면서 신형 혼다 오토바이를 등록고객에 대한 부상으로 내걸었다. 3주만에 300만명의 가입자가 광고를 보았고, 경품행사에 응모한 사람도 10만명이 넘었다(Celltick, "Honda Campaign Reached Millions of AIS Subscribers Using Celltick's LiveScreen Media"(press release, 2007.2.12)).

돌출광고

돌출광고는 문자메시지 하단 등에 삽입되는 것으로 문자메시지를 보거나, 인터넷 검색을 하거나, 애플리케이션을 다운로드하는 동안 일시적으로 삽입된다. 중국과 인도에서는 문자메시지 하단에 삽입된다. 소비자의 관점에서 인터넷 페이지가 뜨거나 애플리케이션이 시작되는 동안 광고가 나오는 것은 진행표시 막대를 보는 것보다 짜증스럽지 않다. 효율적으로 실행하면 실제적 행동을 유도하는 유용한 정보를 제공할 수 있다. 이 때 광고메시지는 연관성이 높아야 하고, 혜택은 구체적이어야 하며, 매 단계에서 거부 옵션이 주어져야 한다.

4.5 광고 전략

온라인 광고에서의 다양한 전략적 모색이 가능하다. 따라서 본 절에서는 먼저 온라인 광고의 다양한 전략 기법들을 알아보고 소개하고자 한다.

수동적 전략(Pull or Passive Strategy)

이 전략은 기본적으로 고객이 스스로 해당 광고를 찾아 방문했을 때 고객을 구매로 유도하거나 기타 원하는 광고 목적을 달성하려는 전략으로서 먼저 고객이 찾아와 주어야 한다는 전제 하에 그 광고의 유효성이 성립하게 된다. 이 전략은 결과적으로 무한히 많은 잠재적 고객들에게 노출될 가능성이 있을 때 그 효과가 발생하며, 이를 위해 잠재적 고객들에게 해당 광고가 있다는 사실을 알릴 수 있는 수단이 존재하여야 한다.

현재 일반적으로 많이 사용되고 있는 웹 광고의 존재에 대한 홍보는 크게 세 가지 형태로 나누어 볼 수 있다. 첫째, 오프라인 광고를 통하여 웹 광고의 URL이나 QR코드를 통해 알릴 수 있으며 둘째, 다양한 형태의 검색 엔진들을 이용할 수 있을 것이다. 일반 검색 엔진으로는 야후나 라이코스, 오버츄 등을 들 수 있다. 마지막으로 전자 쇼핑 몰에 해당 제품을 등록하고 판매하는 것이다. 이 방법은 판매 자체의 목적도 있지만 역시 대중적인 전자 쇼핑 몰에 제품을 게시함으로써 판매 이상의 광고 노출 효과를 가질 수 있는 방법인 것이다. 즉 실물 시장에 비유하자면 사람들이 많이 찾는 유명 백화점의 진열대에 제품을 전시하는 것과도 같은 것이라 할 수 있다.

이미 이 수동적 전략을 채택했다면 광고 효과를 거두기 위해서는 다수의 목표 고객에게 노출될 수 있도록 위의 세 가지 형태의 방식을 어떠한 비율로 적절히 혼합하며, 또한 각 방식에서는 어떤 채널에 집중할 것인지가 중요하다. 예를 들면 검색 엔진의 경우, 야후 또는 오버츄 등 어떤 검색 엔진에서 잘 노출될 수 있도록 할 것인지를 결정하는 것이 매우 중요한 의사 결정이 될 것이다.

능동적 전략(Push or Active Strategy)

만약 고객이 자발적으로 수동적 광고에 노출되지 않는다면 기업은 오히려 능동적으로 각 고객들에게 다가가야 한다. 능동적 전략으로는 이메일, SMS(Short Message Service) 등을 이용할 수 있다. 최근 들어 키워드검색 사이트에서 키워드에 따라 광고를 다르게 구성하는 능동적 전략의 수단이 이용되고 있다. 능동적 전략을 사용하는 데에 있어서 가장 중요한 것은 해당 광고를 전달할 고객들을 추출하는 것이다. 이를 위해 일반적으로 쿠키를 비롯한 인터넷 관련 기술과 동시에 웹 마이닝 및 광고 추천 기법들이 다양하게 이용되고 있다.

연관 광고 디스플레이 전략(Associated Ad Display Strategy)

때때로 개별 웹 페이지의 내용과 이와 관련된 광고를 연계시키는 것은 매우 효과적이며 아마존이나 반즈앤노블과 같은 웹사이트에서 많이 이용되고 있는 기법이다. 아마존이나 반즈앤노블은 책과 같은 제품을 필요로 할 만한 고객들이 이용할 가능성이 높은 사이트나 특정 페이지에 자신의 광고를 노출시키는 것이다. 이에 관련된 대표적 예로서 미국의 MapQuest를 들 수 있는데 이 사이트는 여행자들을 위한 지도 정보를 서비스하는 사이트로서 임의 지역의 지도 정보를 고객에게 서비스할 때 그 지역에 소재 하는 숙박업체의 광고를 같이 제공하게 된다. 이와는 약간 다른 형태의 연관 광고 디스플레이 전략으로는 아마존의 "Customer who bought this book also bought ..."과 같은 제목 하에 나타나는 책 광고들로서 특정 책에 관심을 표명한 고객들에게 그 책을 구입한 다른 고객들이 많이 구입한 다른 책 리스트를 제공하는 것이다. 더 나아가 일반적 검색 엔진에서 특정 키워드와 관련하여 광고를 노출시킬 수도 있다. 이를 일반적으로 키워드 배너라고 부르며 이 역시 연관 광고 디스플레이 전략 중 하나로 볼 수 있다.

이와 같은 연관 광고 디스플레이 전략들을 효과적으로 구현하기 위해 데이터 마이닝과 같은 분석적 작업들도 많이 수행되고 있으며 이 역시 능동적 광고 전략과 유사하게 효과적으로 특정 광고 대상 페이지를 선택함으로써 목표 고객층을 구별해낼 수 있는지가 주요 성공 요소라 할 수 있다.

교차전략(Banner Exchange Strategy)

배너 교차(Banner Exchange)는 현재 멤버들 간에 배너를 서로 교차하는 방식이다. 즉 자신의 웹사이트에 다른 멤버의 배너를 올려 주는 방식으로 보통 2:1로 방식으로 올려준다. 즉 자신의 배너 두 번에 멤버의 배너 한번 꼴로 올려주는 것이 일반적이다. 이러한 배너 교차전략은 보다 많은 웹 사이트에서 배너광고를 할 수 있다는 장점이 있다. 그러나 자신의 배너가 상대 웹사이트의 어떤 위치에서 광고될 지 등을 결정하는 의사결정의 영향력이 적어진다는 단점이 있다. 그러나 배너 교차광고기법을 활용한 온라인 광고가 비용대비 효과가 상대적으로 높기 때문에 많이 활성화 되고 있다.

링크 교차(Link Exchange)는 웹 방문자들을 공유하는 방법이다. 상대적으로 규모가 작은 웹사이트들 간에 트래픽을 증가 시키고 링크를 홍보하기 위해 사용되는 기법으로 배너교차에서처럼 배너대신 링크를 멤버 사이트들 간에 교차하는 기법이다.

소셜 네트워크 전략(Social Network Strategy)

소셜 네트워크 전략 광고는 소셜 네트워킹 사이트에 초점을 두고 광고한다. 소셜 네트워크 광고의 주된 이점은 사용자들의 인구통계학적 정보를 쉽게 구할 수 있다는 것이다. 따라서 타깃 광고의 용이성이 증가한다. 이에 따라 많은 사람들이 소셜 네트워크 광고가 급성장할 것이라는 것에는 동의하나 현재까지 시장 성숙도는 그다지 높지 않다.

4.6 광고시장 현황

기존의 4대 매체에 의한 광고 시장의 성장세가 둔화된 반면 인터넷 광고시장은 지난 10여 년간 괄목한 성장을 이루었으며 1인 1미디어 시대를 구현하게 된 모바일 이용한 광고시장이 제3의 광고시장으로 성장하고 있다. 따라서 인터넷과 모바일을 이용한 광고시장의 현황을 통해 새로운 광고매체로서의 기회와 극복해야 할 문제점들이 무엇인지 살펴보기로 하자.

4.6.1 인터넷 광고 현황

인터넷 광고는 1994년 미국의 AT&T가 핫 와이어드라는 웹진엔 배너 광고를 시작함으로써 이루어졌으며, 인터넷 광고가 광고매체로서 정착하기 시작한 것은 1997년 상호작용적인 배너 광고가 등장하면서부터 이다. 또한 이때부터 이메일 광고가 도입되었다. 2000년대부터는 배너 광고에 동영상과 음성, 음향 등이 첨부되고, 배너 광고 안에 회원가입, 이벤트 응모 등이 가능한 형태로 배너 광고 진화하였다. 또한 동영상 광고, 멀티미디어 광고, 전면 광고 등이 등장하여 인터넷 광고가 다양화되기 시작하였다. 2003년 이후 검색광고가 활성화되었고, 검색광고와 타깃광고가 결합된 새로운 유형의 광고가 등장하기 시작하였으며, 블로그와 연계된 바이럴 마케팅, 개인의 특성에 기반 한 개인 특화된 광고 등으로 진화, 발전하여 오늘에 이르고 있다. 개인화 광고의 단점은 광고비용이 많이 든다는 것이었는데, 이에 온라인 더블클릭 광고기법은 광고 네트웍스(advertising networks)를 수행하여 일대일 광고의 장점을 살리면서 비용은 저렴하게 하는 기법으로 발전하여 왔다. 또한 더블클릭 같은 기업들의 가상시장은 인터넷 디스플레이 광고와 검색광고를 활성화하였으며, 지금은 더블클릭, 24/7 리얼 미디어, 밸류클릭을 비롯한 광고 네트워크들이 확고하게 자리를 잡았다. 구글, 야후, IAC/Ask, 마이크로소프트 역시 검색마케팅 시장에 뛰어들었다. 그들은 자체시장을 열어서 키워드 경매사업을 벌였다. 광고 캠페인 관리부터 키워드 최적화까지 다양한 서비스를 제공하는 기업들이 나타나면서 완전한 인터넷 광고 생태계가 형성되었다.

인터넷 광고의 문제점들도 간과할 수는 없다. 이 중의 하나가 닷컴 기업들의 무모한 광고 지출이다. 인터넷 광고 비용이 기존 4대 매체에 비해 저렴하다 하지만, 문제는 1달러를 벌기위해 더 많은 광고비를 사용했다는 것이다. 예를 들어 포인트캐스트는 1996년 사용자가 지정한 특정 분야의 뉴스를 모아서 자동으로 발송하는 서비스를 선보였다. 이

기술은 많은 관심을 받았으나 과도한 트래픽은 소비자의 무관심으로 이어졌고, 접속한 사람들조차 너무 많은 광고에 지쳐서 사용을 포기했다. 즉 현실과 소비자를 무시한 컨셉은 성공을 보장받기 어렵다.

고객이 광고를 보도록 하기 위해 자신의 사이트에 흥미를 느끼고 방문하도록 유도하여 일정 횟수 이상의 사이트 방문자에게 프로모션을 제공하는 광고는 고객에게 할인 쿠폰을 제공하거나 경품, 퀴즈를 통해서 상품을 고객에게 제공하는 등의 촉진전략 등이 보다 활발하게 이루어지고 있다. 그러나 이러한 전략은 일정 기간 안에 많은 고객을 유치할 수 있는 장점은 있지만 장기간 고객을 유지하고 관리하기 위해선 새로운 이벤트를 발생시켜 고객의 관심을 끌어야 하는 등의 노력이 가중된다. 이와 같이 유치된 고객을 브랜드나 상품에 대한 충성도가 높은 고객으로 계속 유지할 수 있느냐가 온라인 광고의 성패가 좌우된다고 볼 수 있다.

개인화 광고의 폐해의 예로 전자메일을 들 수 있다. 전자메일이 기존 우편 메일보다 더 빨리 편리하게 정보를 제공할 수 있다는 장점을 이용해 소비자 기호의 정확한 파악이나 긴밀한 유대감 없이 일반대중을 대상으로 한 무차별적 광고는 이질감이나 거부감을 일으키고 있다. 따라서 고객별로 차별화된 광고의 제공이 요구되지만, 광고비용이 많이 든다는 것이 단점이다. 이에 더블클릭 같은 광고 네트웍스(advertising networks)등이 등장하였다. 또한 맞춤화 광고를 위해서는 고객을 모니터링 해야 하고 제품에 관한 폭 넓은 정보를 소비자들에게 전달해야 하는 어려움이 있다. 이에 오버츄와 같은 광고 기획사가 광고들을 모아 광고만을 제공하는 사이트들이 등장하고 있다. 이들을 통해 소비자들은 광고 전문 사이트로부터 제품에 관한 정보를 보다 폭 넓게 맞춤화하여 받을 수 있고 광고 전담 사이트도 광고를 통해 고객을 보다 가까이서 모니터링 할 수 있어 고객의 반응을 보다 구체적으로 광고에 반영할 수 있는 장점이 있다. 개개의 중소기업이 수집하기에는 역부족인 광범위한 광고 아이템을 광고기획사가 수집하고 제작하여 기업체에게 제안하는 적극적 형태로 바뀌어 가고 있다. 이러한 변화는 소규모의 웹사이트를 위한 광고시장의 성장에 많은 활기를 주고 있다.

4.6.2 모바일 광고의 기회와 문제점

모바일 광고의 상황성, 즉시성, 맞춤화는 다른 매체에 비해 광고에 다양한 기회를 제공하고 있으나, 또한 모바일 광고시장에서 여러 가지 문제점들이 존재하는 것도 사실이다.

모바일 광고의 기회는 소비자들에게 양방향성이 강화된 풍부한 컨텐츠의 제공이 가능하다는 것이다. 또한 어떤 매체보다 소비자에게 밀착되어 있으며, 개인적인 정보 접근이 용이하고 소비자 친화적인 표적화를 통해 엄청난 광고의 가치를 제공할 잠재력을 가지고 있으며 이에 따른 온라인 광고에서 참여도를 측정하는 수단으로서의 가능성도 상당하다. 또한 컨텐츠 세대의 등장으로 소셜 네트워크 사이트가 모바일 환경으로 이전되면서 발견과 공유에 따른 다양한 광고의 기회가 증가한 것도 사실이다. 컨텐츠 세대는 문자메시지나 블로그, 소셜 네트워크 사이트를 비롯한 다양한 모바일 미디어를 통해 친구들과 정보를 공유하는 것에 거부감이 없다. 큐리서치에 조사에 의하면 11세에서 20세의 영국 청소년 1,500명을 대상으로 조사한 결과 32퍼센트가 휴대전화로 광고를 볼 용의가 있었고, 관심분야 광고에 대한 수용률은 71퍼센트, 할인권을 제공하는 광고에 대한 수용률은 71퍼센트, 무료통화를 제공하는 광고에 대한 수용률은 84퍼센트에 달했다(Q research, 2007). 즉, 콘텐츠 세대는 연관성이 높고 비 간섭적인 모바일 광고에 대한 거부감이 적고, 분명한 혜택을 제공하는 광고를 적극적으로 받아들인다는 사실로 미루어 볼 때 광고시장에 매우 긍정적이다. 또한 모바일에서 이동통신사의 음성통화 매출이 점차 줄어들면서 모바일 데이터와 미디어가 모바일의 새로운 수익원으로 매출의 잠재력과 광고시장의 확대를 촉진하고 있다. 이러한 모바일이 제공하는 기회는 모바일 광고시장의 성장과 새로운 광고모델에 대한 기대를 강화하고 있다.

그러나 모바일 광고시장이 해결해야 할 문제점도 적지는 않다. 현재 모바일 광고시장에서 광고주들이 선택해야 할 공급업체와 어플리케이션이 너무 많다. 이는 저렴하고 효율적인 방식으로 대중시장에 광고를 전달하기에는 개별 솔루션에 대응해야하는 비효율성이 존재한다. 다양한 공급업체와 어플리케이션의 문제는 광고 표적 집단의 설정이 협력할 이동통신사와도 관련된다. 즉 단말기 모델, 사용자 인터페이스, 사용자 프로필 등이 표적 집단 선정의 자료로 사용될 수 있기 때문이다. 또한 어플리케이션이나 채널을 선택하는 일 역시 어렵다. 모바일 광고는 인터넷 광고와 매우 비슷하게 진행되고 있지만 멀티미디어 메시지, 모바일 인터넷은 그렇게 쉽지 않아 아직까지 문자메시지를 이용한 표적화가 가장 저렴하고 보편적인 광고수단으로 활용되고 있는 것이 사실이다. 대기화면과 위치정보 애플리케이션, 게임도 아직 활용이 어려우며 광고방식과 콘텐츠가 일부 표준화되긴 했지만 아직 부족한 부분이 많다. 광고시장의 다양한 단말기, 인터페이스, 애플리케이션, 네트워크 및 광고요율 등의 표준화가 수반되지 않고는 모바일 광고 시장의 성공을 예견하기에는 아직 이르다. 또한 표적화 광고에 수반되는 소비자의 사생활 보호는 모바일 광고의 성공에 중요한 역할을 할 것이다.

대부분의 인터넷 광고가 컨텐츠, 이메일, 인스턴트 메시지 같은 서비스를 제공하고 배너와 검색광고 노출에 주력하고 있듯이 현재 모바일 광고도 인터넷 광고모델을 그대로 답습하고 있다. 따라서 확고한 광고모델 구축이 요구되며 이를 위해 표적화, 제작, 노출, 성과측정에 대한 표준 마련이 시급하다.

4.7 맺음말

본 장에서는 온라인 광고를 디지털 매체를 이용한 인터넷 광고와 모바일 광고로 나누어 보았다. 온라인 광고와 관련 광고 용어 들을 살펴보았고 인터넷 및 모바일 광고의 종류를 살펴보았다. 또한 온라인 및 모바일 광고 전략과 시장 현황을 통해 문제점과 성장 가능성을 간략히 살펴보았다.

사례 : 구글(Google)의 광고 기법

구글은 사용자의 위치나 컨텍스트 등의 정보를 광고에 이용하고 이를 위해 인터넷 검색 기술을 사용한다. 구글이 독립적으로 자체 개발한 검색기술로는 애드워즈(AdWords)와 애드센스(AdSense)가 있다.

애드워즈(AdWords)는 사용자가 검색을 위한 주제어를 입력하면 이와 유사한 광고 배너들이 검색 결과와 함께 광고주와 연결 되어 나열되도록 한다. 즉, 사용자가 배너들을 클릭할 때마다 구글은 광고주들로부터 cost-per-click에 해당하는 비용을 받는다. 즉 광고주의 계정 비용은 일단위로 계산되며 예산이 고갈될 때 구글은 해당 광고의 디스플레이를 종료한다. 이 시스템은 사용하기 쉽고 매우 효과적이다. Click-through-rate는 약 15퍼센트이며, 이것은 보통 배너 광고의 클릭율의 약 10배 이상에 해당한다고 한다. 온라인 판매 전문가들에 따르면, 구글에 광고를 실은 광고주들의 온라인 판매는 20퍼센트에서 25퍼센트 이상의 판매신장을 이루었다고 한다. 웹 방문자가 해당 광고를 클릭할 때마다, 즉 광고주의 사이트를 방문할 때 마다, 사이트의 소유주와 구글은 해당 광고주가 지불한 비용을 서로 공유한다. 또한 해당 광고주도 애드워즈(AdWords) 프로그램에 참여한다. 이러한 성공에도 불구하고, 애드워즈(AdWords)는 일대일 타겟 마케팅을 제공하지 않는 단점이 있다. 이를 보완하고자 애드센스(AdSense)를 개발했다.

애드센스(AdSense)는 구글이 주관하는 광고 제휴(Affiliate) 프로그램이다. 구글은 웹 사이트 소유주에게 그들의 사이트에서 다른 광고주의 광고를 기꺼이 게재하도록 하는 기회를 제공한다. 애드센스(AdSense)는 자동적으로 광고주의 문자와 이미지 광고를 이와 관련된 해당되는 제휴 사이트에 제공한다. 즉, 구글이 개발한 이러한 기술은 사용자의 기호에 기초하였으며, 이에 따라 개개인에게 적합한 광고를 제공할 수 있도록 하였다. 즉, 많은 경우의 부정확하고 비용이 많이 드는 방법론들에 비해 괄목할 만한 성장을 이루었다 할 수 있다. 이러한 기술에서의 중요성은 그 사이트의 대중성과 광고의 질, 출현 빈도 등이다. 현재 수십만의 사이트가 광고 제휴 프로그램에 참여하고 있다. 또한 구글은 사이트 방문자들을 실제 구매자로 변환할 수 있는 방법론 또한 제공한다.

애드센스(AdSense)는 구글의 Relevance-scoring 알고리즘을 사용한다. 웹사이트 소유주들은 이미지, 문자 및 동영상등의 광고가 가능하도록 이 프로그램 안에 제휴자로서 등록할 수 있다. 또한 광고들이 클릭(Per-Click)되거나 노출(per-impression)됨에 따라 수익이 발생한다. 이렇게 발생된 수익은 제휴한 웹 사이트 소유주들과 공유한다.

애드센스(AdSenese)는 웹 사이트 상의 광고에서 점점 대중화되고 있다. 왜냐하면 이러한 광고 방식에 의해 노출된 광고가 다른 배너광고들보다 사용자들을 덜 방해하고 그 광고들의 내용이 종종 방문한 웹 사이트의 내용과 관련지어지기 때문이다. 이러한 예로 RTC(rtcmagazine.com)를 들 수 있다. 구글의 성공은 네트워크 상의 수많은 광고주들로부터 적합한 광고의 제공, 광고를 위한 수많은 언어들로부터 적합한 광고의 추출, 및 웹 사이트들의 내용을 보다 잘 이해하기 위한 능력 등과 관련 있다. 즉, 관련된 광고를 적합하게 제공할 수 있는 기술력에 바탕을 둔다고 볼 수 있다. 방문자의 특성과 인구 통계적 데이터는 사용자가 필요로 하는 적절한 광고의 탐색 및 제공에 도움을 준다. 즉, AdCenter 방법론을 가지고 있는 MSN 등과 비교할 수 있는 구글의 경쟁력이기도 하다. 이러한 비슷한 프로그램들이 eBay(AdContex)나 Yahoo!(Content Match)에서도 제공되고 있다. 보다 좋은 광고의 제공은 웹 사이트의 방문자의 목적을 방해하지 않으면서 유용한 정보제공을 할 수 있도록 광고를 클릭할 수 있는 더 좋은 기회를 제공하는 것이라 할 수 있다.

사례 : 일본의 모바일 광고시장

일본의 모바일 광고시장은 미국에 이어 두 번째로 크다. 이동통신사들은 무제한 데이터 서비스 상품을 제공하고 있어 현재는 컴퓨터보다 휴대전화를 통해 인터넷에 접속하는 사람이 더 많으며 이에 따라 모바일 광고 산업이 활기를 띄고 있다. 따라서 검색광고, 돌출광고, 콘텐츠광고, 배너광고 등의 채널로 광고가 다양화 되고 있으며 2007년부터 모바일 검색이 의미 있는 매출을 일으켰다. 덴쯔가 예측한 바에 의하면 2007년 전체 검색광고시장에서 6.5퍼센트이었던 모바일 검색광고시장의 비중은 2011년 18퍼센트 이상으로 늘어날 것으로 보고 있다. 모바일 검색시장을 차지하기 위한 기업들의 횡보도 활발히 진행되고 있어 KDDI는 구글을, NTT 도코모는 모바일 콘텐츠 네트워크를 모바일 검색파트너로 선택했다. 일본의 2007년 가장 인기 있는 모바일 검색서비스는 구글보다 2배 정도 이용자가 많은 야후 재팬이다. 모바일 데이터 서비스와 무선통신 산업의 미래가 밝은 만큼 모바일 마케팅을 위한 잠재적 기회도 대단히 크다. 그러나 과거 인터넷 광고 시장이 자리 잡기까지 10년이 넘게 걸렸고, 모바일 광고시장은 커다란 기회를 제공하지만 성공하기 위해서는 가치사슬의 복잡성 등의 문제점을 간과해서는 안된다.

본 장에서 다루었던 내용들을 주제 별로 요약하면 다음과 같다.

1. 온라인 광고는 인터넷과 모바일이라는 디지털매체를 통해 행해지는 광고 활동 전반을 의미하며, 이는 보편적으로 배너광고뿐만 아니라, 이메일 광고, 도메인 광고, 검색 광고, UCC 광고, 문자 메세지, 동영상 등 디지털 매체 상에서 기업 및 상품 정보전달과 관련된 모든 행위를 포함한다.

2. 온라인 광고비용의 증가는 많이 사람들이 전통적 4대 매체 광고에서 온라인 광고에 시간을 활용하고 있음의 변화를 보여준다. 온라인 광고는 지역 및 시간적 제약이 없으며, 온라인 매체를 사용하여 소비자와의 상호작용을 통한 선별적 광고가 가능하다. 즉 다양한 미디어를 이용한 정보전달 수단으로서의 역할을 수행하는데 무리가 없음을 보여주고 있다. 그러나 광고시장의 크기를 측정하기 어렵고, 따라서 광고효과의 측정기준이나 광고모델의 표준화 등이 요구되고 있다.

3. 온라인 광고의 이해를 돕기 위해 애드뷰, 버튼, 페이지, CPM, PPC 등과 같은 광고 관련 용어를 살펴본다.

4. 인터넷 광고 기법으로 배너 광고, 검색광고, 동영상 광고, UCC, 구전광고, 다이렉트 이메일 광고, 게임 내 광고, 협찬광고, 팝업 광고 등을 살펴본다,

5. 모바일 광고 기법으로 모바일 배너 광고, 모바일 검색 광고, 위치기반 모바일 광고, 지역기반 모바일 광고, 상황기반 모바일 광고, 행동기반 모바일 광고, 미디어 경험기반 모바일 광고, 미디어 광고, 대기화면을 이용한 광고, 돌출광고 등의 특성과 모바일 광고의 성장 방향을 살펴본다.

6. 온라인 광고의 다양한 전략적 모색을 위한 광고 전략으로 수동적 전략, 능동적 전략, 연관광고 디스플레이 전략, 교차전략, 소셜 네트워크 전략 등을 살펴본다.

7. 지난 10여 년간 괄목한 성장을 이룬 인터넷 광고시장의 현황과 문제점을 살펴보고 신흥시장으로 개인화 및 차별화 광고 등의 특성을 지닌 모바일 광고시장의 성장 가능성, 현화 및 문제점 등을 살펴본다.

- 애드 뷰(Ad view, Page view, Impression, Exposure)
- 버튼(Button)
- 페이지(Page)
- 클릭(Click, Click-through, Ad click)
- CPM(Cost Per Mile)
- 광고대비구매율(Conversion rate)
- 클릭율(Click-through rate)
- 히트(Hit)
- 방문(Visit)
- 지속시간(Duration Time / Stickiness)
- PPC(Pay Per Click)
- 배너광고(Banner)
- 검색광고
- 동영상광고
- UUC(User Created Contents) 광고
- 구전광고(바이럴 마케팅, Viral Marketing)
- 다이렉트 이메일 광고
- 게임 내 광고
- 협찬 광고
- 틈새 또는 팝업 광그(Pop-up Ad)
- 모바일 배너 광고
- 기존매체에 보완적 모바일 광고
- 모바일 검색 광고
- 위치기반 모바일 광고
- 지역검색기반 모바일 광고
- 상황기반 모바일 광고
- 행동기반 모바일 광고
- 미디어 경험기반 모바일 광고
- 미디어 광고
- 대기화면을 이용한 광고
- 돌출광고
- 수동적 전략(Pull (Passive) Strategy)
- 능동적 전략(Push (Active) Strategy)
- 연관 광고 디스플레이 전략(Associated Ad Display Strategy)
- 교차전략
- 배너교차
- 링크교차
- 소셜네트워크전략

연습문제

[1] 온라인 광고와 관련된 용어들을 나열하고 각각이 의미하는 바가 무엇인지 설명하시오.

[2] 온라인 광고 기법 중 인터넷 광고 기법을 나열하고 인터넷 광고 기법의 변화가 뜻하는 바가 무엇인지 설명하시오.

[3] 탐색 엔진(Search Engine)의 발전 과정을 나열하고 설명하시오.

[4] 유비쿼터스 환경에서 모바일의 사용이 일반화되어 모바일의 광고 기법도 다양해지고 있다. 따라서 모바일 광고 기법을 나열하고 설명하시오.

[5] 모발일 광고시장의 현황에 기반하여 앞으로의 모바일 광고 시장의 발전을 예측 논의하시오.

& 참고문헌 및 참고사이트

[1] 남상신, 윤종욱, "온라인 광고와 마케팅", 한빛미디어, 1999.

[2] 이시훈, "인터넷과 모바일 광고의 변화와 표준화", 한경사, 2009.

[3] Efraim Turban, David King, J. K. Lee, Ting-Peng Liang, and Deborrah Turban, "Electronic Commerce 2010 : A Managerial Perspective", Prentice Hall, 2010.

[4] Kenneth C. Laudon, Carol Guercio Traver, "E-Commerce 2010", 2010.

[5] Chertan Sharma, Joe Herzog and Vitor Melfi, "Mobile Advertising", 2008.

[6] Bruce C. Brown "How to use the internet to advertise, promote, and market your business or web site", 2006.

[1] click4click.com ········· http://www.click4click.com
[2] Dotomi ········· http://dotomi.com
[3] DoubleClick ········· http://www.doubleclick.com
[4] exchange-it.com ········· http://www.exchange-it.comom
[5] eBay ········· http://www.ebay.com
[6] empas ········· http://www.empas.com
[7] Google ········· http://google.com
[8] linkswap ········· http://linkswap.co.uk
[9] Naver ········· http://www.naver.com
[10] RTC ········· http://rtcmagazine.com
[11] thefreeauction ········· http://thefreeauction.com/exchange
[12] Yahoo! ········· http://yahoo.com
[13] Youtube ········· http://www.youtube.com

Principles of Electronic Commerce

Fifth Edition

제 5 장

5

온라인 경매

학 습 목 표

- 온라인 경매의 정의, 요소 및 절차에 대해 간략히 살펴보고자 한다.
- 인터넷 기반의 온라인 경매의 장점과 한계점을 전통적 경매와 비교하여 살펴보고자 한다.
- 온라인 경매로 인해 발생하는 다양한 사기와 이에 대한 방지책을 살펴보고자 한다.
- 다양한 온라인 경매 유형들을 실제 사례를 통해 살펴보고자 한다.
- 온라인 경매 프로세스와 각 프로세스를 지원하는 지원 기술에 대해 살펴보고자 한다.
- 미래의 온라인 경매 유형과 잠재성을 살펴보고자 한다.

저 자 소 개

박 종 한, 한국과학기술원 경영대학원 선임 연구원, john@kaist.ac.kr

차 례(5)

5.1 서 론
5.2 온라인 경매
5.2.1 온라인 경매 구성요소
5.2.2 온라인 경매의 특징
5.2.3 온라인 경매에서의 사기 및 방지대책
5.3 온라인 경매 유형
5.3.1 경매유형
5.3.2 경매 주도자에 따른 경매 유형
5.3.3 참여자 구성에 따른 경매 유형
5.3.4 기타 경매 유형
5.4 온라인 경매 프로세스 및 지원기술
5.4.1 탐색
5.4.2 경매 시작
5.4.3 입찰
5.4.4 경매완료
5.5 온라인 경매의 미래
5.6 맺음말
EC 연구
사 례
검색어 광고 시장에서의 광고 경매
eBay와 페이팔
요 약
주요 용어정리
연습문제
참고문헌 및 참고사이트

5.1 서 론

경매는 미술품, 예술 작품, 중고품 등 정확히 가격을 결정하기 어려운 품목을 대상으로 입찰과 낙찰이라는 과정을 통해 가격을 도출하는 거래 유형이다. 온라인 경매는 기존의 경매 방식을 인터넷 환경과 접목시킨 상거래 유형으로 사업자뿐만 아니라 판매자 또는 구매자로서 인터넷 상에서 일대 다수의 관계를 형성하여 신제품이나 중고제품의 거래에 참여하여 상호간의 가격 협상을 통해 최저의 비용으로 최고의 효용을 얻으려는 시장 형태를 일컫는다.

온라인 경매는 인터넷 비즈니스 모델 가운데 가장 빠르게 성장하고 있는 비즈니스 모델이다. 전통적인 경매 방식은 상품과 서비스의 양과 범위가 상당히 제한되어 있으며, 운영에 소요되는 거래비용이 크고 시·공간의 제약을 받는다. 그러나 온라인 경매는 시간과 공간의 제약을 넘어서 의사소통을 가능하게 하고 거래조정에 소요되는 비용을 획기적으로 감소시켰다. 이는 상거래 방식으로서 경매제도가 지닌 근본적인 문제점을 상당부분 해결할 수 있는 중요한 변화라고 할 수 있다.

온라인 경매는 구매자와 판매자, 그리고 이를 연결해주는 경매업체로 구성된다. 경매업체는 구매자와 판매자가 거래할 수 있는 시장과 중개 기능만을 제공하기 때문에 여타 쇼핑몰과 달리 구매비용, 물류비용, 사후 서비스 비용에 대한 부담이 적은 관계로 소자본으로도 설립 및 운영이 가능하며, 거래에 따른 수수료라는 타 인터넷 비즈니스에 비해 안정적인 수입원을 확보하고 있어 인터넷 상거래에서 소비자간 시장의 활성화에 큰 몫을 담당해 왔다. 일례로 미국인 컴퓨터 프로그래머인 피에르 오마디아르(Pierre Omidyar)에 의해 1995년 만들어진 이베이(eBay)는 최초의 온라인 경매 사이트로 오늘날까지 가장 성공한 닷컴 회사이다.

온라인 경매는 구매자와 판매자에게도 매력적인 상거래 방식이다. 온라인 경매를 통해 구매자와 판매자는 비용 부담 없이, 혹은 적은 수수료를 부담하고 자신이 희망하는 가격에 근접한 매매를 할 수 있고, 이와 더불어 경매참가자에 의해 가격이 계속 변동하는 게임으로서의 묘미도 체험할 수 있다. 구매자와 판매자가 많아질수록 온라인 경매의 효용이 더욱 커지는 네트워크 효과로 인해 온라인 경매의 규모는 급속도록 팽창하고 있다. 이베이가 소비자간 인터넷 상거래시장에 그 모습을 나타낸 이후로 지금까지 다양한 경매 모델들이 등장했다. 미국의 이베이나 이베이에 인수된 우리나라의 옥션과 같이 소비자 간의 경매를 지원하는 모델뿐만 아니라, 프라이스 라인(PriceLine.com)과 같은 구매자 중심의 역경매, 기업 간 거래에서 구매자 중심의 입찰시장 등이 그 일례이다.

인터넷의 개방성과 접근성으로 인해 급격히 발전한 온라인 경매는 인터넷이 가지고 있는 물리적 한계로 인해 다양한 형태의 사기로 소비자 피해를 대량으로 발생시키기도 하였다. 미국의 국가사기정보센터(National Fraud Information Center 2008)에 따르면 인터넷 소비자 피해 사건 중 25.5%가 온라인 경매에서 발생하였고, 국내의 경우 소비자 보호원에 따르면 2004년 인터넷 소비자 피해 건수 중 13.3%가 온라인 경매에서 발생하였고 그 증가 속도가 매우 빠르다고 분석되었다.

본 장에서는 인터넷으로 인해 급격히 발전하면서도 그 한계점을 보여주고 있는 온라인 경매를 다음과 같은 관점에서 다루고자 한다. 먼저, 온라인 경매 개념과 요소 및 절차에 대해 간략히 다룬다. 둘째, 온라인 경매의 장점과 한계점을 전통적인 경매와 비교하여 살펴본다. 셋째, 다양한 경매 유형들을 실제 사례와 연결하여 비교하고, 넷째, 온라인 경매 프로세스를 지원하는 각종 기술들을 살펴보고자 한다. 다섯째로 온라인 경매에서 발생하고 있는 다양한 사기와 그에 대한 방지책을 살펴보고 마지막으로 미래의 온라인 경매 형태와 잠재력에 대해 살펴보도록 한다.

5.2 온라인 경매

5.2.1 온라인 경매 구성요소

온라인 경매의 구성 요소 및 경매 절차에 대해 간략히 살펴보기로 하자.

경매 요소

온라인 경매를 구성하는 요소로는 판매자, 구매자, 경매대상 상품 그리고 경매 사이트를 운영하는 경매운영의 매개자로 나누어 볼 수 있다. 누가 경매에 참여하는가에 대해 참여자의 제한을 두는 경우와 그렇지 않은 경우로 나눌 수 있다. 소비자 간의 경매의 경우 참여자에 제한을 두지 않지만, 기업 간 구매 경매의 경우 참여자의 신뢰성과 거래 실적 등에 기반을 두어 참여자를 제한하는 경우가 있다. 경매운영의 매개자는 상품 등록, 검색 등을 지원하고, 결재 등 경매의 운영 및 참여자 신용에 대한 정보를 관리한다. 온라인 경매에서는 기존의 경매시장이 고가의 상품을 취급했던 것에 반해 생필품 및 소비재 등의 소규모의 거래가 활성화 되어있다. 기업-소비자 간에서는 신제품에 대한 객관적 가격 책정이 경매를 통해 이루어지기도 하고, 시간적 공간적 제약에 의해 그 가치를 상실하는 호텔이나 비행기표 등이 역경매 형태로 거래되어지기도 한다. 기업 간 거래에서는 MRO (Maintenance, Repair, Operation)제품이나 연료 및 자동차, 비행기 부품 등이 거래되어진다.

온라인 경매 프로세스 및 수익원

온라인 경매는 기본적으로 회원 가입을 하고 물품을 등록하거나 선택하는 경매전, 입찰이 이루어지는 경매 중, 낙찰이 결정된 후 대금 결제 및 배송이 이루어지는 경매 후 과정으로 이루어진다. 온라인 경매의 절차에 따라 경매흐름이 차별화 되는 동시에 수익 원천도 달라진다. 아래 <그림 5-1>인 경매 프로세스 별 주요 수익원을 나타내고 있다.

▶▶ 그림 5-1 온라인 경매 절차 및 수익원

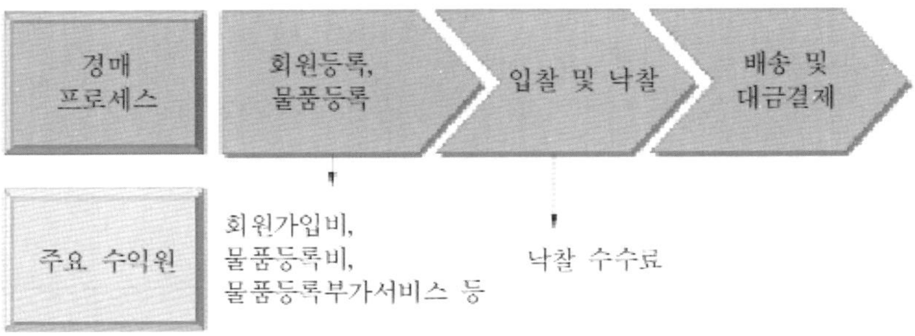

<자료원 : 오정숙, 2001.>

온라인 경매는 입찰의 주체에 따라 순경매와 역경매로 나눌 수 있다. 순경매는 여러 구매자가 공통의 품목에 대해 입찰을 하는 반면, 역경매는 여러 판매자가 공통의 구매자를 대상으로 경쟁하게 된다. 따라서 전자는 대개 가격이 점차 올라가지만, 후자는 가격이 내려가게 된다. 역경매의 경우 상품과 현금흐름이 뒤바뀐 것을 제외하면 경매 절차 관점에서 순경매와 차이가 없지만, 보통 구매자가 가격 외적인 요소도 고려하여 낙찰자를 정할 수 있도록 한다는 점에서 차이가 발생한다. 예를 들어 서적, 음반, 가전제품처럼 표준화되어있는 상품의 경우, 동일 상품에 대해 가격이 최대의 판단기준이지만, 여행패키지, 이사 서비스처럼 가격 이외에 구매 시 고려할 사항이 많다면 구매자는 가장 가격이 저렴하다는 이유만으로는 상품을 구매하지 않을 수도 있다. 이런 점에서 역경매는 보다 구매자 위주의 경매라고도 할 수 있다. 이러한 역경매는 정부나 기업이 조달(procurement)시에 자주 활용하는 방식으로, 인터넷경매에서는 판매업체가 보다 확대되었으며, 아울러 일반 소비자도 구매자의 입장에서 이를 활용할 수 있게 됐다는 점에 의의가 있다. 역경매의 한 형태로 공동구매가 있는데, 이 경우는 구매자가 일정 수 이상의 인원을 모으고, 인원

에 따라 판매자로부터 할인율을 적용 받는 절차로 이루어진다.

5.2.2 온라인 경매의 특징

온라인 경매는 인터넷을 사용하지 않았던 전통적인 경매와 비교하여 여러 가지 특징을 가진다. 이러한 특징은 온라인 경매가 급격히 성장할 수 있는 기회를 주기도 하고, 동시에 한계점으로 남기도 한다. 그 주요 특징들은 다음과 같다.

첫째, 온라인 경매는 전통 경매에 비해 시간적, 공간적 제약에서 자유롭다. 기존의 경매 방식에서는 정해진 시간과 장소에서 판매자와 구매 희망자가 만나 동시에 경매가 진행되어야 했으나, 온라인 경매의 경우, 인터넷과 PC환경이 갖추어져 있다면 어디서나 경매에 참여할 수 있다는 절대적인 강점이 있다. 이로 인해 보다 더 광범위한 판매자와 구매자를 활보할 수 있게 되고, 이는 온라인 경매 시장의 규모와 이용자 확대로 연결된다. 온라인 경매의 이와 같은 특징은 대중성과 보편성과도 밀접한 연관이 있으며, 향후 온라인 경매가 네트워크의 발전과 더불어 더욱 성장할 수 있는 가능성을 보여준다.

둘째, 온라인 경매에서는 경매 대상 상품의 범위가 매우 넓고 카테고리가 다양하다. 기존의 경매에서는 대부분 가치를 환산하기 어려운 고가의 상품들이 주로 경매의 대상이 되었던 것에 비해 인터넷 경매에서는 일반 인터넷 사용자를 대상으로 하기 때문에 골동품, 생활용품, 사무기기는 물론 보험, 여행 등 서비스 상품 등 다양한 상품을 거래할 수 있다. 이는 앞서 언급한 시공간적인 자유와 더불어 인터넷 경매의 대중화에 큰 요인으로 작용하게 되었다.

셋째, 전통경매의 경우 중개인에게 높은 중개 수수료를 지불해야 하나 인터넷 경매에서는 구매자, 판매자 모두 회원 등록 및 거래에 따른 저렴한 수수료를 지불하거나 무료로 경매를 이용할 수 있다. 판매자의 경우, 저렴한 비용으로 더 많은 수요층을 확보할 수 있고 구매자의 경우에도 상품 탐색과 구매를 위한 시간과 노력에 따른 비용을 절감할 수 있어 많은 이득을 얻을 수 있다.

넷째, 온라인 경매는 독특한 게임적인 요소를 갖고 있다. 의사 결정의 주도권이 구매자 중심이고, 상품 탐색 및 가격 흥정, 최종 낙찰에 이르기까지 다양한 재미 요소를 제공하기 때문에 구매자가 직접 거래 과정 자체에 흥미를 느끼고 적극적으로 참여할 수 있는 기폭 작용을 한다. 통상적으로 어렵다고 치부되는 가격의 흥정이나 협상에 있어 재미 요소를 더함으로써 인터넷을 통한 전자상거래의 한계를 극복하고 있다. 또한 전통적인 경매의 단순함에서 벗어나 천원 경매, 실시간 경매, 즉시구매, 공동구매 등 다양한 방식을 도입함으로써 경매 참여자들에게 오락적인 만족감을 제공하고 있다.

온라인 경매에 비해 전통 경매는 경매 당사자들이 지정된 장소에 모여 한정된 정보를 바탕으로 높은 수수료를 지불하면서 거래를 성사시키는 비효율적인 시장이다. 이런 이유로 경매는 제품을 구매하고 판매하고자 하는 이해당사자 다수가 참여하여 가격을 결정하는 효율적인 가격 결정 방식임에도 불구하고 제한된 영역에서 실시되었으나, 인터넷의 등장으로 이러한 제약이 극복되고 참여자에게 오락적인 요소까지 제공하면서 경매 이용층의 확대를 이루었다.

5.2.3 온라인 경매에서의 사기 및 방지대책

전통경매와 비교하여 많은 긍정적인 측면이 있음에도 불구하고, 구매자와 판매자가 직접 대면하지 못하기 때문에 물품과 대금에 대한 사기가 빈번히 발생하는 부정적인 측면도 있다. 이를 개선하기 위해 경매업체는 구매자와 판매자 사이에 대금을 중개하고, 구매자와 판매자가 서로 거래 완료 후 평가하게 하는 신용평가 시스템 등 매매보호 장치들을 마련하고 있다.

소비자 보호원에 따르면 온라인 경매 시장이 급성장함에 따라 온라인 경매 관련 소비자피해도 큰 폭으로 증가하고 있다. [표 5-1]은 2001년부터 2004년 사이 전자상거래에서 발생한 소비자 피해 구제 동향이다.

▶▶ 표 5-1 전자상거래 소비자 피해 구제 동향(한국 소비자 보호원)

업종	연도별 소비자 피해구제 건수(%)				
	2001	2002	2003	2004	전년대비 증감(△)율
인터넷 쇼핑몰	557(88.7)	776(74.3)	1,765(84.8)	1,206(72.4)	△31.7
인터넷 경매	53(8.4)	71(6.8)	102(4.9)	222(13.3)	117.6
인터넷 콘텐츠몰	18(2.9)	198(18.9)	214(10.3)	171(10.3)	△20.1
기타	-	-	-	67(4.0)	-
계	628(100.0)	1,045(100.0)	2,081(100.0)	1,666(100.0)	△19.9

[표 5-1]에 따르면, 2004년 3개 분야는 대체로 전년에 비해 감소하였으나 인터넷 경매 분야 피해구제 접수건수는 117.6% 증가한 것으로 나타나고 있다. 인터넷경매 분야의 피

해는 특히 2001년 발생건수대비 지속적으로 증가하여 2004년에는 약 4배 이상 발생한 것으로 나타나 원인분석과 예방대책이 필요 한 것으로 판단된다.

온라인 경매사기 유형

온라인 경매에서 사기는 구매자, 판매자 또는 제3자에 의해 발생할 수 있다. 다음은 온라인 경매에서 발생할 수 있는 대표적인 사기 유형들이다.

- **잘못된 제품 정보**: 판매자는 구매자의 관심을 끌기위해 사진을 도용하거나 사실과 다른 제품 정보를 제공한다. 또 제품에 대한 평가 시스템을 악용하여 실제보다 높은 점수를 주어서 구매자로 하여금 높은 금액으로 입찰하도록 유도한다.
- **입찰가 조작**: 일부 구매자는 자신은 낮은 가격으로 입찰하고, 유령 입찰자(Phantom Bidder)를 이용하여 매우 높은 가격으로 입찰하여 다른 입찰자들이 참여할 수 없게 한 후 마지막에 유령 입찰자의 입찰을 취소함으로써 낮은 가격에 낙찰을 받으려고 한다. 판매자도 비슷한 방법으로 입찰가를 높이기도 한다. 위조 입찰(fake bid)을 통해 입찰가를 올려, 다른 입찰자들이 높은 가격에 입찰하도록 유도하여 제품을 비싼 가격에 팔기도 한다.
- **가격 결정 및 대금 지불**: 일부 구매자는 일부러 높은 가격으로 입찰하여 낙찰 받은 후 대금을 지불하지 않는 방법으로 물품의 가격을 낮추려고 한다. 또 일부 판매자는 판매 물품의 가격은 낮게 책정하면서 보험이나 배송비를 높이는 방법으로 이득을 취하기도 한다.
- **배송**: 판매자가 대금을 받은 후 물품을 늦게 보내거나 보내지 않는 경우가 종종 발생하였다. 이는 온라인 경매뿐만 아니라 전자상거래에서 가장 큰 문제점으로 부각되고 있다. 또 다른 문제는 제품이 파손되어 배달되는 경우이다. 이 경우 구매자는 원래 제품이 파손된 것 인지 배송 중 파손된 것인지 확인할 수 없어 피해를 볼 수 있다.

온라인 경매사기 방지 대책

이베이와 같은 온라인 경매 업체들은 이런 경매사기를 방지하기 위해 서비스와 대책을 마련하고 있다. 우선 회원 가입 시 판매자와 구매자들의 정확한 신원 정보를 요구한다. 그리고 물품의 상태에 대해서도 객관적인 지표를 제공하여 그 상태를 정확히 기술하도록 요구하고 그렇지 않을 경우 등록 물품 수 제한과 같은 벌칙을 부여한다.

구매자 보호를 위해 보험 서비스를 제공하기도 한다. 이베이 경우 $200불까지 구매자 보호를 해주고 있다. 옥션에서는 에스크로 서비스를 통해 안전한 대금 결제와 물품

배송을 지원한다. 에스크로 서비스는 낙찰을 받은 구매자가 대금을 옥션에 지급하고, 옥션을 대금 지급 받은 사실은 판매자에게 알려준다. 그러면 판매자는 물품을 구매자에게 보내고 구매자가 물품을 확인하고 정상적인 물품이라고 확인되면 구매 확정을 하고, 그 이후 옥션에서 대금을 판매자에게 지불하는 방식이다.

그 외에도 낙찰 받은 구매자가 대금을 지불하지 않을 경우 패널티를 부여하고 모든 거래에 대해서 판매자와 구매자의 거래 정보와 신용도를 다양한 관점에서 평가하여 다른 이용자들이 참고할 수 있게 한다. 이러한 노력으로 최근 온라인 경매에 대한 신용도가 높아지고 있고, 많은 기업들이 이베이나 옥션을 통해 물건을 팔고 다수의 구매자들이 낮은 가격을 물품을 구매하고 있다.

5.3 온라인 경매 유형

이베이나 옥션에서 가장 많이 사용되는 경매 유형은 판매자가 물품을 등록한 후 관심 있는 구매자들이 입찰가를 제시하는 순방향 경매이다. 하지만, 거래되는 물품의 특성이나 참여자들에 따라 다양한 경매 방식이 사용되어지고 있다. 본 절에서는 경매의 정보 공개 여부, 주도자, 참여자 구성 비등에 따른 다양한 경매 유형과 실제 적용 사례에 대해서 알아보고자 한다.

5.3.1 경매유형

공개 경매(Open-Bids Auction)

소비자 간의 온라인 경매에서 가장 많이 사용되는 경매 형태로, 경매물의 견본이 미리 공개되어 상품의 가치를 경매 과정에서 매길 수 있고, 경매가 결정이 공개적으로 이루어지는 특징이 있다.

(1) 영국식 경매(English Auction)

영국식 경매는 최저가 경매에서 시작하여 더 이상의 높은 가격이 제안되지 않으면 최종적으로 최고가를 제시한 사람에게 낙찰된다. 보통 오름차순 경매(Ascending Auction)라고 하며 전통적으로 예술품, 포도주, 농수산물 등의 경매에서 이루어졌다.

온라인 경매에서도 많은 사이트들이 영국식 경매(English Auction) 방식을 이용한다. 판매자나 구매자가 경매방식을 이해하기 쉽고, 입찰자들 간의 상호작용과 경쟁이 가능한 것이 그 이유이다.

전통적 시장이나 인터넷 시장에서는 실제 대부분 영국식 경매 방식을 이용한다. 그 이유 중의 하나가 입찰자들은 상품을 사는 데도 관심이 있지만, 경매 진행과정에의 참여를 하나의 게임처럼 즐기는 경우도 있기 때문에 영국식 경매가 보다 인기 있는 경매방식으로 이용된다.

영국식 경매의 경우, 구매자들이 초기에 입찰을 하지 않고 마지막까지 기다려서 입찰가를 제시하여 구매 가격을 최대로 낮추려는 노력을 한다. 이를 막기 위해 경매 운영자들은 마지막 비딩 이후 일정 시간을 늘이는 등으로 이런 스나이퍼(Sniper)에 의해 판매자 피해를 최소화 하려는 시도를 하고 있다.

(2) 네덜란드식 경매(Dutch Auction)

경매가 시작될 때 판매자가 최고가를 제안하고 구매자가 구매의사를 밝힐 때까지 가격을 낮춰가는 방식으로, 영국식 경매와는 달리 내림차순 경매(Descending Auction)라고 한다. 공개적으로 진행되며, 네덜란드 화훼시장에서부터 시작되었다. 꽃, 채소 종류나 비행기 좌석 등의 시간이 지남에 따라 그 가치를 쉽게 상실하거나 완전히 상실하는 상품(Perishable Goods) 등에 많이 이용된다. 또는 보석이나 귀금속과 같은 고가의 상품이 내림차순 경매에서 많이 거래 되어 진다.

비공개 경매(Sealed Bid Auction)

비공개 경매(SBA)는 판매자가 판매하고자 하는 물품에 대해 일정기간동안 구매자들이 비공개 입찰(Bid)하는 방식이다. 비공개 경매는 경매가격을 결정하는 방식에 따라 두가지 방식으로 진행된다.

(1) 최고가 밀봉입찰 방식(First Price Sealed Bid Auction)

비공개로 참여자들이 가격을 제시하고 가장 높은 가격을 제시한 사람에게 경매물이 돌아가는 방식이다. 이를 경우, 다른 참여자들의 경매가격에 대한 정보를 얻을 수 없으므로 일부 참여자들은 너무 높은 가격으로 입찰하여 낙찰 후 오히려 손해를 보는 경우가 발생 할 수도 있다. 이런 경우를 승자의 저주(Winner's Curse)라고 하고 이는 흔히 기업 매각과 같은 비공개 입찰에서 발생한다.

(2) 차 최고가 밀봉입찰 방식(Second Price Sealed Bid Auction)

비크리 경매(Vickrey Auction)이라고 불리우는 차 최고가 밀봉입찰 경매는 노벨상 수상자 William Vickrey가 제안한 방식으로 최고가 밀봉입찰 방식과 마찬가지로 비공개로 진행된다. 낙찰은 가장 높은 가격을 매긴 사람에게 이루어지나, 두 번째로 높은 가격으로 지불이 이루어지는 방식이다.

판매자에게는 영국식 경매만큼의 수익을 보장하고, 구매자에게는 합리적인 가격을 제시해 주는 모델이라 볼 수 있다. 터무니없이 높은 가격을 제시하여 낙찰 후 포기할 수밖에 없다거나 낙찰자가 파산하는 등의 불이익을 당하지 않도록 하는 일종의 보호 장치로 볼 수 있다. 또한 구매자는 자기가 제시한 가격으로 낙찰 받아도 그보다 낮은 가격으로 구매할 수 있기 때문에 구매자가 제시할 수 있는 최대의 가격으로 입찰할 수 있는 동기를 부여하기도 한다. 구글에서는 검색어를 이용한 광고인 에드 워즈(AdWords)에서 차 최고가 밀봉입찰 방식으로 광고를 판매하여 큰 수익을 얻고 있다.

역경매(Reverse Auction : RA)

공개 경매의 대표적인 유형인 영국식 경매와 더치 경매는 판매자가 물건을 올리고 구매자들이 입찰을 하는 순경매이다. 이와 대비되는 역경매는 통상적인 경매와 달리 구매자가 개설한 경쟁 시장에서 판매자가 입찰을 통하여 거래가 성사되는 방식이다. 역경매 시장은 먼저 구매하고자 하는 상품을 제시하고, 다수의 판매자들은 경쟁적으로 가격을 제시하여 최저가를 제시한 판매자에게 낙찰이 이루어지는 일종의 내림차순 형식의 구매자 중심 경매 시장이다. 따라서 보통 정부나 기업들이 구매를 위해 온라인 경매 방식을 사용할 경우 주로 역경매 방식으로 진행된다.

기업 구매뿐만 아니라 소비자와 기업 사이에서도 비행기표나 호텔 예약 등의 산업에서 역경매가 이루어지기도 한다. 대표적인 역경매 사이트로 알려진 프라이스라인(Priceline)의 경우에는 'Name your own price'라는 비즈니스 모델로 역경매를 성공적으로 활용하고 있고 2009년 매출이 거의 20억불에 달하고 있다. 이 비즈니스 모델은 인터넷에서 가장 흥미 있는 모델로 소비자들은 이를 통해 비용을 줄일 수 있고 판매자들은 시간이 지나면 가치가 없어지는 비행기표나 호텔 방과 같은 상품들을 낮은 가격이지만 팔아서 수익률을 확보할 수 있게 되었다.

기업간 경매 사이트로는 bizbuyer(www.bizbuyer.com) 등이 있다. 이들의 특징은 다수의 판매자가 소수의 구매자에게 상품을 판매할 경우 또는 판매자가 구매자를 찾아야 할 경우 주로 이용된다. 판매자는 판매 상품의 전문가에 해당하는 경우가 많다. 예를 들어 여행상품 전문가나 산업계 중개상인 경우로 다른 상품과 비교해서 판매 상품의 우월성을 구매자에게 제시하고 구매를 하도록 유도한다.

최근에는 기업에서 사용하는 MRO 제품 구매를 대행해 주는 구매 대행사들에서 역경매가 활발히 이용되고 있다. 대표적인 구매대행사인 아이마켓코리아(www.imarketkorea.com)의 경우 건설 자재 뿐만 아니라 대부분의 MRO 제품을 역경매를 통해 구입하여 구매 단가를 낮추어 경쟁력을 확보하고 있다.

다자경매(Double Auction)

다자경매는 판매자의 판매가와 구매자의 구매가가 동시에 제시된다. 너무 높은 판매가와 낮은 구매가가 제시되면 조정이 일어나게 되고, 판매자나 구매자가 가격(Price)에 대한 수락이 일어나면 경매가 종결된다.

(1) 연속 다자 경매(Continuous Double Auction)

증권회사와 같이 판매자와 구매자가 계속적으로 경매가격을 관찰하면서 실시간으로 가격을 제시하여 경매가 이루어지는 방식이다.

(2) 다자 밀봉입찰 경매(Sealed Bid Double Auction)

판매자는 팔고자 하는 가격을, 구매자는 사고자 하는 가격을 비공개적으로 동시에 제시하는 방식이다.

5.3.2 경매 주도자에 따른 경매 유형

소비자간(C2C) 경매

인터넷의 발전과 함께 가장 먼저 발전한 형태의 경매로 다수의 소비자들이 판매자와 구매자의 역할을 하고, 경매업체들은 중개상의 역할을 수행한다. 중개상으로 경매 업체들은 다수의 판매자로부터 상품등록을 받고, 다수의 구매자와 요구사항에 따라 연결시켜 주는 역할을 한다. 가끔 판매자 중심의 시장을 운영할 수 없는 중소기업들이 신제품의 객관적 가격 책정을 위한 방법으로 이 시장을 이용하기도 한다. 소비자간 경매시장으로 이베이(ebay), 아마존(Amazon) 및 (주)옥션 등을 들 수 있다.

기업-소비자(B2C) 경매

온라인 경매의 발전은 소비자간(C2C) 경매에서부터 시작되었다. 이베이의 소비자간 온라인 경매를 시작으로 기업-소비자간 경매와 기업간 경매도 성장을 지속하였다. 일단 기업-소비자간 경매는 경매 참여자가 기업과 소비자로서 정해지는 것 외에, 경매 방식은 소비자간 경매 방식과 많이 다르지 않다. 기업이 새로운 제품을 출시 할 경우 상품의 적정가격을 설정하기 위한 방법으로 영국식 경매를 사용하기도 하며, 재고처리나 잉여생산품 처리를 위하여 또는 상품 홍보를 위한 이벤트 차원에서 공동구매 형태의 경매 방식이 이용되기도 한다.

소비자-기업(C2B) 경매

인터넷 발전으로 소비자들이 거리나 시간의 제약 없이 온라인상에 모일 수 있게 되면서 소비자 중심의 C2B경매가 발전하고 있다. 대표적인 사례가 역경매를 이용한 프라이스라인이다. 최근에는 소셜 네트워크가 발전하면서 소셜 커머스(Social Commerce)에서도 소비자 위주의 경매 시스템이 활용되고 있다. 공동 구매 형태와 유사한 방식으로 일정수의 소비자가 모이면 더 할인된 가격에 제품이나 서비스를 구매할 수 있게 된다.

기업간(B2B) 경매

기업간 경매는 경매참여자가 모두 기업이라는 점에서 다른 경매와 차이가 나나, 경매방식에 있어서 큰 차이는 없다. 소비자간 경매나 기업-소비자간 경매에서는 주로 영국식 경매나 공동구매 방식이 선호 되어지는 반면, 기업간 경매에서는 역경매 방식이 주로 이용된다. 물품거래가 대량으로 이루어져 판매자보다는 구매자 중심의 경매가 이루어진다. 구매자가 구매하기 원하는 상품을 입찰공고하면, 이에 따라 판매자가 입찰에 참여하는 형식을 갖는다. 경매 입찰 방식을 통해 기업의 직접자재나 간접자재를 구매할 경우, 구매 비용이 절감되는 효과와 보다 양질의 판매자를 찾을 수 있는 기회가 마련된다. 또한 구매프로세스가 단순화 되어 구매에 걸리는 시간도 절약할 수 있다. 구매자와 판매자의 상호관계관리의 정도에 따라 경매의 적용 가능 여부가 달라지며, 간접자재의 경우 경매나 입찰을 통해 새로운 거래선을 개척할 수 있는 기회를 마련할 수도 있다. 판매자의 경우 잉여생산품이나 재고품의 처리를 위해 경매나 공동구매를 이용한다.

기업간 경매를 지원하는 시장은 Private Exchange, Public Exchange, 판매자 중심 경매(Seller Company-centric Auction), 구매자 중심 경매(Buyer Company-centric Auction), 물물교환(Barter Market) 시장 등으로 나누어 볼 수 있다. 거래되는 상품의 성격이나, 거래의 주체에 따라 시장이 구분되어진다.

B2B 경매에서는 구매자 중심의 경매 시장이 가장 활발히 발전하고 있다. 부품 및 MRO제품 등의 구입을 위해 구매자가 주체가 되는 시장이 이에 해당된다. 즉, 구매자가 시장을 운영하고, 다수의 판매자가 경쟁적으로 가격을 제시하는 방법이다. 해외 사례로는 부품 구입을 위한 Boeing사 사례, 지금은 독립회사인 GE의 GXS(Global eXchange Services)와 국내사례로는 그룹의 MRO 제품을 구매 대행하는 LG MRO(mro.serveone.co.kr)와 삼성의 아

이마켓 코리아 등이 있다. Boeing사는 구매자 입찰 시장을 통해 1997년 최고 30%까지의 비용 절감효과를 보았다.

5.3.3 참여자 구성에 따른 경매 유형

이제까지 살펴본 봐와 같이 목적이나 절차에 따라 다양한 형태의 경매 방식이 존재한다. <그림 5-2>는 구매자와 판매자의 수에 따라 협상과 경매와 같은 역동적인 가격 결정 방식을 보여주고 있다.

▶▶ 그림 5-2 판매자와 구매자 구성인원에 따른 경매방식

판매자 \ 구매자	일(1)	다(n)
일(1)	EDI기반 기업간 거래 및 협상시장	온라인 경매시장 (순경매)
다(n)	조달을 위한 입찰시장 (역경매)	중개시장

<※ 자료원: Turban et al. 2010>

일대일 경매

판매자와 구매자가 각각 1인인 경우로 기업간 전통적 EDI 기반의 거래가 이에 해당한다. 이 경우 가격 결정을 위해서 협상(Negotiation) 방식이 주로 이용되고 협상에서는 판매자와 구매자의 협상력이 매우 중요한 역할을 한다. 이런 협상에서는 다양한 요소들이 고려되어야 하기 때문에 경매 과정보다는 훨씬 복잡하고 오랜 시간이 소요된다. 기업 구매에서 직접 자재를 구매할 경우 대부분 이런 방식이 사용되어진다.

일대다 경매

일대다 경매의 경우 구매자가 다수일 경우와 판매자가 다수일 경우로 나누어진다. 한명의 판매자에 다수의 구매자가 입찰에 참여할 경우 경매는 순방향 경매로 이루어지고, 대표적인 영국 경매나 네덜란드 경매 방식이 사용된다. 대형 공사 수주나 기업 M&A

시장에서는 비공개 경매 형태로 경매가 진행되기도 한다.

반대로 한명의 구매자가 특정 제품을 구매하고자 하고 다수의 판매자가 낮은 가격을 판매를 시도할 경우 역경매 형태의 경매가 이루어진다. 역경매는 주로 기업 조달 경매에서 이루어지지만, 프라이스 라인의 경우 역경매 방식을 C2B 경매에 적용하여 많은 수익을 얻고 있다.

다대다 경매

다수의 구매자와 다수의 판매자가 경쟁적으로 거래를 하는 시스템이 이에 해당한다. 즉, 판매자들은 경매에 거래될 상품과 원하는 판매가를 중개 사이트에 등록하고, 구매자는 중개상에 등록된 상품들 중에서 구매를 원하는 상품에 대한 가격을 제시하면서 거래가 이루어지는, 불특정 다수의 판매자와 구매자가 만나 거래 하는 방식이다. 주식시장이나 선물 시장에서 사용되어지는 다자경매가 대표적인 다대다 경매 방식이다.

5.3.4 기타 경매 유형

다중속성경매(Multi Attribute Auction)

이제까지 언급된 경매는 입찰 가격만 고려하여, 최고가격(역경매에서는 최적 가격)을 제시한 입찰자에게 판매하는 방식이었다. 기업간 거래에서 경매 방식의 도입이 늘어나면서 가격뿐만 아니라 제품의 품질, 배송 시간 등 다양한 요소가 낙찰자 결정에 고려되어야 할 필요성이 높아졌다. 이런 요구를 충족시키기 위해 만들어진 경매 방식을 다중속성경매라고 한다(Bichler and Kalagnaanm 2005). 다중속성경매는 주로 기업 조달 경매에서 사용되어지는데, 구매자는 제품의 특성뿐만 아니라, 요구되는 품질, 배송 시간, AS 조건 등 다양한 속성을 등록하고, 입찰자들은 가격 이외 각 속성에 대해서 입찰 정보를 등록한다. 이 경우 구매자는 다양한 속성을 종합적으로 평가하여 최저 가격이 아니더라도 다른 속성에서 높은 평가를 받은 입찰자를 낙찰자로 선정하게 된다. 다중속성경매 방식은 가격뿐만 아니라 품질과 같은 다른 중요한 속성을 기업 구매 경매에서 고려함으로써 지나친 가격 경쟁으로 인해 품질이 우수한 제품을 공급하는 업체들이 경매시장에서 도태되거나, 가격 경쟁으로 인해 품질이 낮은 제품을 공급받아 오히려 구매자에게 더 많은 비용을 발생시키는 부작용을 방지할 수 있다.

조합경매(Combinatorial Auction)

조합 경매는 경매에서 두 개 이상의 복수 상품에 대한 조합 입찰을 가능하게 함으로써 최근 주목받고 있는 경매방식이다(Pekec and Rothkopf 2003). 특히 조합 경매는 제품간 상보성이 존재할 경우 적합하다. 상보성이란 제품을 각각 구매했을 때 보다 같이 구매할 때 그 효용이 더 커지는 경우를 일컫는다. 예를 들면 TV와 DVD는 서로 상보성이 존재하는 상품이다. 단일 상품 경매와 대조적으로 조합경매에서는 입찰자들이 필요로 하는 상품을 조합으로 입찰하기 때문에 일부만 낙찰 받을 수 있는 위험성을 사전에 방지할 수 있다. 판매자 측면에서도 입찰자들이 상보성에 의해 더 높은 가격을 제시함으로써 개별적으로 제품을 판매하는 단일 경매에서보다 더 높은 수익을 올릴 수 있다. 조합 경매는 현실적으로 여러 분야에 응용되고 있는데 미국 FCC(Federal Communications Commission)의 네트워크 스펙트럼 경매, 배송 스케줄 경매(Ledyard et al. 2002)등 상보성이 뚜렷이 존재하는 분야 이외에도 일반적인 기업 구매(Hohner et al.2003)에도 적용되고 있다. 시어스 로지스틱스(Sears Logistics)사의 경우 조합 경매를 이용하여 배송 비용의 13%를 절감하였다.

조합경매에서 판매자의 최대 이익을 보장하는 입찰자들을 선택하는 것은 매우 복잡한 문제로 계산 복잡도가 매우 높다. 최근 조합경매 분야에서는 이 문제를 해결하기 위한 다양한 연구들이 진행되고 있다(Sandholm 2002). 조합 경매에 참여하는 입찰자는 판매하는 상품에 대한 다양한 조합이 가능하고 각 조합이 주는 효용이 다르기 때문에 입찰에 전문적이 지식이 요구된다.

사례 : 검색어 광고 시장에서의 광고 경매

세계 최대 검색 엔진 사이트인 구글에서는 에드 워즈(AdWords)라는 방식으로 구글 검색 사이트에서의 광고를 판매하고 있다. 에드 워즈는 오버츄어(Overture)와 유사하게 이용자가 검색어를 입력하면 그 결과 화면에 그와 관련 있는 광고들이 나오도록 해 주는 광고 시스템이다. 광고주들은 자기 제품과 관련된 검색어가 입력되었을 때 자기 저품 광고가 결과 페이지 상단에 나올 수 있도록 하기 위해 더 많은 비용을 지불하고자 하고, 구글은 이를 통해 광고 수익을 최대화하기 위해 온라인 검색어 광고 시장에 경매 방식을 도입하였다. 구글은 이 경매 방식을 통해 2008년 210억 달러를 검색어 광고 시장에서 벌어 들였다.

구글은 에드워즈 기반의 검색어 광고 시장에서 차 최고가 밀봉입찰방식을 사용한다. 차 최고가 방식이므로 입찰자들은 자기들이 낼 수 있는 최고의 비용으로 입찰하고, 낙찰될 경우 차 최고가를 광고금액으로 지불하게 된다. 차 최고가를 광고금액으로 지불하기 때문에 매출이 줄어들 수 있다는 우려가 있었으나, 아이러니컬하게도 오히려 이런 방식의 경매로 광고 가격이 더 올라가는 현상을 보였다.

구글의 검색어 광고 시스템의 또 하나의 특징은 입찰 가격 뿐만 아니라 검색어와의 유사성을 고려하여 낙찰자를 선정한다는 점이다. 가격만 고려하는 오버츄어와는 달리 가격뿐만 아니라 검색어와 실제 유사한 연관성을 가진 제품에 더 높은 점수를 주어 낙찰의 가능성을 높여준다. 이런 점수를 품질 점수(Quality score)라고 하는데 구글은 특정 키워드가 광고와 얼마나 상관이 있는지, 광고가 링크하는 곳의 질이 좋은지, 그리고 무엇보다 실제로 결과에 나타났을 때 사용자들이 얼마나 클릭하는지를 고려한다. 이런 시스템을 통해 에드워즈는 검색하는 이용자들의 의문을 해결하는데 도움이 되는 광고를 적시에 보여주게 되어 더 높은 광고 효과 보여주게 되고 이는 결국 구글이 돈을 더 벌게 된다는 의미다.

5.4 온라인 경매 프로세스 및 지원기술

온라인 경매가 성사되기까지는 경매탐색, 경매시작, 입찰, 경매완료의 프로세스들을 거치게 된다. 각각의 프로세스의 특징과 이를 지원하는 지원기술들을 살펴보도록 한다.

5.4.1 탐 색(Searching and Comparing)

인터넷 상에는 수백 개의 경매 사이트들이 존재한다. 구매자나 판매자가 구미에 맞는 사이트를 찾기란 굉장히 힘들다. 따라서 이를 지원하는 웹사이트나 기술들이 필요하다.

탐색 및 비교 지원 서비스

인터넷에 존재하는 수많은 경매 사이트에서 구매자가 원하는 제품을 찾아주거나 판매자가 상품을 리스트 할 적당한 경매 사이트를 찾는데 도움을 주는 서비스를 제공하는 회사나 기술이다. 구매자가 관심 있는 상품에 대해 간략히 등록하면, 이에 해당하는 상품이 경매 사이트에 등록될 때 이를 알려주기도 한다. 이베이의 경우 이베이에 등록된 상품에 대한 정보만 알려주고 BidSlammer의 경우 여러 경매 사이트로부터 정보를 받아서 알려준다. 판매자보다는 구매자에게 유익한 기능으로 볼 수 있다.

- Auction portal(www.auction-portal.com) : 경매 포털 사이트로 디렉토리 구조로, 카

테고리 별로 경매 사이트들이 구성되어 있다. 이외에도 경매 정보게시판 등이 함께 운영된다.

- The Internet Auction List(internetauctionlist.com) : 카테고리 별로 경매사이트들이 소개되고 있고, 경매 뉴스 등이 제공되며, 전문 제품을 취급하는 경매 사이트들이 특징별로 소개되어 있다.
- BidSlammer(www.bidslammer.com) : 이베이, 야후, 아마존에 있는 특정 품목에 대한 경매 정보를 제공해 준다.

경매 사이트내 탐색 서비스

경매 사이트에서 판매자나 구매자가 찾는 물품이나 정보에 대한 탐색을 지원하는 서비스와 기술들이다.

- Browsing Site Category : 대부분의 경매 사이트는 경매 물품을 카테고리별로 관리한다. 몇몇 사이트들은 구매자가 자신의 목적에 맞게 품목을 정렬해서 사용할 수도 있다.
- Basic and Advanced Search : 기본 탐색으로는 일반적 탐색과 같이 키워드나 단일품목 탐색 등이 있다. 구매자가 품목의 사양이나 특성을 정의하거나 판매자와 품목 및 가격을 지정해서 탐색하는 경우도 제공된다.

5.4.2 경매 시작

등 록

경매에 참여하기 위해서는 판매자와 구매자 모두 경매 사이트에 등록을 한다. 판매자는 판매상품에 대한 여러 특성들, 예를 들어 가격, 사양 등을 등록한다. 이에 따라 구매자는 판매자의 신용이나 상품에 대한 특성을 기반으로 해서 경매참여 여부를 결정한다.

품목 리스팅과 판촉

판매자가 경매사이트에 품목을 나열 및 판촉을 용이하게 도와주는 서비스를 제공하는 다음과 같은 서비스 제공자와 소프트웨어들이 있다.

- Auction Splash(auctionsplash.com) : 경매를 위한 광고작성을 쉽게 할 수 있도록 도와준다.
- Auction Assistant(tucows.com) : 경매품목 리스팅에 있어서 글자크기를 달리하거

나 이미지 삽입 등을 통해 구매자의 눈길을 끌 수 있도록 도와준다. 뿐만 아니라, 지불방법, 배달 방법, 가격결정 방법 등에 대한 도움을 준다.

- Auction Wizard(auctionwizard2000.com) : 한번에 100개의 아이템을 동시에 등록할 수 있도록 도와준다. 등록 시 사용자 아이디, 비밀번호, 경매 제목, 위치, 카테고리 등을 등록해야 한다.
- 이베이 Turbo Lister : 이베이에서 제공되는 소프트웨어로 경매 리스트 페이지 디자인을 도와주고, 한 번에 여러 경매 품목을 등록할 수 있도록 지원한다.

경매가 결정

판매자가 최소 입찰가격 및 입찰전략을 결정하는 데 있어 참고할 수 있을 만한 정보를 제공해 준다. 판매자는 다른 온라인 쇼핑몰이나 Pricescan(pricescan.com) 등의 사이트를 이용해서 최소 입찰가격 등을 결정할 수 있다.

5.4.3 입 찰

입찰 과정에서 구매자는 직접 입찰을 할 수도 있고 소프트웨어 에이전트를 이용해 대신 입찰하게 할 수 있다.

구매자의 입찰 모니터링 지원

구매자는 단일 경매 사이트에 입찰 할 수도 있고, 동시에 여러 경매 사이트에서 입찰을 진행할 수도 있다. 이때 단일 화면을 통해 경매 진행 상황을 모니터링을 할 수 있도록 지원하는 기능이 제공된다. Bid Monitor(bruceclay.com)가 제공하는 소프트웨어는 구매자가 여러 사이트에 직접 다니지 않고 하나의 화면에서 모든 경매 정보를 볼 수 있도록 지원한다.

Auto-sniping

주로 영국식 경매에서 경매가 성사되기 직전에 입찰에 참여하여 구매자가 낮은 가격으로 물품을 구매하도록 지원하는 서비스이다. 구매자의 경우 최대한 낮은 가격으로 물품을 살 수 있지만, 판매자의 경우 오히려 손해를 볼 수 있다. 이를 방지하기 위해 경매 사이트에서는 최후 입찰 후에 자동으로 경매 시간을 연장하기도 한다.

프록시 입찰(Proxy Bidding)

경매 참여자의 경우 경매가 진행되는 시간 동안 지속적으로 확인하고 입찰을 해야 한다. 이를 소프트웨어가 대신해 주는 것이 프록시 입찰이다. 프록시 입찰을 이용하기 위해서 구매자는 초기 입찰가격, 최대 입찰 가능 한계가격 및 입찰 증분가격을 설정해야 하고 이후 소프트웨어가 자동으로 입찰에 참여하게 된다.

이베이의 경우 Automatic bidding이라는 컨셉으로 기본적으로 프록시 입찰을 지원하고 있다. 이베이에서 구매하기 위해 입찰을 할 경우 구매자는 자기가 제시할 수 있는 최대 입찰 가격으로 입찰한다. 이 입찰 가격 정보는 아무에게도 알려지지 않고 이베이는 Automatic bidding 시스템을 이용하여 현재 최고 입찰가 보다 한 단계 높은 금액으로 자동으로 입찰가격을 정한다. 그 후 다른 입찰자들이 더 높은 가격으로 입찰할 경우 구매자가 정해놓은 최고 입찰 가격까지 단계적으로 입찰가를 상승 시키고 만약 더 이상의 입찰이 없다면 구매자가 최초 제시한 입찰가격 보다 낮은 가격으로 낙찰을 받게 되고 다른 구매자가 더 높은 가격으로 입찰한다면 낙찰 받을 수 없게 된다. 이 시스템으로 구매자는 매번 경매 사이트를 확인하고 입찰가를 정하는 노력을 줄일 수 있다.

5.4.4 경매완료

경매가 성사되면 판매자와 구매자에게 배달이나 지불방법 등에 대한 공지가 이루어진다.

경매 성사 알림

판매자와 구매자에게 낙찰이 되었음을 공지한다. 판매자는 구매자에게 연락하여 경매번호, 품목이름, 낙찰가, 선호하는 지불방법, 연락처 등을 확인한다.

온라인상의 의견 교환

채팅 룸, 전자우편, 게시판 등을 이용해 경매 관련 정보 교환을 한다.

피드백과 신용도 결정

대부분의 경매에서 구매자는 구매품의 만족도나 판매자의 신용등급 및 개선 요구사항 등에 대한 피드백 정보를 제공한다. 판매자 또한 구매자의 신용등급을 정하여 다음

경매에서 다른 판매자나 구매자에게 정보가 될 수 있도록 한다. <그림 5-3>의 이베이에서 제공하는 이용자의 거래내역 및 신뢰도에 대한 정보이다. 온라인 경매의 한계점이 비대면을 통한 거래로 인한 신뢰성의 문제인데 온라인 경매 사이트들은 이런 피드백 정보를 이용하여 그 한계점을 극복하고자 한다.

▶▶ 그림 5-3 이용자 정보(이베이)

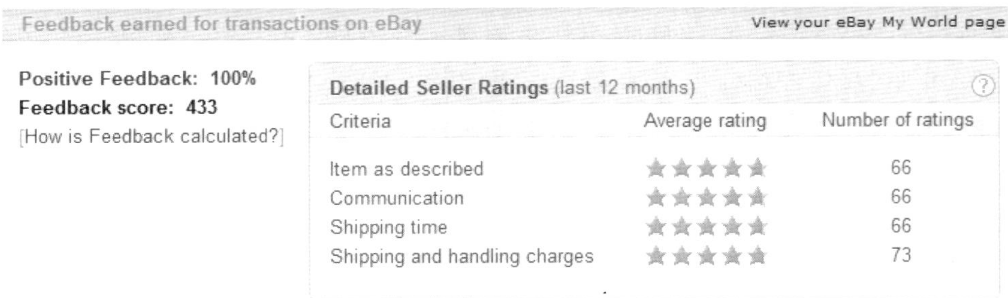

송장과 계산서 작성

구매자에게는 구매내역 관리가 가능하고, 판매자에게는 판매가의 일정비율이 수수료로 제해진다.

지불 방법 결정

경매 성사 후 신용카드, 자동이체 등을 통해 지불이 이루어진다. 이때 양자를 보호하기 위한 거래 보호 장치 등이 사용된다. 우리나라 옥션에서는 에스크로 서비스가 사용되어진다. 이베이에서는 주로 페이팔(Paypal)이라는 온라인 대금 지불 회사의 서비스를 사용한다. 페이팔은 2002년에 이베이에 인수된 회사이다. 거래시 발생할 수 있는 사고에서 구매자를 보호하기 위해 eBay Buyer Protection 서비스를 제공하는데 구매자가 제품을 받지 못할 경우, 구매자 대신 이베이가 판매자와 문제를 해결하고, 판매자의 잘못일 경우 이베이가 구매자에게 환불해 준다.

배 달

배달은 물류전문회사, 경매사이트의 배달 서비스 및 우편서비스를 이용할 수 있다.

5.5 온라인 경매의 미래

인터넷의 발전과 함께 온라인 경매는 전자상거래에서 가장 성공적인 비즈니스 모델로 자리 잡고 있다. 미국에서 가장 성공한 인터넷 회사 중 하나가 온라인 경매 서비스를 제공하는 이베이이고, 이베이는 우리나라 옥션과 지마켓을 인수하여 현재 국내 전자상거래 매출의 70%를 차지하고 있다. 빠르게 발전하고 있는 온라인 경매의 미래 성장 동력과 그 잠재성에 대해 알아보자.

첫 번째는 국제화이다. 현재 우리나라에서도 이베이를 통해 많은 기업들이 손쉽게 해외 구매자들에게 물품을 판매하고 있다. 글로벌 시장에 존재하는 판매자와 구매자들이 모여서 온라인 경매에 참여하게 됨으로써 다양한 상품들을 더 많은 구매자에게 제공하게 됨으로써 온라인 경매시장이 더욱 활성화 될 것이다. 국제적인 무역 거래일 경우 많은 규제가 뒤 따르는데, 이베이는 외국의 온라인 경매업체들을 인수하면서 시장을 확장해 나가고 있다. 2001년에 우리나라 옥션을 인수하고, 2006년 중국의 tom.com이라는 회사를 인수하였다.

온라인 경매의 성장을 촉진할 수 있는 두 번째 요소는 무선 인터넷과 스마트폰의 보급이다. 무선 인터넷과 스마트 폰으로 인해 구매자나 판매자는 언제 어디서나 물품을 등록하고, 입찰에 참여할 수 있게 되었다. 이베이는 이미 무선으로 경매에 대한 정보들을 이용자들에게 제공하고 있다.

마지막으로 온라인 경매로 거래되는 상품의 다양화이다. 과거 고가의 미술품의 경우 대부분 오프라인으로 경매가 이루어졌으나 최근에서 온라인에서 활발히 거래되고 있다. 정보기술의 발전으로 인해 실시간 생중계가 가능하고, 여러 나라에서 동시에 접속하여 철저한 보안 속에 경매가 진행 될 수 있기 때문에 고가의 제품에 대한 국제적인 경매가 온라인으로 이루어지고 있다.

5.6 맺음말

본 장에서는 온라인 경매의 구성요소, 전통적인 경매 방식과 대비되는 온라인 경매의 특징 및 한계점을 기술하였다. 인터넷 발전과 함께 급속히 성장하고 있는 온라인 경매는 성공적인 인터넷 비즈니스로 자리 잡고 있지만, 경매사기 등의 부작용으로 아직 극복해야할 일들이 많이 있다.

온라인 경매가 여러 분야에 적용되면서 전통적인 경매 방식뿐만 아니라 새로운 경매 방식들이 개발되어져 활용되고 있다. 또 온라인 경매 프로세스에서 발생하는 다양한 활동들을 자동화 해주거나 대신해주는 서비스와 소프트웨어가 개발되면서 더욱 편리하게 사용자들이 온라인 경매 사이트를 이용할 수 있게 되었다. 국제화와 무선 네트워크의 발전으로 인해 더욱 시장이 커질 것으로 예상되는 온라인 경매 분야는 여전히 전자상거래에서 매우 매력적인 분야이다.

EC연구

온라인 경매에 관한 연구들은 주로 기존에 발전해온 효율적인 경매 시장의 메커니즘을 인터넷을 이용한 온라인 시장에 적용하는 방법에 초점을 맞춘다. 온라인 경매를 거래 협상의 새로운 수단으로 보고, 온라인 경매의 시장 구조에 관해 연구하거나(Strobel 2000, Kersten & Noronha 1999), 협상과 경매의 장점만을 결합하는 방법이 Teich et.al.(2001), Benyoucef et.al(2001) 등에 의해서 연구되었다.

실제 온라인 경매를 활용함으로써 발생하는 효과를 다양한 관점에서 평가하는 연구가 Baker(2002)와 Rafaeli & Noy(2002) 등에 의해서 이루어 졌다. 온라인 경매의 디자인이나 가격 결정방법, 평가 시스템이 온라인 경매의 성공에 어떤 영향을 주는지에 대한 연구도 많이 이루어지고 있다. Halstead & Becherer(2003)는 판매자 규모가 경매 성공에 미치는 영향에 대한 연구하였고, Leoup & Deveaux(2001)는 가격 결정 방법이 미치는 효과에 대해 연구하였다. Standifird(2002)는 CNET, eBay 그리고 Amazone에서 사용되는 서로 다른 이용자 평가 시스템이 경매의 낙찰가에 주는 연향을 분석하였다. 또한 온라인 경매가 활성화 되면서 온라인 경매에 참여하는 참여자들의 행위에 대한 다양한 경험적 연구들이 진행되고 있다(Edelman 2007, Stafford and Stern 2002).

기업간 경매 시장이 활성화 되면서 기업간 거래에서 필요한 복잡한 협상 과정에 사용될 수 있는 경매 방식에 대한 연구가 활발히 이루어지고 있다. 협상 수단으로써의 경매가 가진 단순함을 극복하기 위하여 가격 이외의 요소를 고려할 수 있는 multi attributes auction에 대한 많은 연구가 이루어지고 있다(Branco 1997, Teich et.al. 1999, Bichler 2005). 한꺼번에 여러 품목을 거래하는 기업간 경매에서 여러 상품의 조합으로 입찰할 수 있는 combinatorial auction(Rothkopf et.al. 1998, Pecket and Rothkopf 2003)은 이미 여러 분야에서 활용되고 있고(Ledyard et al. 2002, Hohner et al.2003) 구매자의 수익을 최대화 할 수 있는 입찰자를 결정하는 복잡한 알고리즘에 대한 도적적인 연구들이 다양한 방법으로 이루어지고 있다(Sandholm et al. 2005, Ozer 2009).

사례 : eBay와 페이팔

1995년에 미국 캘리포니아주의 산호세에서 컴퓨터 프로그래머인 피에르 오미디야르(Pierre Omidyar)가 옥션웹(AuctionWeb)이란 이름의 개인 경매 사이트를 열었다. 처음 취급한 품목은 결함이 있는 레이저 포인터였는데 이것이 14.83달러에 팔리면서 인터넷 경매의 가능성을 보여주었다. 1996년에 제프 스콜(Jeff Skoll)이 회사의 첫 번째 사장으로 고용되었으며 1997년에 회사 이름을 옥션웹에서 이름을 바꿨는데 이 회사가 바로 이베이(eBay)다. 초창기 이베이 사업 현황을 보면 온라인 경매 회사가 네트워크 효과에 의해 얼마나 급성장 할 수 있는지 잘 보여준다.

	1996	1997	1998	1999
등록 사용자	41,000명	341,000명	2,100,000명	10,000,000명
총 거래 금액	720만 달러	950만 달러	7억 달러	28억 달러
등록 상품수	289	4,394	33,668	129,560
직 원	6명	41명	138명	641명

불과 몇 년 만에 이베이는 명실상부한 세계 최고의 경매 사이트가 되었다. 2001년 봄에 이미 등록자가 2,000만을 넘어섰으며, 2000년 매출 총액이 5억 달러를 달했다. 하지만 이 모든 것에는 치러야할 대가가 있었다. 새로 만들어진 이베이의 시스템 구조도 급격히 늘어나는 사용자와 수백만 건의 경매를 진행하는데 필요한 컴퓨터 용량을 도저히 따라가지 못했다. 사이트가 부분적으로 혹은 통째로 다운되는 일이 빈번히 일어났고, 시스템 보안의 허점이 여러 번의 사고로 드러났다. 이런 일련의 사고로 이베이 사용자들은 다른 사이트로 옮겨갔고, 이베이 주가는 곤두박질 쳤다. 이런 위험에 빠진 이베이를 구한 사람이 PC 제조사인 게이트웨이사의 CIO였던 메이나드 웹(Maynard Webb)이었다. 약 6개월간의 노력으로 이베이 시스템은 정상적으로 작동하게 되었다.

이베이의 경매 대부분이 소비자 간의 경매였으므로 개인 사업자가 아닌 소비자의 경우 결제 시스템이 필요하였다. 그래서 대부분의 소비자들은 페이팔을 사용하였다. 페이팔은 1998년 12월에 설립된 온라인 결제 서비스 회사이다. 페이팔은 온라인 거래를 하면서 신용카드 번호나 계좌 번호를 상대에게 알려주지 않아도 되는 보안의 안전성 때문에 널리 보급되었다. 이베이의 판매자들은 페이팔을 사용하면 쉽고 편하게 온라인 비즈니스를 할 수 있었고, 구매자들은 페이팔로 결제하는 것이 안전하였기 때문에 많이 사용하였다. 이베이는 페이팔의 잠재적 경쟁자가 될 수 있는 신용카드 처리 사업자였던 빌포인트(Billpoint)를 인수하여 이베이의 수백만

건에 달하는 경매 거래량을 감당할 수 있도록 빌포인트의 시스템을 재구축하였다. 그러나 이베이의 회원 커뮤니티와 언론에서 부정적인 반응이 이어졌고, 결국 페이팔은 이베이에서 발생하는 모든 거래의 70%를 점유하게 되었다. 페이팔은 대체 불가능의 경지에 도달하게 되었고 이베이는 결제 수단으로서의 페이팔을 밀어낼 수가 없었다. 결국 이베이는 2002년, 15억 달러에 페이팔을 인수하게 된다.

이후 이베이는 무서운 속도로 성장하였다. 2003년에 9천 500만명이던 등록자는 2005년 1억 8천명이 되었다. 엄청난 현금을 보유하게 된 이베이는 2003년에는 중국의 포털 사이트인 이치넷(EachNet)을, 2004년에는 인도의 경매 사이트인 바지닷컴(Baazee.com)을, 2005년에는 영국의 부동산 중개 사이트인 검트리(Gumtree)와 2010년 이베이로 부터 다시 독립한 웹폰 회사인 스카이프(Skype)를 인수하는 등 영역을 세계로 넓혀나갔다. 2006년에는 세계적인 인터넷 포털 사이트인 구글(Google)과 제휴를 맺었다.

그러나 마침내 이베이도 궁극적 포함 지점에 이르게 된다. 수년간 당연하게 여겨왔던 매출과 수익 성장률 30%가 2008년 3월에 10%중반대로 떨어졌다. 그러나 여전히 이베이는 2008년 기준 시가 총액 4억 달러와 1억 명 이상의 월 방문자수 그리고 전 세계 전자 성거래 매출 점유율 14%를 자랑하는 강력한 기업으로 그 건재함을 과시하고 있다.

<참고자료 : Penenberg, A. L., Viral Loop, Hyperion, 2009>

<참고 사이트 : www.ebay.com, www.paypal.com>

요 약

본 장에서 다루었던 내용들을 주제 별로 요약하자면 다음과 같다.

1. 온라인 경매는 참여자, 경매대상 상품, 경매 운영의 매개자로 구성되는 온라인 경매 프로세스에 따라 다양한 수익원이 존재하는 매력적인 비즈니스 모델이다.
2. 온라인 경매 유형은 공개 경매(영국식 경매, 네덜란드식 경매), 비공개 경매(최고가 밀봉입찰, 차 최고가 밀봉입찰), 역경매, 다자경매(연속 다자경매, 다자 밀봉입찰 방식) 등이 있다.
3. 경매 주도자에 따른 분류로 소비자간 경매, 기업-소비자 경매, 소비자-기업간 경매, 기업간 경매 등으로 나누어 볼 수 있다.
4. 참여자의 구성에 따른 경매 유형은 일대일 경매, 일대다 경매, 다대다 경매로 나뉜다.
5. 복잡한 기업 경매에 적합한 다중속성 경매와 조합경매가 활발히 활용되고 있고 이에 대한 많은 연구가 이루어지고 있다.

6. 온라인 경매 프로세스는 일반적으로 경매 탐색, 경매 시작(등록, 품목 리스팅, 경매가 결정), 입찰, 경매완료(낙찰, 신용도 결정 등) 등으로 나뉘고 각 프로세스에서 이용자들의 편의성을 높여줄 수 있는 기술이나 서비스들이 개발되어져 활용되고 있다.

7. 온라인 경매는 국제화, 무선네트워크 및 스마트폰의 발전, 정보기술 발전에 따른 거래 품목의 다양화로 앞으로 더욱 발전할 것이다.

주요 용어정리

- 기업간(B2B) 경매
- 기업-소비자간(B2C) 경매
- 네덜란드식 경매(Dutch Auction)
- 네트워크 경매(Network Auction)
- 다자 경매(Double Auction)
- 다자 밀봉 입찰(Sealed Double Auction)
- 다중 속성 경매
- 소비자간(C2C) 경매
- 역경매(Reverse Auction)
- 영국식 경매(English Auction)
- 온라인 검색어 광고
- 온라인 경매
- 인터넷 입찰(Bidding)
- 연속 다자 경매(Continuous Double Auction)
- 조합경매
- 최고가 밀봉 입찰 경매(First Price Sealed Bid Auction)
- 차 최고가 밀봉 입찰 경매(Second Price Sealed Bid Auction)

연 습 문 제

[1] 온라인 검색어 광고 시장에서 구글 에드워즈에서 사용되는 경매 방식과 오버츄어에서 사용되어지는 경매 방식에 대해 비교 설명하시오.

[2] 소셜 네트워크의 발전으로 다양한 소셜 커머스 산업이 급성장하고 있다. 소셜 커머스 산업에서 온라인 경매 방식이 어떻게 적용될 수 있을지 논의해 보시오.

[3] 안전한 대금 지불 및 매매보호장치 서비스로 우리나라옥션에서 제공하는 에스크로우 서비스와 이베이에서 제공하는 eBay Buyer Protection 서비스를 비교 설명하시오.

[4] 경매와 협상의 유사점과 차이점을 비교하여 설명하시오. 다중 속성 경매와 조합 경매를 방식이 협상 대비 기존 경매 방식의 한계를 극복하는데 어떻게 기여할 수 있을지 설명하시오.

[1] 이경전, 장용식, "인터넷경매 기술", 한국정보과학회지, 2000.
[2] 이재규, 이웅규, "전자상거래와 경매시스템," 컴퓨터월드, 1997.7
[3] Baker, T., A Framework for Estimating Benefits of Using Auctions in Revenue Management, Decision Sciences, Vol.33, No.3, 2002.
[4] Benyoucef, M., H. Alj, M. Vezeau, and R. K. Keller, Combined Negotiations in E-Commerce : Concepts and Architecture, Electronic Commerce Research, Vol.1, No.3, 2001.
[5] Bichler, M., Configurable offers and winner determination in multi-attribute auctions, European Journal of Operational Research, 2005.
[6] Branco, F., "The Design of Multidimensional Auctions," Rand Journal of Economics, Vol.28, 1997.
[7] Edelman, B., Strategic bidder behavior in sponsored search auctions, Decision support systems, 2007.
[8] G. Hohner, G., Rich, J., Ng, E., Reid, G., Davenport, A. J., Kalagnanam, J. R., Lee H., S. and An, C., Combinatorial and quantity discount procurement auction benefit Mars, Incorporated and its suppliers. Interfaces, Vol. 33, No. 1, 2003.
[9] Halstead, D., and R. C. Becherer, Internet Auction Sellers : Does Size Really Matter?, Internet Research, Vol.13, No.3, 2003.
[10] Kersten, G. E., Noronha, S. J., & Teich, J., "Are All E-Commerce Negotiations Auctions?" Fourth International Conference on the Design of Cooperative Systems(COOP'2000), Sophia-Antipolis France, May, 2000.
[11] Ledyard, J. O., Olson, M., D. Porter, M., Swanson, J. A., Torma, D. O., The first use of a combined Value Auction for transportation services. Interfaces, Vol. 32, No. 5, 2002.
[12] Leloup, B., and L. Deveaux, Dynamic Pricing on the Internet : Theory and Simulations, Electronic Commerce Research, Vol.1, No.3, 2001.
[13] Ozer, A. H., A model and heuristic algorithms for multi-unit nondiscriminatory combinatorial auction, Computers & Operations Research, 2009.
[14] Pekeč, A., Rothkopf, M. H., Combinatorial Auction Design, Management Science, 49, 2003.
[15] Rafaeli, S., and A. Noy, Online Auctions, Messaging, Communication and Social Facilitation : a Simulation and Experimental Evidence, European Journal of Information Systems, Vol.11, No.3, 2002.
[16] Rothkoph, M., Pekec, A., & Harsta, R. M., "Computationally Manageable Combinational Auctions," Management Science, Vol.44, pp.131-148, 1998.
[17] Sandholm, T., Algorithm for optimal winner determination in combinatorial auctions, Artificial Intelligence, Volume 135, Issues 1-2, 2002.
[18] Sandholm, T., Suri, S., and Gilpin, A., CABOB : A fast optimal algorithm for winner determination in combinatorial auctions, Management Science, 2005.

[19] Stafford, M. R., and B. Stern, Consumer Bidding Behavior on Internet Auction Sites, International Journal of Electronic Commerce, Vol.7, No.1, 2002.

[20] Standifird, S. S., Online Auctions and the Importance of Reputation Type, Electronic Markets, Vol.12, No.1, 2002.

[21] Strobel, M., Design of Roles and Protocols for Electronic Negotiations, Electronic Commerce Research, Vol.1, No.3, 2001.

[22] Teich, J., Wallenius, H., & Walleniun, J., "Multiple Issue Auction and Market Algorithms for the World Wide Web," Decision Support Systems, Vol.26, pp.49-66, 1999.

[23] Teich, J., Wallenius, H., Wallenius, J., & Zaitsev, A., "Designing Electronic Auctions : an Internet-based Hybrid Procedure Combining Aspects of Negotiation and Auctions," Electronic Commerce Research, Vol.1, No.3, 2001.

[24] Turban, E., King, D., Lee, J., Liang T, P, Turban, D., Electronic Commerce 2010 : A Managerial Perspective, Prentice Hall, 20010.

[1] 옥션(e-Bay Korea) ········ http://www.auction.co.kr
[2] Amazon ········ http://www.amazon.com
[3] Auction Assistance ········ http://www.tucows.com
[4] Auction Potal ········ http://www.auction-portal.com
[5] Auction Splash ········ http://www.auctionsplash.com
[6] Auction Wizard ········ http://www.auctionwizard2000.com
[7] Bid Monitor ········ http://www.bruceclay.com
[8] BidSlammer ········ http://www.bidslammer.com
[9] Bizbuyer ········ http://www.bizbuyer.com
[10] e-Bay ········ http://www.ebay.com/
[11] Google ········ http://www.google.com
[12] GXS ········ http://www.gxs.com
[13] iMarketkorea ········ http://www.imarketkorea.co.kr
[14] Internet Auction List ········ http://www.internetauctionlist.com
[15] LGMRO ········ http://mro.serveone.co.kr
[16] Paypal ········ http://www.paypal.com
[17] Priceline ········ http://www.priceline.com
[18] Pricesacn ········ http://www.pricescan.com

제 6 장

6

e-서비스

학 습 목 표

- 인터넷 활용의 보편화로 인해서 e-서비스 분야에 어떤 새로운 비즈니스 모델이 등장하였고, 어떠한 과정으로 경쟁력을 확보해 나갔는지 살펴본다.
- 기존 서비스산업의 경쟁구도가 인터넷의 활용으로 어떻게 변화하고 있으며 기업의 생존을 위해서 어떤 전략이 바람직한가 생각해 본다.
- 은행, 증권, 보험, 여행, 부동산 등의 개별 서비스 산업에서의 인터넷 서비스 현황을 파악하고 각 산업의 발전방향을 생각해 본다.

저 자 소 개

권 순 범, 국민대학교 경영정보학부 교수, sbkwon@kookmin.ac.kr

차 례(6)

6.1 인터넷뱅킹 서비스

6.1.1 발전배경과 발전단계

6.1.2 인터넷 전업은행 vs. 겸업은행

6.1.3 인터넷 뱅킹의 기술기반

6.1.4 인터넷 뱅킹의 다양한 서비스

6.2 인터넷 증권거래 서비스

6.2.1 개요

6.2.2 인터넷 증권거래 서비스의 발전

6.2.3 인터넷 증권거래 서비스의 미래

6.3 보험 분야의 인터넷 서비스

6.3.1 인터넷 보험의 개요

6.3.2 인터넷 보험의 경쟁구도

6.4 여행산업의 인터넷 서비스

6.5 구인 · 구직 시장의 인터넷 서비스

6.6 기타 인터넷 서비스

6.6.1 인터넷 부동산 중개

6.6.2 인터넷 식품주문 및 배달 서비스

요 약

주요 용어정리

연습문제

참고문헌 및 참고사이트

본 장에서는 인터넷으로 제공되는 다양한 서비스에 대해서 살펴본다. 상품의 판매 외에도 기존의 서비스 산업에 속하는 은행, 증권, 여행, 부동산, 직업알선 등의 서비스가 인터넷 환경에서 얼마나 활성화되어 있고 오프라인 서비스에 비해서 어떤 혁신을 이루고 있는지 살펴본다. B2B(Business to Business) 서비스는 8장에서 설명되므로 본 장에서는 B2C(Business to Consumer) 서비스 위주로 살펴본다.

6.1 인터넷 뱅킹 서비스

고객이 은행의 지점을 이용하지 않고 집, 사무실, 혹은 이동 중에 인터넷을 이용해서 은행 업무를 처리할 수 있도록 하는 것이 인터넷 뱅킹 서비스이다. 시간과 장소에 구애받지 않고 계좌이체와 같은 은행업무를 편리하게 처리할 수 있어서 이용고객이 크게 증가하고 있다. 2010년 6월말 현재 국내 인터넷 뱅킹 이용자 수(개인과 기업 포함)는 약 6300만 명으로 전년(5500만 명) 대비 14.5% 증가하였고, 이중 모바일뱅킹 서비스 이용자는 1300만 명이다. 각종 조회, 자금이체 및 대출서비스 이용건수는 크게 증가해 왔는데, 21010년 2사분기 동안 일일평균 인터넷뱅킹 서비스 이용 거래건수는 약 3300만 건이고 거래금액은 약 30조 원이다. 2010년 6월 동안 금융서비스 전체 전달채널 중 비 대면거래(CD/ATM, 텔레뱅킹, 인터넷뱅킹)의 업무처리 비중은 입출금 및 자금이체거래를 기준으로 86.7%, 조회서비스 기준으로는 82.3%로 절대적 비중을 차지하고 있다(한국은행 보도자료, '2010년 2사분기 국내 인터넷뱅킹 이용현황, 2010.7.27).

6.1.1 발전배경과 발전단계

은행산업은 인터넷이 활성화 된 1990년대 말 이후 다음과 같은 환경변화에 직면하였다. 비용절감을 위한 지점망 운용의 최적화, 전자상거래로 인한 온라인 뱅킹 수요의 증가, 시간과 장소에 구애받지 않는 편리한 서비스 요구, 금융산업의 규제 완화와 이로 인한 통합된 서비스 요구 증가, 정보기술에 기반한 새로운 비즈니스모델의 등장 등 이러한 환경변화에 대해서 은행들은 비용절감, 고객 서비스 향상을 통한 경쟁력 확보를 위해서 정보기술을 능동적으로 도입, 활용하였다. 인터넷 뱅킹 이전에는 PC통신망을 이용한 PC 뱅킹과 전화망을 이용한 폰뱅킹으로 온라인 뱅킹 서비스를 이용할 수 있었다. 인터넷의 보급과 활성화로 인터넷 뱅킹이 대세가 되었으며, 최근에는 스마트폰의 보급으로 장소와 시간에 구애받지 않는 모바일 뱅킹 이용이 증가추세에 있다. 인터넷 뱅킹으로 제공되는 서비스는 기존에 PC뱅킹, 폰뱅킹으로 제공되는 서비스(예를 들면, 예금신규, 인터넷대출, 외국환 등) 외에도 해외송금, 펀드 신규/매수/환매/해지/전환, 외화예금, 보험신규, 퇴직연금, 세금/공과금 납부와 같은 다양한 서비스를 제공한다.

인터넷 뱅킹 서비스는 고객과의 모든 상호작용이 인터넷과 정보시스템을 통해서 이루어지므로 고객관리에 있어서 인터넷 뱅킹에서 발생한 데이터를 기존의 데이터웨어하우스와 데이터마이닝 시스템에 직접 활용할 수 있는 장점이 있다. 또한 이러한 데이터를 고객 프로파일 정보와 결합하여 은행에서 제공할 수 있는 다양한 금융서비스에 대해서 일대일(One-to-One) 마케팅이 가능하게 되었다. 또한 보험, 증권, 은행 등의 금융업의 경계가 허물어지면서 은행, 증권, 카드 거래내역을 한 화면에서 조회할 수 있는 계좌통합서비스, 여기에 고객성향 분석 및 포트폴리오와 상품 추천 기능을 추가한 자산관리(Wealth Management) 등의 새로운 서비스가 인터넷 뱅킹에 추가되고 있다.

<그림 6-1>은 인터넷 뱅킹 서비스의 발전을 시간 축(x축)과 사용자에게 주는 가치(Total Customer Value)를 y축으로 하여 보여준다. 초기의 인터넷 뱅킹 단계인 Standardized Web Service에서는 단순한 은행 상품소개 팜플렛 역할과 계좌조회, 자금이체 등의 창구의 단순거래를 인터넷으로 전환하여 오프라인 고객의 온라인화 하는 단계이다. 이 시기의 인터넷 뱅킹은 시스템의 안정성과 보안에 집중적인 투자가 이루어지며 인터넷 뱅킹 이용자도 거래의 안전에 관심을 집중하게 된다.

▶▶ 그림 6-1 인터넷 뱅킹의 발전방향

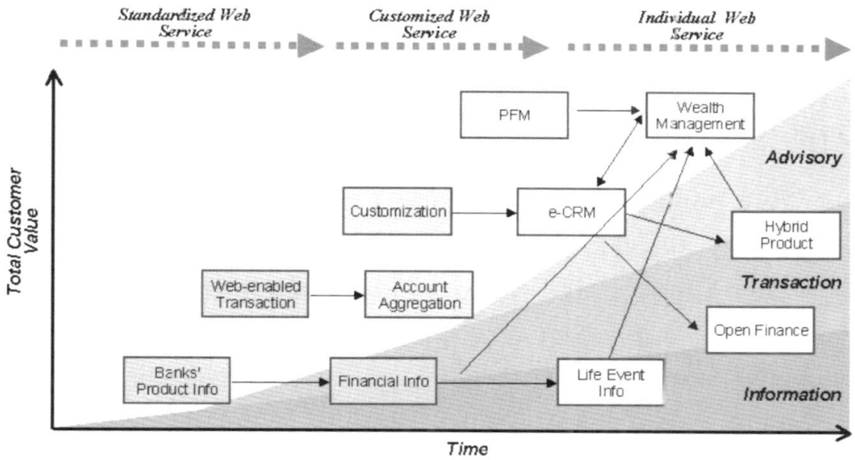

<※ 자료원 : IBM Global Services>

Customized Web Service에서는 새로운 신기술이 많이 적용되게 된다. 계좌통합서비스, 개인자산관리(PFMS : Personal Financial Management Service), Mass Customization과 e-CRM 등의 서비스를 통하여 단순히 오프라인 은행거래의 온라인화에서 탈피하여 오프라인에서는 제공하지 못했던 새로운 서비스의 개발에 주력하게 된다. 특히, 고객의 프로파일, 보유자산과 거래 행태, 온라인 행태를 바탕으로 한 일대일(One-to-One) 서비스의 제공은 인터넷 뱅킹의 전환점을 이루게 된다.

Individual Web Service 단계에서는 일대일 서비스가 완전히 정착되게 되며, 은행, 보험, 증권의 복합 상품과 업종간의 장벽이 완전히 없어져서 서로간의 상품을 온라인상에서 판매할 수 있는 오픈 재무관리(Open Finance) 서비스가 제공된다. 이 단계에서 가장 핵심은 웰스매니지먼트이다. 인터넷 뱅킹의 각 발전단계에서 구축한 시스템들은 모두 웰스매니지먼트를 제공하기 위한 기반 시스템이 된다. 웰스 매니지먼트는 사용자의 자산상태와 투자성향을 분석하여 사용자에게 가장 적합한 포트폴리오 전략을 제시하며, 각 포트폴리오 요소에 적합한 상품도 추천하게 된다. 이 단계가 되면 인터넷 뱅킹 서비스가 오프라인보다 우월성을 갖추게 되며 이 서비스를 제공하지 못하는 은행들은 심각한 경쟁력 손실을 입게 된다.

한편 기업고객에 대하여는 그 기업의 시장 환경, 원자재 조달 등 생산과 판매 활동에 필요한 각종 정보, 자산 · 부채 종합관리에 필요한 헷지수단, 기업인수합병에 필요한 의사결정 정보 등 다양한 정보를 공급하는 서비스로 전환하게 된다. 금융EDI(Electronic Data Interchange, 전자문서교환)를 통하여 기업의 거래활동에 수반되는 많은 정보가 은행에 축적되고 이러한 정보가 시너지효과를 가져옴으로써 은행의 정보산업화는 더욱 빠르게 진전될 수 있다.

6.1.2 인터넷 전업은행 vs. 겸업은행

인터넷 전업은행(Pure Internet Banking)

인터넷 기술의 발달이 가져온 가장 혁신적인 금융산업의 변화 중 하나가 인터넷 전업(Internet-Only)은행의 출현이다. 인터넷 전업은행은 물리적인 지점을 갖지 않고 고객은 인터넷상에서만 은행 서비스를 받을 수 있다. 오프라인 지점이 없으므로 점포 임대료나 인건비 등의 고정비용이 아주 적어서 낮은 수수료, 높은 예금이자, 낮은 대출금리 등을 고객에게 제공하면서 고객을 유인한다.

1995년 10월에 출범한 미국의 SFNB(Security First Network Bank)가 세계 최초의 인터넷 전업은행이며, 이후에도 e*Trade Bank, Wingspan Bank, NetBank, CompuBank 등 많은 인

터넷 전업은행이 설립되었다. 인터넷 전업은행은 비용절감의 장점을 가지고 의욕적으로 출발하였지만 초기에 많은 어려움에 봉착하였다. 신생 기업으로서 브랜드 인지도 제고를 위한 막대한 마케팅 비용, 예상보다 높은 신규계좌 유치비용, 계좌 당 낮은 수익성 등이 고정비 절감 효과가 없어지게 하였다. 초기에 보유 계좌수의 성장속도가 빠른 것은 사실이었지만 오랜 역사를 가진 오프라인 은행들에 비해 규모, 경영 노하우, 고객 충성도 측면에서 경쟁에 뒤진 것이 사실이다. 실제로 2003년 말 많은 인터넷 전업은행이 재정적 어려움으로 문을 닫았다(미국의 경우 97%). 고객이 인터넷 전업은행을 주거래은행으로 선택하는 것이 아니라 재테크 등의 특수 목적으로 거래한다고 해석할 수 있고 오프라인 은행들이 거의 모두 인터넷 뱅킹 서비스를 제공하여 온 · 오프의 장점을 결합하면서 인터넷 전업은행의 경쟁력이 약화되었다. 따라서 재무적 여력이 있는 인터넷 전업은행들은 비즈니스 모델을 인터넷전업에서 겸업(Click-and-Mortar)의 형태로 전환하였는데, 오프라인 지점의 설치, 소매 유통업체와의 제휴를 통한 지점 확보, ATM의 설치 및 제휴 등으로 결국 인터넷 전업은행과 겸업은행의 차이가 거의 없어졌다.

Box사례 : Egg Bank

유럽은 높은 인터넷 보급률을 바탕으로 온라인 뱅킹의 이용이 활발하여 다른 지역보다 인터넷 전업은행에 대한 기대가 컸다. 이는 EU의 단일 유럽 시장에서 국경에 관계없이 유럽전역의 고객들을 유치할 수 있을 것이라는 기대감 때문이었다. 이러한 기대감에 부응한 인터넷 전업은행의 대표적인 예는 Egg Bank이다. Egg Bank는 1998년 10월 보험 회사인 프루덴셜의 자회사로 영국 최초의 인터넷은행으로 설립되었다. 파격적인 금리와 낮은 신용카드 대출 수수료로 고객을 확보, 보험을 위주로 한 금융상품 교차판매를 초기 수익모델로 삼았으며, 쇼핑몰사업과 뮤추얼펀드 판매 등의 매우 다각적인 경영으로 은행이라기보다는 금융포탈로서 운영되었다. Egg Bank는 2002년 프랑스에 진출하였지만 다른 많은 유럽대륙의 인터넷 전업은행과 마찬가지로 과도한 투자에 비해 인터넷 뱅킹 수익이 저조하여 2004년 철수하였다. Egg Bank는 2001년 11월에 최초의 흑자를 기록하여 전 세계의 이목을 집중시키면서 발전하였고, 2007년 5월 Citi그룹이 5억7천 5백만 파운드에 Egg Bank를 인수하였다.

겸업(Click-and-Mortar) 형태의 인터넷 뱅킹

기존 은행의 인터넷 뱅킹 서비스는 1995년 5월 미국의 웰즈파고(Wells Fargo)은행이 거래내역 조회 서비스를 제공한 것이 최초이며, 국내에서는 1999년 7월 국민, 주택, 신한은행이 최초의 인터넷 뱅킹을 선보였다. 기존의 오프라인 은행들은 전업은행의 출현에 따라 새로운 고객의 확보, 서비스 제공 비용의 절감, 고객 서비스 제고라는 전략적 목적으로 인터넷 뱅킹 기능을 도입하였다. 인터넷기술의 발달과 인터넷의 상용화에 따라 대다수의 은행들이 인터넷 뱅킹 서비스를 제공하고, 그 서비스의 다양성도 매우 풍부해졌다. 지점 창구에서 이루어지는 서비스 중 물리적인 화폐의 전달이나 보안과 법적인 문제로 본인의 직접 방문이 필요한 거래를 제외한 대부분의 거래들이 인터넷에서 제공된다.

기존 은행은 인터넷 뱅킹 도입초기에 시스템의 노후화와 복잡성으로 인해서 많은 어려움을 겪었다. 기존 은행거래 시스템은 계정계, 정보계, 외환계, 여신계 등 그 기능에 따라 업무별로 구성되어 있었고 주요 사용목적이 은행내부 직원의 업무처리이었다. 즉, 데이터베이스의 구성, 각 시스템간의 인터페이스, 에러 메시지 등이 직원의 업무처리 위주로 만들어져 있었다. 인터넷으로 은행업무처리 기능을 일반 고객에게 제공하기 위해서는 업무별 시스템이 고객의 서비스 이용 관점에서 통합되어야 하고 웹시스템과 연계되어야 하는데, 웹프로그래밍 기술의 발달, 은행 정보시스템의 다운사이징, CBD(Component-Based Development)같은 유연한 개발도구의 발전으로 이러한 문제를 극복하였다.

6.1.3 인터넷뱅킹의 기반기술

인터넷 뱅킹 시스템의 가장 보편적인 형태가 웹 기반의 인터넷 뱅킹 시스템이다. <그림 6-2>에서 볼 수 있듯이 웹 기반의 인터넷 뱅킹 시스템은 고객 PC의 웹 브라우저와 서비스 제공자인 은행내의 웹 서버와 뱅킹 서버로 구성되어져 있다. 인증기관(Certificate Authority) 또는 등록기관(Registration Authority) 서버도 연계된다. 그리고 웹 브라우저와 서버간의 데이터 통신의 보안을 위한 암호화 솔루션이 필요하다. 국내에서는 인터넷 뱅킹의 암호화방식으로 PKI방식을 이용하며, 이를 위하여 이용자들은 각 은행으로부터 사설인증서를, 금융결제원으로부터는 공인인증서를 발급 받아 인터넷 뱅킹을 이용한다. 대

▶▶ 그림 6-2 웹 기반의 인터넷 뱅킹 시스템 구성도

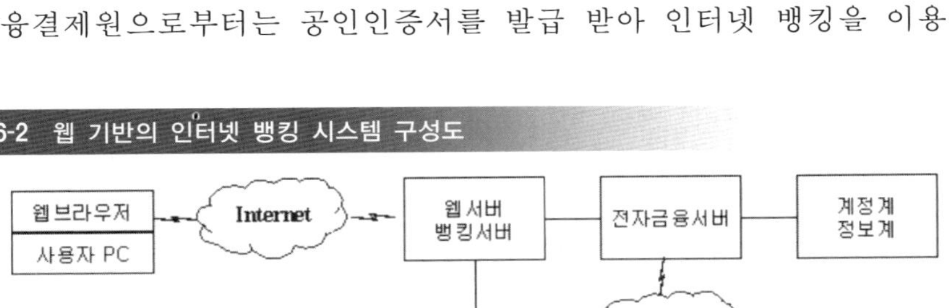

부분의 인터넷 뱅킹 서비스는 공인인증서를 이용하여 제공되며, 사설인증서는 은행별로 특수목적으로 사용되게 된다.

뱅킹 서버는 은행내의 전자금융서버를 통하여 계정계, 정보계 등과 같은 은행 호스트에 연결되며, 실제 예금, 대출 등의 작업은 은행 호스트에서 이루어진다. 전자금융서버는 인터넷 뱅킹뿐만 아니라 예전의 PC뱅킹, 텔레뱅킹, 그리고 모바일 뱅킹, TV 뱅킹 등 은행 외부의 채널과 은행 호스트와의 연결을 지원하는 서버이다. 그리고 전자금융서버는 금융결제원망과 연계되어 타행 이체 등 은행 간의 자금이동을 지원한다. 웹 기반의 인터넷 뱅킹 시스템은 언제, 어디서나 인터넷만 접속되면 사용할 수 있는 장점을 가진다. 인증서 기반의 접속인 경우 스마트카드나 USB 저장장치 등의 저장 장치를 이용할 수도 있다. 또한 별도의 소프트웨어 전송이 불필요하여 접근이 용이하고 서비스 업그레이드 부담이 최소화될 수 있다는 장점이 있다.

웹 브라우저를 이용하지 않고 은행이 직접 은행거래용 뱅킹 소프트웨어를 고객들에게 분배하여 고객들로 하여금 해당 애플리케이션을 이용하여 은행 서버에 접속하여 서비스를 받는 방법도 과거에 사용되었다. 주로 개인자산관리 같은 고급 금융서비스의 제공을 위해서 사용되었는데, 마이크로소프트사의 Money와 Intuit사의 Quicken이 대표적인 예이다. 그러나 버전관리, 업그레이드, 소프트웨어의 배포 등의 문제점과 함께 웹이 인터넷 활용을 위한 거의 절대적 통신방법(인터페이스)이 되면서 뱅킹소프트웨어에서 제공되는 기능과 서비스가 거의 웹기반 환경을 지원하여 제공되고 있다.

6.1.4 인터넷 뱅킹의 다양한 서비스

입출금 및 자금이체 건수 기준으로 앞서 소개한 바와 같이 전체의 87%를 인터넷 뱅킹이 차지하고 있다. 이외에도 대출, 외환, 펀드, 보험 등 다양한 금융상품의 판매와 거래서비스를 제공하고 있다. 국내 은행들은 인터넷 뱅킹 서비스에 새로운 금융서비스를 개발하여 제공하고 있는데, 모바일 뱅킹서비스, 계좌통합서비스, 개인자산관리서비스, 인터넷 빌링(EBPP : Electronic Bill Payment and Presentment) 등이 이에 속한다. 최근 스마트폰의 등장으로 인터넷 뱅킹으로 제공되는 거의 모든 서비스가 모바일로도 제공되고 있다. 몇 가지 의미 있는 인터넷 벙킹 서비스를 살펴본다. 그리고 마지막으로 현재 활성화되고 있는 P2P(Person to Person) Lending에 대해서 간단히 살펴본다.

계좌통합서비스

계좌통합서비스(Account Aggregation Service)는 금융기관이나 금융포털 업체들이 추진하고 있는 개인자산관리서비스의 기반이 되는 서비스이다. 은행, 증권, 보험, 카드사 등에 분산되어 있는 사용자들의 정보 조회 및 송금 등의 거래를 한 화면에서 또는 한 사이트에서 제공할 수 있도록 한다. 지금까지는 은행, 증권사, 카드사, 보험사 등 금융기관별 분산된 계좌관리를 위해 각각의 인터넷 사이트에 접속해야 했으나, 거래 금융기관 인터넷 사이트의 아이디와 각종 비밀번호를 등록해 놓으면 금융기관 계좌현황을 한 번에 파악할 수 있다.

계좌통합서비스는 스크린 스크래핑(Screen Scrapping) 방식이 실현화되면서 활성화되었는데, 스크린 스크래핑 방식이란 제3의 회사(스크래퍼), 혹은 특정 금융기관(주로 은행이나 카드사)이 고객에게 각 금융기관에 접속할 아이디와 패스워드를 제공받아 각 금융기관에 자동 로그인하여 정보를 가져오는 방식이다. 스크래핑 기술은 전자가계부, 기업용 계좌거래 내역조회 서비스에도 이용된다. 스크래핑은 <그림 6-3>과 같이 두 가지 방식이 있다.

▶▶ 그림 6-3 스크린 스크래핑 구현 원리

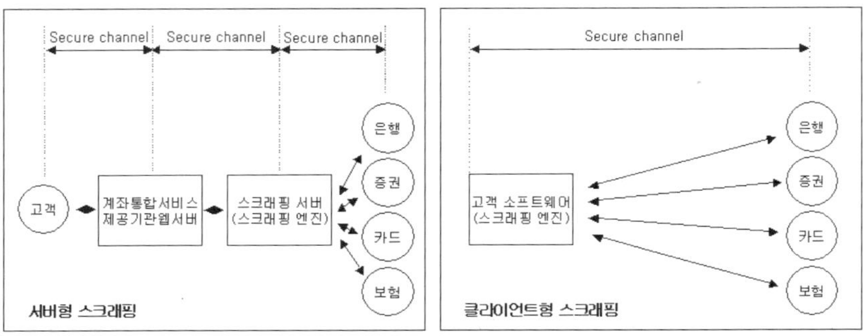

<※ 자료원 : 금융결제원>

클라이언트형 스크래핑 방식은 고객 소프트웨어에 스크래핑 엔진과 고객의 아이디와 패스워드가 저장되어 있어 고객 PC에서 직접 각 금융기관에 접속하여 고객정보를 가져오는 방식이다. 서버형 스크래핑 방식은 계좌통합 서비스 제공회사의 스크래핑 서버에 사용자의 아이디와 패스워드를 등록하여 놓고 스크래핑 서버가 사용자의 정보를 수시로 은행, 카드, 보험, 증권사로부터 스크래핑해서 서버에 저장해 놓는다. 이후 사용자가 요청시 이를 서비스한다. 이 방식은 클라이언트 방식에 비해 속도가 빠르고 대용량의 데이터를 서비스할 수 있지만 개인정보보호와 같은 보안문제가 제기될 수 있다. 두 가지 방식을 혼합하여 사용자 인증서는 사용자의 PC에 저장하고, 인증서가 필요한 거래시 사용자 PC에 있는 인증서를 이용하여 금융기관에 접속하는 혼합형 방식이 많이 활용된다.

에스크로(escrow) 서비스

에스크로 서비스는 판매자와 구매자 외에 제3자가 관리하는 계좌에서 거래대금의 결제를 수행하는 방식으로 판매자가 돈만 받고 물건을 보내지 않는다든지 구매자가 물건만 받고 대금을 보내지 않는 사기를 방지하는 매매보호 제도로서 에스크로 계정을 주로 판매자의 거래은행에 설정하게 된다. 인터넷 경매사이트 대부분이 에스크로 거래에서 제3자의 역할을 수행하는 것을 예로 들 수 있다. 전자상거래 판매회사들은 거래의 안전성 확보를 위해서 정부는 10만원 이상의 거래에 대해서 에스크로 서비스의 제공을 의무화하고 있어서 인터넷 쇼핑몰들은 에스크로 전문 회사나 은행에게서 에스크로 서비스를 제공한다.

방카슈랑스(Bancassurance)

은행(Bank)과 보험(Assurance)의 합성어로 기존 은행과 보험회사가 서로 연결하여 금융서비스를 제공하는 것을 의미하며, 금융산업의 경계가 없어지고 금융기관 간에 경쟁이 격화되는 현상을 통칭하기도 한다. 예를 들어, 보험회사가 은행지점을 보험 상품의 판매대리점으로 이용하여 은행원이 직접 보험 상품을 판매하는 영업 형태를 말한다. 우리나라의 경우 2003년 9월에 도입되었고, 2008년 종신보험과 자동차보험의 은행판매를 허용하는 제4차 방카슈랑스가 이루어졌다. 자산운용법의 시행으로 은행과 보험사도 간접투자자산의 판매와 운용이 가능해졌다. 최근에는 인터넷 뱅킹 사이트에서 보험상품이 온라인으로 선전, 판매되는 것을 쉽게 볼 수 있다. 은행의 웹페이지에서 보험 상품이나 계약을 조회하고 보험 견적을 받는 복합 서비스가 보편화되어 결과적으로는 은행상품과 보험 상품의 장점만을 취한 복합 상품의 등장은 보험, 예금, 투자 상품을 포함하는 포괄적인 금융정보 및 개인자산관리 컨설팅 서비스가 발전하는 계기가 되었다.

모바일 뱅킹

모바일 뱅킹 서비스는 고객이 휴대폰이나 PDA 등 무선통신기기를 수단으로 무선인터넷을 통하여 금융기관의 사이트에 접속하여 금융서비스를 이용할 수 있는 서비스를 말한다. IMS 리서치사의 조사에 의하면 2012년 전 세계 모바일뱅킹 고객 수가 대략 10억명에 이를 것으로 전망하고 있다. 모바일 뱅킹 서비스는 통신회사가 은행에 무선결제플랫폼을 제공하고 은행이 고객정보와 대금결제과정 전반을 관리하는 것을 기본구조로 한다.

모바일 뱅킹은 1992년 핀란드의 Finland Nordea 은행의 서비스가 효시인 것으로 알려져 있으며 1999년 Nokia와 공동으로 WAP(Wireless Application Protocol)에 기반을 둔 서비스가 등장하여 국내에도 1999년 10월 한미은행이 최초로 서비스를 제공하였고 2002년 말에는 18개 은행 및 우체국에서 휴대폰을 이용한 모바일 뱅킹 서비스를, 8개의 은행이 PDA를 이용한 서비스를 제공하게 되었다[한국은행 2003].

우리나라의 주요 이동통신 3사도 은행과 제휴를 통해서 모바일뱅킹 서비스를 꾸준히 제공·발전시켜 왔다. KT는 휴대폰에서 모바일 금융칩을 통하여 모바일 뱅킹과 카드, 교통 등 금융과 각종 정보 서비스를 원칩 서비스로 통합해 제공하고자 은행들과 제휴를 맺었고, SK텔레콤은 MONETA 카드리더기와 단말기를 보급하고 NFC(Near Field Communication) 기술을 이용하여 휴대 전화를 카드리더기에 대면 결제가 이루어지도록 하는 지불결제 서비스, 상품권 서비스, 모네타 쇼핑 서비스를 확산시켜 왔다. LGU+는 2003년 9월 1일부터 국민은행과 공동으로 BankOn 서비스를 제공하고 있는데 스마트칩을 내장한 단말기로 금융 서비스를 제공하였다.

최근 3G 네트워크 서비스가 확산되고 USIM(User Subscriber Identification Module)칩의 사용과 스마트폰의 보급으로 인터넷 웹의 풀 브라우징(full browsing)이 가능하게 됨으로써 기존 PC로 제공받던 대부분의 인터넷 뱅킹 서비스를 스마트폰으로 받을 수 있다. 금융감독원의 자료에 의하면 스마트폰을 포함한 휴대전화를 활용한 모바일 뱅킹의 규모가 2010년 처음으로 100조원을 넘은 것으로 나타났다. 다만, 모바일 네트워크의 보안 수준이 유선 인터넷에 비해 취약한 면이 있어서 보안상의 이유로 서비스의 종류나 수준에 제약을 갖기도 한다.

전자고지 및 납부(인터넷빌링 : EBPP, EIPP) 시스템

전자고지 및 납부 시스템은 전통적인 오프라인 고지·납부방식을 인터넷으로 통합한 새로운 개념의 전자지급결제서비스로서 각종 세금, 공과금 및 상거래대금 등의 청구내역을 온라인으로 고지하고 납부자는 이를 확인한 후 계좌이체나 신용카드정보입력 등 전자방식으로 납부하는 서비스를 말한다. 일반인을 대상으로 한 서비스는 EBPP로 불리고 기업을 대상으로 한 EIPP(Electronic Invoice Presentment and Payment)로 불린다.

은행에서는 2000년 3월 서비스를 개시한 금융결제원의 인터넷지로와 각 은행의 인터넷 뱅킹 및 징수기관의 웹사이트를 상호 연결하여 제세공과금 등의 납부업무를 다양한 접점에서 편리하게 이용할 수 있도록 하고 있고, www.giro.or.kr 사이트를 통해서 서비스를 제공받을 수 있다.

P2P 금융서비스

P2P(Person to Person) 금융서비스는 인터넷에서 돈을 필요로 하는 사람과 돈을 빌려

주고자 하는 사람을 직접 연결하여 주는 서비스로 2008-2009년에 걸친 금융위기 당시 정부의 규제를 받지 않고 시작되었다. eBay의 개인 간 상품거래중계 비즈니스모델을 개인 간 대출직거래에 적용한 것으로 영국의 Zopa, 미국의 Prosper, Kiva가 대표적 서비스 업체이다. 우리나라에도 머니옥션과 같은 선도업체가 나타나 연간 1000억 원 가량의 대출 실적을 올리고 있다. 은행을 거치지 않는 이 비즈니스모델은 은행의 중계자 역할을 인터넷 업체가 대신한 것으로 대출자는 은행보다 낮은 금리로 필요 자금을 이용할 수 있고 반대로 투자자는 은행보다 높은 금리를 받을 수 있다. P2P 금융의 디폴트 비율이 상당히 낮은 것으로 보고되고 있는데, 왜냐하면 온라인 커뮤니티 상에서 대출자와 투자자 모두 서로를 알 수 있고 인터넷에 기존의 신용정보(대출과 대출상환의 과거기록)를 확인할 수 있기 때문이다. Prosper를 예로 들면, 2006년 2월 설립되어 2010년 4월 현재 회원수 95만 명, 누적 대출금 1억 9천 4백만 달러의 실적을 보이고 있다. P2P 금융서비스는 기존 제도권 대출이 불가능한 대출자나 벤처창업자 들이 활용할 수 있는 금융채널로 앞으로 제도권 금융기관을 위협할 수 있는 새로운 금융혁신모델로 주목받고 있다.

6.2 인터넷 증권거래 서비스

6.2.1 개 요

온라인 증권거래란 고객이 직접 증권사 객장에 나가지 않고도 PC통신이나 인터넷, 기타 유무선 매체를 이용하여 직접 시세조회부터 주문, 은행이체 및 청약 등을 처리할 수 있는 거래방식이다. 인터넷 증권거래의 과정은 다음과 같이 이루어진다. 고객이 인터넷을 이용하여 매매주문을 하면 증권사 시스템은 고객여부를 확인한 후 증권거래소에 매매주문을 자동으로 전달하고 이에 따른 매매체결이 이뤄지면 고객의 대금결제 계좌에서 대금이체를 실시한다. 이것은 사이버 증권거래 또는 온라인 트레이딩으로도 불린다. 사용방식에 따라 홈트레이딩(전용 에뮬레이터 사용), 웹 트레이딩(인터넷), ARS 트레이딩(전화기) 등으로 불린다. 인터넷의 보편적 활용으로 1990년대 중반 이후 대부분 인터넷을 기반으로 한 웹 트레이딩으로 전환되었다. 온라인으로 가능한 증권거래는 주식, 선물, 옵션, 채권, 수익증권, 뮤추얼펀드 등이 있으며, 현재는 주식, 선물, 옵션이 주로 거래된다.

인터넷 증권거래가 활성화된 이유는 언제 어디서나 주식매매를 기존 방법에 비해서 저렴하게 수행할 수 있고, 종목분석이나 시황에 대해서 다양한 정보원(세계 각 국의 증권거래소, 언론사, 리서치기관 등)으로부터 실시간의 풍부한 정보를 쉽게 획득할 수 있기 때문이다. 또한 다양한 서비스(예약주문, 거래내역조회, 잔고조회, 투자성과분석 등)를 편리하게 받을 수 있고 다양한 투자 분석 의사결정 기법과 모형의 활용도 가능하며 해외 증권시장과의 연계를 통해서 여러 나라의 주식시장에 투자할 수 있게 되었기 때문이다.

인터넷 뱅킹의 등장과 마찬가지로 지점이 없이 기존의 증권회사가 수행하던 매매주문, 자금결제, 청약모집 등의 업무를 수행하는 온라인 증권사가 등장하였고(1990년대 초), 기존의 오프라인 증권사들도 온라인 증권거래 서비스를 제공하면서 대응하였다. 주식거래에 있어서 매매체결이 이루어지는 증권거래소의 역할이 중요하다. 전 세계 여러 나라의 증권거래소는 글로벌 경쟁환경에서 자국의 금융 경쟁력을 높이기 위해서 증권시장에 더 많은 외국기업을 유치하고 거래를 활성화하고자 한다. 이를 위해서 각 증권거래소는 온라인 주식거래 시스템의 도입하여 매매시스템의 효율화, 고객서비스 제고, 그리고 그에 따른 자국 주식시장의 확대를 추구하고 있다.

6.2.2 인터넷 증권거래 서비스의 발전 : 미국과 한국

미국의 인터넷 증권거래 서비스

미국의 증권거래 중개시장은 크게 종합증권사(Full Service Broker)와 할인중개사(Discount Broker)로 양분되어 왔다. 종합증권사들은 양질의 리서치 자료와 투자조언을 제공하고, 할인중개사들은 실시간 주가조회 서비스 등을 제공하면서 주식 거래 중개업에 집중하였다. 1990년대 초반 Lombard와 E*Trade같은 온라인 증권사가 등장하여 낮은 수수료(종합증권사의 5~10%)를 경쟁력으로 저렴하고 빠른 거래를 원하는 할인중개사 고객들을 자사의 고객으로 끌어들였다. 이들은 주로 위탁매매를 전문으로 하며 할인중개사보다 더 저렴한 수수료로 서비스 하여 'Deep Discount Broker'라고 분류된다.

Merrill Lynch로 대표되는 종합증권사는 투자자문, 자산관리, M&A 등의 고도의 금융서비스의 제공, 증권분석가로부터 제공되는 심층 분석보고서와 고급정보의 제공 그리고 주식거래에 이르는 광범위한 서비스를 제공한다. Charles Schwab이나 Fidelity로 대표되는 할인중개사는 종합증권사에 비해서 맞춤형, 자문형, 오프라인 기반의 서비스는 줄이고 제공되는 정보의 질과 양도 줄이는 대신 온라인 주식거래 서비스에 대한 수수료가 종합증권사의 절반정도이다. E*Trade로 대표되는 Deep Discount Broker는 주식과 옵션의 거래서비스를 위주로 하며 수수료는 정액제를 채택하는 곳이 많다. 이들 중에는 오프라인 지점 없이 Datek과 같이 인터넷 증권거래만 취급하는 증권사들도 있다.

온라인 주식거래의 급성장으로 1998년 12월에는 Charles Schwab의 시가총액이 Merrill Lynch의 시가총액을 능가하는 현상까지 일어났다. 2000년부터 종합증권사들도 인터넷기반 서비스의 잠재력을 깨닫고 저렴한 수수료의 인터넷 증권거래 서비스를 제공하기 시작했다. 반대로 할인중개사나 일부 Deep Discount Broker도 종합금융사가 제공하는 고급 서비스의 일부 기능을 제공하고 뮤추얼 펀드를 취급하면서 서비스의 다양성이 높아져 세 가지 형태의 증권사 간의 차이가 많이 줄어들고 있다.

참고로 증권사마다 주문방법(시장가 주문, 지정가 주문 등), 거래금액, 그리고 거래수량, 거래형태(인터넷, 모바일 인터넷, 전화, 객장) 등에 따라서 증권거래 수수료를 차별화하고 있다. 계좌 관리수수료에도 계좌유지비, 송금수수료, 퇴직금 보관비 등에 차등을 두고 있는데, ATM사용과 개인수표 발행이 가능한가, 다양한 금융상품에 투자가 가능한가, 배당금 재투자가 가능한가, 인터넷 뱅킹이 가능한가, 그리고 실시간 정보제공이 어느 정도 가능한가에 따라 수수료에 차이가 있다.

우리나라의 인터넷 증권거래 서비스

우리나라의 온라인 증권거래는 1997년 4월 1일부터 9개 증권사가 홈 트레이딩 서비스를 개시한 이후 4월 중순부터는 코스텔(KOSTEL)을 통한 본격적인 서비스가 시작되었다. 또한 9월부터는 데이콤의 홈뱅킹 서비스인 '매직링크'와 상호접속이 가능하도록 하였다. 이로서 주식매매대금을 증권계좌와 은행계좌 사이에 자유롭게 이체할 수 있게 되었다. 최근에는 거의 모든 증권사들에 인터넷 증권거래 시스템을 갖춤으로써 인터넷 증권거래는 확산 일로에 있다. 미국의 인터넷 증권거래가 할인중개사들에 의해 주도되면서 틈새시장으로 성장하였다고 한다면, 우리나라의 경우 온라인 거래는 종합증권사를 포함한 모든 국내 증권사들의 수수료 인하 경쟁의 수단으로 이용되며 성장하였다.

우리나라의 온라인 증권거래 서비스는 1998년부터 빠른 속도로 성장하여, 전체 주식거래에서 온라인거래가 차지하는 비중이 이미 60%를 넘어서는 세계 최대의 인터넷 증권거래 국가가 되었다. 우리나라 온라인 증권 거래가 급격하게 증가할 수 있었던 원인은 크게 세 가지로 분석해 볼 수 있다. 첫째, PC 및 인터넷 보급의 확산과 정보통신기술의 급속한 발전이다. 고성능 컴퓨터와 초고속 통신망의 보편화로 일반 투자자들이 어디서나 인터넷 증권거래를 이용할 수 있게 되었다. 둘째, 대부분의 증권사가 온라인 거래 서비스를 지원하며, 증권사가 적극적으로 인터넷 증권거래를 마케팅을 할 수밖에 없는 경쟁 환경이다. 즉, 지속적인 온라인거래 시스템 개발, 양질의 서비스 제공, 수수료 인하 등을 통하여 적극적으로 마케팅활동을 하였다. 셋째, 우리나라 증권거래 시장의 개인투자자 비중이 높았다는 점이다. 온라인증권거래는 주로 개인이 많이 이용한다. 거래소와 코스닥 시장의 개인투자자들이 위에서 열거한 온라인 거래의 장점들을 인식하였기 때문에 온라인 거래로 쉽게 전환이 가능했다. 국내 온라인 증권회사인 K사는 매매수수료 0.015%의 저비용으로 많은 개인투자자를 고객으로 유치하고 있다. 2010년 10월 현재 개인들의 인터넷 증권거래 비중은 거래 건수 기준으로 80%에 이른다. 결국 높은 개인투자자 비중은 인터넷 증권거래 증가의 하나의 원인이 되었다.

6.2.3 인터넷 증권거래 서비스의 미래

인터넷 증권거래체제는 증권거래소가 기존의 체제인가 아니면 온라인 주문을 처리하는 체제인가, 증권회사가 기존의 체제인가 아니면 온라인으로 매매주문을 받는 온라인 증권회사인가 그리고 투자자가(주로 개인) 증권회사를 거치지 않고 바로 온라인 증권거래소에 주문을 의뢰할 수 있는 직접 매칭이 가능한 체제인가에 따라 달라질 수 있다. 우리나라의 경우 기존의 증권거래소와 기존의 증권회사들이 온라인으로 매매주문을 받는 체제로 발전하였다.

인터넷에서 많은 투자정보를 확보할 수 있는 개인 투자자의 입장에서는 종합증권사의 통합 서비스 비용보다 전문 기업들의 개별 서비스의 비용의 합이 더 적기 때문에 종합증권사의 가격 경쟁력이 떨어진다. 반면에 투자조언과 개인 자산관리 서비스를 필요로 하는 투자가들은 종합증권사의 자산관리 서비스에 높은 가치를 부여한다. 금융기관 간의 영역파괴로 인한 제휴 협력의 활성화와 인터넷 기반의 시스템 연계 통합 기술의 발전으로 위탁매매 서비스 위주의 온라인 회사들이 다양한 서비스를 자사의 인터넷 기반 시스템에 어렵지 않게 통합하여 제공할 수 있게 되어 사실상 종합증권사와 큰 차이 없이 경쟁할 수 있는 기반이 마련되었다. 따라서 기존에 차별화 되었던 증권회사와 온라인 증권회사의 영역구분이 없어지고 경쟁이 더욱 격화되고 있다.

한편, 인터넷의 확산은 개인 투자자들의 인터넷 증권거래의 증가를 가져왔고 개인투자자들의 비중이 확대되었다. 시장정보 획득 능력이 향상된 개인 투자자들이 점차 기존 증권거래소의 고비용 구조에 대해서 불만을 갖고 대체거래시스템(ATS : Alternative Trading System)을 새로운 증권거래의 채널로 삼기 시작했다. 대체거래시스템은 기존 증권거래소나 나스닥이 아닌 인터넷 상에서 증권의 매수자와 매도자를 매칭하여 주는 가상 사설 증권거래소인 ECN(Electronic Communications Network)의 형태로 나타나고 있다. 국내에서 이를 장외전자거래시스템라고 부르고 있는데, 인터넷 뱅킹 서비스에서도 P2P 서비스가 등장하여 활성화되고 있는 것과 마찬가지로 인터넷 증권거래 분야에서도 이러한 가능성이 있으며 앞으로 주시해 보아야 할 이슈 중의 하나이다.

6.3 보험 분야의 인터넷 서비스

6.3.1 인터넷 보험의 개요

보험업계는 은행이나 증권업계에 비해 인터넷 활용이 상대적으로 늦어졌으나 그동안 보험 영업의 주축이었던 모집인 제도의 비용 증대, 투자 이익률의 감소 등의 수익성 악화와 보험시장개방 등에 따른 보험산업의 환경변화로 말미암아 온라인 채널의 활용을 적극적으로 도입하고 있다. 고객의 입장에서는 보험계약서 작성의 불편함과 자신의 보험계약 정보 확인의 어려움, 보험설계사 접촉의 불편함 등으로 보험서비스가 타 금융서비스에 비해서 처리가 느리고 서비스 수준이 낮다고 여기고 있다. 자동차, 생명, 건강, 주택보험과 같이 내용이 단순하고 표준화하기 쉬운 특징을 갖는 보험을 중심으로 개인소비자를 대상으로 한 판매와 관리가 확산되고 있다. 보험업계는 현재 모집인과 인터넷이라는 두 가지 채널을 모두 활용하는 전략을 취하고 있는데, 자동차 보험의 경우 가격경쟁력에서 우위가 있는 인터넷 보험이 일반 고객들에게 크게 호응을 받게 되면서 보험 판매채널의 중심이 모집인에서 인터넷으로 이동해 가고 있다. 인터넷 웹을 이용한 보험판매 처리비용이 건당 50센트인 반면 서류로 보험판매를 처리하면 8달러로 16배의 비용차이가 난다 (McDougall 2007).

6.3.2 인터넷 보험의 서비스와 경쟁구도

인터넷 보험 서비스는 제공 주체에 따라 크게 두 가지 형태로 구분된다. 첫째는 기존 보험회사가 인터넷상에 사이트를 개설하여 불특정 다수에 대해서 24시간 보험상품을 판매하는 경우이다. 보험회사는 인터넷 검색사이트, 포털, 인터넷 쇼핑몰, 소셜네트워크 그리고 이메일을 통해서 보험상품에 대한 광고를 하고 클릭을 통해서 들어온 고객들에게 자사의 인터넷 보험상품을 설명하고 청약하도록 한다. 보험회사는 인터넷을 신규고객의 유입 뿐 아니라 기존고객에 대해서 보험의 갱신, 고객정보의 변경, 보험금 납입 및 실적조회와 같은 보험계좌 관리서비스 제공 채널로도 활용하고 있다. 둘째는 순수 인터넷 보험상품 비교검색 회사로 보험을 필요로 하는 고객으로부터 정보를 입력받아 고객의 요구에 맞는 적절한 다수의 보험상품을 추출하고 각각의 보험료를 산출하여 보험 상품을 비교검색하는 서비스를 제공한다. Insweb.com, Answerfinancial.com, Rightquote.com, Insurance.com

등이 이에 해당한다. 고객이 특정 보험상품을 구매하고자 하면 보험대리점이나 중개인에게 연결을 해 주는 역할을 한다. 특정 보험 상품군에 대해서 특화한 사이트로도 분화하고 있는데, 여행자보험 상품에 특화한 travel-insurance-online.com을 예로 들 수 있다. 한편 종합금융 전문 서비스를 제공하는 Intuit사는 보험 업무를 제공하는 Quicken Insurance Quotes라는 서비스를 통해 각종 보험 서비스를 제공하고, 제휴한 여러 보험사 가운데서 선별 연결까지 제공하는 사이버보험 서비스를 제공한다.

인터넷 보험서비스는 여러 보험상품 혹은 타 금융상품과의 연계통합의 방향으로 발전하고 있다. 고객에 대해 보험, 예금, 증권, 부동산 등의 종합적인 상품을 대상으로 기존의 고객에 대해 제공했던 Life Planner Agent의 역할을 확대하는 것으로 이러한 종합자산관리 에이전트의 역할을 담당하기 위해서는 은행이나 증권사와의 경쟁, 혹은 협력이 예상된다. 여러 보험상품을 연계 · 통합하여 제공하는 것도 한 방향으로, 예를 들어 자동차 구입단계에서 자동차보험, 교통상해 보험, 월부(mortgage)상품을 적절히 맞춤형으로 제공하는 것, 고객의 생애목표에 맞는 맞춤형 생명보험 상품과 투자형 보험상품을 통합 제공하는 것이다. 이같이 고객의 요구에 맞추어 다양한 보험상품을 번들링하여 제공하는 능력이 중요해질 전망이다.

6.4 여행산업의 인터넷 서비스

인터넷 여행 예약을 포함한 여행 관련 상품판매 및 서비스는 가장 성공적인 전자상거래 항목 중의 하나이다. 여행상품은 물리적 상품이 아닌 경험재(experience good)이기에 기본적 성격이 정보상품으로서 정보를 편리하고 심도 있게 제공할 수 있는 인터넷이 여행상품 판매를 위한 좋은 채널이 된다. 미국의 경우 2008년 온라인 여행상품 판매액이 1050억 달러에 이르고(전년대비 12% 성장), 관광목적의 여행상품은 50% 가량이 온라인을 통해서 판매되는 것으로 조사되었다(Jupiter Research). 우리나라의 경우 2010년 3사분기 여행 및 예약서비스의 온라인 판매량이 936억 원(전년 동분기 대비 23%의 성장)이고, 전체 온라인 판매액의 15%를 차지한다(통계청 보도자료, 2010.11). 이러한 성장세는 서비스 초기 제시되었던 문제점인 신뢰성, 충성도, 브랜드이미지를 온라인 여행 서비스업체들이 이미 극복하고 안정적 성장 단계에 진입했음을 의미한다.

온라인 여행 사이트의 종류는 인터파크투어, 온라인투어, Travelocity, Priceline, Orbitz, Hotwire와 같은 온라인 여행사, 하나투어, 모두투어, Expedia와 같이 오프라인과 온라인을 겸업하는 사이트, 그리고 Delta.com, Koreanair.com, Marriott.com과 같이 항공사와 호텔에서 직접 운영하는 예약 사이트가 있다. 현재 가장 활발한 성과를 보이는 사이트는 온라인 여행사로 여행 상품과 항공기 좌석과 호텔 예약이 주요 판매 상품이다. 기존 여행사에 비해서 편리한 검색과 가격비교 기능을 제공하며 경쟁력을 확보하고 있다. 기존 오프라인 여행사와 차별화되는 서비스를 제공하기도 하는데, 최저가 보상제, 여행상품을 이용했던 고객의 코멘트와 평가결과 제공, last-minute 상품의 자동 알림 및 염가판매, 자신이 직접 여행 일정을 설계하여 여행상품을 개발하는 기능, 고객이 직접 가격을 정하여 조건에 맞는 상품을 찾아주는 역경매(reverse auction) 기능, 구입한 여행 상품의 예약확인을 모바일 기기에 바코드 이미지로 받아 현장에서 사용할 수 있는 기능 등이다.

여행사나 에이전트를 주요 판매채널로 활용했던 항공사들은 자사의 웹사이트에서 일반 소비자에게 직접 항공권을 판매하는 직접마케팅(direct marketing)도 확산되고 있다. 일반 고객은 항공사 웹사이트에서 예약, 좌석권의 발권(프린터로 출력), 예약확인과 변경, 온라인 체크-인을 수행할 수 있다. 고객은 편리하고 확실하게 자신의 예약업무를 처리 · 확인할 수 있고, 항공사는 기존의 에이전트에게 제공했던 수수료를 절약하고, 예약과 발권업무 처리비용을 절감할 수 있다. 항공사의 직접마케팅으로 항공권 판매를 주로 했던 에이전트들은 그 역할이 상당히 줄어 든 것이 사실이다(dis-intermediation). 그러나 복잡한 여행상품이나 맞춤형 상품, 중간 기착이 필요한 여정의 항공권 구입에 있어서 경험이 많은 여행 전문가의 지식이 요구되기에 에이전트의 역할은 여전히 남아 있으리라 예상된다. 또한 항공사의 입장에서는 에이전트가 항공권 판매의 불확실성을 완화하는 완충역할을 하고 있기에 대형 여행사들과는 전략적으로 협력하고 있다.

온라인 여행사의 주요 수입원은 여행상품의 판매수수료, 광고수입, 맞춤형 여행상품 컨설팅 수입, 항공권 판매 수수료, 회원가입비 등이다. 그러나 온라인 여행 서비스 시장의 경쟁이 격화되어 상품판매 마진이 줄어들고, 고객 충성도가 상대적으로 높지 않으며, 여행상품이 일용품화되는 경향 등으로 인해서 늘어난 매출 성장만큼 이익의 성장은 크지 않다. 대형 온라인 여행사의 주요 수입원 중의 하나는 기업고객의 해외출장 업무를 지원하는 것(B2B 거래)인데, 고객기업의 해외출장에 필요한 여행일정 최적화, 고객기업의 출장비용 계정 처리, 고객기업의 규정에 맞는 출장 보장 등의 기업특화 서비스를 제공한다. American Express, Expedia, Orbitz 등이 기업고객의 여행업무 처리를 위한 소프트웨어 도구를 제공하고 있다.

서치 봇을 이용한 가격비교 기능의 정교화, 소셜네트워크를 이용한 여행정보 서비스 제공과 추천의 활성화 등이 앞으로 주목해야 하는 온라인 여행 서비스 산업 동향이고, 에이전트, 항공사, 예약 시스템 솔루션업체(SABRE, ITA 등) 등이 전략적 제휴와 컨소시움 확대를 통해서 가격경쟁력과 시장지배력을 키우려는 경쟁은 계속될 전망이다(Box 사례 6.2 참조).

Box사례 : 구글의 ITA 인수

구글이 지난 7월 항공권 예약·판매 소프트웨어 업체인 ITA를 인수하겠다는 의사를 보인 이후로 각 계의 전망이 크게 엇갈리고 있다. 월스트리트저널(WSJ)은 27일 구글의 ITA인수와 관련, 독점 반대의 이유로 Expedia와 Kayak 등의 온라인 여행사들이 법무부에 압력을 넣고 있다고 보도했다. 반면, ITA의 7000여 개의 기업고객과 또다른 온라인 여행사인 Priceline의 회장 등은 구글의 인수로 소비자가 더 폭넓고 심층적인 여행정보를 얻을 수 있을 것이라는 전망을 내놨다.

보도에 따르면 ITA와 직접적 이해관계에 있는 여행 업체들은 각기 다른 반응을 보이고 있다. 대형 여행사 Expedia와 Kayak은 홈페이지(FairSearch.org)를 공동 설립하고 구글의 움직임에 맞대응을 하고 있다. 최근 ITA로부터 시스템을 제공받고 있는 마이크로소프트의 Bing Travel 역시 구글의 여행산업 진입을 위협으로 보고 법무부에 압력을 넣고 있다.

반면 Priceline의 회장은 텔레커뮤니케이션 콘퍼런스에서 구글의 수직적 여행산업 인수는 온라인 여행사에 더 좋은 기회가 될 수 있다고 말했다. Orbitz 등 다른 업체들은 결과를 지켜보겠다며 중립적 입장을 보였다.

ITA는 1990년대 MIT의 인공지능컴퓨터 과학자들이 설립한 기업으로 미국내 대형 항공사들에게 항공권 예약 등의 항공권관리 시스템을 공급하고 있다. 항공정보를 집계해 Bing Travel, Orbitz, Kayak, Expedia 등에 시스템을 제공하고 있다. 미국 법무부는 현재 9월 이후로 구글의 ITA소프트웨어 인수가 독점금지법에 위반되는지 여부를 조사하고 있다.

(2010.12.27 디지털타임즈)

6.5 구인 · 구직시장의 인터넷 서비스

구인 · 구직시장은 수요와 공급 균형이 자주 일치하지 않는 매우 변화가 심한 시장이다. 전통적으로 구인 · 구직의 만남은 신문, 잡지, 생활정보지(가로수, 벼룩시장 등)의 광고란이나 구인 · 구직 업체, 헤드헌터, 기업의 채용담당자에 의해서 이루어 졌었다. 이제 구인 · 구직 시장은 상당부분 온라인으로 이전하였는데, 이미 1980년대 중반 이후 PC통신의 게시판과 usegroup이 구인 · 구직을 위해서 활용되었다. 인터넷 웹의 보편적 활용에 따라서 최근 구직자와 구인자 모두 온라인의 장점을 인지하고 활용하고 있다.

구직자는 자신이 있는 도시를 벗어나 전국 혹은 국제적으로 구인정보를 쉽게 찾아볼 수 있고, 연봉이나 복리후생 등의 근무조건을 비교하여 볼 수 있다. 자신의 가능한 연봉을 지역별, 나라별로 비교하여 볼 수도 있다. 그 밖에 이력서 작성에 대한 조언, 이미 합격한 구직자의 스펙과 면접후기, 적성검사 등의 사전 테스트 등의 서비스를 제공한다. 구인자(기업)도 인재의 검색범위를 넓힐 수 있어서 필요로 하는 스펙에 맞는 인재를 확보할 가능성을 높일 수 있고, 인재의 채용완료까지 걸리는 시간과 비용을 상당히 줄일 수 있다.

구인 · 구직의 시장이라는 관점에서 보면 온라인 구인 · 구직시장은 구직자와 구인자에 대한 정보의 양과 질이 향상되어서(많은 구인자 구직자 등록 수, 빠른 정보의 업데이트)직장과 인재를 찾아줄 확률이 높아졌다. 또한 구직자와 구인자 사이의 의사소통과 정보교환도 원활하게 할 수 있어서 빠른 거래의 성사가 이루어지고 적절한 가격을 찾아주는 기능 또한 과거시장에 비해서 효과적이다.

4만 개 이상의 구인 · 구직 웹 보드가 운영되고 있는 미국의 경우, 세 개의 대표적인 온라인 구인 · 구직 포털사이트로 Careerbuilder, Monster, Yahoo Hotjobs이 있고 이들 세 개의 포털이 시장의 55%를 차지하고 있다. 기존 신문의 구인 · 구직광고란이 온라인으로 이전한 형태로는 craiglist.org, linked.com 등이 있다. 우리나라의 경우 잡코리아, 인크루트, 사람인, 커리어 등이 있는데, 시장 1위인 잡코리아(2005년 Monster에 1000억 원에 인수됨)의 경우 2011년 1월 현재 개인회원 800만 명, 기업회원 210만 사, 특정일에 리스트되는 채용공고 10만 건, 하루 평균 방문 33만 명에 이른다. 기존의 생활정보지인 가로수와 벼룩시장도 온라인 서비스를 제공하고 있다. 한편 특정분야에 집중한 전문 취업포털도 새롭게 생겨나고 있는데, 언론분야(mediajob.co.kr), 판매직/샵마스터(shopma.net), 건설, 토목, 인테리어, 설비, 조경, 엔지니어링 등의 건설분야(worker.co.kr), 자동차 운전/정비 분야(jobcar.co.kr) 등이 있다.

온라인 구인 · 구직 사이트는 채용공고를 단순하게 리스트하는 것이 아니라 채용공고를 업종, 직종, 지역, 연봉 등의 다양한 항목 별로 제공하거나 검색할 수 있도록 한다. 대부분의 사이트가 유료로 서비스를 제공하고 있어서 국내의 경우 1000억 원 이상의 시장을 형성하고 있다. 정부나 대학교에서 개최하는 취업박람회의 개최를 대행하는 비즈니스도 온라인 구인 · 구직 사이트의 수입원 중의 하나이다. 온라인 구인 · 구직 사이트의 또 다른 비즈니스모델은 기업의 채용업무를 대행하는 것으로 입사공고, 입사지원서접수, 서류전형, 필기시험 시행, 1차면접에 이르기까지 수행한다.

기업은 취업업무 중에서 단순한 작업은 이들 사이트 혹은 전문 온라인 구인 서비스업체를 활용하여 비용과 시간 절약할 수 있고, 상시채용 체제를 갖추어 필요한 인재를 즉시즉시 채용할 수 있게 되었다. 이러한 편리성과 비용절감으로 2011년 Talentdrive사가 Fortune 1000기업을 대상으로 실시한 조사에서 81%의 기업이 온라인 구인활동에 대한 예산을 유지 혹은 증액하는 것으로 나타났다(Talentdrive 2011). 일부 대기업은 인재를 찾아주는 검색엔진 서비스(예 : TalentFilter)를 활용하기도 한다. 대기업이 온라인 구인 · 구직 사이트에 지불하는 비용이 커지자 비영리 컨소시움을 구성하여 커리어 포털을 개설하기도 한다. 대표적인 사이트가 DirectEmployers.org(JobCentral.com)로 현재 멤버기업으로 BT, Cargill, Kodak, KPMG, IBM, GE, GM, SAP, Shell, Siemens, Zurich 등의 전 세계 수백 개의 다양한 기업이 참여하고 있고, 전 세계의 제휴 사이트에 멤버 기업이 요청하는 구인정보를 협약에 의해서 제공한다. 배출한 학생들의 취업이 중요한 성과지표인 대학교가 JobCentral 사이트에 동문네트워크를 연계하여 구인정보를 제공하고 있다.

정부도 고용시장의 효율화를 위해서 온라인 취업포탈 서비스를 제공하고 있는데, 우리나라는 고용노동부가 구축한 워크네트 사이트(worknet.go.kr, work.go.kr)는 민간과 공공 취업사이트 28개 기관에 등록된 일자리정보를 통합제공하고 있는데 등록한 채용기업 수가 2010년 7월 10만 사가 넘었으며 2010년 1월부터 8월까지 신규 구직인원은 230만명으로 집계되었다. 청소년, 고령자, 아르바이트, 여성(women.work.go.kr), 장애인, 공공부문에 대한 일자리 정보를 구분하여 별도로 제공하고 있다.

온라인 구인 · 구직 사이트의 최근 발전방향을 살펴보면 다음과 같다. 최근 구인 · 구직 서비스를 사용자가 확산되고 있는 소셜네트워크 채널을 이용하는 사례가 늘고 있다. 특히 취업에 있어서 추천의 기능이 중요한 역할을 하는데 기존의 온라인 구인 · 구직 온라인 사이트가 할 수 없었던 추천의 기능을 소셜네트워크를 이용해 구현하고 있다. 주변에 잘 알고 있는 사람을 추천하여 취업이 성사되었을 때, 추천한 사람에게 인센티브를 제공하여 많은 사람들이 취업추천 사이트를 적극 활용하고 있다. 몇몇 사이트는 추천기능을 특화하여 서비스를 시작하기도 하였는데 bluechipexpert.com 사이트가 추천에 기반한 구인 · 구직 커뮤니티 서비스를 제공하는 대표적인 예이다. 한편 글로벌 경제체제로 진입함에 따라서 다른 나라에서 직업을 구하는 구직자가 늘어났고, xing.com, linkedin 등이 국제적 구인 · 구직 온라인 서비스를 제공하고 있다.

6.6 기타 인터넷 서비스

6.6.1 인터넷 부동산 중개

보수적인 시장 중의 하나가 부동산 시장이었는데, 점차 인터넷 서비스로 전환해 가고 있다. 그러나 거래액이 크고 매도 · 매수인 간의 협상에 있어서 중개인의 역할이 크기에 인터넷과 기존의 중개인이 동시에 역할을 하고 있다. 미국의 경우 부동산을 구입하는 사람의 80%가 인터넷에서 부동산 검색을 이용하고 있지만 동시에 중개인이 거래를 성사시키고 있다. 중개인이 속한 주요 부동산 회사들도 광고 예산의 26%를 온라인에 지출하고 있으며(2006년), 2010년 인터넷 부동산 광고시장의 규모는 30억 달러에 이르고 있다. 무료로 매물정보를 제공하는 사이트가 활성화되어 있는데, Zillow.com과 Craigslist.org가 대표적 사이트이다. Zillow는 2005년에 설립되어 개인과 중개인 모두 매물을 무료로 사진과 함께 올릴 수 있고 서로 정보와 지식을 교환할 수 있는 wiki 기능을 제공한다. Craigslist는 부동산매매, 세입자, 구인구직, 자동차매매, 중고물품매매 등의 무료 광고 게시판 사이트로 일주일에 90억 페이지뷰를 기록하여 미국에서 9번째 순위의 사이트이다. 지역별로 게시판 서비스가 제공되고 있어서 미국의 전역은 물론 전 세계 지역으로 구분하여 검색할 수 있다. Craigslist의 모든 거래는 익명으로 진행되어 익명의 이메일로 매매 당사자 간에 정보를 주고받을 수 있고 모든 서비스는 무료이다.

우리나라의 경우 2000년대 초 많은 인터넷 서비스 사이트가 있었으나 많은 업체들이 인수합병과정을 거쳐 현재 스피드뱅크, 부동산114(미래에셋그룹이 2008년 2월 인수), 닥터아파트, 네이버 부동산이 대표적 인터넷 부동산 중개 서비스 포털 사이트이다. 또한 개별 중개사무소 마다 거의 인터넷 포털에 연계된 웹사이트를 개설하고 있다. 한편, 정부도 부동산 시장의 안정화를 위해서 객관적인 부동산 정보를 국민에게 제공하고 있는데, 부동산종합정보포털, 온나라 사이트(Onnara.go.kr)에서 개별공시지가, 아파트실거래가, 등기부등본 열람 및 출력, 토지이용계획 확인 등의 서비스와 부동산관련 법률, 부동산 통계, 부동산 정책과 함께 지도서비스를 제공한다.

최근 스마트폰의 보급으로 부동산 거래를 지원하는 어플이 등장하기도 하였는데('부동산메이트' 2만건 다운로드, 2010.7), 위치기반 서비스와 결합하여 현재 눈앞에 보이는 아파트 단지에 관심이 있으면 해당 단지를 카메라에 비추면 위치정보가 표시되고 해당 위치정보에 나타난 아파트 이름을 클릭하면 면적, 매매가, 건축연도 등의 정보를 바로 볼 수 있다. 이러한 다양한 서비스에도 불구하고 인터넷 부동산 중개 사이트가 극복해야 할 점은 부동산 중개인이나 개인이 임의로 올리는 허위매물이나 부정확한 시세정보가 개선되어야 할 요소이다.

6.6.2 인터넷 식품 주문 및 배달 서비스

2000년대 초에 각광을 받았던 e-비즈니스 모델 중의 하나가 식료품 주문 및 배달 서비스였다(예 : Webvan, Peapod). 시장의 규모에 비해서 물류에 많은 투자를 하여 투자 대비 수익을 올리지 못하고 대부분 실패하였다. 최근 식료품 외에도 사무용품, 수리용 도구와 부품, 약품 등의 가정태달이 다시 활성화되고 있다. 이 모든 서비스의 특징은 빠른 배송을 기반으로 하는 것으로 당일배송이나 익일배송을 보장하는 것이다.

인터넷 식료품 사이트의 서비스를 뉴욕 메트로폴리탄 지역 Freshdirect 사이트의 예로 설명하면 주문접수는 다른 판매 사이트와 동일하나 주문을 처리하는 생산과정은 JIT(Just-in-time)을 구현한 공장과 유사하다. 고객의 온라인 주문은 자사의 공장 내의 베이커리, 요리실, 신선실, 냉장창고, 냉동창고로 실시간으로 전달된다. 모든 주문은 고객의 주문에 맞게 자르고 포장, 계량되어 가격표가 붙여진다. 가공식품이나 냉동식품의 경우 상자에 담겨져서 컨베이어 벨트에 올려지고 앞서 처리된 고객의 주문 아이템들과 함께 한곳에 모여져 바코드 스캔을 통해서 소팅되어 화이버 박스에 담겨진다. 라벨이 붙여진 후 냉동트럭에 실려 고객에게 배달된다.

인터넷 식료품 배달 서비스 이용은 회원가입과 월회비를 내고 집의 차고나 문 앞에까지 박스를 배달하여 주는 일반서비스와 집에 있는 시간에 맞게 주문하고 배달받는 프리미엄 서비스의 두 종류를 제공한다. 또한 부가적인 서비스로는 드라이크리닝 픽업이나 배달서비스, 매번 주문하는 품목과 양에 맞게 자동으로 주문하는 서비스, 주문한 식료품의 영양분석 등의 서비스를 제공한다.

요 약

본 장에서는 인터넷으로 제공되는 다양한 서비스에 대해서 살펴보았다. 상품의 판매 외에도 기존의 서비스 산업에 속하는 은행, 증권, 여행, 부동산, 직업알선 등의 서비스가 인터넷 환경에서 얼마나 활성화 되어 있고 오프라인 서비스에 비해서 어떤 혁신을 이루고 있는지 살펴보았다. 인터넷은 서비스 기업에게 가격경쟁력의 기회를 제공할 뿐만 아니라 새로운 유통채널의 전략적 활용기회와 다른 서비스와 다양한 제휴 통합을 가능하게 하여 혁신적 비즈니스모델의 가능성을 제공하기에 서비스혁신의 주요 가능성제공 수단(enabler)이다.

주요 용어정리

- 계좌통합서비스(Account Aggregation)
- 개인자산관리(Personal Finance Management)
- 에스크로(Escrow)
- ECN(Electronic Communications Network)
- 방카슈랑스(Bancassurance)
- P2P(Person to Person/Peer to Peer 금융서비스)
- 경험재(experience good)

연 습 문 제

[1] 2000년대에 등장한 인터넷 전업은행들이 초기에 겪었던 어려움은 무엇이고, 겸업은행과의 경쟁에서 뒤지게 된 이유는 무엇인가 설명하시오.

[2] 은행, 증권, 보험, 투자자문사간의 산업경계가 허물어진 이유와 이러한 환경에서 각 산업에 속한 금융기관들은 어떤 전략을 취해야 할 지 생각해 보시오.

[3] ECN이란 무엇인지 설명하고, 증권거래 중개 서비스에도 P2P형태의 비즈니스모델의 발전가능성에 대해서 생각해 보시오.

[4] 미국 인터넷 증권 거래의 발전과 우리나라의 그것과의 차이점은 무엇인지 설명하시오.

[5] 부동산 중개서비스의 인터넷 활성화가 늦어진 이유는 무엇이고, 앞으로 부동산 중개인의 역할이 어떻게 될 지 생각해 보시오.

[6] 인터넷 여행서비스가 모바일 환경에서 진화할 비즈니스모델에 대해서 생각해 보시오.

[7] 구인·구직 인터넷 서비스가 소셜네트워크 환경에서 어떻게 진화할 지 비즈니스모델의 변화 관점에서 설명하시오.

[1] 김영걸, 김정수, "인터넷 뱅킹에서 고객이 인지하는 가치가 고객 충성도에 미치는 영향," 경영정보학연구, Vol.12, No.4, 2002, pp. 215-236.
[2] 김성혁, 김용일, 서용은, "여행상품 전자상거래 구매자의 여행사 웹사이트 고객만족에 관한 연구," 호텔경영학연구, 18권 2호, 2009.
[3] 김창완, "보험상품 채널선택 요인에 관한 탐색적 연구 - 방카슈랑스 도입 이후 생명보험 시장을 중심으로," 상업교육연구, 12권, 2006.
[4] 남상조, "사이버은행의 현황," 한국전문가시스템학회, 1997년 11월 28일, pp. 172-180.
[5] 남상조, 이정호, "인터넷상의 사이버보험의 현황과 발전 방향에 관한 연구," 경영정보학연구, Vol.8, No.3, 1998, pp. 165-180.
[6] 남혜정, "ECN의 도입에 따른 증권시장의 변화", 스톡피아, 2001.
[7] 문형남, "국내 은행 웹사이트의 인터넷뱅킹 서비스 평가에 관한 연구", 한국IT서비스학회 춘계 학술대회 논문집, 2010
[8] 손영석, 김주연, "투자금융브랜딩 전략의 성공사례 : 본원 브랜드전략을 이용한 LG 투자증권의 Wealth Management," 경영교육연구, 9권2호, 2006
[9] 이국철, 이성현, "부동산 포털서비스 가맹업체의 성과측정모형 개발에 관한 실증연구 : Balanced Score Card기법의 적용," 부동산학보 27집, 2006
[10] 통계청, "2010 3/4분기 전자상거래동향 및 사이버쇼핑 동향조사 결과," 2010.11.24.
[11] 한국은행 금융결제부, "2002년도 금융정보화 추진 현황", 2003.8.30.
[12] 한국은행 보도자료, "2010년 2사분기국내 인터넷뱅킹 이용현황", 2010.7.27.
[13] 한국정보화진흥원, "국가정보화백서 2010", 2010.
[14] Acharya, R.N., A. Kgan and S.R. Lingam, "Online Banking Applications and Community Bank Performance," International Journal of Bank Marketing, October 2008.
[15] Aladwani A. M., "Online banking : a field study of drivers, development challenges, and expectations," International Journal of Information Management, Vol.21, No.3, 2001.
[16] Dahlberg, T. et al. "Past, Present and Future of Mobile Payments Research : A Literature Review," Electronic Commerce Research and Applications, Summer 2008.
[17] Byers R. E. and P. J. Lederer, "Retail Bank Services Strategy : A Model of Traditional, Electronic, and Mixed Distribution Choices," Journal of Management Information Systems, Vol.18, No.2, 2001.
[18] Dove Consulting, "Internet Banking Uncoded", 2001.2.
[19] Epps, S.R. et al. "How Social Computing Changes the Way You sell Travel," Forrester Research, April 30, 2007.
[20] Fisher, A. "30 Best Web Sites for Job Hunters," Fortune Magazine, May 9, 2008.
[21] Liao S., et al, "The adoption of virtual banking: an empirical study," International Journal of Information Management, Vol.19, No.1, 1999.
[22] Liao Z. and M. T. Cheung, "Internet-based e-banking and consumer attitudes : an empirical study," Information & Management, Vol.39, No.4, 2002.
[23] Jayawardhena C. and P. Foley, "Changes in the banking sector - the case of Internet banking in the UK," Internet Research, Vol.10, 2000.

[24] Keegan, V. "Zopa Shows Banks How to Do It Right," The Guardian, November 13, 2008.

[25] Kim, H.B., et al., "Modeling Roles of Subjective Norms and E-Trust in Customers' Acceptance of Airline B2C eCommerce Websites," Tourism Managemennt, April, 2009.

[26] Lee, J. K. and S. Z. Nam, "Object Oriented Optimal Savings System : HYPER-SAVINGS," International Journal of Intelligent Systems in Accounting, Finance and Management, Vol.6, No.4, 1997.

[28] Leggart, H. "Half of Leisure Travelers Book Online," BizReport, October 17, 2007.

[29] Levecq H. and B. W. Weber, "Electronic Trading Systems : Strategic Implications of Market Design Choices," Journal of Organizational Computing & Electronic Commerce, Vol.12, No.1, 2002.

[30] McDourall, P., "Web Lets Insurances Cut Costs, Improve Service," Information Week, Sept. 17, 2007.

[31] Patel A. and M. Blinov, "An External Broker Interface Based on Existing Trading Protocol," Electronic Commerce Research, Vol.2, No.4, 2002.

[32] Rose, B. "More Employers Use Personality Tests to Screen Job Candidates," Chicago Tribune, January 14, 2008.

[33] Sahut J. M., "On-line Brokerage in Europe : Actors & Strategies," Journal of Internet Banking and Commerce, Vol.8, No.1, 2003.

[34] Stamoulis, D. S., "How Banks Fit in an Internet Commerce Business Activities Model," Journal of Internet Banking and Commerce, Vol.5, No1, 2000.

[35] Talentdrive, "Annual Labor Market Survey Funds Rise in Companies to Increase Recruitment Spend in 2011," Labor Market Barometer Report, January 2011.

[36] Turban, E. at al. "Electronic Commerce 2010," Pearson, 2010.

[37] Vijayan P. and B. Shanmugam, "Service Quality Evaluation Of Internet Banking In Malaysia," Journal of Internet Banking and Commerce, Vol.8, No.1, 2003.

[1] 금융결제원 ········· http://www.kftc.or.kr

[2] 한국증권전산 ········· http://www.koscom.co.kr

[3] 워크네트 ········· http://www.worknet.go.kr

[4] 온나라 부동산정보 종합포털 ········· http://www.onnara.go.kr

[5] Gomez ········· http://www.gomez.com

[6] 국제전자상거래연구센터 ········· http://www.icec.net

제 7 장

7

전자상거래 보안 및 결제

학 습 목 표

- 전자상거래 보안위협과 보안요구사항은 무엇인지 이해한다.
- 전자상거래 보안기술에는 어떠한 것이 있는지 이해한다.
- 전자상거래 결제서비스에는 어떠한 것들이 있는지 파악한다.
- 인터넷 결제서비스의 구조와 종류를 이해한다.
- 모바일 결제서비스의 대상 시장과 종류를 이해한다.

저 자 소 개

성 기 윤, 비씨카드(주), sky@bccard.com

차 례(7)

7.1 개 요
7.1.1 전자상거래와 보안
7.1.2 전자상거래 결제 서비스
7.2 전자상거래 보안 기술
7.2.1 네트워크 암호화 기술
7.2.2 인증서와 인증기관
7.2.3 다양한 본인인증 방식
7.2.4 기타 전자상거래 보안 기술
7.3 전자상거래 결제
7.3.1 전자상거래 결제서비스의 구조
7.3.2 인터넷 결제 서비스
7.3.3 모바일 결제 서비스
사 례
Paypal[www.paypal.com]
요 약
주요 용어정리
연습문제
참고문헌 및 참고사이트

7.1 개 요

전자상거래란 서로 멀리 떨어져 만나지 못하는 개인-기업, 기업-기업, 개인-개인 간에 유·무선 인터넷을 통하여 재화나 서비스를 매매하는 것을 말한다. 매매의 최종 단계는 구매자가 판매자에게 매매 대금을 결제하는 것이다. 이렇게 전자상거래는 원거리에서 상호 대면이 불가능한 당사자들 간의 거래이다 보니, 거래 당사자 신분의 진정성에 대한 보장이 필수적이다.

전자상거래에서의 보안 위협은 두 가지 양상으로 나타난다. 구매자가 금전적 댓가를 결제하지 않고 재화나 서비스를 제공받거나, 판매자가 재화나 서비스를 제공하지 않고 금전적 이익을 취하는 경우이다. 이렇게 전자상거래에 있어서 보안과 결제서비스는 밀접한 관계에 있다.

이 장에서는 전자상거래 보안은 왜 필요하며, 어떠한 기술들이 사용되고 있는지와 전자상거래 결제 서비스는 어떻게 발전되어 왔으며 어떤 것들이 주로 사용되고 있는지 살펴보도록 할 것이다.

7.1.1 전자상거래와 보안

전자상거래 보안위협

전자상거래 보안 위협은 <그림 7-1>과 같이 네 가지 영역에서 발생하고 있다. 시스템 보안 위협은 쇼핑몰이나 결제 사업자 등이 운영하는 서버 시스템에 제3자의 침입을 말한다. 네트워크 보안 위협은 네트워크를 통하여 전송 중인 데이터를 중간에 가로채거나 위장하여 전송하는 공격을 말한다. 단말이란 사용자가 조작하는 PC나 휴대폰 등 전자상거래에 이용되는 인터넷 연결기기를 말한다. 이러한 단말은 서버 시스템에 비하여 전문가가 아닌 일반인 사용자에 의하여 관리되고 있으므로 공격에 취약하다. 단말에 대한 보안도 중요한 영역이다. 사용환경 보안 위협은 사용자의 지인 또는 주변인에 의하여 소지물품에 적어 놓은 비밀번호 또는 사용자 단말에 비밀번호 입력하는 과정의 엿보기 등을 통해 정보를 빼내는 공격을 말한다.

▶▶ 그림 7-1 전자상거래 보안 위협의 영역

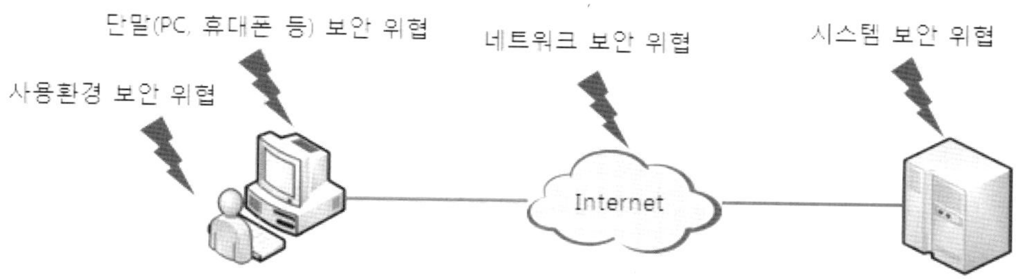

이 장에서 주로 다룰 보안의 영역은 사용환경 보안 위협, 단말 보안 위협, 네트워크 보안 위협이다. 시스템 보안 위협의 경우 일반적인 전산 시스템에 대한 보안 영역에 가깝기 때문에 이 장에서 자세히 다루지는 않는다. [표 7-1]은 각 보안 위협에 대한 주요 공격 방법과 공격자의 목적을 정리한 것이다.

하지만, 여전히 가장 많이 발생하는 전자상거래 보안사고 사례는 대부분 보안 관리 체계의 허술함을 이용한 간단한 방법들이다. 따라서 기술적 보안체계와 더불어 사용자 교육 및 주의환기, 기업의 내부통제, 전산 개발에 대한 보안점검 체계 등 정책적 보안체계 또한 중요시 되어야 한다.

▷▷ 표 7-1 전자상거래 보안 위협의 종류와 목적

보안영역	공격 방법	공격의 목적
사용환경 보안위협	추측(Guessing) 피싱(Phishing) Soulder Surfing 기록(Recording) 스멋지(Smudge)	사용자 생일, 전화번호 등으로부터 비밀번호를 유추 금융기관 유사 사이트를 개설하여 사용자 금융정보 수집 엿보기, 키보드 전자파 검출 등의 방법으로 비밀번호를 취득 사용자 입력 과정을 녹화하여 비밀번호를 취득 터치 스크린의 손자국으로부터 비밀번호를 유추
단말 보안위협	키보드 토깅 메모리 해킹	키보드 입력 데이터를 빼내어 분석하여 금융정보를 취득 거래 데이터를 메모리 상에서 변조하여 자기 계좌로 이체
네트워크 보안위협	패킷 스니핑 IP Spoofing	전송 중인 데이터를 분석하여 금융정보를 취득 금융기관 IP를 자신의 서버로 대체하여 금융정보 수집
시스템 보안위협	접근권한 획득 DoS, DDoS SQL Injection	관리자 권한을 획득하여 시스템을 파괴 온라인 서비스 과다 접속을 발생시켜 실 사용자 접근을 방해 웹 페이지 입력창을 통해 서버 DB의 중요 데이터를 획득

전자상거래 보안 요구사항

학계와 산업계에서 전자상거래의 보안 요건에 대한 많은 연구가 이루어져 왔다. Ahuja(2000년)는 성공적 전자상거래를 위한 다섯 가지 보안 요건을 제시하였으며, Bhimani(1996년)는 거래 처리 시스템의 보안 요건들을 제시하였다. VISA와 Mastercard사에서 1997년 발표한 SET(Secure Electronic Transaction) 프로토콜에서도 네 가지의 보안 요건을 정의하였으며, Ratnashingham(1998년)은 일곱 가지의 보안 요건을 정의하였다. 결제 서비스의 평가요소에 관한 Tsiakis(2005년), Raja 등(2008년), Abrazhevich 등(2009년)의 연구에서도 보안 요건들이 중요한 평가 요소로 거론되고 있다. 이러한 많은 연구에서 공통적으로 언급되는 전자상거래의 보안 요건은 아래의 다섯 가지이다.

① **기밀성**(Confidentiality) : 거래 당사자 간의 데이터 전송 내역을 당사자 이외의 제3자가 볼 수 없도록 해야 한다.
② **무결성**(Integrity) : 거래 당사자 간의 데이터 전송 내역이 도중 변조되어서는 안된다.
③ **인증**(Authentication) : 거래 당사자 간에 발신자가 누구인지 확인 가능하여야 한다.
④ **부인방지**(Non-repudiation) : 거래 당사자가 사후에 데이터 전송 사실을 부인할 수 없어야 한다.
⑤ **개인정보보호**(Privacy) : 개인의 거래내역, 금융정보 등이 원하지 않는 제3자에게 노출되어서는 안된다.

기밀성과 무결성은 네트워크 보안과 관련된 요건이다. 네트워크를 통해 전송되는 데이터는 제3자가 중간에서 빼내더라도 그 내용을 알 수 없어야 하며, 제3자가 중간에서 임의로 변경할 수 없어야 한다는 요건이다.

인증과 부인방지는 사용환경 보안과 관련된 요건이다. 사용자 본인만이 본인의 명의로 거래를 일으킬 수 있어야하며, 이렇게 이루어진 거래에 대해 상대방이 보관하는 데이터는 거래 사실에 대한 증명으로 효력이 인정되어야 한다는 요건이다.

개인정보보호는 단말 및 시스템 보안과 관련된 요건이다. PC나 휴대폰에는 사용자의 개인정보가 보관되어 있다. 또한 사용자가 거래 시점에 비밀번호 등 중요 정보를 키보드나 마우스 등 입력장치를 활용하여 입력하게 된다. 또한 쇼핑몰이나 결제 서비스 사업자의 서버 시스템에는 다수 고객의 아이디, 패스워드, 주소 등의 정보가 보관되어 있다. 이에 대한 제3자의 접근을 차단하고 외부 유출을 방지하여야 한다.

7.1.2 전자상거래 결제 서비스

인터넷 결제 서비스의 분류

Turban 등(2010년), Raja(2008년), O'Mahony 등(2001년)은 다양한 관점에서 전자상거래 결제 서비스의 분류 체계를 제시하고 있다. 가장 대표적인 분류 방식은 신용카드, 전자수표, 전자자금이체, 전자화폐 등이 포함되는 소액결제로 분류하는 방식이다. 이는 결제수단에 따른 분류체계이다. 이 장에서는 인터넷 결제 서비스의 경우 주로 우리나라 B2C 전자상거래 시장에서 실제 사용되고 있는 결제 서비스를 결제 수단 중심으로 분류하여 본다.

우리나라에서 주로 사용되는 전자상거래 결제 서비스의 결제 수단에 따른 분류는 [표 7-2]와 같다. 통계청에서 매 분기 발행되는 전자상거래 시장 동향조사 자료에 따르면 2010년 현재 신용카드 결제가 약 70%, 계좌이체 결제가 약 26%를 점유하고 있으며 전자화폐 등 기타 소액결제가 나머지를 구성하고 있다. 특히 통신요금 과금 결제 방식은 2000년대 초반 등장하여 게임 결제를 중심으로 크게 증가하고 있으며, 2000년대 중반 이후 쇼핑몰 분야에도 점진적으로 진출하여 결제 규모가 연간 2조원 이상으로 성장하였다.

▷▷ 표 7-2 결제 수단에 따른 전자상거래 결제 서비스 분류

결제수단	결제방식	특 징
신용카드	인터넷 신용카드	신용카드 번호를 입력하고 사용자 본인 인증을 함으로써 신용카드 거래 승인이 이루어지는 방식
계좌이체	가상계좌	결제 건 별로 가상의 계좌번호가 발급되어 구매자가 차후에 인터넷뱅킹, 텔레뱅킹 등을 통해 직접 계좌이체
	실시간 계좌이체	인터넷뱅킹 사용자 인증으로 즉시 쇼핑몰 또는 PG 계좌로 이체되는 방식
소액결제	통신요금 과금 결제	통신 단말기 사용자 인증을 통하여 결제가 이루어지며 차후에 유·무선 통신요금에 합산되어 청구
	전자화폐	먼저 신용카드 또는 계좌이체로 전자화폐를 충전하고 이후 충전된 금액에서 차감하는 방식으로 결제

1990년대에는 미국을 중심으로 NetCheque(1995년), CheckFree(1998년) 등의 전자수표 시스템이 많이 제안되었으며, Chaum(1992년), Medvinsky와 Neuman(1993년), Glassman(1995년), Matonis(1995년) 등에 의해서 사용자의 PC나 IC 카드에 저장되는 클라이언트 형 전자화폐에 대한 연구가 활발히 이루어졌다. 전자수표는 현재 우리나라에서는 주로 B2B 거래에서

전자수표가 이용되고 있으며, B2C나 P2P 거래에서는 거의 활용되지 않고 있다. 전자화폐는 유·무선 인터넷을 통한 전자상거래에서는 클라이언트 형이 아닌 서버 형 전자화폐가 주로 사용되고 있다. 클라이언트 형 전자화폐는 IC 카드나 휴대폰에 탑재되어 교통카드 분야에 주로 사용되고 있다.

전자상거래 결제 서비스는 결제 수단 외에도 결제 채널, 상거래 유형 등 여러 가지 관점에 따라 분류될 수 있다. 결제 채널에 따른 분류로는 인터넷 결제, 모바일 결제로 분류할 수 있으며 상거래 유형에 따른 분류로는 B2B 결제, B2C 결제, P2P 결제로 분류할 수 있다.

모바일 결제 서비스의 분류

1990년대 전자상거래의 출현과 동시에 이후 결제 서비스의 발전 방향으로 지속적으로 연구되어온 것이 모바일 결제이다. 해외에서는 다양한 모바일 지급결제 서비스가 운영 또는 실험되고 있다. 2000년대 초반 우리나라에서도 이동통신사를 중심으로 모바일 결제서비스가 운영된 사례가 있다. 하지만, 그동안 휴대폰 단말의 기능의 제약성과 모바일 인터넷의 성능, 그리고 모바일 결제에 필요한 인프라의 부족으로 모바일 결제가 활성화 되지는 못하여 왔다.

2000년대 후반 스마트폰이 출시되면서 휴대폰 단말의 기능과 성능이 개선되었고, 모바일 인터넷도 3세대를 거쳐 4세대 기술이 확정되면서 모바일 결제가 다시 부상하고 있다. 모바일 결제는 온라인 뿐 아니라 근거리 통신 기술을 이용하여 오프라인 상거래에서도 사용할 목적으로 개발되고 있다.

휴대폰은 사용자가 항상 휴대하고 다닌다는 특성 때문에 다양한 분야에서 결제 도구로 활용될 수 있다. 매장에서 물건을 구매할 때 종래의 플라스틱 카드 대신에 휴대폰을 이용하여 결제하는 비접촉 결제(Contactless Payment)가 있을 수 있다. 이는 흔히 교통카드 사용방식과 유사하게 계산대에서 휴대폰을 이용하여 신용카드 결제하는 방식이다. 또한 휴대폰은 인터넷 통신이 가능하다는 특성이 있으므로, 무선 인터넷을 이용한 상거래 결제나 전화를 이용한 주문/배달 등의 분야에서 결제가 가능할 것이다. 이러한 분야를 원격 결제(Remote Payment)라 하여 무선인터넷을 통한 결제를 말한다. 개인간(P2P) 송금은 휴대폰을 이용하여 은행 계좌이체를 대체하는 서비스를 말한다. 현재 해외에서 주로 SMS 명령어나 모바일 웹으로 서비스가 제공되고 있으며, 최근 스마트폰 어플리케이션도 제공되기 시작했다. 이 세 가지 모바일 결제방식은 각각의 대상 시장과 비즈니스 추진 방법이 다르다.

▷▷ 표 7-3 결제 방식에 따른 모바일 결제서비스의 분류

결제방식	특 징
비접촉 결제 (Contactless Payment)	- 오프라인 결제가 대상시장 - 결제 단말기 교체 등 인프라 구축 비용이 과다하여 대다수 가맹점망 구축은 아직 시기상조이며 초기에 주로 교통, 주차, 티켓 등 공공재 성격의 거래 중심으로 확산 중
원격 결제 (Remote Payment)	- E-Commerce, m-Commerce, 오프라인 비대면 거래(방판/통판, bill-payment 등)가 대상시장 - 시장이 미성숙한 m-Commerce나 전환비용이 큰 오프라인 비대면 거래 보다는 초기에 주로 e-Commerce 시장 중심으로 확산하려는 노력 중에 있음
개인간 송금 (P2P Transfer)	- 휴대폰을 이용한 개인간 송금 거래 - 수수료가 비싸고 시간이 걸리는 국제간 거래 또는 금융거래 고객이 적은 저개발국 시장에서 활성화

<※ 자료원 : 여신금융, 성기윤, 2010>

7.2 전자상거래 보안 기술

7.2.1 네트워크 암호화 기술

네트워크 상에서 전송되는 데이터에 대한 보안과 통신 상대방에 대한 인증을 위하여 암호화 기술이 사용된다. 암호화는 기원전부터 군사적 목적으로 사용되기 시작하여 컴퓨터 기술의 발달과 함께 암호화 키 값을 기반으로 하는 공개 된 알고리즘으로 발전하여 왔다.

암호화 관련 용어의 정의

① plaintext(cleartext; 평문) : 전달해야 할 내용
② ciphertext(암호문) : 암호화한 내용
③ encryption(encipher; 암호화) : 어떤 내용을 위장하는 것
④ decryption(decipher; 복호화) : 암호문을 평문으로 복구하는 것
⑤ cryptography(암호문작성) : 전달 내용의 보안을 연구하는 학문
⑥ cryptographer(암호문작성자) : 암호문의 작성에 관한 연구를 수행하는 사람
⑦ cryptanalysis(암호문해독) : 암호문의 해독을 연구하는 학문

⑧ cryptanalyst(**암호문해독자**) : 암호문 해독에 관한 연구를 수행하는 사람
⑨ cryptology(**암호학**) : 암호문 작성 및 해독을 포함하는 수학의 한 분야
⑩ cryptologist(**암호학자**) : 암호학을 연구하는 사람
⑪ cryptographic algorithm(cipher, **암호화 알고리즘**) : 암호화와 복호화를 위해 사용하는 수학함수. 일반적으로 암호화 함수와 복호화 함수 두 개로 이루어진다.
⑫ key(**키**) : 암호화 또는 복호화 계산을 위한 파라미터 값

암호화와 복호화 과정을 위에서 정의한 용어를 사용하여 그림으로 도시하면 <그림 7-2>와 같다.

▶▶ 그림 7-2 암호화 및 복호화 과정

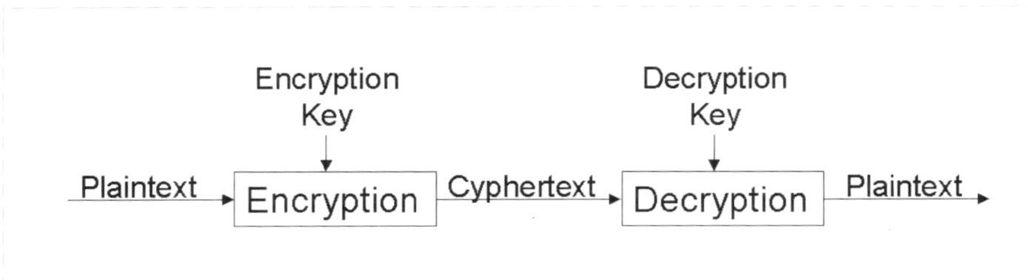

대칭 키 암호화 알고리즘(Symmetric Key Algorithm, 비밀키 암호화 알고리즘, Secret Key Algorithm)

암호화 키로부터 복호화 키를 계산해 낼 수 있거나, 반대로 복호화 키로부터 암호화 키를 계산해 낼 수 있을 때 이 암호화 알고리즘을 대칭형 알고리즘이라고 부른다. 대칭형 알고리즘에서는 암호화 키와 복호화 키가 동일하며 이를 비밀키(Secret Key)라 부른다. 이 비밀키를 Ks라고 했을 때, 암호화 및 복호화 과정을 그림으로 도시하면 아래 <그림 7-3>과 같다.

이 방법의 장점은 암호화와 복호화가 빠르다는 점과, 다양한 암호화 기법이 개발되어 있다는 것이다. 그러나 이 방법의 단점은 복수의 사용자가 관련되어 있을 때 키 교환(Key Exchange) 문제가 발생한다는 것 – 즉, 키 자체를 상대방에게 안전하게 보내야만 하는 문제 – 이다. 대칭형 암호화 알고리즘으로는 DES, IDEA, RC2, RC5 등이 있고, 우리나라에서 개발된 SEED라는 알고리즘이 있다.

▶▶ 그림 7-3 대칭형 암호화 알고리즘

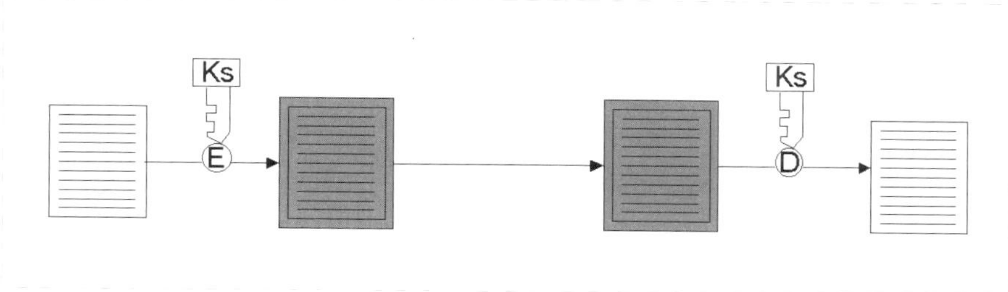

비대칭 키 암호화 알고리즘(Asymmetric Key Algorithm, 공개키 암호화 알고리즘, Public Key Algorithm)

이 방법에서는 한 쌍의 키를 사용한다. 하나의 키로 암호화 하면 다른 키로 복호화 하며, 그 역도 가능하다. 그렇지만 한 쌍의 키 중 하나로부터 다른 키를 알아내는 것은 어렵게 되어 있다. 이 방법이 공개키 방법이라 불리는 이유는 한 쌍의 키 중 하나는 공개를 하기 때문이다. 이 공개되는 키를 공개키(Public Key)라고 부르고, 다른 개인키(Private Key)라고 부른다. 개인키는 키의 주인만이 알아야 하며, 절대로 노출 시켜서는 안된다. 이렇게 함으로써 대칭키 알고리즘에서 발생하는 키 교환의 문제를 해결하게 된다. 공개키를 Kb, 개인키를 Kv라고 표시했을 때, 암호화, 복호화 과정을 그림으로 도시하면 다음 <그림 7-4>와 같다.

▶▶ 그림 7-4 공개키 암호화 알고리즘

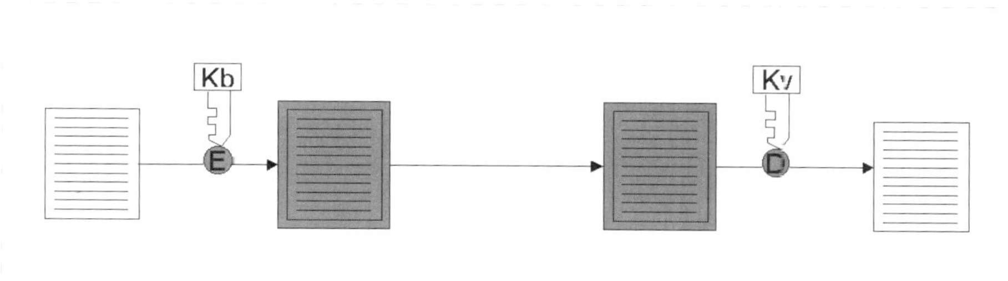

이 방식의 장점은 키 교환에 있어서 보안상의 허점이 없다는 점과 정보의 기밀 유지 이외에 다른 목적(무결성, 인증, 부인방지 등)으로도 사용될 수 있다는 점이다. 단점은 암호화, 복호화 속도가 대칭형 알고리즘에 비해 매우(약 1000배) 느려 많은 양의 자료를 암호화, 복호화 하기가 불편하다는 것이다. 공개키 암호화 알고리즘으로는 RSA(Rivest-Shamir-Adleman), LUC, Diffie-Hellman, ECC(Elliptic Curve Cryptography) 등이 있다.

메시지 다이제스트(Message Digest)

메시지 다이제스트는 암호화 방법은 아니다. 이것은 단 방향 해쉬 함수를 이용하여 주어진 정보를 일정한 길이의 아주 큰 숫자(해쉬 값)로 변환해 주는 것이다. 이 함수는 단 방향이기 때문에 주어진 정보로부터 해쉬 값을 만들어 낼 수는 있어도, 반대로 이 해쉬 값으로부터 원래의 정보를 복구해낼 수는 없다. 또한 해쉬 값이 크고 계산된 해쉬 값의 분포가 비교적 고르기 때문에 동일한 해쉬 값을 갖는 두 개의 다른 데이터를 생성한다는 것은 거의 불가능에 가깝다. 이러한 특성을 갖는 메시지 다이제스트는 전송된 메시지의 무결성 검증(데이터의 위조/변조 여부 검출)에 이용된다.

대표적인 메시지 다이제스트 알고리즘으로는 Senfru, CRC-32, CRC-16, MD2, MD4, MD5, SHA, Haval 등이 있다.

▶▶ 그림 7-5 메시지 다이제스트

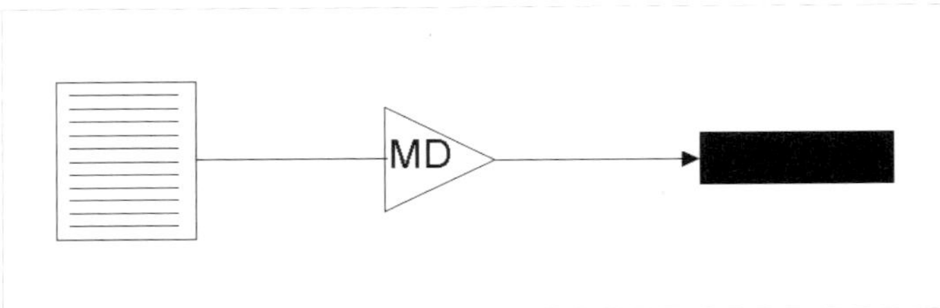

암호화 응용(application) 기술

전자상거래에서 필요한 네 가지 보안 요구사항(기밀성, 인증, 무결성, 부인방지)을 보안 기반 기술의 3가지 보안 기술(비밀키 암호화 방식, 공개키 암호화 방식, 메시지 다이제스트)의 응용을 통해 구현할 수 있다. 두 가지 대표적인 암호화 응용 기술은 전자봉투와 전자서명이다. 이 외에도 맹인서명(blind signature), 이중서명(dual signature), 영지인증 등의 여러 가지 특수한 목적을 위한 암호화 응용 기술이 있을 수 있지만 이 두 가지가 가장 일반적으로 사용되는 응용 기술이다.

이렇게 암호화 된 데이터를 주고 받기 위해서는 일반적인 TCP/IP 통신 이외의 상호간 약속이 필요하다. 따라서 TCP/IP 통신 프로토콜과는 별도로 암호화 통신 프로토콜이 적용된다. 가장 대표적인 암호화 통신 프로토콜은 SSL(Secure Socket Layer)이다.

전자봉투(Digital Envelope)와 전자서명(Digital Signature)

보안 요구사항 중 기밀성은 비밀키 암호화 또는 공개키 암호화 모두에 의해 구현될 수 있다. 두 방법은 각기 단점을 가지는데, 비밀키 방식의 경우 통신 상대방 간에 비밀키를 안전하게 교환하여 공유하기가 어렵다는 점이며, 공개키 방식의 경우는 암호화 및 복호화 속도가 느리다는 것이다. 이 때문에 전자상거래에서 기밀성, 무결성, 인증, 부인방지를 보장하기 위한 암호화 방법으로 전자봉투(Digital Envelope)와 전자서명(Digital Signature)을 복합적으로 사용한 암호화 응용이 이용된다.

전자봉투는 전달할 데이터 자체는 임의의 비밀키를 이용하여 암호화하고, 이 비밀키를 수신자의 공개키를 이용하여 암호화하여 보내는 것이다. 수신자는 자신의 개인키로 비밀키를 복호화 한 후 이 비밀키를 이용하여 전달정보를 복호화 하여 정보를 확인할 수 있어, 키 교환 문제가 해결된다. 이 때 사용되는 비밀키는 한 번의 통신에만 사용이 되고 폐기되므로 세션키(Session Key)라고 부르기도 한다.

전자서명은 발신자가 전달할 데이터의 해쉬 값을 구하여 받는 발신자의 개인키로 암호화 하여 전송하는 것을 말한다. 수신자는 전자봉투를 열어 복호화 한 데이터의 해쉬 값을 구하여, 수신한 전자서명을 발신자의 공개키로 복호화 하여 얻은 해쉬 값과 비교한다. 두 값이 같으면 전송 도중 메시지가 변조되지 않았다는 사실을 확인하게 된다. 또한 전자서명이 발신자의 공개키로 복호화 되었으므로 발신자만이 아는 발신자의 개인키로 암호화되었음을 확인할 수 있으므로 발신자 인증을 하게 된다. 여기에서 사용되는 해쉬 값을 메시지인증코드(MAC; Message Authentication Code)라고도 한다. 수신자는 전자서명을 보관함으로써 발신자의 메시지 전송 사실을 부인하는 것을 방지할 수 있다.

▶▶ 그림 7-6 전자상거래의 암호화 응용

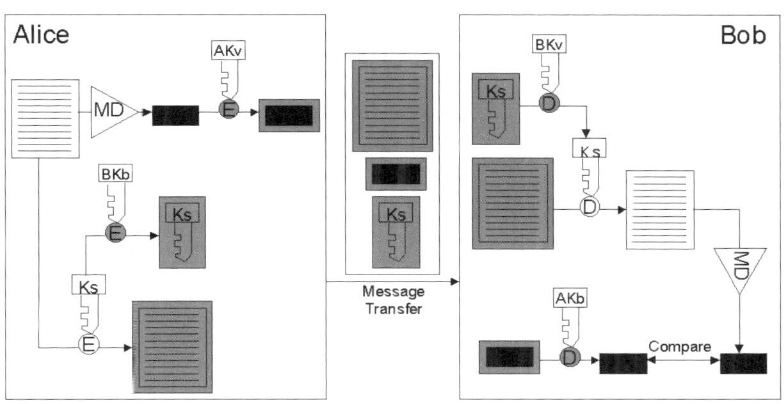

SSL(Secure Socket Layer)

SSL(Secure Socket Layer)은 현재 웹 브라우저와 웹 서버 간에 주고받는 데이터를 암호화 하는 프로토콜이다. 1996년 넷스케이프사에서 만든 SSL은 어플리케이션 독립적인 암호화 통신 절차이다. 주요 웹 서버와 웹 브라우저 제품에 SSL이 탑재되면서 전 세계적으로 전자상거래에서 암호화 통신에 널리 사용되게 되었다. SSL 표준의 일반적 통신 환경에서의 적용을 전제로 제정되는 차세대 표준은 TLS(Transportation Layer Security)라는 이름으로 유·무선 인터넷의 일반적인 암호화 통신에 적용을 목적으로 한다. 전형적인 SSL의 데이터 전달 과정은 <그림 7-7>과 같다. SSL은 OSI 통신 7계층 중 5번째 계층인 세션(Session) 계층에서 데이터를 암호화 하여 전송하므로 웹 서비스 프로토콜인 HTTP보다 하위 계층에서 암호화를 지원한다.

우리가 SSL이 적용되어 있는 웹 페이지를 접근할 때에는 웹 브라우저에서 이를 해석하여 보안 유지에 관한 메시지를 보여준다. 그리고 쉽게 SSL이 적용되는 페이지라는 것을 확인하는 방법으로는 브라우저 하단 상태 표시 줄에 자물쇠 형태가 나타나는 것을 볼 수 있다. 우리나라에서는 일반적으로 널리 사용되는 비밀키 알고리즘인 DES 대신 국가정보원에서 발표한 SEED라는 알고리즘을 사용한다.

▶▶ 그림 7-7 SSL을 이용한 웹 브라우저와 웹 서버의 통신 절차

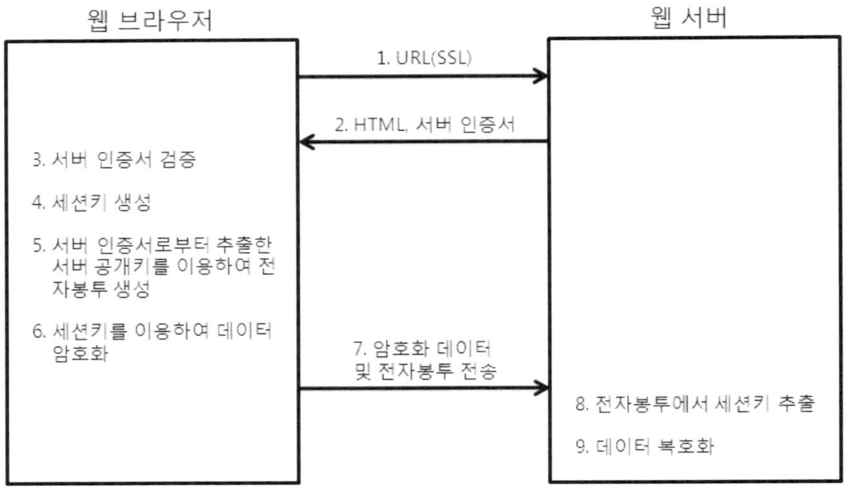

7.2.2 인증서와 인증기관

전자서명의 기능에서 인증, 무결성, 부인방지를 확인하기 위해 중요한 역할을 한 것이 정보를 확인하는 데 쓰인 공개키였다. 따라서 전자서명을 기반으로 인증방법을 구현한 것을 공개키 기반구조(PKI; Public Key Infrastructure)라고 한다.

인증서

상호 확인이 원칙적으로 불가능한 인터넷 상에서 다른 사람이 제시한 공개키가 그 사람의 것이라는 것을 어떻게 알 수 있는가 하는 것이 문제가 된다. 따라서 상대방의 공개키가 그 사람의 것이라는 것을 확인하기 위한 방법이 마련되어야 한다.

이를 위하여 제시된 것이 인증기관(CA, Certificate Authority)이다. 인증기관은 한 사람의 공개키에 대해 인증기관 자신의 개인키로 전자서명 함으로써 그 사람의 공개키를 인증한다. 물론, 인증기관은 인증하기 전에 그 사람의 신분을 실제로 확인한 후 그 사람이 제시한 공개키에 대한 인증서를 발급한다. 인증기관의 개인키로 서명한 공개키를 전자인증서(Digital Certificate)라고 부른다. 이 전자인증서를 받은 사람은 인증기관의 공개키로 전자인증서의 서명을 확인하여 올바른 경우, 그 인증서의 공개키를 상대방의 공개키라고 믿고 통신을 한다. 물론, 이 과정을 위한 전제조건은 통신 양 당사자가 모두 인증기관의 공개키를 이미 가져야 한다는 것이다.

이러한 전제조건을 간족하기 위하여 베리사인(VeriSign) 등과 같이 인증기관으로써 인지도 높은 업체이거나, 우리나라의 공인인증기관과 같이 공식적으로 인정받는 기관을 이용하는 방법이 있다.

인증기관 계층구조

불특정 다수간에 거래가 발생하는 전자상거래에서는 모든 통신 당사자 상호간에 공개키를 공유하는 잘 알려진 인증기관을 이용하지 못하는 경우가 발생할 수 있다. 오직 한 개의 인증기관이 전 세계, 전 가상공간의 인증기관 역할을 하는 것은 불가능하다. 수많은 자료를 저장, 관리해야 할 뿐 아니라, 지구상의 다른 편에 있는 사람도 일일이 확인하여야만 하기 때문이다. 따라서 한 인증기관은 특정지역의 사람들에 대해 인증을 하고, 이 인증기관 자체는 그보다 상위의 광역의 인증기관이 다시 인증을 하고, 또 그 인증기관은 더 상위의 인증기관이 인증을 하는 방식의 인증기관 계층구조(CA Hierarchy)를 생각해 볼 수 있다.

이러한 인증기관 계층구조의 한 예를 그림으로 도시하면 다음의 <그림 7-8>과 같다. 인증기관 계층구조의 형태는 <그림 7-8>과 같은 나무구조(Tree Structure)가 아닐 수도 있다. 몇 개의 최상위 인증기관이 존재하며, 이들 간에 상호인증을 함으로써 전 세계적인 인증기관 계층구조를 구성할 수도 있다.

인증기관 계층구조의 한 예로 마스터카드와 비자에서 1996년 발표한 신용카드를 이용한 인터넷 결제 프로토콜인 SET(Secure Electronic Transaction)에서는 각 카드 발급사 별로 전자 인증서를 발행하고, 이 인증기관은 한 국가 정도의 지역 단위 상위 인증기관이 인증서를 발급하며, 그 상위에서는 몇 개의 광대역 인증기관이 있으며, 다시 그 위에 신용카드 상표사(VISA, Master Card 등)와 이들 신용카드 상표사 전체를 인증하는 최상위 인증기관(Root CA)을 두는 인증기관 계층구조를 제시한다.

▶▶ 그림 7-8 인증기관 계층구조의 예

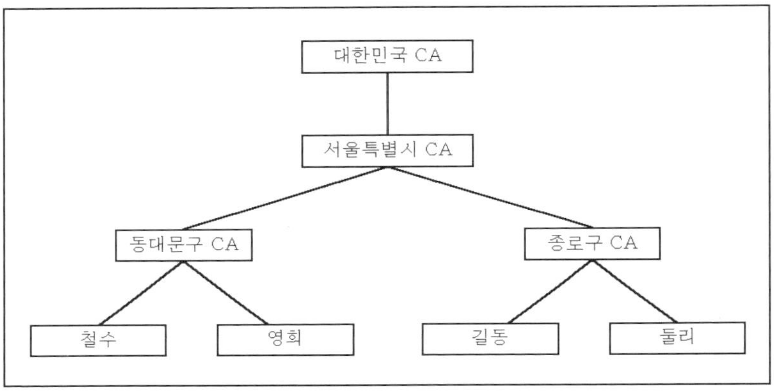

공인인증기관

우리나라는 1999년 시행이 시작된 전자거래기본법과 전자서명법에 의해 공인인증기관을 규정하고, 4개 공인인증기관을 지정하여 인증기관 계층구조 구축을 국가적 차원에서 선도하였다. 한국증권전산, 금융결제원, 한국전산원, 한국정보인증의 4개 기관이 2000년 초까지 적용 분야별 공인인증서 발급기관으로 선정되었다. 각 공인인증기관은 지정된 영역의 사업에 영역별로 계층구조 분리구조를 가진다. 2002년까지 한국전자인증과 한국무역정보통신이 공인인증기관으로 추가 선정되었다. 각 공인인증기관별 사업 영역은 다음과 같다.

① **한국증권전산** : 인터넷 증권거래 분야
② **금융결제원** : 인터넷 뱅킹 분야
③ **한국전산원** : 공공분야
④ **한국정보인증** : 인터넷 상거래 분야
⑤ **한국전자인증** : 인터넷 상거래 분야
⑥ **한국무역정보통신** : 인터넷 무역 분야

이렇게 업무영역별로 공인인증기관이 분리되어 있자 일반 사용자들의 불편이 가중되었다. 증권거래를 위해서는 증권전산의 인증서를 발급받아 이용해야 했고, 인터넷뱅킹 거래를 위해서는 같은 사람이 금융결제원의 인증서를 발급받아야 했기 때문에 한 사람이 여러 개의 인증서를 관리해야 했다. 이에 따라 공인인증기관 간 상호인증에 대한 시장 요구가 많아져 2002년 4월부터 공인인증기관 간 상호인증이 실시되었다.

7.2.3 다양한 본인인증 방식

인증방법의 분류

본인인증(Authentication)이란 비대면 채널에 있어서 거래를 하려고 하는 사용자가 본인이 맞는지 확인하는 과정을 말한다. 사용자는 본인의 식별정보와 함께 인증정보를 제출하고 서버에서는 해당 사용자의 인증정보가 정확한지를 판단함으로써 인증 과정이 완료된다.

주로 사용되는 본인 식별정보는 ID, 주민등록번호 등으로써 사용자가 누구인지 식별하는 용도로 사용된다. 가장 보편적인 인증정보는 패스워드 또는 PIN(Personal Identification Number)이다. 또한 최근 터치스크린 등의 새로운 사용자 인터페이스 방식의 출현으로 안드로이드 패턴 입력과 같이 그림을 활용하는 방법이 도입되고 있다. 이러한 인증 방법은 모두 사용자의 기억에 의존하는 방법이다. 지식정보에 의존하는 본인인증 방법은 사용자 환경에 대한 공격에 취약하다.

이를 보완하기 위하여 등장한 본인인증 방법은 주로 사용자의 소유 정보에 의존적인 인증 방법으로써, 스마트카드, 보안카드, OTP(One-Time Password), HSM(Hardware Security Module) 등이다. 이러한 방법들은 사용자가 별도의 인증을 위한 기기 또는 카드를 소지하는 방법이다. 보안카드나 OTP는 매 거래마다 다른 난수를 입력하는 방식이다. 스마트카드는 사용자별로 다른 암호화 키를 배포하고 이에 대한 암복호화를 통한 검증을 함으로써, HSM은 하드웨어 장치에 보관된 인증서를 검증함으로써 본인인증을 수행한다. 소유정보에 의존하는 본인인증 방법은 도난, 분실의 위험에 취약하다.

생체정보 인증은 지문, 안면, 홍채, 망막, 지정맥 인식 등 신체적 특징을 이용한 인증과 음성, 서명, 키보드 입력 패턴 인식 등 행동상의 특징을 이용하는 방법이 있다. 2001년 이후 국내 인터넷 뱅킹 일부에 적용되기도 하였다. 하지만, 도입 비용이 크고 사용자의 거부감이 존재하며, 본인 인식의 정확성이 상대적으로 다른 인증수단 보다 낮아 활성화 되지 못하고 있다. 그럼에도 불구하고 생체정보 인증은 타인의 위조 가능성과 타인을 본인이라고 인식할 가능성이 매우 낮기 때문에 출입통제 등 일부 분야에서는 유용하게 사용되고 있는 방식이다.

▷▷ 표 7-4 전자상거래 인증방법의 분류

구분	지식정보	소유정보	생체정보
종류	패스워드, PIN, 그림 등	스마트카드, 휴대폰, HSM, 보안카드, OTP 등	지문, 홍채, 안면, 음성 등
장점	- 별도의 HW/SW 불필요 (저비용) - 사용, 변경, 대체 용이 - 고객의 거부감 적음	- 사용 변경, 대체 용이 - 복제, 수정이 어려워 비교적 안전	- 정확한 본인인증 - 도난, 분실, 수정 등의 위험이 없음 - 사용이 편리
단점	- 해킹에 취약 - 명의 도용이 간단 - 개개인의 기억력에 크게 의존	- 도난 분실 위험 - 추가 기기 휴대의 번거로움으로 고객 거부감 유발	- HW/SW가 필요하며 도입 비용 높음 - 생체정보 저장에 따른 프라이버시 문제로 고객 거부감

<※ 자료원 : 금융결제원, 김보라, 2009>

2 요소 인증

2 요소 인증(Two Factor Authentication)은 두 가지 이상의 인증방법을 복합적으로 사용하는 방식을 말한다. 우리가 가장 대표적으로 접할 수 있는 2 요소 인증은 인터넷뱅킹 이체 시 계좌 비밀번호(PIN)와 보안카드 또는 OTP를 입력하는 것과 온라인 신용카드 거래 시 카드 비밀번호와 카드 뒷면의 CVC(CVV) 코드를 입력하는 것이다. 2 요소 인증을 도입하는 이유는 사용자 기억과 소유물 두 가지를 모두 인증함으로써 인증의 안전성을 높이고자 하는 것이다.

▷▷ 표 7-5 소유정보 기반 인증 방법의 특징

인증 방법	특 징
보안카드	- 30-35 개의 4자리 난수로 구성 - 2005년 금융감독원 보안성 강화 조치로 두 자리씩 분할하여 입력하도록 변경되어 총 1,000가지 이상의 경우의 수 발생하도록 강화
OTP	- 난수 생성 방법에 따라 Challenge-Response 방식과 Time-Synchronizing 방식으로 분류 - 외형에 따라 Token형과 카드형으로 분류 - 모바일 OTP: 휴대폰 어플리케이션을 이용하여 난수를 생성함으로써 OTP 기기 소지 불편을 해소하였으나, 국내에서는 어플리케이션 복제 가능성으로 인한 보안성 취약을 이유로 금융거래에서는 사용되지 않고 있음 - 2007년 국내 통합 OTP 센터를 구축하여 하나의 OTP로 50여 금융기관에서 거러가 가능
HSM	- 공인인증서 저장용 IC칩이 내장 된 USB 메모리 - 공개키/개인키 생성 및 전자서명 수행 기능 포함 - 공개키 기반 인증과 소지정보 인증을 동시에 만족

2 채널 인증

2 채널 인증(Two Channel Authentication)은 인터넷 금융거래에 있어서 거래내역을 인터넷이 아닌 다른 채널을 통하여 한번 더 확인하는 과정을 포함하는 것을 말한다. 이렇게 하는 이유는 사용자 PC의 인터넷 접속 환경이 공격자에 의해 점유되었을 때 전문가가 아닌 일반 사용자가 그러한 사실을 인지하지 못한 채 금융거래를 수행하고 피해를 입을 수 있기 때문이다.

전자상거래의 근간이 되는 인터넷과 웹은 공개된 표준에 따라 운용되는 통신 방식이므로 공격자가 쉽게 점유할 수 있고 일반 사용자는 그러한 사실을 알기가 어렵다. 2 채널 인증은 전화나 휴대폰 등의 인터넷 이외의 채널을 통해 다시 한번 금융거래 내역을 확인하게 한다. 공격자가 인터넷 채널을 점유하고 금융거래 내역을 위조 또는 변조하는 경우 인터넷 이외의 채널을 통해 사용자가 내역을 확인함으로써 사용자가 이를 파악할 수 있게 된다.

2 채널 인증은 실제 본인인증 기능은 단순하며, 주요 목표는 별도의 채널로 거래 내역을 사용자가 확인하도록 하는 것이다. 하지만 인터넷 이외의 별도 채널로 가장 널리 사용되는 유/무선 전화는 모두 비용이 발생한다는 문제점을 가지고 있다. [표 7-6]은 현재 사용되는 대표적인 2 채널 인증 방법 두 가지의 특징이다.

▷▷ 표 7-6 2 채널 인증 방법의 특징

인증 방법	특 징
전화승인 서비스	- 전화승인에 사용할 본인 유무선 전화번호를 인터넷뱅킹에 등록 - 이체 시 은행 ARS가 등록 전화번호로 전화를 걸어 내역을 알려주고 사용자 승인을 득한 후 거래 처리 - 국민은행 인터넷뱅킹에 적용
휴대폰 인증 서비스	- 휴대폰 SMS로 인증번호 난수를 발송하고 이를 페이지에 입력하여 승인 후 거래 처리 - 현재 폰빌 결제(휴대폰 결제) 방식과 동일 - Bank of America에 적용

7.2.4 기타 전자상거래 보안 기술

암호화와 본인인증은 주로 사용환경, 네트워크에 대한 보안위협에 대응하기 위한 기술이다. 이외에 사용자가 인터넷을 접속하는 단말 기기(PC, 휴대폰 등)에 대한 공격에 대응도 중요한 전자상거래 보안의 분야이다. 예로써, 우리나라에서 발생하였던 중요한 단말 기기에 대한 보안 공격은 아래와 같은 절차로 이루어진다.

① **악성 프로그램 배포**: 해커는 단말 공격을 위하여 제작된 악성 프로그램을 이메일, 인터넷 게시판 및 각종 프로그램 다운로드 페이지를 통해 배포한다.

② **악성 프로그램 다운로드**: 사용자는 본인이 필요로 하는 내용의 파일로 위장한 악성 프로그램을 다운로드하여 PC에 설치한다.

③ **사용자 단말 환경 점유**: 악성 프로그램은 공격 방법에 따라 사용자 단말의 자원(입출력 경로, 통신 경로, 웹 브라우저 등)을 점유하여 자신의 통제 하에 놓는다.

④ **보안 공격**: 악성 프로그램은 키보드 로깅 또는 메모리 해킹의 두 가지 방법으로 사용자의 단말을 공격한다. 키보드 로깅은 사용자의 입력을 기록한다. 이 기록에는 계좌 비밀번호, 패스워드, 공인인증서 패스워드 등 중요 정보가 포함된다. 메모리 해킹은 사용자가 입력한 금융거래 내역의 입금계좌와 입금금액을 변조한다. 입금 계좌는 공격자의 계좌로 변조한다.

⑤ **불법적 데이터 전송**: 키보드 로깅의 경우 사용자 입력 정보를 저장한 로그 파일과 사용자의 인증서 파일을 공격자에게 전송한다. 메모리 해킹의 경우 사용자가 입력한 금융거래 내역의 일부를 공격자의 목적에 맞게 변조한 거래 데이터를 금융기관으로 전송하여 거래를 처리한다.

단말 보안 공격 과정을 살펴보면 몇 가지 대응 포인트를 찾을 수 있다. 이렇게 분석한 결과에 따라 [표 7-7]과 같은 기술로 대응을 할 수 있다. 메모리 해킹에 대한 대응은 2 채널 인증에서 다루었으므로, 여기서는 키보드 로깅에 대한 대응 기술을 살펴보도록 한다.

▷▷ 표 7-7 단말 보안 위협의 단계별 대응 방법 및 기술

단 계	대응 방법	대응 기술
악성 프로그램의 단말 환경 점유	- 악성 프로그램 검출	바이러스 백신
키보드 로깅	- 키보드 입력을 암호화	키보드 암호화 솔루션
	- 키보드 입력을 화면 입력으로 대체	가상 키보드
불법적 데이터 전송	- 공인 된 통신 채널 이외의 통신 시도를 차단 또는 사용자 고지	개인 방화벽

해커들은 계속 새로운 보안 공격 방법을 찾아내어 시도하여 왔고, 앞으로도 계속 그럴 것이다. 하지만, 단말 보안 공격의 절차는 위에 열거한 악성 프로그램 배포, 다운로드, 설치 과정을 그대로 따라갈 것이기 때문에 개별 공격 방법에 대한 대응 보다는 바이러스 백신, 개인 방화벽과 같은 근본적인 기술적 대응이 더욱 중요한 요소이다.

Box사례 : 우리나라 인터넷뱅킹 해킹 사례

2005년 5월 개인 PC에 대한 해킹 프로그램을 이용하여 피해자의 인터넷뱅킹 이용 정보를 빼내어 5천만원을 인출하는 사건이 발생하였다. 범행에 사용된 해킹 프로그램은 설치된 PC의 키보드 로그 전송, 화면 캡쳐 전송, 하드 디스크 공유 기능을 하는 악성 프로그램이다. 해킹 프로그램을 이용하여 다른 사람의 온라인 게임의 ID, 패스워드를 빼내어 게임 아이템, 게임머니를 빼돌려 생활하던 범인은 해킹 프로그램을 어느 인터넷 재테크 카페에 투자정보 글과 함께 게시하였다. 피해자는 이 글을 읽고 첨부파일을 실행함으로써 PC는 악성 프로그램에 감염되게 되었다. 결국 피해자의 인터넷뱅킹 거래 시 ID, 패스워드, 계좌비밀번호, 인증서 패스워드, 보안카드 난수 1개와 인증서 파일이 해커에게 전송되었다.

사고 발생 은행은 이미 키보드 암호화 프로그램과, 개인 방화벽 프로그램을 인터넷뱅킹에 적용하고 있었으나, 범행에 사용된 프로그램에 대한 업데이트가 되지 않고 있었다. 또한 보안카드 질의 번호를 해당 페이지

접속 시 마다 매번 바꾸어 제시하고 있었다. 해커가 1개의 난수만을 확보하였는데도 이체에 성공한 것은 해당 번호의 난수를 물어볼 때까지 여러 번 이체 페이지에 접속을 시도함으로써 가능하였던 것이다. 보통은 보안카드 난수가 맞았을 때 그 다음번에만 질의 번호를 바꿔주어야 전체 보안카드 난수를 아는 사람만이 이체를 할 수 있다.

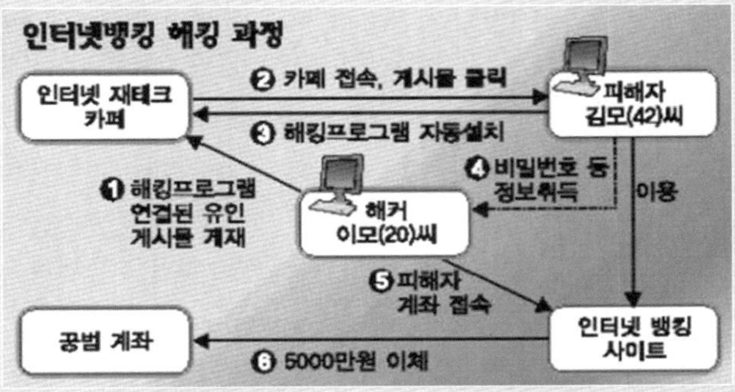

2005년 9월 금융감독원은 인터넷뱅킹 보안 지침을 강화하였다. 보안카드 난수를 2자리씩 나누어 입력하도록 하여 경우의 수를 늘렸다. 그리고 개인 방화벽, 바이러스 백신, 키보드 암호화 프로그램을 의무적으로 설치하도록 하였다. 또한 이체 시 본인인증 방법을 보안카드, OTP, HSM, 2 채널 인증 여부 등에 따라 3개 등급으로 나누어 이체 한도를 적용하도록 하였다.

7.3 전자상거래 결제

7.3.1 전자상거래 결제서비스의 구조

전자상거래 결제서비스는 보통 고객, 상점, 지불중계업체(이하 PG; Payment Gateway), 결제사업자로 구성된다. 오프라인 결제서비스와 비교하여서는 PG가 개입한다는 구조가 독특하다. 결제서비스를 제공하고 운영하는 결제사업자는 결제 방법에 따라, 계좌이체나 신용카드 결제의 경우 금융기관이, 전자화폐는 전자화폐 사업자가, 통신요금 과금 서비스는 통신회사가 된다. PG는 많은 전자상거래 상점과 다양한 결제사업자 간에 서비스를 중계한다. PG 사업자의 역할은 결제의 승인, 취소, 정산, 대사 처리 데이터 중계를 기본으로 결제사업자들로부터 결제 대금을 정산 받아 상점별로 입금하는 방식으로 정산업무 자체를 중계하기도 한다.

고객, 상점, PG, 결제사업자 간의 데이터 연결 구조는 <그림 7-9>와 같이 두 가지 유형이 있다. 직렬연결구조는 고객이 입력한 결제정보가 상점과 PG에 노출될 우려가 있는 구조이다. 결제정보는 신용카드나 계좌번호와 비밀번호, 또는 전자화폐 사업자의 ID, 패스워드 등 금전적 손실과 직결될 수 있는 중요정보이다. 다각형연결구조는 결제정보를 고객과 결제사업자가 직접 주고받음으로써 유출 가능성이 낮다. 전자상거래 초기에는 직렬연결구조로 구성되는 경우가 많았으나, 현재는 대부분의 결제서비스가 다각형연결구조로 이루어져 있다. 또한 경우에 따라(주로 대형 상점의 경우 직접 결지사업자를 연결함으로써) PG가 없는 구조를 갖기도 한다.

▶▶ 그림 7-9 전자상거래 결제서비스 연결구조

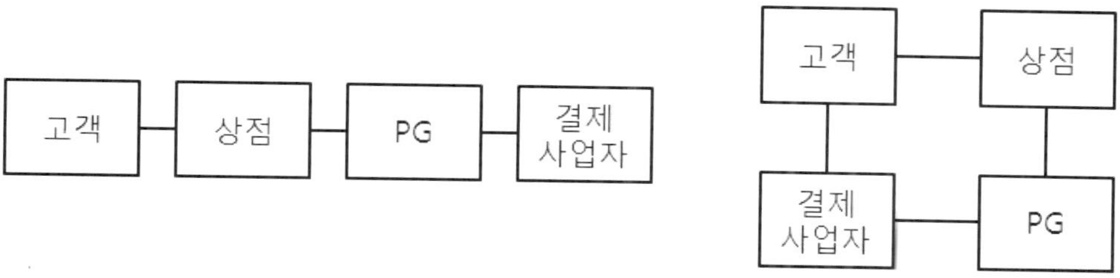

(a) 직렬연결구조 (b) 다각형연결구조

7.3.2 인터넷 결제 서비스

인터넷 신용카드 결제 서비스

인터넷 신용카드 결제 서비스는 전자상거래에서 가장 많이 사용되는 결제 방법이다. 우리나라의 경우 약 70%가 신용카드로 결제되고 있다. 1990년대에는 대부분 SSL 기반의 암호화 전송 방식을 활용한 직렬연결구조로 서비스가 이루어졌다. 1996년 비자(VISA)와 마스터카드(MasterCard)에서는 직렬연결구조를 개선하여 PKI 인증서를 적용한 SET(Secure Electronic Transaction) 모델을 제안하였다. 하지만 SET 모델은 웹을 지원하지 않아 사용이 어렵고, 구축비용이 많이 들어 활성화되지 못하였다.

2001년 비자는 다각형연결구조를 갖는 3-D Secure를 발표하였다. 우리나라에서는 안심클릭이라는 명칭으로 2004년부터 서비스가 제공되고 있다. 또한 우리나라 일부 카드사는 카드에 대응되는 PKI 인증서를 발급하는 방식을 안전결제(ISP, Internet Secure Payment)라는 이름으로 서비스를 제공하고 있다.

▶▶ 그림 7-10 3-D Secure 결제 프로세스

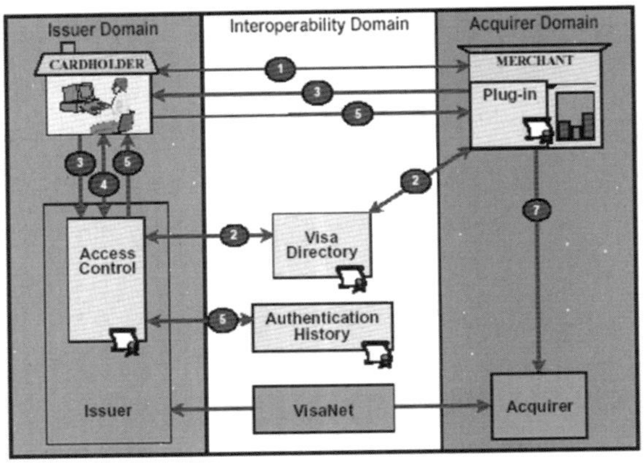

1. 쇼핑몰에 카드번호 입력
2. 카드번호로 발급회사 3D 가입 조회
3. 발급회사로 거래내역 전송
4. 발급회사 3D 암호확인
5. 암호확인 내역 쇼핑몰로 전송
6. 신용카드 승인내역 기록
7. 신용카드 매입처리

<※ 자료원 : VISA International, 2001>

가상계좌 서비스

가상계좌 서비스는 은행에서 상점의 실제 계좌를 모계좌로 삼아, 이에 연결된 가상의 계좌번호를 여러 개 할당하고, 가상계좌로 입금이 일어나는 경우 그 대금은 모계좌로 모아주고 입금 계좌번호와 금액을 상점으로 즉시 알려주는 방식의 서비스이다. <그림 7-11>에 그 절차를 나타내었다.

▶▶ 그림 7-11 가상계좌 서비스 절차

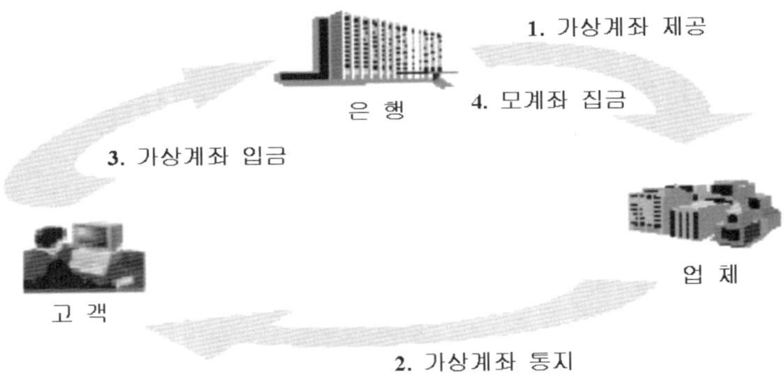

상점은 고객 또는 주문 건 별로 가상계좌 번호를 배정함으로써 어떤 고객 또는 어느 주문의 결제가 이루어졌는지를 파악한다. 고객은 배정받은 계좌로 인터넷뱅킹, 텔레뱅킹, CD/ATM, 은행 창구 등 익숙한 이체 방법으로 이체하기만 하면 된다. 하지만, 가상계좌는 고객이 주문 후 별도의 뱅킹 서비스를 이용하여 입금하여야 한다는 단점이 있다. 또한 주문과 입금 경로가 분리되어 있어 결제가 즉시 이루어지지 않는다는 단점이 있다.

실시간 계좌이체 서비스

상점에서 주문 즉시 고객의 계좌에서 출금이 일어나고, 출금 결과를 상점에 통보하는 방식을 실시간 계좌이체라 한다. 이 서비스는 PG 방식과 인터넷뱅킹 방식 두 가지로 나눌 수 있다. 실시간 계좌이체는 계좌이체를 인터넷 신용카드 거래와 동일한 프로세스를 갖도록 변형한 것으로써, 가상계좌에 비하여 주문과 결제가 동시에 일어난다는 장점이 있다.

PG 방식은 직렬연결구조로써, 다만 고객의 계좌 정보를 상점이 아닌 PG로 전달하도록 부분적으로 다각형연결구조를 갖고 있다. PG는 여러 은행들을 연결하고 고객의 본인인증을 수행한 후 고객의 계좌로부터 PG의 계좌로 이체를 은행에 요청하여 처리한다. PG는 일정 주기로 결제대금을 상점에 정산해 준다.

▶▶ 그림 7-12 Secure Direct Transaction

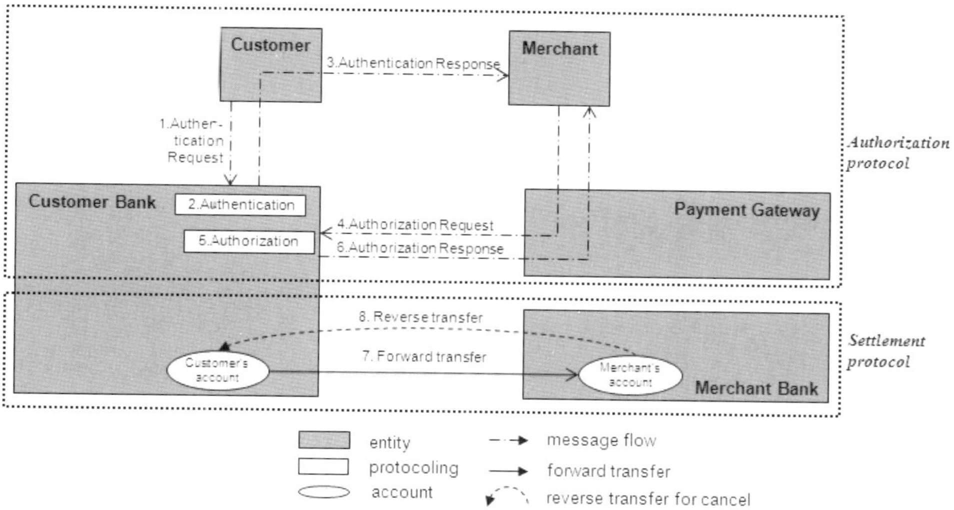

<※ 자료원 : Kiyoon Sung, 2010>

인터넷뱅킹 방식은 1999년 국제전자상거래연구센터(ICEC; International Center for Electronic Commerce)에서 개발한 SDT(Secure Direct Transaction)이 대표적인 방법이다. 상점은 고객이 결제를 원하는 은행의 인터넷뱅킹 서버로 연결을 제공하고, 고객은 은행과 본인인증을 수행하고 계좌정보를 입력함으로써 상점 계좌로 이체가 이루어진다.

통신요금 과금 서비스

유선인터넷에서의 소액 결제를 위해 휴대폰 과금 결제(폰빌) 수단이 국내에서 널리 활용되는데, 이는 휴대폰을 활용해 고객 인증을 수행하고 이용 요금은 이동통신 전화요금에 합산 청구되는 방식이다. 모바일 환경에서의 지급결제 수단이 아니라 유선 인터넷에서의 소액 결제를 위해 단지 단말기 소유자임을 인증한다는 측면에서 일반적인 모바일 지급 결제 시스템으로 분류하기 어려운 측면이 있다. 모바일 단말기를 지불수단으로 이용했다는 측면에서 넓은 의미의 모바일 지급결제 시스템으로 분류할 수도 있다.

전자화폐 서비스

전자화폐 서비스는 계좌이체, 신용카드 등의 결제방법으로 전자화폐를 충전하고, 충전 된 금액을 상점에서 결제 시 사용하는 방식을 말한다. 충전 된 전자화폐 가치가 저장되는 매체에 따라 서버형과 IC카드형 전자화폐로 나눌 수 있다.

1996년 네덜란드의 DigiCash는 액면권 파일로 구성된 전자화폐를 개발하였다. DigiCash의 목표는 실제 화폐와 동일한 특성을 갖는 전자화폐를 구현하는 것이었다. 하지만 그 효용성 대비 기술적 난이도가 높아 현재는 거래 후 잔액을 기록하는 밸런스 타입의 서버형 전자화폐만이 서비스 중이다. IC카드형 전자화폐는 전자상거래나 실물 상품의 거래 보다는 교통카드로 많이 사용되고 있다.

7.3.3 모바일 결제 서비스

스마트폰의 등장 이후 모바일 결제 서비스의 활성화가 가시화 되고 있다. 다양한 어플리케이션과 웹 서비스 이용이 가능하여 모바일 전자상거래(m-Commerce)가 가능하고, NFC(Near Field Communication) 통신 기능을 갖는 경우 비접촉 결제가 가능하게 된다. 하지만 아직은 다양한 모바일 결제 서비스가 논의되고 시장에서 실험되고 있는 단계이다.

비접촉 결제(Contactless Payment)

NFC(Near Field Communication)는 근거리 내에서 데이터를 주고 받기 위한 통신 표준이다. 근거리 통신은 10cm 너외의 짧은 거리에서만 작동하기 때문에 제3자가 통신 과정에 개입하기 어려워 결제 거러 용도로 각광받고 있다. 더구나 스마트폰에 NFC 기능이 탑재될 것으로 예상되어 모바일 비접촉 결제가 일반적이 될 것으로 예상되고 있다.

비접촉 결제는 IC카드형 전자화폐와 신용카드 분야에서 기존에도 사용되고 있던 방식이다. IC카드형은 우리나라를 포함 세계 각국에서 교통카드로 성공을 거두고 있으며, 점차 소액의 실물 상거래로 영역을 넓혀가고 있다. 신용카드에 있어서는 VISA의 PayWave 방식과 MasterCard의 PayPass, 우리나라에는 후불교통카드 방식인 FayOn 방식이 서비스 중이다. 모바일 비접촉 결제는 기존의 플라스틱 카드라는 결제 매체를 휴대폰을 결제 매체로 바꾸어 동일 한 방식으로 결제 서비스를 하는 것을 말한다.

스마트폰 등 휴대폰을 이용한 비접촉 결제는 두 가지 방식이 추진되고 있다. 기존의 플라스틱 카드의 IC칩에 적용 되던 비접촉 결제 방식을 그대로 휴대폰의 USIM이나 IC칩을 내장한 메모리카드에 적용하는 방식과 플라스틱이라는 매체와 다른 휴대폰이라는 매체의 특징을 반영한 새로운 방식을 개발하는 것이다. 비접촉 결제에 있어서 휴대폰 매체가 플라스틱 카드 매체와 다른 점은 아래와 같이 여러 가지 측면이 있다.

- 통신이 가능하여 원격에서 결제 수단(신용카드 등) 발급이 가능하다.
- 디스플레이 장치를 가지고 있어 여러 카드 중 선택할 수 있다.
- 데이터 입력이 가능하여 결제 수단 사용에 대한 통제가 가능하다.

신용카드 표준 기구인 EMV를 비롯한 Global Standard, NFC 프럼 등은 휴대폰 단말 장치의 기능까지 포함하는 새로운 모바일 비접촉 결제 표준을 만들고 있어 2011년 하반기 발표될 예정이다. 우리나라도 기술표준원을 중심으로 국내 산업 표준을 2010년말 발표하였으며 KS 규격을 제정 중이다.

▶▶ 그림 7-13 모바일 카드 결제 개념

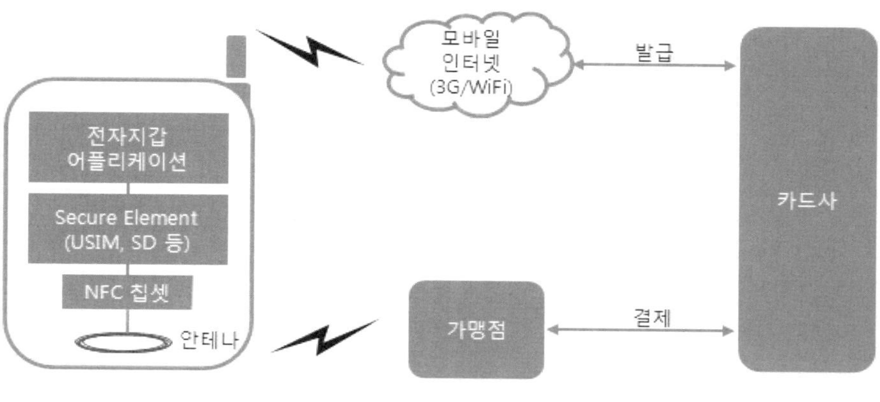

Box사례 : 일본의 오사이후케이타이

일본에서는 '오사이후케이타이(지갑휴대폰)'라는 브랜드로 온/오프라인이 연계된 모바일 금융서비스가 통신사업자 중심으로 정착되어 있다. 현재 스마트폰을 제외한 일본내 모든 휴대폰에 '오사이후케이타이' 기능이 기본 탑재되어 있고, 대응 서비스도 50여종에 달할 정도로 규모가 성장하였다. 일본의 모바일 E-Money시장 규모는 약 1조 6900억엔으로, 이 중 '오사이후케이타이'비율은 50%를 차지한다. 2005년에 NTT도코모는 전자결제서비스 'iD'를 개시, 현재 1500만 가입자 확보하며 후불시장에서 독보적인 1위 서비스로 자리매김하였다. NFC의 선구적 모델인 '오사이후케이타이'와 NTT도코모의 모바일 금융 서비스 'iD', 'DCMX'는 '갈라파고스'라는 오명에도 불구, 모바일금융서비스의 성공모델로 주목받고 있다.

구분	서비스	사업자	내용	이용자	점포수
선불	Edy	BitWalle	전자화폐	830만	23만7천개
	Mobile Suica	JR동일본	승차권 전자화폐	122만	10만7천개
	Nanaco Mobile	세븐일레븐	전자화폐	92만	2만개
후불	ID (DCMX 포함)	NTT도코모 (미쓰이스미토모카드)	신용카드	1,459만	44만대
	Quickpay Mobile	JCB 등	신용카드	486만	2만4천대
	Visa Touch Smartplus		신용카드	110만	7만7천대

<오사이후케이타이 이용 주요 서비스(2010년 7월 현재)>

2001년에 '오사이후케이타이'의 시스템을 개발한 NTT도코모는 모바일 금융 인프라의 확대를 우선시하여 경쟁사에게도 상표권, 시스템 라이센스를 제공하였다. 모바일 금융 플랫폼을 당시 NTT도코모의 성공 브랜드였던 'i-mode'에 종속시키지 않고 개방함으로써 일본내 모바일 금융이 빠르게 확산 가능하였다. 서비스와 '오사이후케이타이' 플랫폼의 분리를 통한 모바일 금융사업 전략전개로 시장 규모의 확대와 가입자 Lock-in이라는 이중효과 얻을 수 있었다. 신용카드 이용이 타 선진국에 비해 활발하지 않은 일본 내 시장환경도 모바일 금융을 촉진시킨 외부환경요인으로 작용한 것으로 보인다. (자료원: KT경제경영연구소)

원격 결제(Remote Payment)

원격 결제는 기존 인터넷 결제 서비스를 휴대폰에서 이용할 수 있도록 구현한 것을 말한다. 이렇게 함으로써 기존에는 인터넷을 이용한 전자상거래에만 적용 가능하였던 것을 모바일의 특성상 [표 7-7]과 같이 여러 가지 유형의 시장에 적용이 가능하여 진다. 스마트폰 어플리케이션 장터에서의 유료 어플리케이션 구매가 가장 활발히 이루어지고 있으며, 현재 어플리케이션 내 구매 및 모바일 전자상거래 거래량이 점차 증가하고 있다.

컴퓨터, 스마트폰, 타블릿, e-Book, 스마트TV 등 다양한 인터넷 연결 기기들을 통합하는 서비스를 N 스크린 서비스라고 한다. 그리고 이들 각각의 기기에서 모두 전자상거래가 활발하여 질 것으로 예상하고 있다. 그렇다고 각각의 기기 별로 결제서비스를 개발할 수는 없기 때문에, 가장 개인화가 잘 되어 있는 휴대폰(스마트폰)을 사용하여 N 스크린 상거래 결제를 하는 방안이 가장 유력하다.

▷▷ 표 7-7 원격 결제의 대상 시장과 결제 방식

대상 시장	시장 특징	주요 결제 서비스
어플리케이션 장터 (App Marketplace)	- 애플 앱스토어, 구글 마켓에서 유료 어플리케이션 구매	- 애플 아이튠즈 ID - 구글 체크아웃
어플리케이션 내 구매 (In-App Purchase)	- 어플리케이션 유료 버전 업그레이드 구매나 아이템, 컨텐츠 구매	- 페이팔
모바일 전자상거래 (m-Commerce)	- 모바일 쇼핑몰에서 도서, CD, 의류, 식품 등 실물 상품 구매 - 모바일 사이트에서 티켓 예매 등	- 모바일 안심클릭 - mISP
N 스크린 상거래	- 휴대폰을 이용한 인터넷 전자상거래(e-Commerce) 결제 - TV 전자상거래(t-Commerce) 결제	-
오프라인 비대면 거래	- 배달업종 - 통신판매	-

개인간 송금(P2P Transfer)

우리나라의 경우 은행 계좌 개설이 용이하고 금융공동망을 통해 계좌간의 이체를 지역의 제한 없이 실시간으로 이용 가능하여 개인간 결제 서비스에 대한 수요가 없다. 하지만 미국 등 대부분의 국가 내에서의 이체와 국제간 이체에 있어서 복잡한 거래 방법과 비싼 수수료 그리고 며칠의 시일이 소요되는 문제가 있다. 아프리카의 케냐, 탄자니아 등과 같은 저개발 국가에서는 경제활동이 활발해짐에 따른 수요에 비해 금융기관 영업점망이 발달하지 못한 데에 비하여 대부분의 주민이 휴대폰을 사용하고 있고 통신회사의 영업점 망은 활성화 되어 있다. 모바일 개인간 송금 서비스는 이러한 상황을 배경으로 발전하여 왔다.

페이팔은 1998년 미국에서 상대방의 이메일 주소로 이체거래를 한다는 개념으로 서비스를 시작하였다. 2006년에는 모바일 인터넷, SMS, ARS를 이용하여 개인간 송금 또는 모바일 전자상거래를 할 수 있는 "페이팔 모바일" 서비스를 출시하였다. 2009년에는 스마트폰 어플리케이션 내에서 결제를 연동할 수 있는 페이팔X를 선보였다. M-PESA, 오보페이는 아프리카, 줌패스는 북미 지역에서 휴대폰 기반의 개인간 송금 서비스를 제공 중이다.

사례 : Paypal[www.paypal.com]

1995년에 웰즈 파고(Wells Fargo)가 자사 웹 사이트에 계좌 정보 및 자금 이체 기능을 신설하면서 시작된 미국의 인터넷 뱅킹 역사에서 가장 주목할 만한 사건은 1999년말 페이팔(Paypal)의 등장이다. 페이팔은 원래 X.com이 개발한 기업간 또는 개인간 이메일 지불 서비스로 개시 3개월 만에 사용자들이 가장 많이 방문하는 뱅킹 사이트로 부상했다.

경매와 같은 개인간 거래, 친구나 단체의 모금, 온라인 구매, 온라인 결제 시 돈을 주고받을 상대방의 계좌 번호를 몰라도 이메일 주소나 휴대폰 번호만을 알면 거래가 가능하다. 간단히 이메일을 통한 P2P 지불 서비스의 이용 절차를 살펴보자. 우선 이용자가 서비스 업체에 등록을 해 인증 절차를 밟게 된다. 등록 시 은행 계좌나 신용카드 번호를 입력하게 된다. 등록이 된 후 이용자가 거래 상대방에게 이메일로 송금을 하거나 대금을 청구하게 되면 이러한 이메일이 해당 업체의 결제 및 보안 시스템을 통해 상대방에게 전달되고 상대방은 이메일을 통해 송금과 청구 내역을 확인하게 된다. 마지막으로 상대방이 해당 업체에 등록한 계좌로 돈이 입/출금되거나 등록한 신용카드에서 돈이 빠져나간다. 이러한 내용에서도 알 수 있듯이 이메일을 통한 P2P 지불 서비스는 등록 절차가 이메일 등록 정도로 간단하며, 송금이나 청구 역시 간단하고 편리할 뿐만 아니라 송금에 따른 수수료가 매우 저렴하다. 실제로 Paypal에서는 개인 계좌의 경우 기본 서비스 수수료를 대부분 무료(국내 거래의 경우)로 책정해왔다.

경쟁서비스로는 이베이(eBay), 웰즈 파고, 비자 카드가 함께 만든 빌포인트(BillPoint),

시티뱅크의 c2it, 뱅크 원(Bank One)의 이머니메일(EmoneyMail), 야후, CIBC 내셔널 뱅크(CIBC National Bank)가 만든 페이디렉트(PayDirect) 등이 20여 개의 업체가 P2P 지불 서비스를 제공하지만, 페이팔의 아성에 도전하기란 만만치 않을 것으로 보인다.

페이팔이 개인 계좌의 경우 기본 서비스를 무료로 제공하고 거래 상대방이 반드시 페이팔에 계좌를 가지지 않아도 송금할 수 있다는 점(수취인이 페이팔에 가입하지 않았다면 송금 이메일을 받음과 동시에 페이팔에 간단히 등록을 함으로써 돈을 찾을 수 있다)이 소비자들을 끌어들이는 매력이 된다. 한편 페이팔이 기존 회원이 신규 회원을 1명 가입시킬 때마다 이 기존 회원에게 5달러의 가입 장려금을 지급한다는 점 또한 고객을 확보하는 주요 전략이다.

페이팔의 소비자 보호 정책 역시 소비자들의 신뢰를 확보하는 주요 요인인데, 이 업체는 다양하고 강력한 보안 정책으로 소비자를 보호한다. 우선 페이팔을 통해 송금을 하는 사용자는 자신이 페이팔에 등록한 은행 계좌나 신용카드 정보를 입력해야 하는데, 이는 사용자가 출금하는 계좌 정보를 제대로 아는지 확인함으로써 돈의 부정 유출을 차단하는 수단으로 사용된다. 또 페이팔이 인증하는 온라인 업체에게 물건을 구입했는데 물건을 받지 못할 경우에는 페이팔이 이를 100% 보상해준다. 반대로 부정한 방법으로 온라인 매출이 이루어졌을 경우 페이팔은 판매자에게 돈이 정상적으로 입금되도록 해준다. 이러한 소비자 보호책은 다른 금융 거래에서는 찾아보기 어렵다. 이러한 정책 덕분에 2002년 2월 가트너 그룹(Gartner Group)의 조사에 따르면 페이팔, 빌포인트, 페이디렉트, c2it 중 가장 많이 사용되고 신뢰할 만한 업체로 페이팔이 1위를 차지했다.

그렇다면 페이팔의 P2P 지불 서비스의 수익 모델은 무엇일까? 이는 바로 송금액을 즉시 당좌 계좌에 넣지 않고 잠시 중간 계좌에 넣었다가 보내는데 있다. 이 중간 계좌에 일시 보관된 돈에서 나오는 이자로 비용을 충당하고 수익을 얻는 것이다. 두번째 수익 모델로는 비즈니스 및 프리미엄 계좌를 마련해 놓고 사업자들이 온라인에서 물건을 보다 쉽게 팔 수 있도록 하는 것이다. 이 경우 페이팔은 소비자가 지불하는 금액의 2.2~2.9%를 사업자에게서 수수료로 받는다. 이러한 수수료는 신용카드를 지불 수단으로 할 때보다 훨씬 저렴한 것이다. 따라서 페이팔은 유료인 기업용 프리미엄 서비스를 통해 소규모 인터넷 상점 사이트와 경매 사이트의 소액 신용 카드 결제를 대신할 수 있도록 한다.

국내에서는 P2P 지불 서비스가 메일 뱅킹이라는 이름으로 신한은행의 머니메일(money mail), 국민은행의 엔페이코리아(nPayKorea), 메일뱅킹(Mailbanking), 하나은행과 전략적 제휴를 맺은 페이레터(Payletter), 네오위즈의 원클릭페이(OneClickPay), 씨포켓(Cpocket) 등이 서비스를 제공하고 하였으나 대부분의 서비스는 사실상 중단 상태에 있다. 미국 페이팔 등과는 다르게 국내의 경우 송금 수수료 부담, 실계좌 기반의 은행 송금 거래 환경이 편리한 점을 그 이유로 들 수 있다.

끝으로 본 사례 연구는 소프트뱅크 리서치의 페이팔 분석 리포트를 주로 참조하였음을 밝힌다.

요 약

전자상거래는 기본적으로 통신 표준이 널리 알려져 있고, 열린 구조를 갖는 인터넷을 이용하여 결제 등 금융 거래를 수반하기 때문에 보안 침해가 금전적 피해로 결과가 나타난다. 상점이나 금융기관(결제서비스 제공업체)의 서버, 인터넷 구간, 사용자의 인터넷 연결 단말기기에 대한 보안 위협 공격이 가능하며, 심지어는 사용자의 주변환경에 대한 보안 위협 공격도 가능하다. 이러한 공격에 대응하여 기밀성, 무결성, 인증, 부인방지, 개인정보보호를 할 수 있는 보안체계가 제공되어야 한다.

기밀성을 제공하기 위하여 비밀키 암호화, 공개키 암호화와 같은 암호화 기술이 사용되고 있다. 무결성, 인증, 부인방지를 보장하기 위하여 메시지 다이제스트와 공개키 암호화가 조합된 전자봉투, 전자서명과 같은 암호화 응용 기술이 사용된다. 인증서는 전자서명에 사용된 공개키를 인증기관이 보증해 주는 것을 말한다. 인증서 외에도 OTP, HSM, 생체인증 등의 여러 가지 인증 방법이 있다. 보다 안전한 거래를 위하여서는 몇 가지 인증방법을 함께 사용하는 것이 좋다. 이렇게 두 가지 이상의 인증방법을 사용하는 것을 2 요소 인증이라 한다. 인터넷의 보안 취약성을 보완하기 위하여 인터넷 외의 다른 채널을 통하여 인증하는 것을 2 채널 인증이라고 한다. 개인정보보호를 위하여서는 개인 방화벽, 바이러스 백신, 키보드 암호화, 가상 키보드 등의 단말 보안 위협에 대응하는 기술들이 사용된다.

인터넷 결제서비스는 결제수단에 따라 신용카드, 계좌이체, 통신요금 과금, 전자화폐 등으로 분류할 수 있다. 우리나라의 경우 신용카드가 70% 정도, 계좌이체가 25% 정도의 거래 비중을 차지하고 있다. 인터넷 결제서비스는 고객, 상점, 결제서비스 중계업체(PG), 금융기관을 포함한 결제서비스 제공업체 이렇게 네 주체가 참여한다. 이들 간의 연결 구조에 따라 직렬연결구조와 다각형연결구조로 분류할 수 있다. SET, SSL PG 방식은 직렬연결구조를 가지며, 3-D Secure, SDT는 다각형 연결구조로 볼 수 있다. 직렬연결구조는 고객의 카드번호, 계좌정보, 전자화폐 ID/패스워드 등의 결제정보가 상점이나 PG에 노출될 가능성이 있는 반면, 다각형연결구조는 고객 본인인증을 결제서비스 제공업체가 직접 하기 때문에 안전성이 우수하다.

모바일 결제서비스는 인터넷 결제서비스에 비하여 그 대상 시장이 온라인 상거래 뿐 아니라 오프라인과 개인간 송금까지 보다 광범위하다. 오프라인 상거래에서는 휴대폰을 비접촉 결제 매체로 상용하는 방식이 개발되고 있다. 휴대폰에 신용카드 등을 발급하고 NFC 통신과 같은 근거리 통신을 이용하여 상점을 통하여 결제가 이루어지는 방식이다. 온라인 상거래는 m-Commerce, t-Commerce 등을 포괄하는 N 스크린 상거래 결제용으로 모바일 결제가 각광받고 있다. 인터넷 결제 방식을 모바일로 옮긴 원격 결제가 그것으로써, 심지어 방문판매, 통신판매 등 오프라인 비대면 거래까지도 그 대상 범위에 포함된다.

주요 용어정리

- 2 요소 인증(Two Factor Authentication)
- 2 채널 인증(Two Channel Authentication)
- 3-D Secure
- DoS, DDoS(Denial of Service, Distributed DoS)
- HSM(Hardware Security Module)

- IP 스푸핑(IP Spoofing)
- N 스크린(N-Screen)
- NFC(Near Field Communication)
- OTP(One-Time Password)
- PayOn
- PayPass
- PayWave
- SDT(Secure Direct Transaction)
- SET(Secure Electronic Transaction)
- SSL(Secure Socket Layer)
- TV 전자상거래(t-Commerce)
- USIM(Universal Subscriber Indentity Module)
- 가상계좌(Virtual Account)
- 개인간 송금(P2P Transfer)
- 개인정보보호(Privacy)
- 공개키 기반구조(PKI; Public Key Infrastructure)
- 공개키 암호화(Public Key Encryption)
- 공인인증서, 공인인증기관
- 기밀성(Confidentiality)
- 다각형연결구조
- 대칭 키 암호화(Symmetric Key Encryption)
- 메모리 해킹(Memory Hacking)
- 메시지 다이제스트(Message Digest)
- 메시지 인증 코드(MAC; Message Authentication Code)
- 모바일 전자상거래(m-Commerce)
- 무결성(Integrity)
- 보안카드
- 부인방지(Non-Repudiation)
- 비대칭 키 암호화(Asymmetric Key Encryption)
- 비밀키 암호화(Secret Key Encryption)
- 비접촉 결제(Contactless Payment)
- 세션키(Session Key)
- 숄더 서핑(Shoulder Surfing)
- 스멋지(Smudge)
- 안전결제(ISP; Internet Secure Payment)
- 어플리케이션 내 구매(In-App. Purchase)
- 어플리케이션 장터(App. Marketplace)
- 원격 결제(Remote Payment)
- 인증(Authentication)
- 인증기관(CA; Certificate Authority)
- 인증기관 계층구조(CA Hierarchy)

- 전자 봉투(Digital Envelop)
- 전자 서명(Digital Signature)
- 전자 인증서(Digital Certificate)
- 전자화폐(Electronic Cash)
- 지불중계업체(PG; Payment Gateway)
- 직렬연결구조
- 키보드 로깅(Keyboard Logging)
- 패킷 스니핑(Packet Sniffing)
- 피싱(Phishing)

연 습 문 제

[1] 전자상거래 보안 위협의 영역 네 가지는 무엇이고, 각 영역별 보안 공격의 방법과 목적은 무엇인지 설명하시오.

[2] 전자상거래 보안의 다섯 가지 요구사항은 무엇이고 보안 공격 방법별로 어떠한 요구사항이 대응 되는지 설명하시오.

[3] 인터넷 결제서비스를 결제 수단에 따라 분류하시오.

[4] 모바일 결제 서비스를 결제 방식에 따라 분류하시오.

[5] 공개키 암호화 방식은 비밀키 암호화 방식의 어떠한 문제점을 보완하고 있는지 설명하시오.

[6] 전자봉투는 비밀키 암호화와 공개키 암호화의 단점들을 어떤 식으로 보완하기 위한 응용 방법인지 설명하시오.

[7] 전자서명을 이용하면 어떻게 네트워크 보안의 네 가지 요구사항을 만족시킬 수 있는지 설명하시오.

[8] 인증서와 인증기관이 필요한 이유는 무엇인지 설명하시오.

[9] 인증기관 계층구조가 필요한 이유는 무엇인지 설명하시오.

[10] 한 가지 인증 방법간을 사용할 때 발생하는 문제점은 무엇이고, 이를 보완할 수 있는 방법에는 어떠한 것이 있는가?

[11] 2채널 인증의 목적은 무엇인지 설명하시오.

[12] 사용자 단말 보안 공격의 진행 단계와 단계 별 대응 방안을 설명하시오.

[13] 직렬연결구조의 보안 취약점과 다각형연결구조가 이 취약점을 어떻게 보완할 수 있는지 설명하시오.

[14] 3-D Secure는 카드 발급사의 페이지에서 직접 고객을 본인인증 한다. 현재 우리나라에서는 별도의 패스워드를 등록하고 카드번호와 패스워드를 입력함으로써 인증을 한다. 이 외에 사용 될 수 있는 인증방법에는 어떠한 것이 있을 수 있는지 설명하시오.

[15] 실시간 계좌이체는 가상계좌에 비하여 어떠한 장점이 있고 어떠한 단점이 있는지 설명하시오.

[16] 모바일 카드를 휴대폰(스마트폰) 매체를 이용하여 비접촉 결제에 이용할 때에 기존 플라스틱 카드 매체와의 다른 특성으로 인하여 사용자에게 줄 수 있는 편리성은 어떠한 것들이 있는가?

[17] 원격 결제의 대상 시장 별로 이에 적합한 결제 방법을 제시하시오.

[18] 우리나라에서는 왜 개인간 송금 서비스가 활성화되지 않고 있는지 개인간 송금이 활성화 된 지역의 특성과 대비하여 설명하시오.

참고문헌 및 참고사이트

[1] 김보라, "비대면 지급결제서비스에서의 본인인증수단 현황과 전망", 지급결제와 정보기술, No.36, 2009. pp. 58-84.

[2] 성기윤, "모바일시대의 신용카드 결제서비스 전략", 여신금융, No.21, 2010, pp. 7-25.

[3] 이재규, 양철영, "전자상거래와 IC 카드 통합 서비스", 1997.6, pp. 142-147.

[4] Abrazhevich, D., Markopoulos, P., and Rauterberg, M., "Designing Internet-Based Payment Systems : Guidelines and Empirical Basis", Human-Computer Interaction, Vol.24, 2009, pp. 408-443.

[5] Ahuja, V., Building Trust in Electronic Commerce, IT Professional, vol.2, no.3, 2000, pp. 61-6

[6] Bhimani, A., Securing the Commercial Internet, Communications of the ACM, vol.39, No.6, 1996, pp. 29-3.

[7] Bruce Schneier, Applied Cryptography 2nd Edition, John Wiley & Sons Inc., 1996.

[8] Chaum, D., "Achieving Electronic Privacy", Scientific American, August 1992, pp. 96-101, http://www.digicash.com/publish/sciam.html

[9] CheckFree Corp., Intuit Inc., and Microsoft Corp., Open Financial Exchange, Specification 1.5, June 29, 1998.

[10] Dorothy Elizabeth, Robling Denning, Cryptography and Data Security, Addison-Wesley Pub. Company, 1983.

[11] Furnell, S.M., and T. Karweni, "Security Implications of Electronic Commerce : A Survey of Consumers and Business", Internet Research : Electronic Networking Applications and Policy, vol.9, no.5, 1999, pp. 372-38.

[12] Glassman, S., M. Manasse, M. Abadi, P. Gauthier, P. Sobalvarro, "The Millicent Protocol for Inexpensive Electronic Commerce", proceedings of the 4th International WWW Conference, Boston, December 1995.

[13] Kiyoon Sung, "Evaluation of Internet-based Debit Payment Models : Online Merchant's Perspective", Doctoral Thesis, KAIST, 2010.

[14] Lee, J. K., Y. U. Song, and J. W. Lee, "A Comparison Shopping Architecture over Multiple Malls : The Meta-Malls Architecture", Proceedings of International Conference on Electronic Commerce '98, April 1998.

[15] Lee, J. K., Yang, C. Y., "Evolutionary Business Models of e-Cash with Smart Cards", International Conference on Electronic Commerce 2000, Seoul, Korea, 2000.

[16] Master Card and Visa, Secure Electronic Transaction Specification Version 1.0, May 1997.

[17] Matonis, J., "Digital Cash and Monetary Freedom", http://www.publitronix.com/digital_cash/digital-cash.html, April 1995.

[18] Medvinsky, G., and Neuman, B. C., "NetCash : A Design for Practical Electronic Currency on the Internet", Proceedings of the 1st ACM conference on Computer and Communications Security, Fairfax, November1993

[19] Netscape, SSL 3.0 Specifications, November 1996.

[20] Neuman, B., G. Medvinsky, "Requirements for Network Payment : The NetChequeTM Perspective", proceedings of IEEE Compcon '95, San Francisco, March 1995.

[21] O'Mahony, D., M. Peirce, H. Terwari, 2001, Electronic Payment Systems for E-Commerce, 2nd edition, Artech House, Boston.

[22] Raja, J., Senthil, M., and Seetharaman, A., "E-Payments: Problems and Prospects," Journal of Interne tBanking and Commerce, Vol.13, No.1, 2008, pp. 1-17

[23] Ratnasingham, P., The Importance of Trust in Electronic Commerce, Internet Research: Electronic Networking Applications and Policy, vol.8, No.4, 1998, pp. 313-32

[24] Secure Electronic Transaction (SET) Specification, Book 1 : Business Description, Draft for testing, June 17, 1996.

[25] Turban, E., J. Lee, T. Liang, D. Turban, 2010, Electronic Commerce—A Managerial Perspective 2010, Prentice Hall, Upper Saddle River.

[26] Visa International, 3-D SecureTM, Version 1.0.1, Sep. 28, 2001.

[1] ICEC ············ http://icec.net
[2] Internet Security System Inc. ············ http://www.iss.net
[3] RSA Data Security ············ http://www.rsa.com
[4] SSL ············ http://www.ssl.com
[5] VeriSign ············ http://www.verisign.com
[6] Visa International ············ http://www.visa.com

제 8 장

8

B2B 전자거래와 전자조달

학 습 목 표

- 기업간 전자상거래의 목적, 발전, 요소, 거래 품목과 유형에 대해서 이해한다.
- 다양한 B2B 전자시장의 구조에 대해서 이해하고 비교한다.
- 전자조달의 목적과 프로세스에 대해서 이해한다.
- 전자조달을 추진하는 단계 및 전략에 대해서 이해한다.
- B2B EC와 B2C EC를 비교한다.

저 자 소 개

임 규 건, 한양대학교 기술경영전문대학원 / 경영대학 교수, gglim@hanyang.ac.kr

이 재 규, KAIST 경영대학 교수, jklee@business.kaist.ac.kr

차 례(8)

8.1 기업간 전자상거래의 이해
8.1.1 B2B EC 목적과 발전
8.1.2 B2B EC 처리 정보
8.1.3 B2B EC 거래 품목과 유형
8.2 B2B 전자시장의 구조
8.2.1 판매자 위주 전자시장
8.2.2 중개자 위주 전자시장
8.2.3 구매자 위주 전자시장
8.3 전자조달(e-Procurement) 개요
8.3.1 전자조달의 목적
8.3.2 전자조달 프로세스
8.3.3 전자조달시스템과 전자시장과의 통합
8.4 전자조달 추진 방안
8.4.1 전자조달 추진전략
8.4.2 일상제품 시장
8.4.3 차별화제품 시장
8.4.3 파트너십제품 시장
8.4.5 전략적 제품 시장
8.5 B2B EC와 B2C EC의 비교
8.6 맺음말
EC 연구
요 약
사 례
Alibaba.com Limited
주요 용어정리
연습문제
참고문헌 및 참고사이트

8.1 기업간 전자상거래의 이해

기업간 전자상거래(B2B EC, Business-to-business e-commerce, eB2B)는 인터넷, 엑스트라넷, 인트라넷 등에서 상거래를 구성하는 구매자와 판매자가 모두 기업인 경우이다. 즉, 기업의 활동 중 구매, 판매, 금융, 물류, 무역 등의 기업간의 업무처리를 인터넷 기술을 통해 지원하는 것을 의미한다. IDC에서는 온·오프라인 포함해서 세계 B2B 시장의 규모는 2012년 1.5조 달러에 달하며 그 중 10%정도를 B2B EC 시장의 규모로 예측하고 있다 (Harris, 2005). 2009년 국내 B2B EC 시장 규모는 593조원에 달하고 있다.

8.1.1 B2B EC 목적과 발전

B2B EC의 목적은 다음과 같이 요약될 수 있다.

- 기업의 BPR의 일환으로 효율적인 비즈니스 프로세스 달성(비효율, 에러를 줄여줌, 싸이클 타임의 경감)
- 비용 절감(구매, 판매 관련 경비 절감, 종이절약)
- 새로운 판매(구매) 기회 생성
- 효율적인 공급망관리(Supply Chain Management, SCM)
- 효율적인 고객관계관리(Customer Relationship Management, CRM)
- 협업기회의 증대
- 보안성 있는 거래

B2B EC 발전의 초기 모습으로 EDI(Electric Document Interchange)를 들 수 있다. 많은 기업들이 경영혁신(Business Process Reengineering, BPR)의 일환으로서 EDI, ERP(Enterprise Resource Planning), Groupware 등의 기업 정보시스템(Corporate Information System, CIS)을 적용함으로써 기업의 효율적인 비즈니스 프로세스를 만들고자 노력해왔다. 기업들은 EDI를 채용함으로써 시간, 비용, 그리고 오류를 최소화하여 전자문서를 서로 교환할 수 있었다. 이러한 EDI를 통한 거래를 바탕으로 ERP시스템을 기업내부에 구축하게 되고 판매자와 구매자가 웹의 전자카탈로그(e-catalog)를 통한 구매를 하는 기본적인 e-commerce 단계로 발전하였다. 그 후 다양한 객체가 참가하는 전자시장(e-marketplace)을 구성하는 단계로 발전하였으며 이러한 기능이 강화되고 진전되면서, 주문 이전 프로세스와 이후 프로세스 등 전 단계에 걸친 비즈니스 프로세스에 대한 참여자의 협업이 가능한 협업 상거래(c-commerce)로 발전하고 있다.

8.1.2 B2B EC 처리 정보

B2B EC는 유통업자, 판매자, 중개상, 공급자 등 비즈니스 파트너들과 전사적으로 또는 사업적으로 전자적인 관계를 유지시켜 준다. Hanfield와 Nichols(1999)에 의하면 B2B 응용서비스를 통해서 기업은 아래와 같은 종류의 관련 기업 정보를 접근할 수 있게 됨으로써 B2B EC의 소기의 목적을 달성할 수 있다.

- **제품(product)**: 전자카탈로그에서의 상품 사양, 가격, 가격변동사항, 데이터 웨어하우스의 판매 기록 등
- **고객·판매 및 마케팅(customer, sales and marketing)**: CRM을 위한 판매 변동사항 및 예측, 판매촉진, 고객만족 등 관련 정보
- **공급자와 공급망(supplier, supply chain)**: 효율적인 공급망관리를 위한 주요 계약자, 판매기간 및 조건, 파트너의 역할 및 책임, 생산 라인, 리드 타임, 품질, 성능, 재고량과 계획 등
- **생산 프로세스**: 생산량, 생산 용량, 생산 계획, 위탁정도, 성과 측정, 품질 등
- **배송 정보**: JIT 배송을 위한 운송업자, 리드 타임, 비용 등
- **경쟁자**: 벤치마킹, 경쟁력 있는 상품 제공, 시장점유도 등

8.1.3 B2B EC 거래 품목과 유형

B2B EC에서 다루는 개래 품목들은 직접 생산의 원자재로 쓰이는 직접자재(direct material)와 생산에 쓰이는 것이 아닌 간접자재(indirect material)로 나누어진다. 직접자재는 기업의 주된 프로세스에 필요한 자재로서 탁상용 아이템이 아닌 계획된 조달 품목으로서 주로 협상을 통한 대량구매와 계약을 통해 이루어진다. 간접자재는 기업의 주된 프로세스를 지원하는 사무용품 같은 유지 · 보수, 운영 자재인 MRO(maintenance, repairs, and operations)를 지칭한다.

이러한 품목들에 대한 B2B EC에서의 거래 유형은 크게 두 가지로 나누어 볼 수 있는데, 한 가지는 주식이나 오일, 설탕, 옥수수 등의 일용품 등 상품 또는 서비스를 수요와 공급의 원칙에 따라 정해지는 시장 가격에 구매하는 수시구매(spot buying) 품목이고, 다른 한 가지는 구매자와 판매자간의 협상으로 장기간의 계약을 통한 전략적 구매(strategic sourcing) 품목이다. 수시구매 품목은 중개자 위주 시장에서 경제적으로 구매가능하고, 전략적 구매 품목은 공급망(supply chain)을 통해서 효과적으로 구매가능한 품목이다. 주로 간접자재는 수시구매로, 직접자재는 전략적 구매를 취하게 된다.

8.2 B2B 전자시장의 구조

B2B 전자시장의 구조는 누가 시장을 주도 하느냐와 가격 정책에 따라서 크게 아래 [표 8-1]과 같이 판매자 위주 전자시장(seller-centric e-marketplace, Sell-Side B2B), 중개자 위주 전자시장(intermediary-centric e-marketplace, B2B exchange) 그리고, 구매자 위주 전자시장(buyer-centric e-marketplace, Buy-Side B2B)으로 나누어 볼 수 있다(Lim and Lee, 2001). 사용 가능한 가격정책으로는 일반적인 전자카탈로그에 적혀 있는 '판매자 제시 가격', '경매', '입찰', 구매자 내부 정보시스템에 미리 저장되어 있는 '구매자 DB 가격' 등 4가지를 대표적으로 들 수 있다.

▷▷ 표 8-1 B2B 전자시장의 구조

유 형		주제어자	가격정책	역 할	예
판매자 위주 전자시장 (one-to-many)		판매자	판매자 제시가격, 경매	구매자가 판매자 서버에 접속해서 구매.	Dell, Intel, Cisco, IBM, GM
중개자 위주 전자시장 (exchange) (many-to-many)		중개자	판매자 제시가격, 경매, 입찰	중개자가 판매자와 구매자를 연결시킴.	Chemconnect iMarketKorea, Manufacturing.Net, Auction 시장(samsclub.com, auctionanything.com, liquidation.com)
구매자 위주 전자시장 (many-to-one)	구매자 위주 입찰 전자시장	구매자	입찰	판매자가 구매자 서버에 접속하여 입찰 참가.	GE GXS 나라장터
	구매자 위주 내부 전자시장 (Desktop purchasing)	구매자	전자조달 DB 입찰	직원들이 기업 서버에 접속해서 구매.	MS Mart

판매자 위주 전자시장의 구조는 판매자가 전자시장을 구성하고, 그 전자시장에 구매자가 접속하는 형태로서 Dell의 컴퓨터 판매나 Cisco의 네트워크 장비 판매 같은 경우를 들 수 있다. 중개위주의 구조는 중개몰에 판매자와 구매자들이 접속하여 상거래가 이루어지는 경우로서 일반적인 제3자 거래시장으로서 Chemconnect의 경우를 들 수 있다. 구매자 위주 입찰 전자시장의 구조는 구매자가 전자시장을 운영하고 판매자들이 그 전자시장에 접속하는 형태로서 GE의 GXS 같이 부품 공급업자들이 전자시장에 접속하여 입찰에 참여하는 경우이다. 구매자 위주 내부 전자시장의 구조는 구매자가 내부의 전자조달 시스템을

설치하고, 미리 판매자들의 가격을 전자조달 DB에 올려놓은 후 내부 직원들이 해당 사이트에 접속해서 구매를 하는 Microsoft 사의 MS Mart 같은 경우이다.

전자시장은 판매자와 구매자의 수에 따라서 판매자 위주 전자시장은 일 대 다 전자시장(one-to-many e-marketplace), 구매자 위주 전자시장은 다 대 일 전자시장(many-to-one e-marketplace)으로, 중개자 위주 전자시장은 다 대 다 전자시장(many-to-many e-marketplace)으로 표현되기도 한다.

또한, 전자시장의 존재 위치에 따라서는 내부 전자시장(internal e-marketplace), 외부 전자시장(external e-marketplace)으로 나누기도 한다. 전자시장은 일반적으로 외부 전자시장을 의미한다. 그러나 상당수의 외부 전자시장들이 구매자 관점을 위해선 잘 체계화되어 있지 않기 때문에 몇몇 구매업체들은 그들의 내부 구매시스템과 확실히 연동되는 자신만의 내부 전자시장을 구축하기도 한다.

그리고 전자시장의 참여범위에 따라 폐쇄된 참여자만이 참여할 수 있는 사적 전자시장(private e-marketplace)과 누구나 참여할 수 있는 공개 전자시장(public e-marketplace)으로 나누기도 한다.

특히, 중개자 위주 전자시장을 판매자와 구매자가 만나서 서로 교환을 하는 장소라는 개념에서 종종 익스체인지(exchange)라고 부르기도 한다.

8.2.1 판매자 위주 전자시장(seller-centric e-marketplace)

판매자 제시가격

전자시장의 구조 중에서 가장 일반적인 구조는 판매자 위주의 구조이다. 대부분의 생산 주도형 또는 소매상 주도형의 전자 상점들은 여기에 속한다. 이 경우 아래 <그림 8-1>과 같이 개인고객과 기업 구매자들은 판매자가 제공하는 동일한 전자시장을 사용하게 된다. 구매 프로세스는 기업 구매자와 일반 소비자에게 동일하다. 이 구조에서는 Dell, Intel, Cisco, IBM 등의 전자시장과 같은 판매자 제시 가격(seller's posted price) 정책을 일반적으로 사용한다.

판매자 위주 경매

또 다른 판매자 위주의 시장으로서 판매자가 경매(auction) 가격 정책을 사용하는 경우를 들 수 있다. 인터넷 경매를 통해서 판매자는 제품을 처리할 수 있으며, 고객들은 저렴하게 상품을 구매할 수 있다.

▶▶ 그림 8-1 판매자 위주 전자시장의 구조(seller-centric e-marketplace architecture)

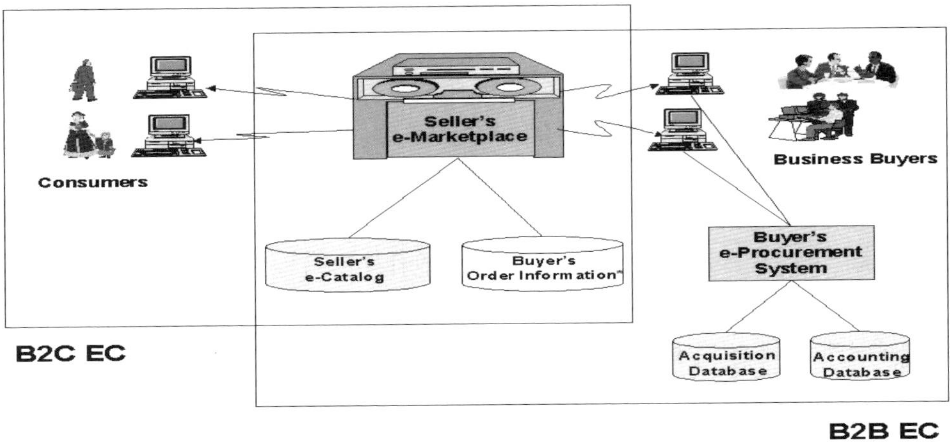

이러한 판매자 위주 전자시장은 시장에서 판매자가 명성과 충성고객을 가지는 한 계속 지속될 것이다. 이 경우 온라인 판매자의 이점은 전 세계적인 하나의 접촉점 유지, 전자카탈로그의 손쉬운 유지 관리, 운영 비용의 감소, 보강된 기술적 지원과 고객 서비스, 기술지원부서 유지비용 감소, 카탈로그와 서비스 소프트웨어 배포비용 감소 등을 들 수 있다.

그러나 판매자 위주 전자시장이 구매기업에게 문제시 되는 것은 구매자의 구매정보가 각 판매자의 서버에 흩어지게 되므로 구매정보를 구매자의 정보시스템과 통합하기가 어렵다는 것이다(Lim and Lee, 2003). 이러한 문제를 해결하기 위해서 전자조달 시스템(e-procurement system)은 ERP 등 내부 구매 정보시스템과 외부의 전자시장이 통합될 수 있도록 구축되어야 한다.

Box사례 : Dell 사

판매자 위주 전자시장의 대표적인 예로써 Dell사의 Dell Direct Model(DDM)을 들 수 있다. 1984년 설립된 Dell사는 기존의 PC업체들과 경쟁하기 위해 온라인을 통한 제품을 주문하는 시스템을 도입하였다. DDM을 도입한 1997년 순이익이 전년도에 비해 59%증가한 123억 달러가 되었고, 2006년 순이익은 무려 559억 달러가 되었다. Dell사는 판매자의 홈페이지에 개인이나, 기업의 구매자, 부품 공급자가 접속하여 주문을 내는 경우로서, 인터넷을 통해서 품질 좋은 각종 하드웨어와 소프트웨어를 판매한다. 상품은 주문 생산형(Make-to-Order) 방식으로 구매자가 주문을 하면 유연성 있는 생산시스템을 통해서 주문생산이 되어 구매자에게 배달된다. 특히 Dell의 물품구매는 인트라넷과 엑스트라넷을 이용하여 JIT(Just In Time) 개념에 의해 다수의 공급자로부터 적정 재고량을 유지하여 그때 그때 부품을 공급받아 판매한다. Dell은 이러한 효율적인 재고관리를 통해서 경쟁업자의 재고수준이 80일인데 반하여 7일로 유지할 수 있었다. 특히 인터넷을 통해서 부품 공급자나 기업 구매자, 개인 소비자 등에게 일관된 서비스 포인트를 제공하며 배달 예측과 주문·추적서비스를 제공한다. Dell사는 50%의 컴퓨터 제품을 온라인으로 판매하며 이 중 90%는 기업 구매자에게 판매한다.

8.2.2 중개자 위주 전자시장(intermediary-centric e-marketplace)

중개자가 시장을 열고 다수의 판매자와 구매자가 만나서 거래(many-to-many e-marketplace) 할 수 있는 중개자 위주의 시장은 아래 <그림 8-2>와 같다. 다른 말로 익스체인지(exchange)라고 불리며 그 기능은 첫째 판매자와 구매자의 연결, 둘째 거래 지원, 셋째 익스체인지 정책 및 인프라스트럭처의 유지 등이다. 익스체인지의 주된 수익모델은 거래중개료, 서비스 제공비, 멤버쉽 가입비, 광고비 등이다.

▶▶ 그림 8-2 중개위주 전자시장의 구조(intermediary-centric e-marketplace architecture)

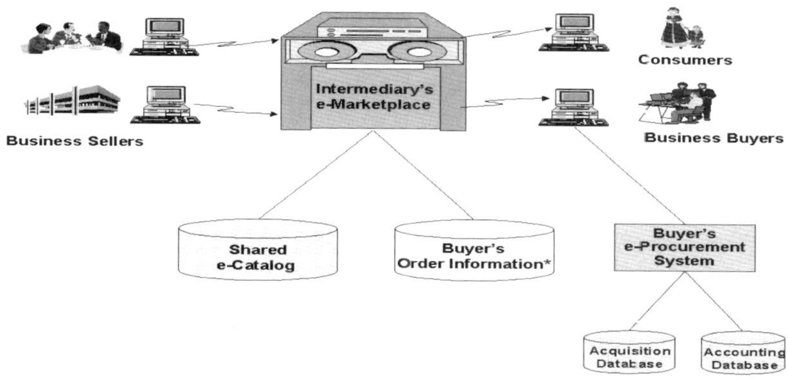

중개자위주 전자시장을 수직 전자시장(vertical e-marketplace)과 수평 전자시장(horizontal e-marketplace)으로 나누어 볼 수도 있는데 대부분의 중개자위주 전자시장은 수직 전자시장이다. 중개자 위주 전자시장의 가격정책은 주로 경매, 입찰과 같이 판매자와 구매자의 호가에 의해 이루어지는 다이나믹 가격정책(dynamic pricing)이며 Manufacturing.Net(www.manufacturing.net), iMarketKorea(www.imarketkorea.com)와 같은 판매자 제시 가격정책도 있다. 그리고 구매자와 판매자가 연합하여 판매, 구매 활동을 하는 컨소시엄 거래 익스체인지가 있으며, 포털형 형태를 취하는 B2B 포털도 있다. 개방 유형에 따라 Public 익스체인지와 Private 익스체인지로 구분되기도 한다.

Box사례 : iMarketKorea

아이마켓코리아(imarketkorea.co.kr)는 삼성그룹 계열사의 MRO 구매 프로세스를 개선하여 비용절감을 이루고자 2000년 설립되었다. 이후 동국제강, 우리은행, 조달청 등 총 2,700여개의 구매고객사와 약 13,100여 개의 공급협력사 간에 네트워크를 형성하였다. 또한, 2004년에 거래규모 2조원이 넘었으며, 2009년 현재 일일 평균 1만건의 주문을 실시간으로 처리하고 있다. 아이마켓코리아는 기본적으로 MRO 구매대행 서비스와 경쟁입찰 서비스를 제공하고 있다. MRO 구매대행 서비스는 생산과 관련된 원자재를 제외한 모든 자재에 대해 사전에 구매업체와의 구매 대행 서비스 계약을 체결하는 방식이다. 또한, 경매 서비스인 B2B Auction을 통해서 기업의 자재구매 및 용역 등의 입찰대행 서비스를 제공하고 있다. 실제로 우리은행은 상호변경에 따른 옥내외 간판 교체를 직접 간판업체와 계약하는 방식 대신 아이마켓코리아의 B2B Auction을 통해 실시하였다. 그 결과 약 10% 정도의 비용절감 효과를 가져왔으며, 업체 심사, 배정 등의 까다로운 업무도 손쉽게 처리할 수 있었다.

수직 전자시장(vertical e-marketplace)과 수평 전자시장(horizontal e-marketplace)

수직 전자시장이란 특정한 산업군의 공급에서 생산, 제조, 판매에 이르는 모든 부분을 다루는 전자시장을 의미한다. 대표적인 수직 전자시장으로서는 철강제품 전자시장인 e-Steel을 들 수 있다. 이 외에도 ChemConnect(화학), Paperexchange(제지), PlasticsNet(플라스틱) 등이 있다.

수평 전자시장은 모든 산업에서 필요한 일반적인 물품에 대한 시장으로서 주로 MRO(Maintenance, Repair, and Operations) 제품 거래를 지원한다. 수평 전자시장은 주로 MRO 공급자와 서비스 제공자들로서 아이마켓코리아(www.imarketkorea.co.kr), 서브원(www.serveone.co.kr) 등이 있다.

Box사례 : ChemConnect

ChemConnect는 화학품이나 플라스틱 제품 또는 원료를 판매자와 구매자가 전자적으로 접촉하는 수직 전자시장이다. BP, Dow Chemical, BASF 등 전 세계 150국가의 9,000여 개의 기업이 참여하고 있는 세계 최대의 화학 전자시장이다. ChemConnect는 운영자가 중립적인 위치에서 공급업체와 구매업체 간의 거래를 맺어주는 역할만 하는 exchange 모형을 하고 있다. ChemConnect에 가입된 공급업체는 전자카탈로그를 통해 자사 제품에 대한 정보를 공개하고 구매업체는 이를 보고 구매하는 형태이다. Chemconnect가 제공하는 서비스는 일용품 거래 서비스, 판매자를 위한 서비스, 구매자를 위한 서비스를 제공하고 있다. 일용품 거래는 실시간으로 판매와 구매가 가능하며, 동시에 여러 건의 계약 체결이 가능하다. 판매자를 위한 서비스는 전자카탈로그나 경매 방식으로 주로 이루어진다. 마지막으로 구매자를 위한 서비스는 역경매 방식으로 RFP를 통해서 이루어진다. Epsilon Product Company는 ChemConnect의 온라인 경매를 이용하여 약 $100,000에 달하는 구매비용을 절감할 수 있었다.

B2B 포털(B2B portal)

정보포털(information portal)의 디렉토리 정보가 기업간 거래를 위해서 사용될 수도 있다. 몇 몇 포털들은 주문을 받고 처리하며 전자시장의 기능을 하기도 한다. 특히 B2B를 위한 포털을 B2B 포털(B2B portal)이라고 부른다.

B2B 포털은 대부분 디렉토리(directories) 서비스를 제공하여 판매자의 소개와 판매물품의 소개, 그리고, 구매자가 무엇을 원하는지를 표기해 준다. 이러한 예로는 MyBoeing Fleet(myboeingfleet.com) 등이 있다. 익스체인지와 마찬가지로 B2B 포털은 다양한 산업군의 상품을 처리하는 수평형(horizontal)과(예 : alibaba.com) 특정 산업부분을 다루는 수직형이 있다. 수평형 B2B 포털을 hotal, 수평형을 votal이라고도 부른다.

컨소시엄 거래 익스체인지(Consortium Trading Exchange)

컨소시엄 거래 익스체인지(CTE)는 구매 컨소시엄(buying-oriented consortia)과 판매 컨소시엄(selling-oriented consortia)으로 나누어 볼 수 있다. 구매 컨소시엄은 기업들이 함께 모여 물품을 구매하는 경우로서 공급자에게 가격을 내리도록 하는 등의 요구나 협상을 할 수 있는 것으로서 시장성격에 따라, 수직시장 구매 컨소시엄(vertical CTE)과 수평시장 구매 컨소시업(horizontal CTE)으로 나누어 볼 수 있다.

판매 컨소시엄인 경우는 그 수가 적은데, 대부분 수직시장에서만 이루어진다. 판매 컨소시엄의 예는 국제항공사들이 공동으로 하나의 커다란 여행사로 행사하며 티켓이나 여행패키지를 파는 경우 등을 들 수 있다.

Box사례 : Boeing

Boeing사는 각 항공사들과 유지보수 제공자들 사이의 일관된 온라인 접속 점 역할을 하고자 인터넷 기술을 적용하여 전자시장을 개설하였다. Boeing사의 PART 서비스는 부품 조달을 위한 PART Page, 기술 지원을 위한 매뉴얼이나 설계서를 포함한 BOLD(Boeing On Line Data), 유지보수를 위한 PMA(Portable Maintenance Aid) 부분으로 구성되어 있다. Boeing사의 경우는 1993년까지 대량 주문을 위해 EDI가 사용되었으나 10%의 고객만이 사용하였다. 이를 인터넷 환경으로 발전시켜 결과적으로 96년의 경우 50%의 고객이 접속했으며, 이로 인해 전화서비스 접속이 상당히 줄었고 고객에게는 비용절감과 유지보수 시간을 줄여 주었다. 고객 중 하나인 U.S Airline의 경우 1백만 달러의 비용이 절감되었으며, 1997년 Boeing사는 20%의 부품 배송이 증가하고 600건의 전화 주문이 감소하였다.

Public 익스체인지와 Private 익스체인지

중개자 위주 전자시장은 일반 업체들에게 개방되어 있는지에 따라 Public 익스체인지 또는 Private 익스체인지로 구분된다.

Public 익스체인지는 다수 구매자와 공급자에게 개방되어 있으며 구매자 공급자 모두로부터 독립적인 대표적인 Public 익스체인지이다. Public 익스체인지는 시장에서 검증된 브랜드 제품에 대한 수시구매에 적절하다. 그러나 구매기업은 다수의 Public 익스체인지와 협상하기 때문에 구매기업의 백엔드 시스템과의 연동은 힘들다.

Private 익스체인지는 단지 소수의 초청된 판매자와 구매자에게 개방된다. 파트너 관계를 맺은 공급자를 통해 구매하는 대부분의 직접자재가 이 영역에 속한다. 제한된 일정 자격을 갖춘 공급업자로부터 구매를 할 경우 백엔드 시스템과 통합도 용이하고, 구매기업은 품질을 확신한 다음 체계적인 구매를 위하여 장기 계약을 맺는 경우도 있다. GE TPN Post는 Private 익스체인지의 대표적인 사례이다.

Private 익스체인지는 중요한 파트너들과의 강력한 통합을 위하여 주로 공급망(supply chain)기반 구매에 적절하다. Public 익스체인지 사용의 문제점들로는 사용료/거래요금을 내야한다는 것, 기업 정보가 공개된다는 것, 비용절감 정도가 크지 않다라는 점, 가용의 공급자들이 많이 수용되지 않는다는 점, 많은 익스체인지들이 있다는 점 등이다. Private 익스체인지는 하나의 기업에 의해서 운영되므로 신뢰가 어렵다는 점 등이 지적된다(Young, 2002). 구매 익스체인지간 특성에 따른 구분을 [표 8-2]에 요약하였다.

▷▷ 표 8-2 익스체인지의 유형별 특징

	Public 익스체인지	Private 익스체인지
구매 아이템	- 작은 구매량을 가진 다수 아이템 - 주로 간접자재(MRO) - 수평 전자시장에서의 간접자재 - 품질은 구매자 검증 없이 대부분 판매자에 의해 보증됨.	- 큰 구매량을 가진 소수 아이템. - 계약을 맺은 공급자를 통한 직접자재 - 수직 전자시장에서의 직접자재 - 품질 보증된 공급자가 초청됨
구매 목적	- 구매가격 감소	- 공급망에서의 정보 공유 - 재고 최소화
공급자 관계	- 수시(Spot) 구매 - 새로운 공급자 발견	- 파트너 관계의 공급자로부터 전략적 구매 - 기존 공급자와의 연결
시스템 통합	- 전자시장과 구매자의 백엔드 시스템과의 통합정도 낮음	- 전자시장과 구매자의 백엔드 시스템과의 통합정도 높음

8.2.3 구매자 위주 전자시장(buyer-centric e-marketplace)

구매자 위주 입찰 전자시장(buyer-centric reverse auction e-marketplace)

대중적인 판매자 위주의 전자시장에서의 기업 구매자는 수작업으로 구매정보를 기업 정보시스템에 입력해야 한다. 인터넷에서 수천 개의 상품을 검색하고 비교해서 구매하고자 하는 GE 같은 기업 구매자는 그 비용이 만만치 않게 된다. 그러므로 이러한 커다란 회사는 아래 <그림 8-3> 같은 그들 자신의 전자시장을 열고자 한다. 이 경우 구매자는 자신의 서버에 전자시장을 만들고 잠재적인 판매자들로부터 주문 요청서(RFQ)를 통해 입찰을 받게 된다. 이러한 종류의 사이트로는 대한민국 국가전자조달 나라장터(www.g2b.go.kr), GE GXS 등이 있다. 그러나 이러한 전자시장들이 많아짐에 따라, 이름 있는 사이트 외에는 판매자들이 일일이 찾아서 입찰에 참가하기가 어렵게 된다.

▶▶ 그림 8-3 구매자위주 입찰전자시장의 구조(buyer-centric reverse auction e-marketplace architecture)

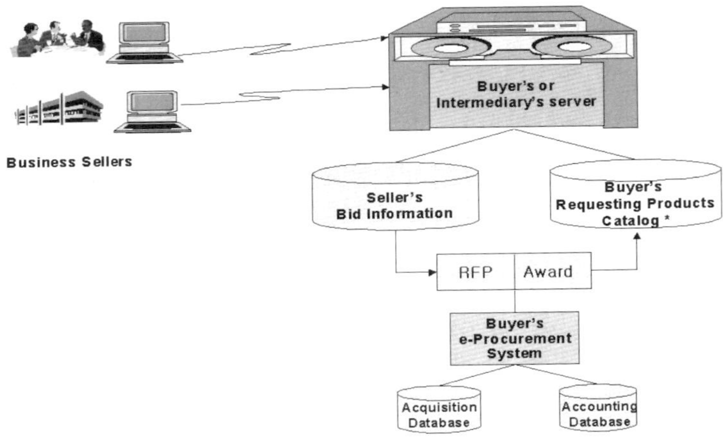

구매자 위주 내부 전자시장(buyer-centric internalized e-marketplace)

또 다른 구매자 위주 전자시장으로서 <그림 8-4>와 같은 구매자 위주 내부 전자시장이 있다. 이 경우에 사전 협의된 판매자는 구매자의 인트라넷 기반 내부 전자조달 시스템의 데이터베이스에 미리 제안된 가격으로 전자카탈로그를 만들어 놓는다. 즉, 구내 매점과 같은 형식이다. 물론 구매 부서는 구매할 상품의 범위와 판매자를 미리 정의해야 한다. 구매 회사의 직원들은 내부 전자조달 시스템에 접속하여 구매를 할 수 있게 된다. 그러므로 최종 구매 직원은 내부 전자카탈로그에서 구매 가능한 상품을 효과적으로 비교해서 구매할 수 있고, 기업의 구매 의사결정은 내부 워크플로우 시스템과 쉽게 통합될 수 있다. 또한, 입찰을 기다릴 필요가 없으므로, 구매 시간이 즉각적으로 수행될 수 있다. 단품에 대해 이러한 구매 방식을 채택함으로써 사전 구매 승인 절차가 생략될 수 있다. 그래서 물품이 필요한 사람은 구매부서의 지원 없이 공급자부터 직접 온라인 구매를 할 수 있다. 이를 통해 구매부서가 슬림화 할 수 있다. 이 접근방식은 Microsoft, Mastercard, Kosa, Lockheed Martin, Cisco 등에 의해 채택되었다. Mastercard사는 구매 직원이 자기 기업의 전자카탈로그로부터 10,000개의 아이템이 넘는 물품을 구매할 수 있는 구매 시스템을 개발했다. 이 경우 문제는 내부 전자카탈로그와 외부의 전자시장과의 일관성을 유지하는 것이다. 이것을 위해서, 구매자의 디렉토리는 전자시장의 변화를 제대로 맞추어 주어야 한다. 이 분야의 더 깊은 연구는(조영희 · 이재규, 2000)에서 볼 수 있다.

▶▶ 그림 8-4 구매자위주 내부전자시장의 구조(buyer-centric internalized e-marketplace architecture)

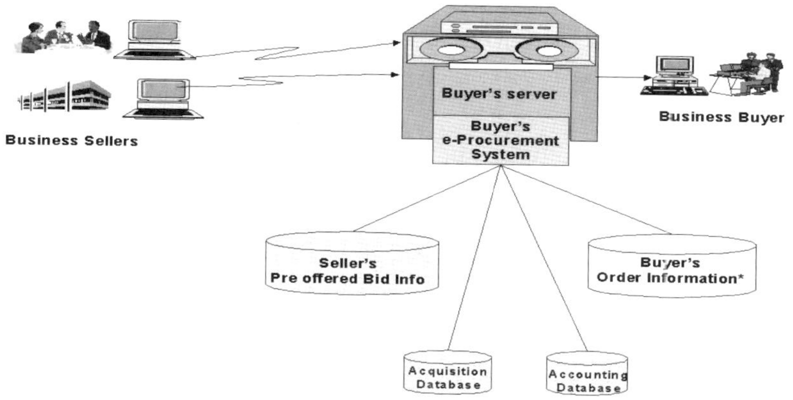

Box사례 : Microsoft사

Microsoft의 MS Market은 마이크로소프트의 인트라넷에 기반을 둔 온라인 주문 시스템으로 직원들이 필요한 제품과 서비스에 대해 자신의 자리에서 쉽고 효율적으로 주문 처리할 수 있게 하는 인트라넷 기반의 기업용 구매 어플리케이션이다. MS Market은 Microsoft의 ERP 시스템인 SAP R/3와 직접 연계함으로써 주문서를 처리하고, 편리하게 청구서를 발행하여 간접 관리비를 줄인다. 전 세계적으로 MS Market은 연간 50억 달러 이상, 40만 건 이상의 전자주문서를 처리한다. 추가비용절감을 위해서, MS는 선별된 공급자와 가격 할인 협상을 벌일 때, 대량구매라는 무기를 사용한다. 전사적으로 구매 절차를 단순화한 MS Market은 각 주문서 처리비용을 평균 60달러에서 5달러로 절감시킬 수 있었으며, 전사적으로 연간 730만 달러 이상의 비용을 감소시켰다.

8.3 전자조달(e-procurement) 개요

대부분의 기업에 있어 생산의 주요한 원천인 원재료나 부품의 조달은 어떤 경우 생산비용의 70%를 차지하며 이 부분의 비용절감은 바로 기업의 순이익과 연결된다. 기업의 구매는 일반 소비자의 구매와 달리 전략적인 것이며, 단지 저렴한 상품을 구입하는 것이 목표가 아니다. 그런 의미에서 기업간 전자상거래에서 가장 핵심적인 기능이 바로 전자조달(e-procurement)이다.

기업 내의 구매조달부서는 다양한 종류의 재료들과 서비스들을 다양한 구매절차를 통해 구매한다. 전자조달(e-procurement)은 협의의 의미로는 기업 내에서 사용되는 상품이나 서비스를 구매하는 행위로 정의되며, 광의의 의미로는 외부로부터 상품, 서비스, 지식 등을 획득하는 제반 행위로 정의된다(Cavinato, 1984).

많은 기업들이 전자조달을 통한 구매업무의 효율성 증대와 기업경쟁력 강화를 위해 B2B 전자시장을 비롯한 기업간 구매정보시스템을 구축했거나 진행 중에 있으며 참여 기업들의 경험에 따르면 대략 10~20%의 경비절감 효과가 있는 것으로 나타났다. 골드만삭스에 의하면 온라인 구매는 기업의 조달 비용을 광산산업 분야에서 최소 2%, 하이테크 또는 전자산업 분야에서는 40%까지 절감할 수 있다고 발표했다(Brookes 2000). AMR 리서치도 소프트웨어 공급이 성장하고, 많은 유형의 기업들이 간접자재 구매와 직접자재 구매를 온라인으로 이행함에 따라, 전자조달을 채택한 대다수의 기업들이 구매비용을 적어도 8%이상 절감할 수 있을 것으로 예측하였다(AMR, 2000).

상품과 서비스에 대한 효율적인 전자조달은 유연한 기업운영과 더불어 비용관리, 기업의 이윤 보장 등에 결정적인 영향을 미친다. 내부 전자시장을 통한 데스크탑 구매의 경우 모든 기업구성원들은 자신의 PC를 통해 몇 번의 클릭만으로 편리하게 회사가 승인한 업체의 전자카탈로그를 검색할 수 있다. 전자조달 환경에서 표준화된 제품에 대한 구매승인은 자동으로 이루어지며, 예외적인 상황이 발생할 경우 승인부서에 즉시 보내지게 된다. 구매 요청, 제품가격, 승인정보, 지불정보를 확실하게 모니터링 할 수 있으며, 지불 및 거래 정보는 기록, 저장되어 판매업체의 역량을 분석하는데 이용될 수 있다.

선도적인 다국적 기업들은 경매 및 역경매, 산업별 익스체인지를 통하여 직접 구매자재에 대한 구매를 전자적인 방법에 의해 시행하며 이를 통해 전 세계 시장에서의 부품구매, 협업적 재고관리, 생산계획 실행, 모니터링을 위해 인터넷을 활용한다. 이와 같이 확장된 공급망 내에 있는 모든 이해 당사자들이 통합된 시스템 환경에서 공급자와 구매자 사이의 정보 공유, 통합이 가능하게 되면 현재 많은 제조 기업에서 필요로 하는 안전재고의 관리 및 자재 흐름의 관리, 복잡한 계약관계 유지 등이 필요 없게 된다.

전자조달을 통해서 서비스 수준의 향상, 원활한 공급망 운영, 비용절감을 가능케 한다. 또한 전자조달로 인한 비용절감의 효과와 더불어 이에 따른 파급효과가 더 클 수 있다. 전자조달을 통해 기업들은 각자의 공급망을 처음부터 끝까지 연계할 수 있으며, 공급자와 구매자는 가격, 재고유무 및 실행에 대한 정보를 공유함으로써 서로 이득이 되는 가격과 스케쥴에 대한 조절이 가능하여 판매부터 공급자에 이르는 공급망 통합이 가능하다. 이러한 공급망 통합은 바로 확장된 기업개념(extended enterprise)에서의 협업 상거래(collaborative commerce)의 실현과 성공을 위한 핵심요소이다.

8.3.1 전자조달의 목적

전세계의 구매와 공급 관리 전문가들은 수익증대의 중요한 전략으로 혁신적인 구매를 주장한다. 이를 위해 현재 몇 가지 사용되는 방안으로는 대규모 구매, 미리 승인된 공급자로부터의 구매, 좋은 공급자의 선택, 공동 구매, 성과 중심의 보상 체계, 기존 공급자의 품질 증대, 계약 협상, 공급자와 파트너십 형성, 문서작업과 행정적인 비용 절감 등을 들 수 있다.

많은 기업들이 꼭 명심해야 할 사실은 근본적인 기업내부 프로세스의 변화는 구매리엔지니어링을 통한 수익 극대화로서 구현되어야 한다는 것이다. 이를 위한 두 가지 핵심적인 성공 요소는 구매와 관련된 단순 반복적인 일상 업무의 수를 줄이는 것과 워크플로우(workflow), 그룹웨어(groupware), ERP, 또는 B2B 전자시장 등의 적절한 기술들을 사용하여 전체적인 구매 주기를 줄여야 한다는 것이다. 노동 집약적인 일상적 구매 기능을 자동화하고 끊김 없이 프로세스가 진행되게 함으로써, 구매자들은 전략적인 구매 업무에 초점을 맞출 수 있다. 전자조달을 통해 달성할 수 있는 주요 목적들은 아래와 같다.

- 거래비용 절감
- 구매자의 생산성 향상
- 구매 주기와 비용의 감소
- 상품의 표준화와 구매 통합을 통한 가격 하락
- 공급자 정보와 가격 정보 흐름과 관리의 향상
- 매버릭 구매(maverick buying) 즉, 비계약업자와의 거래 감소
- 지불 프로세스 개선
- 구매절차의 간소화
- 구매, 배송 과정에서의 불필요한 행정 절차와 실수의 감소
- 더 좋은 가격과 품질의 상품과 서비스를 공급할 수 있는 새로운 공급자 발굴 가능
- 예산조절 기능과 구매과정의 통합

8.3.2 전자조달 프로세스

전자조달 프로세스는 사용자의 요구사항과 일치하는 상품과 서비스를 획득하기 위하여 필요한 모든 행위들로 구성된다. 일반적인 전자조달 프로세스는 <그림 8-5>와 같다(Novack and Simco, 1991). 우선 다양한 방법으로 업체와 상품을 검색하고, 어느 업체와 거래를 할 것인가를 평가하며, 어떠한 시장원리를 통해서 구매할 것인지를 선택한 후에 업체

별로 비교와 협상을 한다. 그리고 구매계약을 통한 주문요청을 하게 되고, 배송 및 수령과 대금지불을 하게 된다. 전자조달은 이러한 각 부분에서 구매 업무를 전자적으로 지원해주게 된다.

▶▶ 그림 8-5 전자조달 프로세스

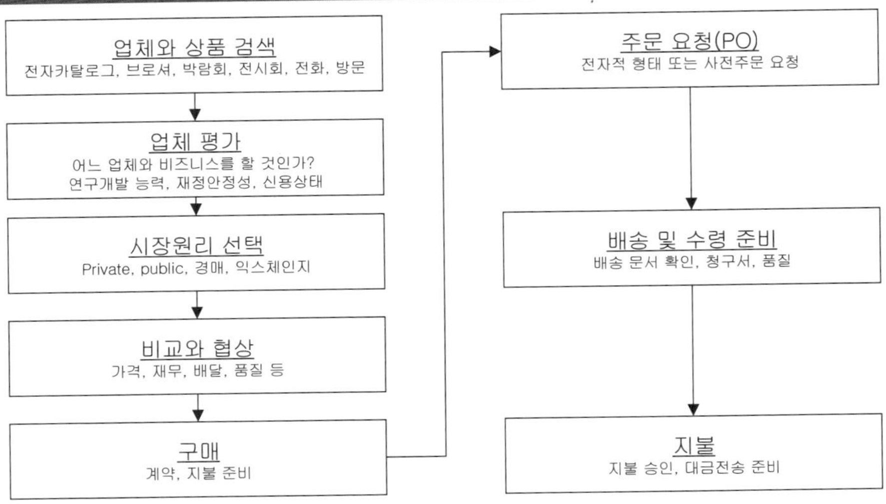

8.3.3 전자조달시스템과 전자시장과의 통합

대부분의 상업용 사이트들은 판매자 위주 또는 중개자 위주의 전자시장이므로, 인터넷 상에서 구매자의 구매 정보는 각 판매자 전자시장에 흩어져 있게 된다(Lim and Lee, 2001). 그러므로 구매자의 정보를 구매자의 백엔드 정보시스템과 통합하는 문제가 효율적인 구매관리를 위한 도전적인 이슈로 부각되어 왔다. 대부분의 백엔드 정보시스템들은 전자메일, 워크플로우, 그룹웨어 등의 기능을 갖춘 인트라넷과 DBMS, 리가시 시스템들, 그리고 ERP시스템 등으로 이루어져 있다. 이 중 ERP 시스템을 백엔드 정보시스템의 대표적인 것으로 생각할 수 있으며, 전자조달 시스템(e-procurement system)이라고 생각할 수 있다. 그러나 ERP 초기 버전들은 인트라넷 기반의 그룹웨어에 초점이 맞추어져 있어서, 전자시장과의 효율적인 통합은 이루어지지 못했다. 기업의 전자조달 시스템과 전자시장의 거래 정보는 통합되어야 하며, 근래에는 시스템 통합자들과 미들웨어 업체들(예 : tibco.com)들이 내부 통합(EAI, Enterprise Application Integration)과 외부통합(B2Bi)을 위해서 여러 가지 솔루션들을 제공한다.

8.4 전자조달 추진 방안

8.4.1 전자조달 추진 전략

기업 전반에 걸쳐 전자조달의 도입과 적용 방법은 향후 기업운영에 많은 영향을 주게 된다. 전자조달을 위한 프로젝트 추진은 일반 IT 또는 업무재설계 프로젝트와 비슷하게 전략수립, 프로그램과 프로젝트 계획, 프로그램과 프로젝트 계획, 시스템 선정, 구현단계를 거친다(Neef, 2001).

전자조달 프로젝트의 추진 과정에서 전자조달을 위한 다양한 전략이 도출될 수 있다. 다양한 전자시장에 대한 시장별 기업간 전자조달 전략은 <그림 8-6>와 같이 분류할 수 있다. 아래 그림은 관계비용과 구매업무 복잡성에 의하여 기업간 구매시장을 분류하여 도식화한 것이다(김정근, 2001). 일반 제품, 차별화 제품, 파트너십 제품, 전략적 제품의 4개의 범주는 각각의 특성이 있으며 각기 다른 구매전략과 정보시스템을 요구한다.

▶▶ 그림 8-6 기업 구매시장 분류와 시장별 기업 구매전략

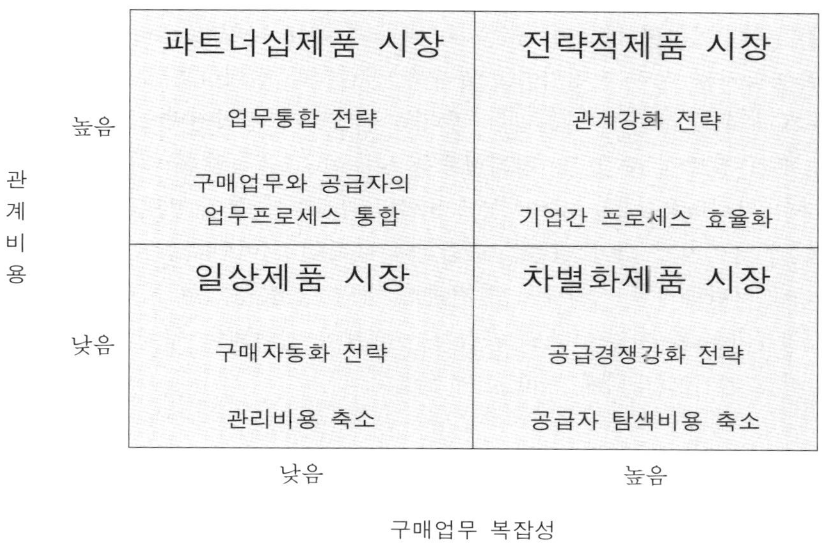

8.4.2 일상제품 시장

일상제품 시장은 다수의 공급자간 제품의 차이가 적고 가격이 공급자 선택의 가장 큰 기준이 된다. 표준화된 제품규격이 존재하는 경우가 많으며 공급자에게 요구되는 기술수준이 낮아서 진입장벽이 낮다. 또한 각 공급자들이 비슷한 품질의 표준화된 제품을 공급하므로 공급자 교체비용 역시 낮다. 이러한 특징으로 정보시스템을 이용하여 구매자와 공급자간의 연결을 자동화하여 효율성을 높일 수 있는 가능성이 크다. 이 경우에 적합한 전략은 구매자동화 전략으로 기업간 전자조달시스템 도입을 통하여 구매업무의 거래비용(transaction cost)과 관리비용(administrative cost)을 감소시키는 전략이다. 미국의 CFO 매거진의 조사에 의하면 기업의 일반관리비를 $1절감할 경우 $13의 판매신장과 동일한 효과를 가지며 1%의 일반관리비 절감은 2.3%의 기업이익을 증가시키는 것으로 보고되었다 (Kalakota and Robinson, 1999).

8.4.3 차별화제품 시장

차별화제품 시장에서는 다수의 공급자가 각기 다른 품질의 제품을 제공하므로 구매자가 처리해야 할 정보의 양이 상대적으로 많다. 따라서 단순히 가격 비교만을 통한 공급자 선택이 이루어지지 않으며 공급자와 제품에 대해 다양한 고려를 하게 된다. 탐색비용이 높고 공급자의 성과를 평가하고 우수한 공급자를 선택하는 것이 구매업무에 있어서 중요한 문제가 된다. 이 경우 적합한 전략은 공급경쟁 강화전략으로 공급자와 공급자가 제공하는 제품 정보의 수집 및 처리비용을 낮추어 효율적인 구매를 수행하려는 전략이다. 구매자의 탐색비용(search cost)이 높으면 신규공급자를 통한 비용절감보다 공급자를 찾는 비용이 더 높아지게 되어 기존의 공급자에게 독점적 이익(monopolistic profit)을 제공하게 된다. 따라서 차별화제품 시장에서는 전자적 방법 등을 통하여 공급자의 탐색비용을 낮추면 잠재공급자의 수가 늘어나고 공급자간 경쟁이 강화되며 구매자의 협상력이 강화되어 비용절감 효과가 나타나게 된다.

8.4.4 파트너십제품 시장

협력업체와의 높은 신뢰관계와 구매업무 복잡성이 낮은 파트너십제품 시장은 상대적으로 소수의 공급자들이 구매자의 요구에 맞춘 제품을 제공한다. 이 영역의 제품은 연구개발이나 생산에 있어서 공동업무와 정보교환의 양이 많기 때문에 소수의 능력 있는 공급자를 선정하여 긴밀한 협력을 통한 기업간 업무효율성을 높이는 것이 구매업무의 중요한 요소이다. 업무통합 전략은 기존의 협력관계를 더욱 강화하여 제품의 생산공정과 재고관리시스템에 공급자의 프로세스와 정보시스템을 통합하여 총비용 최소화의 관점에서 접근하는 전략이다. 핵심 기간업무시스템과 구매정보시스템의 통합뿐 아니라 공급자와 구매자 기업간의 업무 프로세스 정립이 필수적으로 요구된다.

8.4.5 전략적 제품 시장

전략적 제품 시장은 구매금액과 양이 크고 구매자에게 중요한 경우가 대부분이다. 공급자가 많고 요구되는 기술수준이 높아서 진입장벽이 크고 구매환경의 불확실성이 높은 경우가 많다. 따라서 구매의사결정을 위해 시장원리보다는 경영층의 전략적 의사결정이 중요한 공급자 선택요인이 된다. 관계강화 전략은 우수한 공급자를 장기적 관점에서 선정, 공급자 수를 감소시켜 기업간 협력을 통해 구매의 효율성을 높이려는 전략이다. 미국의 사례에서 일반적으로 기존 공급자 중에서 우수한 핵심공급자를 선정하여 거래업체의 수를 40~50% 축소했을 때, 가장 좋은 결과를 가져오는 것으로 보고되었다(Chapman et. al., 1997). 하지만 하나의 공급자만을 선정하는 단일공급자구매(single sourcing)는 단기적 관점에서는 비용절감의 장점이 있지만 장기적 관점에서는 협상력 약화로 인해 기업경쟁력에 불리하다(Newman, 1989). 긴밀한 기업간 협력의 장점을 살리고 단일공급자 구매의 단점을 보완할 수 있도록 2~3개의 핵심공급자를 선정하여 협력을 강화하는 전략(Hines, 1995)이 전략적 제품 시장에 적합하다.

8.5 B2B EC와 B2C EC의 비교

본 절에서는 B2B EC와 B2C EC의 주요 핵심 사항들에 대한 비교를 통해서 기업간 전자상거래의 여러 가지 비즈니스 모델과 구조들의 방향을 소개한다. 많은 기업간 전자상거래 플랫폼들이 주로 판매자 위주 전자시장 형태로 만들어져 있어서 B2C EC 플랫폼과 별반 차이를 보이지 않는다(Davis, 1997). 그러나 기업간 전자상거래에서는 아래의 10가지 특징들이 B2C EC에 대비해서 필수적으로 고려해야 할 요소들이다(Lee, 1998a).

구매정보를 구매자의 기업정보시스템과 연동 관리

판매자 위주의 전자시장을 위한 플랫폼에서는 고객의 정보를 판매자의 서버에 저장하게 된다. 그러므로 기업 구매자는 효율적으로 구매 정보를 자신의 서버에서 관리하기 어렵게 되고 구매자의 기업정보시스템과 연동이 어렵게 된다. 그러므로 B2B EC 플랫폼에서는 구매자의 구매정보는 구매자의 서버에 저장되도록 설계되어야 한다.

B2C EC 플랫폼	B2B EC 플랫폼
□ 구매자의 정보는 판매자의 서버에 저장 □ 구매기록이 제한적이다. □ 가벼운 클라이언트 프로그램을 쓰는 웹 기술이 쓰인다.	□ 구매자의 정보는 구매자의 서버에 저장되어 구매자의 인트라넷, Workflow, ERP, 전자조달시스템 등 기업정보시스템과 연동(통합)되어야 한다. □ 완벽한 구매기록이 필수적이다. □ 무거운 클라이언트 프로그램을 쓰는 웹 기술도 유용히 쓰일 수 있다.

JIT 배송

JIT 방식으로 어셈블리 라인을 운영하는 비즈니스에서는 JIT 배송이 필요하다.

B2C EC 플랫폼	B2B EC 플랫폼
□ 가용한 재고가 보이지 않는다. □ 정확한 배달 날짜나 시간이 크게 중요하지 않다. □ 구매시스템은 재고시스템과 별도이다.	□ 동적으로 가용한 재고상황이 보여야 한다. □ 구매시에 정확한 배달 날짜와 시간이 확정되어야 한다. □ 재고상황과 생산계획, 배달 스케줄과 연동되는 주문이 필수적이다.

구매자 위주의 디렉토리

공급자 위주의 디렉토리는 기업구매자의 관점에서는 사용하기에 쉬운 것이 아니다. 그러므로 구매자는 구매자 위주의 디렉토리를 생성하여 쓸 필요를 느끼게 된다. 이러한 디렉토리는 소프트웨어에 의해 관리된다.

B2C EC 플랫폼	B2B EC 플랫폼
□ 판매자 위주의 디렉토리가 대중적이다. □ EC의 주된 동기는 판매촉진이다. □ 구매자 또는 판매자 위주의 디렉토리가 만들어진다.	□ 커다란 구매자에게는 구매자 위주의 디렉토리가 제공되어야 한다. □ 구매 프로세스에 대한 경영혁신이라는 부가적인 동기가 있다. □ 중간상 디렉토리가 판매자와 구매자 위주의 디렉토리를 조절하는데 필요하다.

공식적 계약 프로세스

비즈니스 계약은 규정된 문서와 프로토콜이 필요하다. 구매자는 전자 송장을 조직의 의사결정과 감사를 위해서 첨부할 필요가 있다.

B2C EC 플랫폼	B2B EC 플랫폼
□ 공식적인 계약이 아닌 구매로도 충분하다. □ 자유로운 계약 프로토콜 □ 기존의 입찰과 경매에 대한 전자적인 형태의 변환이다.	□ 특정한 문구와 조건 등을 담은 공식적인 전자적 계약문서가 필요하다. □ 합법적인 계약 프로토콜이 확정되어야 한다.

기업 구매의사결정 지원

조직의 구매의사결정을 돕기 위해서 워크플로우는 기업간 전자상거래 플랫폼과 통합되어야 한다.

2C EC 플랫폼	B2B EC 플랫폼
□ 구매는 개인적인 구매고객의 의사결정에 의한다. □ 구매 의사결정 프로세스는 계획적으로 조절되지 않아도 된다. □ 거래에 대한 협상이 부분적이고 제한적이다.	□ 구매는 조직의 구매의사결정이다. □ 구매의사결정은 동시적인 그룹의사결정(웹 회의와 인터넷 폰을 사용하는)과 비동시적인 그룹의사결정(workflow 도구를 사용)으로 나눌 수 있다. □ 거래에 대한 다양한 협상 절차가 있고, 광범위하다.

안전한 대량지불

기업의 구매는 대량 지불을 필요로 하므로, 신용카드 기반의 지불은 수수료 때문에 적합하지 않다. 전자적 자금이체가 기업간 전자상거래에는 적당할 것이다.

B2C EC 플랫폼	B2B EC 플랫폼
□ 신용카드가 대중적이다. 이는 판매자에게 많은 비용 부담을 주게 된다.	□ 신용카드 기반 지불 보다는 전자적 자금이체가 적당하다. □ 보안, 인증, 부인방지 등이 더욱 중요한 사항이 되고, 등록된 배달사항 등에 대한 정보를 공증을 위하여 제3기관에 저장하는 것이 필요하다.

XML을 이용한 표준화된 메시지

기업간의 거래를 위해서는 다양한 방식의 계약, 거래 방식 등이 존재하는데, 이것은 표준화된 메시지의 교환으로 이루어지게 된다. 여기에 다양한 물품, 기업 정보 등을 소프트웨어가 처리하기 위해서는 XML 형태의 표준화된 메시지가 필요하다.

B2C EC 플랫폼	B2B EC 플랫폼
□ 거래가 단순하다.	□ 다양한 계약, 거래를 위한 문서의 표준이 필요하다.

지식관리

B2B EC에서는 기업의 구매 처리와, 파트너와의 거래, 직원들의 정보처리를 위해서 전자카탈로그 내용 분석, 기술적 지식, 예산 제어를 위한 규칙 등 많은 지식의 처리를 요하게 된다. 또한, 구매의사결정 등을 위해서는 XML 만으로 유추할 수 없는 추론 기능도 필요하게 되므로 XRML 기술 등이 필요하게 된다.

B2C EC 플랫폼	B2B EC 플랫폼
□ 개인의 구매의사결정은 상대적으로 단순하다.	□ 기업의 구매의사결정과 관련한 많은 지식을 처리해야 하면, 그 관리를 해야 한다. □ 효과적인 의사결정으로 하기 위해서는 추론 기능이 필요하다. □ XRML 기술 등이 필요하다.

8.6 맺음말

본 장에서는 기업간 전자상거래의 기본적인 개념을 살펴보고, 다양한 B2B 전자시장의 구조를 분류하고 그 내용을 살펴보았다. 또한 전자조달과 B2B EC와 B2C EC와의 주요 사항들을 비교해 보았다.

1990년 후반 수많은 B2B 전자시장들이 출현하였으나 2004년까지 90% 가까운 사이트들이 사라져 갔다. 그 이유로 기업간 거래의 특성상 오프라인을 통한 협상과 전략적인 구매, 기업간 거래의 특수한 상거래 관행, 전자거래에 대한 불신감, 전자거래의 이용 불편, 효율적이지 못한 시스템, 거래 상대자의 이용률 저조 등을 들 수 있을 것이다. 이렇듯 B2B는 기업구매의 의사결정의 연속으로 보아야 하며 B2C와는 구별되는 특징들을 잘 파악해야만 성공적인 적용을 할 수 있다.

기업간 전자상거래와 전자시장에 대한 다양한 연구가 진행 중이다. B2B EC에 대한 일반적인 기술분야 관련한 연구로는 B2B EC의 잠재적인 이점(Papazoglou and Ribbers, 2006, Senn 2000, Lee 2002), B2B EC의 용어와 그 한계(Kerrigan et al. 2001), CIO 관점에서 B2B EC을 채택하는 주요 이슈들에 대한 조사(Soliman 2003), 구매전문가들의 인터넷에서의 구매에 대한 인식정도(Deeter-Schmelz and Kennedy 2002), B2B 시장에서의 인터넷 경매(Sashi and O'leary 2002) 등이 있다.

B2B EC의 핵심성공요인 관련한 연구로는 B2B 핵심성공요인에 대한 사례연구(Hope 2001), 핵심성공요인을 마케팅전략, 웹 사이트, 글로벌, 내부 관련, 외부 관련 요소들의 5가지로 분류 분석(Eid etal. 2002) 등이 있다.

B2B 전자시장 관련한 연구로는 다양한 형태의 B2B 익스체인지와 그 비용과 이점(Tumol 2001), B2B 시장의 비즈니스 모델 연구에 대한 확장된 프레임웍 개발(Richard and Deviney, 2005; Dai and Kauffman 2002), B2B 전자시장의 선도가 되는 경로(Thuoung 2002), B2B 익스체인지의 평가 요소(Ranganathan 2003), B2B 전자시장에서의 모바일 상거래(Raisinghani and Hanebeck 2002), 전자시장에서의 정보 투명성이 어째서 B2B 익스체인지의 채택을 지연시키는 지에 대한 연구(Zhu 2002), 콘텐트 분석 접근방식에 의해서 전자시장의 선택에 대한 프레임웍(Stockdale and Standing 2002), B2B 전자시장과 기업정보시스템 통합구조(Lim and Lee, 2003), B2B 전자시장의 구조와 구성요소들과 성공요소들 실험(Dou and Chou 2002) 등이 있다.

전자조달 관련한 최신 연구로는 웹기반 조달의 가치와 효과에 대한 정량적인 측정 프레임웍(Subramaniam and Shaw 2002), 전자조달의 사업적인 면과 기술적인 면의 이슈(Rajkumer 2001), 싱가포르 기업들에 대한 전자조달 시스템 채택의 효과(Kheng and Al-Hawamdeh 2002), U.S. Office of Naval Research에서 연구비 관리를 위한 조달 프로세스 재설계에 대한 사례연구(Scacci 2001), B2B에서 웹기반 전자카탈로그 시스템 분석(Baron et al. 2000), B2B 조달 프로세스에서의 전자적 통합의 전략적, 운영적 이점(Mukhopadhyay 2002) 등이 있다.

그 외에 B2B EC에서의 구매자-판매자 상호작용 관계의 개념모델(Tang et al. 2001), 전자조달 생명주기에 걸친 B2B 관계관리에 대한 논의(Archer and Yuan 2000) 등의 B2B 관계관리 관련 연구, B2B EC에 대한 에이전트기반 접근(Blake and Maria 2002), B2B EC에서의 지능형 검색(Harris, 2005), B2B EC의 상품관리를 위한 에이전트 기반 시스템(Park and Park 2003) 등의 B2B EC에서의 에이전트 관련 연구, B2B 시장에서의 동맹 프로세스 제시(Koch 2002), EC 거래에서의 거래 대상의 신뢰에 대한 파워의 영향(Ratnasingam 2000), B2B EC에서의 상대방에 대한 신뢰의 중요성에 대한 사례(Ratnasingam and Phan 2003) 등의 B2B 동맹과 제휴 관련한 연구, 웹서비스의 이점 검토(Ferris and Farrell 2003), Web Service Modeling Framework(WSMF)이 웹서비스와 구성요소들을 개발하고 기술하기 위해서 적절한 개념모델로서 제안(Fensel and Bussler 2002), e-Service의 출현에 대한 기술(Stafford 2003, Hoffman 2003), 전자적인 환경에서의 새로운 비즈니스 패러다임으로서 e-service를 조망(Rust and Kannan 2003) 등의 웹서비스와 e-services 관련 연구, 협업적 공급망관리에서의 신뢰와 약속의 관리(Welty Becerra-Fernandez 2001), 고객-공급자

쌍의 관계 요소들이 공급망관리를 위해서 재고(Angeles and Nath 2003) 등의 B2B 제휴에서의 신뢰 관련한 연구 등이 있다.

관련한 연구 참고문헌과 자료는 http://icec.net을 참고하기 바란다.

사례 : Alibaba.com Limited

Alibaba 그룹의 대표적인 회사인 Alibaba.com은 B2B 전자상거래 산업에서 세계적인 선도 기업이다. 1999년 3월에 설립된 Alibaba.com은 전 세계 모든 수입업자와 수출업자를 위한 글로벌 무역 시장인 "alibaba.com"과 중국 내 내수 무역을 위한 중국전용 무역 시장인 "alibaba.com.cn", 일본과의 수출입 거래를 보다 쉽게 할 수 있도록 일본 내 협력 업체와 제휴를 통해 만든 무역 시장인 "alibaba.co.jp" 등 세 개의 온라인 시장을 통해 전 세계 수백만의 구매자와 공급자가 온라인상의 비즈니스를 할 수 있도록 하였다. 동시에, Alibaba.com은 240여 개 이상의 국가에서 4,000만이 넘은 등록된 사용자들의 커뮤니티를 형성하였으며, 항저우의 본사와 중국 내 지점뿐만 아니라 유럽, 북미 등 40여 개의 도시에 사무실을 가지고 있는 글로벌 기업으로 성장하였다. Alibaba.com의 창업자인 Jack Ma는 중국 내 전자상거래 산업도 수익을 창출할 수 있다는 것을 보여주기 위해 2007년 11월 기업 공개를 통해 주식시장에 상장하였다.

지난 10년 동안 Alibaba.com은 계속해서 성장하여 전 세계 모든 기업을 위한 프리미엄 전자상거래 브랜드와 활기찬 온라인 무역시장이 되었다. Alibaba.com의 글로벌 무역 시장인 alibaba.com은 860만 회원들에게 3,500여 개의 서로 다른 카테고리에 속한 제품들을 제공하고 있다. Alibaba.com의 중국전용 무역시장인 alibaba.com.cn은 중국 내 3,106만 여명의 등록된 사용자에 보다 쉽게 중국 내 거래를 할 수 있는 기반을 마련하였으며, 6,000여 개 이상의 서로 다른 카테고리로 나뉜 상품을 제공하고 있다. 이런 Alibaba.com은 사용자들을 위해 거래되는 제품이나 기업에 대한 구체적이고 정확한 정보를 제공하고 있으며 24시간동안 끊임없이 구매자와 판매자를 매치하고 있다.

Alibaba.com의 사업 역량을 이해하기 위해서 Alibaba.com의 특징을 살펴보면 다음과 같다.

≪데이터베이스≫

Alibaba.com의 센터는 기본적으로 굉장히 다양한 상품 카테고리를 제공하는 수평적 정보 포털인 거대한 데이터베이스이다. 2009년 현재 Alibaba.com에서 거래되는 모든 제품은 농업, 의류패션, 자동차, 장남감과 같은 44개 주요 산업 카테고리로 나뉘어져 거래되고 있다. 각각의 산업 카테고리는 총 700여 개가 넘는 하부 카테고리로 세부적으로 구성되어 있다. 예를 들면, 장난감 카테고리는 인형, 전자 애완동물,

나무 장난감과 같은 아이템들을 포함하고 있다. 각각의 하부 카테고리는 판매자와 구매자, 에이전트 그리고 기업으로 구성된 4개의 그룹으로 편성되어 카테고리로 분류된 상품에 대한 정보를 게시한다. 각각의 그룹은 많은 회사들을 포함하기 때문에 상품 정보에 대한 게시물은 상당히 짧다. 이런 이유로 대부분의 경우 사용자가 자세한 정보를 얻을 수 있도록 게시물에 광고를 클릭할 수 있도록 하였다. 어떤 카테고리는 수천 개의 제품 게시물을 가지고 있기 때문에 사용자가 쉽게 제품을 검색할 수 있도록 Alibaba.com은 검색단어를 재정의 하는 방식의 수직적 검색 엔진을 제공한다.

≪거래 인증과 검증≫

Alibaba.com의 자체 설문 결과, 85% 이상의 구매자들이 이미 검증된 기업과의 거래를 선호하는 것으로 나타났다. 즉, 전자상거래의 요소 중에서 이해당사자가 간의 거래 인증과 검증이 필요하다는 것을 의미한다. 그래서 Alibaba.com은 전자상거래 상의 신뢰성과 안전성을 유지하기 위해 독립된 제3의 기관으로부터 거래 인증과 검증을 반드시 받고 통과해야 한다. 이 때, 기업의 사업자 등록, 사명, 주소 등과 같은 기업의 전반적인 현황과 정보에 대한 검증이 이루어진다. 제3의 기관에 의해 성공적으로 검증된 공급업체만이 Alibaba.com에서 거래할 수 있는 자격인 'TrustPass'를 얻을 수 있다.

≪수익 모델≫

구매자를 모으기 위해 Alibaba.com은 여러 가지 툴과 서비스를 무료로 제공함과 동시에, 일반 사용자와 차별화된 서비스와 툴을 제공하는 유료 멤버십 제도를 가지고 있다. Alibaba.com의 수익은 대부분 이런 유료 멤버십과 부가가치 서비스를 통해 창출된다. 한 예로 Alibaba.com의 유료 멤버십 제도 중 하나인 "the Gold Supplier Starter Pack"을 살펴보자. 2008년 11월 Alibaba.com은 초보 거래자를 위한 새로운 서비스인 "the Gold Supplier Starter Pack"을 출시하였다. 이 서비스는 기존의 산업 환경에서 효율성을 달성하기 위해 그들의 비즈니스 기반을 온라인으로 옮기려는 계획을 가지고 있는 수출기업들을 위해 설계되었다. 이 서비스는 기본적으로 온라인 상점 전시장과 무제한으로 제품 리스트에 올라갈 수 있는 서비스가 제공된다. 기존의 프리미엄 멤버십은 그들의 핵심 제품의 모습을 보다 자세하게 나타낼 수 있도록 하는 가상 쇼룸과 같이 프리미엄 웹페이지의 혜택을 더 누릴 수 있도록 업데이트 되었다. 기업들은 이 제품을 살 수 있기 전에 반드시 Quality Supplier Program 하에 제 삼자의 인증과 검증을 받아야 한다. 2008년 전 세계적인 경제 침체에 불구하고 이 서비스는 다양한 잠재적인 새로운 고객에게 큰 관심을 끌었다. Alibaba.com은 2003년 12백만 달러의 수익을 기록하는 등, 그 동안의 손실을 견딜 만큼 충분히 성장했다. 그 결과, 2009년에는 회사의 수익은 급속하게 성장했으며, 2008년 총 매출액은 전년도 대비 39% 증가한 440백만 달러를 기록하였다.

<Turban 외, 2010 참조>

요 약

기업간 전자상거래는 구매자와 판매자가 모두 기업인 전자상거래로서 BPR의 연속성 아래서 기업 비즈니스 프로세스를 IT기술을 통해서 비용절감 등 효율적이고 효과적인 비즈니스 프로세스를 구현하고자 하는 데 목적이 있다. 그 구조는 누가 시장을 주도하느냐에 따라서 크게 판매자위주 전자시장(seller-centric e-marketplace), 중개위주 전자시장(intermediary-centric e-marketplace), 구매자위주 입찰 전자시장(buyer-centric reverse auction e-market-place), 그리고 구매자위주 내부 전자시장(buyer-centric internalized e-marketplace) 등으로 나누어 볼 수 있다. Dell사와 같은 판매자위주 전자시장의 구조가 대부분이지만, Boeing사 같은 중개위주 전자시장, GE GSX 같은 구매자위주 입찰 전자시장, MS Market과 같은 구매자위주 내부 전자시장도 다양하게 등장하였다. 이들은 기존의 일반적인 판매자의 제시가격 외에 전자적인 입찰, 경매, 전자조달 데이터베이스 가격 등 새로운 가격 방식을 제공한다. 특히 중개자위주 전자시장은 다대다 익스체인지라고도 불리며, 특정 산업군의 전자시장을 의미하는 수직전자시장과 모든 산업에서 필요한 일반적인 아이템을 제공하는 수평전자시장으로 나눌 수 있다. 또한, 공동구매 형태의 구매 컨소시엄과 판매 컨소시엄 형태의 중개시장도 등장하였다. 그리고 전자시장의 개방의 정도에 따라 Public 익스체인지, Private 익스체인지로 구분하기도 한다.

인터넷 환경의 발전으로 인해 전자조달(e-procurement)의 필요성이 급증해왔는데 전자조달은 기업 내에서 사용되는 상품이나 서비스를 구매하는 행위이다. 기업의 조달은 소비자의 구매와 달리 전략적인 측면이 강하므로 구매시장에 맞는 적절한 추진전략을 구상하여 거래비용 절감뿐만 아니라 구매자의 생산성 향상, 구매 프로세스 개선 등 다양한 목적을 달성해야 한다. 이러한 전자조달시스템은 인터넷 기반 전자시장과의 통합이 효과적으로 이루어져야 한다.

전자시장의 중요한 역할은 검색비용 절감과 경쟁력 있는 구매력이지만, 전략적인 파트너십이 필수적으로 중요할 때는 공급망관리, JIT 배송, 데이터 웨어하우스 공유, B2B 포털 등을 통한 미래형 협업 체계를 필요로 한다.

주요 용어정리

- 간접자재(Indirect Material)
- 구매 컨소시엄(Buying-oriented consortia)
- 구매자 위주 전자시장(Buyer-centric e-Marketplace)
- 기업간 전자상거래(B2B EC)
- 내부 전자시장(internal e-marketplace)
- 다 대 일 전자시장(many-to-one e-marketplace)

- 데이터마이닝(dataminig)
- 데이터웨어하우스(datawarehouse)
- 수시구매(Spot Buying)
- 전자시장(e-marketplace)
- 익스체인지(exchange)
- 일 대 다 전자시장(one-to-many e-marketplace)
- 입찰(Reverse Auction)
- 전략적 구매(Strategic sourcing)
- 전자조달시스템(e-procurement system)
- 중개자 위주 전자시장(Intermediary-centric e-Marketplace)
- 지식관리(Knowledge Management)
- 직접자재(Direct Material)
- 판매 컨소시엄(Selling-oriented consortia)
- 판매자 위주 전자시장(Seller-centric e-Marketplace)
- 판매자 제시가격(Seller's Posted Price)
- 공급망관리(Supply Chain Management)
- 수시구매(Spot Buying)
- 수직 전자시장(vertical e-marketplace)
- 수평 전자시장(horizontall e-marketplace)
- 외부 전자시장(external e-marketplace)
- 협업 상거래(c-Commerce)
- JIT 배송(JIT Delivery)
- MRO(Maintenance, Repairs, and Operations)
- Private 익스체인지(Private exchange)
- Public 익스체인지(Public exchange)
- XML(eXtensible Markup Language)
- XRML(eXtensible Rule Markup Language)

연 습 문 제

[1] B2C EC와 다른 B2B EC의 특징에 대해서 서술하시오.

[2] 전자시장의 구조를 분류하시오.

[3] 수직전자시장과 수평전자시장에 대해서 비교하시오.

[4] B2B 전자시장의 분류 중 외부(External) 전자시장과 내부(Internal) 전자시장에 대해 구분, 설명하시오.

[5] 기업간 전자시장을 Public 익스체인지, Private 익스체인지로 구분하고 특징에 대해 비교 설명하시오.

[6] 익스체인지란 무엇인가?

[7] B2B EC에서의 XML의 역할에 대해서 서술하시오.

[8] B2B EC에서의 협업체계는 어떻게 이루어지는가?

[9] B2B 구매 컨소시엄과 판매 컨소시엄에 대해서 비교 설명하시오.

[10] 기업 포털에 대해서 설명하시오.

참고문헌 및 참고사이트

[1] 김정군, "부품 거래특성 기반 기업간 전자구매전략 도출 : H사 사례", KAIST, 2001.

[2] "전자상거래 백서", 산업자원부, 전자거래협회, 2003.

[3] 박종의, 심은섭, "B2B 생존과 파워", 명진출판, 2000.

[4] 임규건, 이재규, "기업간 전자상거래에서의 구매자쇼핑카트 정량적 성능분석 : 구매자의 상호작용노력 중심", 한국경영정보학회지14권 1호, 2004, pp. 59-77.

[5] 임규건 외, "경영을 위한 정보기술", 교보문고, 2007.

[6] 임규건, 이재규, 이대철, "전자정부 G2B 시스템의 성과평가 분석을 위한 새로운 평가 모델 및 방법론 개발", Information Systems Review, Vol. 10, No.2, 2008.8, pp. 269-289.

[7] 통계청, "2010년 3분기 전자상거래 및 사이버쇼핑동향" 2010.11.

[8] AMR, "E-Procurement : Unleashing Corporate Purchasing Power " Time, Inc. in associated with AMR Research, Inc., May 2, 2000, www.fortune.com/sections/eprocurement2000, July 19, 2000.

[9] Bly R. W., Business to Business Direct Marketing : Proven Direct Response Methods to Generate More Leads and Sales, Lincolnwood IL Ntc Business Books, March 1998.

[10] Cunningham, M. J., B2B : How to Bild a Profitable E-Commerce Strategy, Perseus Publishing, 2000.

[11] Davis, C., "Most B-to-B Sites Don't Meet Customer Needs : Gartner", NetMarketing, www.netb2b.com, Sept. 1997.

[12] Harris, L. "B2B Markets Turn to Intelligent Search to Boost Profitability and Increase Buyer Satisfaction." CXO, 2005.
[13] Kaplan, S. and Sawhney, M. "E-Hubs: The New B2B Marketplaces," Harvard Business Review, May-June 2000, pp. 97-102.
[14] Handfield, R. and E. Nicols, Supply Chain Management, Upper Saddle River, NJ : Prentice Hall, 1999.
[15] J. K. Lee et al., Premier e-Business Cases from Asia. Singapore : Prentice Hall and Pearson Education South Asia, 2007.
[16] Joh, Y. H. and Jae K. Lee, "A Framework of Buyer's e-Catalog Directory Management System" forthcoming 2000.
[17] Lim, G. G. and J. K. Lee, "Buyer-Carts for B2B EC : The b-Cart Approach", Journal of Organizational Computing and Electronic Commerce, Vol. 13, No.3&4, pp. 289-308, 2003.9.
[18] Maddox, K., "Cisco Wins Big with Net Ordering", NetMarketing, www.netb2b.com/cgi-bin/cgi_article/monthly/97/05/01/article.html, 1998.
[19] MasterCard, "MasterCard Purchasing Card Program" Mastercard.com, 2006.
[20] Papazoglou, M., and P. Ribbers. Building B2B Relationship - Technical and Tactical Implementations of E-Business Strategy. Hoboken, NJ : Wiley & Sons, 2006
[21] Richard, P.J., and T.M. Devinney. "Modular Strategies : B2B Technology and Architecture Knowledge.", California Management Review, 2005.
[22] Sculley, A. B. and W. W. Woods, B2B Exchanges, ISI Publications, 1999.
[23] Silverstein, B., Business-To-Business Internet Marketing: Five Proven Strategies for Increasing Profit Through Internet Direct Marketing, Gulf Breeze FL Maximum Press, 1998.
[24] Silwa, C., "Software Improved Net Purchasing Process", ComputerWorld, www.computerworld.com, Dec. 1998.
[25] Sullivan, D., "Extending E-Business to ERP", e-business Advisor, Jan 1999, pp. 18-23.
[26] Teasdale, S., "Boeing extranet Speeds Ordering Process for Spare-Parts Buyers", NetMarketing, www.netb2b.com, June 1997.
[27] Trading Process Network, "Extending the Enterprise : TPN Post Case Study - GE Lighting", tpn.geis.com/tpn/resouce_center/casestud.html, 1999.
[28] Turban, E., E. McLean, and J. Wetherbe, Information Technology for Management, 5th Ed, John Wiley & Sons, Inc., 2007.
[29] Turban, E., King, D., Lee, J., Viehland, D., Electronic Commerce 2010 : A Managerial Perspective, Prentice Hall, 2010.

[1] 대한민국 나라장터 ······ http://www.g2b.go.kr
[2] 이상 네트워크 ······ http://www.e-sang.net
[3] Alibaba ······ http://www.alibaba.com

[4] Auction ·· http://www.auction.co.kr
[5] BIDNET ·· http://www.bidnet.com
[6] Boeing ·· http://www.boeing.com
[7] 전자거래학회 ·· http://www.calsec.or.kr
[8] Dell ·· http://www.dell.com
[9] eBay ·· http://www.ebay.com
[10] ebXml ·· http://www.ebxml.org
[11] Federal Marketplace ······································· http://www.fedmarket.com
[12] GOVCON ·· http://www.govcon.com
[13] GXS ·· http://www.gxs.com
[14] ICEC ························ ························ http://icec.net
[15] Manufaturing.Net ·· http://www.manufacturing net
[16] Rosettanet ·· http://www.rosettanet.org
[17] SAP ························ ························ http://www.sap.com

제 9 장

9

SCM과 물류

학습목표

- 공급망과 공급망관리의 기본개념을 이해한다.
- 공급망관리를 위한 정보기술 응용분야를 이해한다.
- 공급망의 하부구조인 물류활동과 e-Logistics, 수송네트워크를 파악한다.

저자소개

이재규, KAIST 경영대학 교수, jklee@business.kaist.ac.kr
장용식, 한신대학교 e-비즈니스학과 교수, yschang@hs.ac.kr

차 례(9)

9.1 공급망관리의 이해
9.1.1 공급망의 기본개념
9.1.2 공급망 프로세스 구분
9.1.3 공급망관리
9.1.4 공급망의 문제점과 해결방안
9.2 공급망관리의 정보기술 응용
9.2.1 공급망관리를 위한 정보기술의 역할
9.2.2 공급망관리의 응용기술
9.3 공급망과 물류
9.3.1 공급망과 물류의 기능
9.3.2 e-Logistics
9.3.3 물류네트워크의 최적화
EC 연구
사 례
스마트 물류시스템을 지향하는 CJ GLS
요 약
주요 용어정리
연습문제
참고문헌 및 참고사이트

9.1 공급망관리의 이해

9.1.1 공급망의 기본개념

공급망의 정의

공급망(supply chain)은 원자재업자로부터, 공장과 창고를 거쳐 고객에 이르기까지의 자재, 정보, 지불, 서비스의 흐름을 지칭한다. 공급망에는 제품, 정보, 그리고 서비스를 최종 고객까지 만들어서 전달하는데 직·간접적으로 연관된 모든 참여자들로 구성된다. 여기에는 제조업체와 공급업체 뿐만 아니라, 유통업체, 창고업자, 소매상, 그리고 고객들도 포함된다.

'Supply Chain'이라는 용어는 공급망, 공급체인, 공급사슬 등으로 다양하게 번역되어 사용된다. 공급체인이나 공급사슬이라는 용어는 제품이 공급업체로부터 제조업체, 유통센터, 소매상 그리고 고객에게로 순차적으로 이동하는 선형적인 이미지를 상기시킨다. 그러나 현실적으로 대부분의 공급망은 각 단계마다 여러 참여자가 상호작용하는 망(network) 형태이기 때문에 공급망의 구조를 설명하는 데는 'Supply Network' 또는 'Supply Web'이라는 용어를 사용하는 것이 더 정확하다(Chopra and Meindl, 2001).

공급망의 참여자와 구성요소

전형적인 공급망의 참여자는 부품/원자재 공급업체, 생산업체, 도매상/유통업체, 소매상, 고객으로 구성된다. <그림 9-1>은 공급자에서 유통업자를 거쳐 최종의 고객에 이르는 일반적인 공급망을 나타낸 것이다. 그림의 윗 부분은 일반적인 공급망을 보여 주고, 아래 부분은 장난감 생산업체의 공급망 예이다. 공급업자도 그들 자체의 공급업자들을 가질 수 있다. 공급망에는 자재와 함께 정보와 자금의 흐름이 있으며, 자금은 자재와 역방향으로 흘러간다. 공급망은 다음과 같이 세 가지 구성요소로 이루어진다.

- **상위 흐름 공급망**(upstream supply chain): 이 부분은 조직의 첫째 상단(first-tier)에 있는 공급업자(생산업자 겸/또는 조립업자)와 그들의 2차 공급업자들을 포함하며, 여러 단계를 거치면 원료 공급업자까지 확장될 수 있다.
- **내부 공급망**(internal supply chain): 자재가 조직 내로 들어올 때부터 제품이 조직 밖의 유통업자에게 나갈 때까지, 즉 공급업자로부터 들어온 입고분을 출고분으로

전환하는 과정에서 조직이 수행하는 모든 과정을 포함한다.

- **하위 흐름 공급망**(downstream supply chain) : 이 부분은 제품을 최종 고객에게 전달하는 유통과정을 포함한다. 넓게 보면, 공급망은 상품이 사용 후 폐기에 이르면 사실상 끝난다.

▷▷ 그림 9-1 공급망

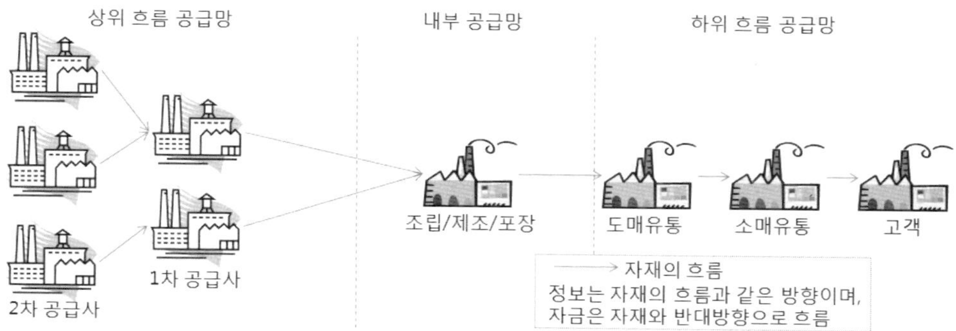

(a) 일반적인 공급망

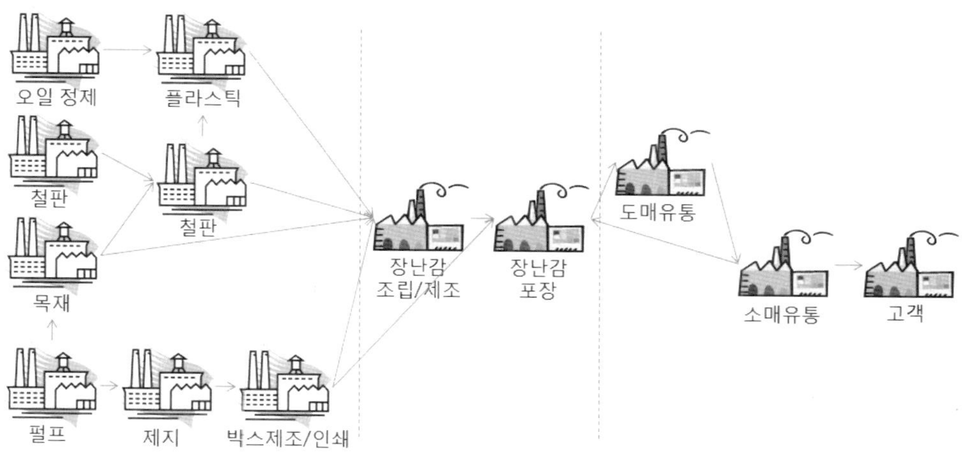

(b) 장난감 생산업체의 공급망

공급망은 참여자들 간에 정보, 제품, 자금의 동적인 흐름을 원활하게 한다. 델(www.dell.com)의 온라인 컴퓨터 구매과정을 보면, 델의 공급망은 고객, 고객의 주문을 받는 웹페이지, 델의 조립공장, 델의 공급업체와 그 상위 흐름상의 공급업체들로 구성된다. 웹페이지는 고객에게 제품가격과 사양, 제품구색 및 제품의 가용성 등에 관한 정보를 제공한다. 제품을 선택한 후에 고객은 주문정보를 입력하고 결제를 한다. 이후에 고객은 웹페이지에 재접속하여 주문의 처리상태를 조회할 수 있다. 공급망에서는 고객의 주문정보로부터 촉발되는 정보, 제품 및 자금의 양방향 흐름을 시각화하고 이를 촉진하는 것이 매우 중요하다.

공급망 설계의 적합성은 고객의 요구와 이를 이행하는 참여자의 역할에 의해서 결정된다. 델은 고객주문에 의해서 제조가 이루어지는 주문제작(BTO : Build To Order) 방식의 생산계획을 채택하므로 델의 공급망에는 소매상, 도매상, 유통업체 등의 단계가 존재하지 않는다. 반면에 월-마트와 같은 유통업체의 공급망은 위의 모든 단계로 구성된다.

공급망의 목표

모든 공급망의 목표는 생성되는 가치를 최대화하는 것이다. 가치는 여러 차원에서 측정될 수 있지만, 상거래 목적의 공급망에서는 전체 수입에서 공급망 전체의 비용을 차감한 공급망 수익성을 의미한다. 공급망 수익성은 공급망의 모든 참여자들이 공유해야 하는 총수익에 해당하며, 성공적인 공급망일수록 공급망 수익성이 높을 것이다. 공급망에서 현금흐름의 원천은 고객이며, 다른 모든 현금흐름은 공급망 참여자 간에 이루어지는 자금교환이다. 공급망 수익성의 최대화는 참여자 간에 신뢰를 바탕으로 상호협업할 때만 가능하다. 개별 참여자 자신의 수익성만을 최대화하기 위한 모든 활동은 공급망 내의 다른 참여자들에게 비용을 발생시키게 된다. 예를 들어 제조업체 중심의 공급망에서 제조업체의 판촉행사 때문에 도매상이나 소매상이 미리 제품을 매입하는 전방매입은 제조업체의 재고는 줄여주지만, 도매상이나 소매상의 창고나 매장에 쌓이는 유통재고를 증가시킨다. 미국에서는 고객에게 판매되지 않았는데도 불구하고 제조업체의 판촉행사 때문에 미리 매입하는 양이 전체의 약 25%라고 알려져 있다(한동철, 2002). 미국의 Walmart(www.walmart.com)는 매장 POS에서 최종적으로 고객에게 제품이 판매된 실적을 기준으로 제조업체나 업체에게 대금을 결제하는데, 이것은 철저한 고객위주의 공급망관리 기법으로 판매로 인한 양의 현금흐름이 발생한 시점이 진정한 공급망의 목표가 완성되는 시점임을 철저하게 반영한 것이다.

9.1.2 공급망 프로세스 구분

공급망은 고객의 주문을 이행하기 위해 공급망 참여자의 내부와 참여자들 간에 발생하는 프로세스들과 이들 흐름의 연속이다. 공급망에서 발생하는 프로세스는 순환관점과 Push/Pull 관점으로 대별할 수 있다.

순환관점의 프로세스

순환관점은 공급망의 모든 프로세스를 고객주문순환, 보충순환, 제조순환, 그리고 조달순환의 연속으로 분할한다(Chopra and Meindl, 2001). <그림 9-2>은 공급망의 순환을 그림으로 표현한 것이다. 각 순환은 인접한 2명의 참여자들의 인터페이스에서 실행된다. 순환관점은 각 순환의 처리과정과 바람직한 산출물 그리고 수행주체 및 이들의 역할과 책임을 명확하게 보여준다.

▶▶ 그림 9-2 공급망 순환

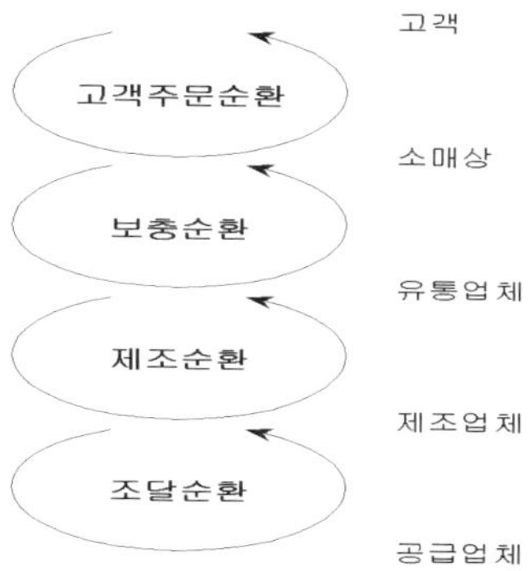

그러나 공급망이 분리된 4개의 순환을 모두 포함할 필요는 없다. 소매상이 완제품 재고를 관리하고 제조업체나 유통업체에 보충주문을 내는 식료품 공급망에는 4개의 순환이 존재할 것이다. 반면에 웹을 통한 직접판매를 시행하는 델은 소매상과 유통업체가 공급망에서 제외되기 때문에 보충순환이 제거된다. 따라서 델의 공급망에는 고객주문순환, 제조순환, 조달순환 만이 존재하게 된다.

Push/Pull 관점의 프로세스

한편, 공급망 내의 과정들이 실제 고객주문에 의해서 실행되는가(pull 과정) 아니면 예측된 고객주문에 의해서 실행되는가(push 과정)에 따라서 구분하는 것이 Push/Pull 관점이다. Pull 과정에서 고객주문은 확실하게 알 수 있지만, Push 과정데서의 고객주문은 예측을 해야 한다.

Push 과정과 Pull 과정은 일정한 경계에 의해서 구분되는데, BTO 생산방식의 컴퓨터 제조업체인 델에서 고객주문은 조립라인의 가동을 촉발하기 때문에 제조순환은 고객주문순환의 일부분이 되며 이 순환에 속한 모든 처리과정은 Pull 과정이다. 그러나 델은 고객 주문에 대응해서 부품주문을 하지는 않는다. 조달순환에 속하는 부품재고 보충 처리과정은 예측된 고객수요를 기반으로 하기 때문에 Push 과정으로 분류된다.

Push/Pull 관점은 공급망 설계에 관한 전략적 의사결정에 매우 유용하게 활용된다. 순수 Push 관점과 순수 Pull 관점을 양극단으로 하는 연속선상에서 공급망을 설계할 수 있다. 특정한 공급망 프로세스를 Push 과정에서 Pull 과정으로 이전시키면 이를 수행하는 참여자의 역할이나 책임도 변화하게 된다. 참여자의 단계, 그리고 Push 과정과 Pull 과정의 구성 비율은 공급망의 성능에 매우 큰 영향을 준다.

Box사례 : 델의 공급망

델은 성공적인 공급망 실행을 통해서 자사의 경쟁우위를 확보한 대표적인 기업이다. 1984년에 설립된 델은 4년 후에 120억 달러 규모의 회사가 되었다. 델의 이런 성공의 상당부분은 공급망 내의 흐름을 성공적으로 관리한데서 기인한다.

델은 유통업체와 소매상을 배제하는 고객에 대한 직접판매 방식의 고객-제조업체-공급업체 3단계 공급망을 기본으로 한다. 고객과 직접 접촉하기 때문에 델은 고객을 정교하게 세분화하여 각 세분시장의 니즈와 수익성을 분석할 수 있으며, 보다 나은 수요예측을 가능하게 한다. 수요와 공급의 일치를 개선하기 위해 델은 고객이 전화나 인터넷을 통해 실시간으로 자신이 구매할 PC 사양을 구성하도록 유도한다. 운영측면에서 델은 재고회전율을 주요성과 지표로 삼는다. 모든 컴퓨터 칩에 날짜코드를 부착하여 입고에서 출고까지의 기간을 관리한다. 소매상을 통해 판매하는 경쟁회사는 80일에서 100일에 가까운 재고를 유지하는데 비하여 델은 10일 재고만을 가진다. 낮은 재고수준 덕분에 델은 경쟁사보다 빠르게 신제품을 출시할 수 있다. 소니 모니터와 같은 제품은 재고를 유지하지 않으며, 배송회사가 고객의 주문에 맞추어 델에서 본체를 선적하고 소니에서 모니터를 선적하여 해당고객에게 배달하도록 한다. 이런 절차는 모니터 취급에 따른 추가적인 비용과 시간을 절약해 준다.

델 공급망의 성공은 정교한 정보교환에 의해 촉진되었다. 델은 고객수요에 대한 실시간 데이터를 공급업체에게 제공한다. 공급업체는 델의 각 공장에서의 일별 생산요구량과 함께 자사가 공급한 부품재고 정보에 접근할 수 있다. 델은 주요 공급업체가 수요예측치와 고객 관련 정보에 접근할 수 있도록 맞춤형 웹페이지를 제공한다. 공급업체는 이를 통해 고객수요를 파악하며, 자사와 델의 생산일정을 조화롭게 조정한다. 공급업체들은 델이 낮은 부품재고를 유지할 수 있도록 정기적으로 부품을 보충한다.

델은 수시간 분량의 부품재고만을 가지고 공장을 운영하기도 한다.

〈그림 9-3〉은 델이 SLC(Supplier Logistics Center)를 통해서 부품조달과 고객주문의 리드타임(leadtime)을 어떻게 조화롭게 단축시키는가를 보여준다. 고객주문의 리드타임은 고객 PC 사양에 적합한 모든 부품이 확보된 후에 최소 4일에서 최장 20일이 소요된다. 그러나 부품조달의 리드타임은 10~180일까지 소요되기 때문에 공급망을 순수 Pull 과정으로 운영할 수는 없다. 델은 부품조달의 리드타임을 단축하기 위해 PC 조립공장 인근에 공급업체가 관리하는 물류센터를 두고, 고객이 주문한 PC 사양에 맞는 필요부품을 단시간 내에 공급받는 시스템을 구축하였다.

▶▶ 그림 9-3 델의 공급망

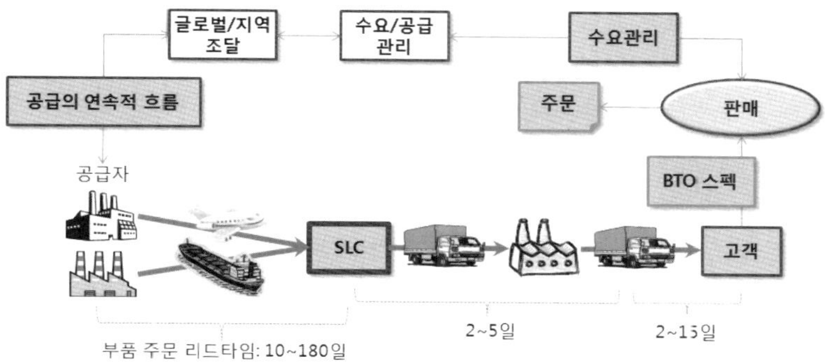

9.1.3 공급망관리

공급망관리의 의미와 주요 기능

공급망의 모든 활동을 계획하고, 조직하고, 조정하는 공급망관리(SCM : Supply Chain Management)는 공급망 수익성을 최대화하기 위해 참여자들 간에 흐름을 관리하는 것이다(Chopra and Meindl, 2001). 즉, 공급망관리는 재료나 부품의 공급자로부터 최종 소비자에까지 이르는 상호 관련된 가치활동들의 흐름, 즉 공급망의 제품, 서비스, 정보, 자금 등의 흐름을 효과적으로 통합하고 관리함으로써 경쟁우위를 확보하는 것을 의미한다(산업자원부, 2002).

공급망관리의 주요 기능으로 시장과 고객의 요구를 잘 이해할 수 있게 해주는 정보관리, 공급자로부터의 물리적인 상품의 흐름관리, 생산 프로세스관리, 공급자와 고객과의 자금 흐름관리 등을 들 수 있다. 이러한 공급망관리를 광의로 정의할 때는 조달-판매-협력으로 구성된 기업의 가치망에서 발생하는 총체적 활동들을 포함한다. 여기에는 전사적 자원관리(ERP)와 같은 기업내부의 공급망은 물론이고 기업외부의 B2B 공급망도 포함된다.

공급망관리의 주요 현안으로는 위치선정, 수송과 물류, 재고와 수요예측, 마케팅과 채널 재구조화, 소싱과 공급업체관리, 정보와 전자중개 환경, 제품설계와 신제품 소개, 서비스와 판매 후 지원, 역물류와 환경, 아웃소싱과 전략적 제휴, 성과측정과 인센티브, 글로벌 이슈 등이 있다(Johnson and Pyke, 1999).

공급망관리의 발전단계

공급망관리는 1980년대에 미국에서 처음 생성되어 현재까지 발전되어 온 개념이다. 1990년대에 공급망관리는 CRP(Continuous Replenishment Program), CAO(Computer-Assisted Ordering), QR(Quick Response), CFAR(Collaborative Forecasting And Replenishment), CPFR(Collaborative Planning, Forecasting and Replenishment) 등 다양한 기법들이 개발되면서 진화적으로 발전을 거듭해왔다. 공급망관리가 한국에 전파된 것은 1990년대 중반에 미국계 컨설팅업체와 SI업체에 의해서였다. 1990년대 중반 이후에는 제조업체를 중심으로 공급망관리가 실행되었고, 1990년대 후반에는 유통산업으로 확대되었다. <그림 9-4>는 기업의 공급망이 비공식 체인단계에서부터 1단계(조직기능정비), 2단계(사내프로세스 정비), 3단계(망 전체 정비)를 거치면서 발전해가는 단계를 보여준다(후쿠시마, 1999).

한편 인터넷상의 전자상거래가 활성화되면서 공급망관리의 주요 관심사도 진화해왔다. 공급망관리의 도입초기에는 단일 공장(single factory) 운영의 효율화가 주된 관심사였

▶▶ 그림 9-4 공급망관리의 발전단계

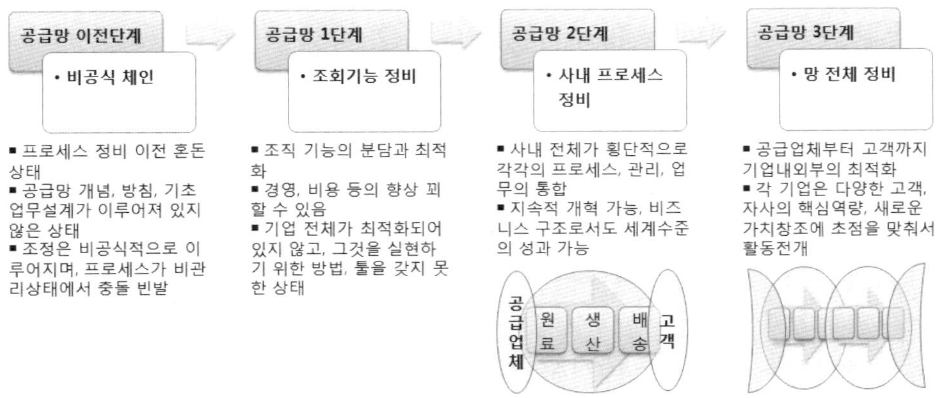

지만, 이후에 공급망은 지리적으로 떨어져 있는 사업장을 연결하는 기업전체(entire enterprise)로 확장되었고, 가치사슬(value chain)을 따라서 모든 참여자들이 연결되는 능률적 공급망관리로 진화하였다. 능률적 공급망관리에서 참여자들은 각각 독립적으로 점대점(point-to-point) 방식으로 직접 연결되어야 한다. 이 방식은 전략적으로 중요한 물품을 공급하는 파트너와의 강한 통합에 적합하다. 그러나 참여자들이 많아지면서 이들을 직접 연결하는 것은 비용이 매우 많이 들게 되고, 동시에 인프라 수준이 열악하고 정보자원이 부족한 중소업체들이 공급망에서 소외되는 문제가 발생한다. 이런 문제를 해결하기 위해 등장한 것이 전자시장을 중심으로 하는 지능형 e-비즈니스 허브(intelligent e-Business hub)이다. e-허브는 개방되고 유연한 단일의 접속점을 제공하며, 참여자들은 이를 통해 가상의 공급망을 구성하게 된다. e-허브는 전자시장의 기능과 중소업체를 위한 ASP(Application Service Provider) 서비스를 제공한다. e-허브에서 공급망을 구성하는 모든 참여자들의 비즈니스 프로세스는 최적으로 운영되며 동기화가 달성된다. 공급망관리 진화의 마지막 단계는 여러 e-허브들이 통합되는 허브 간 통합(inter-hubs) 모형이다(<그림 9-5> 참조).

▶▶ 그림 9-5 공급망관리 초점의 진화

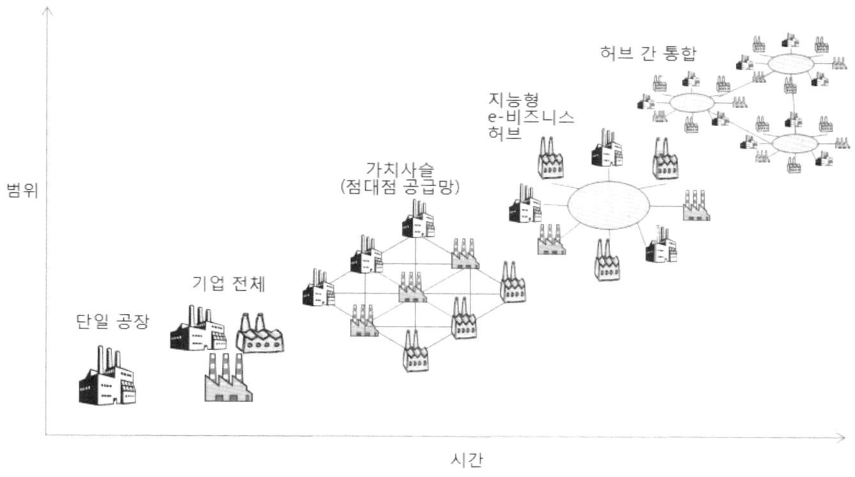

9.1.4 공급망의 문제점과 해결방안

공급망의 문제점

공급망의 문제점은 주로 두 가지 원인에서 발생한다. 첫째가 불확실성이고, 둘째가 빈약한 조정이다. 공급망의 불확실성은 eToys(www.etoys.com), Amazon.com(www.amazon.com), ToysRUs(www.toysrus.com)를 포함한 온라인 장난감 소매상들이 1999년 연말 인터넷 주문폭주에 대해서 재고가 부족하여 제품을 제대로 배송하지 못한 사건과 같이 수요예측이 주 요인이다. 수요예측은 경쟁, 가격, 기후조건, 기술적인 개발, 고객의 일반적인 신뢰, 그 외의 수많은 요인들에 의해서 영향을 받는다. 또 다른 공급망의 불확실성은 배달시간과 생산지연인데, 배달시간은 배송에 방해가 되는 기계의 실수에서부터 도로 사정과 교통혼잡에 이르기까지 여러 가지 요인들에 의해 좌우된다. 자재와 부품의 품질문제 역시 생산지연을 야기시킨다. 빈약한 조정은 내부부서와 사업 파트너들과의 조정 부족, 비효율적인 고객 서비스와 저질의 제품 제공, 높은 재고 비용, 수익의 감소, 급배송의 추가 비용 등 다수가 있다. 항상 상존하는 문제점 중 하나는 소위 채찍효과(bullwhip effect)이다(Lee et. al., 1997).

채찍효과와 원인

공급망에 내재되어 있는 <그림 9-6>과 같은 채찍효과는 소비자의 실제수요에 대한 약간의 변화나 계절적인 변화가 소매상-도매상-제조업체-원재료 공급자의 공급량을 대폭적으로 확대시키게 되는 현상이다. 채찍효과는 공급망 상에서 수요정보를 왜곡시키는 결과를 야기하는데, 이것은 여러 단계에 걸쳐서 수요에 대한 다양한 현상이 나타나기 때문이다. 그 결과 공급망의 조정이 잘되지 않고 공급망 수익성이 저하되는 결과를 가져온다. 구체적으로 채찍효과는 다음의 두 가지 현상을 의미한다.

▶▶ 그림 9-6 채찍효과

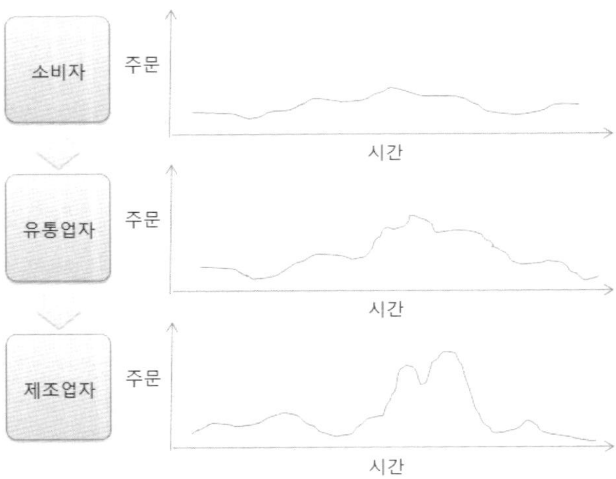

① **수요왜곡** : 공급망에 있어서 소매상-도매상-제조업체의 주문현상이 실제 소비자가 구매하는 실제수요보다 더 큰 규모의 변화를 유도하는 것

② **변화확산** : 주문량의 변화가 공급망을 따라가면서 증대하는 것

이 효과는 처음 일회용 기저귀 생산업체인 P&G(Procter & Gamble, www.pg.com)의 재고 데이터 분석에 의해서 발견되었다. 매장에서의 실제 판매는 안정적이고 예측 가능한 것이었는데도 유통업자의 주문은 엉뚱했으며, 결과적으로 P&G사에 성산과 재고문제를 유발시켰다. 이 문제는 공급업자들에 대한 P&G의 불규칙적인 주문, 부정확한 정보의 흐름과 더불어 공급망 상의 다양한 분야에서 불필요한 재고를 발생시켰다. Hewlett Packard (www.hp.com)도 프린터 주둔과 관련하여 P&G에서와 같은 현상이 발생하였고 이 때문에 적시에 주문을 충족시키는데 어려움을 경험했다(Lee et. al., 1997).

채찍효과는 공급망 상의 왜곡된 정보의 전달현상이 막대한 비효율성, 과다한 재고, 빈약한 고객 서비스, 수익의 감소, 비효과적인 선적, 그리고 잘못된 생산 일정 등을 야기해 발생하는 것이다. 채찍 효과의 원인은 크게 네 가지 정도로 나누어 볼 수 있다(황승진, 2000). 첫째는 빈약한 수요예측이다. 최종고객과 생산의 사이에 있는 각 단계에서 수요증가나 감소가 이중, 삼중으로 계속 일어나 최종소비자의 실제 수요가 왜곡되는 것이다. 따라서 이 경우에는 이중, 삼중 예측을 하지 않고 단일 수요예측을 할 수 있도록 해야 하는데 이를 위해서 정보공유가 필요하다. 두 번째 원인은 일괄주문 방식이다. 물건이 하나가 팔리면 그 때 주문되는 것이 아니라 100개가 팔릴 때까지 기다렸다 한꺼번에 주문을 하는 것이다. 여러 도매상이나 소매상으로부터 동일한 시점에서 한꺼번에 주문을 받으면 일정 시점에서 수요가 급격히 증가하는 현상이 벌어진다. 따라서 이를 해결하기 위해서는 도소매업체들의 주문시점을 골고루 분배하고 가급적 일괄주문 간격을 줄이도록 노력해야 한다. 세 번째 원인은 생산업체의 유동적인 가격정책에 있다. 생산업체는 도소매업체에게 일정기간 가격할인을 해주는데 이 때 도소매업체들은 한꺼번에 많은 물량을 구입해서 재고로 쌓아놓고 몇 달 동안 주문을 하지 않곤 한다. 재고로 쌓아두는 대신 싸게 산 상품을 바로 팔아 차익을 챙길 수 있지만 수요가 불규칙하고 왜곡될 수밖에 없다. 따라서 이를 해결하기 위해서는 EDLP(Every Day Low Price) 정책을 적절히 사용하거나 제품은 할인해 주되 일정간격으로 나누어 배달하는 방법을 쓸 수 있다. 네 번째 원인은 공급망에서의 분배문제이다. 특정제품에 대한 수요가 폭증하면, 제조업체는 일정하게 도-소매업체별로 제품을 할당할 수밖에 없다. 이 때 도소매업체에 충분한 제품이 공급되지 않기 때문에 다음에 비슷한 상황을 대비해서 실수요보다 더 많은 양을 주문하게 되는 것이다. 이러한 것을 방지하기 위해서는 반품제약을 엄격히 하거나 제품할당 시 수요를 과거 주문실적에 의해 하는 방법이 있다. 또한 조기예약을 정착시키거나 시장에서의 가격기능으로 조절하는 방법도 생각해 볼 수 있다.

공급망의 문제점 해결방안

여러 해 동안 조직들은 공급망 문제점에 대한 많은 해결방안을 제시해 왔다. 초기 해결방안의 하나는 수직적 통합이었다. 일례로 Ford(www.ford.com)는 자동차용 타이어의 생산을 관리하기 위하여 남미에 있는 고무 농장을 구입했다. 또 다른 일반적인 분명한 해결책은 재고를 축적해 놓는 것이다. 이 방법은 생산 과정상 제품과 부품의 흐름을 원활하게 한다. 이 방식의 주된 문제는 각 제품과 부품의 재고 수준을 올바르게 결정하기가 매우 어렵다는 점이다. 만일 재고 수준이 높게 설정되면 재고 보관 비용이 매우 클 것이다. 만일 재고가 너무 낮으면 높은 수요나 느린 납기에 대하여 보장이 안되며 수입 또는 고객을 잃게 된다. 어떤 경우도 판매 기회의 손실과 나빠지는 기업 이미지를 포함한 종합적인 손해가 아주 클 수 있다. 그래서 기업들은 재고를 통제하기 위한 여러 가지 주요한 시도들을 한다.

합당한 공급망과 재고관리를 통해 공급망의 연결고리와 모든 활동들의 조정을 할 필요가 있다. 성공적인 조정은 재화를 공급자로부터 생산자와 고객에 이르기까지 원활하게 그리고 제 때에 이동하도록 하게 하고, 기업으로 하여금 낮은 재고와 비용을 유지하게 해야 한다. 이와 같은 조정은 회사들이 상호 의존적이지만 항상 동일 목표를 향하여 함께 일하지 않기 때문에 필요하다. 조정 노력의 일부분으로 사업 파트너들은 상호 신뢰하는 것을 배워야 한다. 공급자와 구매자 모두 그들의 공동 목적을 달성하기 위하여 공급망을 설계하거나 재설계하는데 함께 참여해야 한다.

앞서 언급한 불확실성을 적절히 조절하기 위해서 불확실성의 원인을 확인하고 이해하는 것이 필요하며, 어떤 활동의 불확실성이 공급망 상의 다른 활동에 어떻게 영향을 주는지 이해할 필요가 있다. 그런 후에 불확실성을 줄이거나 제거할 특별한 방안을 마련할 필요가 있다. 이것은 모든 사업 파트너 사이의 효과적이고 효율적인 의사소통 환경의 필요성과 연결된다. 공급망 상의 정보의 빠른 흐름이 공급망을 매우 효율적으로 만들 수 있다. 예를 들면 전산화된 판매시점(POS : Point-of-Sale) 정보는 하루에 한번 또는 실시간으로 유통센터, 공급업자, 배송업자에게 전달되어 최적화된 재고수준을 유지시켜 준다. 공급망의 많은 문제점들은 대부분 정보기술의 지원으로 해결이 가능하다.

9.2 공급망관리의 정보기술 응용

9.2.1 공급망관리를 위한 정보기술의 역할

공급망 상에서 나타나는 문제들의 예시에 대한 정보기술 해결방안은 [표 9-1]과 같다.

▷▷ 표 9-1 공급망의 문제와 정보기술 해결방안

공급망의 문제	정보기술 해결방안
선형의 순차적인 프로세스가 매우 느림	워크플로우 소프트웨어를 이용한 병렬 처리
각 단계 사이에 기다리는 시간이 매우 김	DSS 소프트웨어를 이용하여 원인을 찾고, 인트라넷과 그룹웨어를 사용하여 의사소통과 협업을 촉진
부가가치가 없는 활동들의 존재	SCM 시뮬레이션 소프트웨어를 사용하여 가치 분석
종이 문서의 느린 전달	전자 문서, EDI, 전자메일과 같은 의사소통 시스템
잘못된 배송과 낮은 품질 등으로 반복되는 프로세스 활동들	소프트웨어 에이전트를 활용한 전자적 확인, 전자 통제 시스템 활용으로 사람의 실수를 제거
규모의 경제를 얻기 위한 공급망 프로세스 간의 작업의 일괄 처리(예 : 배송의 절감)	SCM 소프트웨어 활용 및 분석, 온라인 배송을 위한 문서의 디지털화.
지연이 발생한 후의 늦은 학습	추적 시스템, 지연의 고려, 동향 분석, 지능형 시스템을 활용한 사전 검출
승인 같은 행정 통제의 과다, 승인자가 다른 장소에 있을 때	워크플로우 소프트웨어를 사용한 병렬 승인, 전자 승인 시스템 활용, 요구 분석
정보의 부족 또는 너무 느린 흐름	인터넷/인트라넷, 모니터링과 알림기능의 소프트웨어 에이전트, 바코드, POS 터미널에서의 직접 정보 수집
자재 이동의 동기화 부족	워크플로우와 추적 시스템, 소프트웨어 에이전트에 의한 동기화

조절, 협력, 의사소통의 부족	그룹웨어 제품, 지속적인 모니터링, 알림, 협업 도구
창고로부터의 선적 지연	창고에 로봇 사용. 창고관리 소프트웨어의 사용
중복과 과다한 구매 요청	웹을 통한 정보 공유, IT에 의해 지원되는 협업 파트너들의 팀 생성
장기 보관으로 인한 부품의 쇠퇴	인트라넷과 그룹웨어를 사용하여 대내외적으로 정보공유를 통한 재고 수준의 절감
스케줄링 문제. 생산의 통제 부족	B2B 모델링을 위한 지능형에이전트

공급망관리의 핵심은 정보공유이다. 소비자의 수요, 재고정보, 시장상황 등의 데이터를 공급망관리에 참여하는 모든 업체가 공동으로 분석하고 활용함으로써 더 효율적인 공급망관리 시스템의 구축이 가능해진다. 정보가 공유되면 비용절감은 물론 공급망 전체의 수익이 증대된다. 실질적으로 정보기술의 지원 없이는 정보를 공유할 수 있는 공급망을 구축할 수 없다.

기업 전산화 시스템의 발전단계를 보면 1960년대 초기 재고관리와 구매시스템의 개념이 도입된 이후, 1970년대에 자재소요계획(MRP : Material Requirements Planning), 1980년대 생산자원계획(MRPII : Manufacturing Resource Planning), 1990년대 전사적 자원관리(ERP : Enterprise Resource Planning), 2000년대에는 SCM으로 발전해 왔다. SCM은 최근 웹 기반의 e-SCM에서 모바일 환경의 u-SCM으로 발전하고 있는 추세이다.

현재, SCM 소프트웨어는 SAP(www.sap.com), Oracle(www.oracle.com), JDA Software(www.jda.com), Ariba(www.ariba.com) 등이 있다. 소프트웨어들로 구축된 시스템들이 공급망관리의 여러 부분에서 활용되는데, 이미 기업에서 구축되어 있는 기존의 시스템(예 : ERP(SAP), APS(Manugistics), CRM(Siebel) 등) 과의 통합문제가 발생한다. 이런 경우에는 EAI(Enterprise Application Integration)와 같은 미들웨어를 사용해 통합할 수 있다. 시스템 통합 툴로서 EIP (Enterprise Information Portal) 혹은 CIP(Corporate Information Portal)는 다양한 여러 시스템들을 통합하여 하나의 윈도우 창에서 보여준다.

Box사례 : u-SCM 시스템

(주)인포에스티(www.inpoesti.com)는 u-SCM 유통망공급관리 솔루션인 RFID/USN 기반 물류관리 및 실시간 유통관리시스템을 제공하고 있다. 이 시스템은 제품, 인원, 설비, 운송수단 등 SCM 주요 관리부분에 RFID/USN 기술 및 무선통신 기술을 적용하여 실시간 위치 파악 및 각 센싱 포인트별 자동화를 통해 SCM의 효율성과 가시성을 높여 준다. 시스템의 특징으로는 RFID/GPS/Wireless Network 기술로 공급망의 각 단계에서 제품을 식별하고 추적 가능하며, 인력, 설비, 운송 수단에 이르기까지의 적용과 제품의 재활용 및 회수에도 RFID 적용이 가능하다. 또한, 각 물품에 부착되는 RFID 칩에는 저장 공간이 있기 때문에 독립적으로 사용될 수 있다. 시스템의 주요 기능으로는 실시간 재고의 지역적, 전사적인 정확한 재고정보의 파악, RFID 태그 정보 인식에 의한 자동 물류 분류, 사전 배송정보 제공, 물류 배송 중 실시간 위치 추적 등이 있다. 이를 통하여, 신속 정확한 물류관리를 통한 업무개선 효과, RFID 매체 및 GPS 안테나로 실시간 위치 추적 기능을 통한 신뢰성 있는 물류이동 정보 제공, 신속성, 정확성을 바탕으로 더 나은 고객서비스 기회 제공, 물류관리시스템 도입을 통한 물류정보의 분석을 바탕으로 향후 계획수립의 정보 활용, 인건비 절감 효과, 고객의 신뢰성 향상 및 만족도 증가를 기대할 수 있다.

▶▶ 그림 9-7 (주)인포에스티의 u-SCM 시스템 구성도

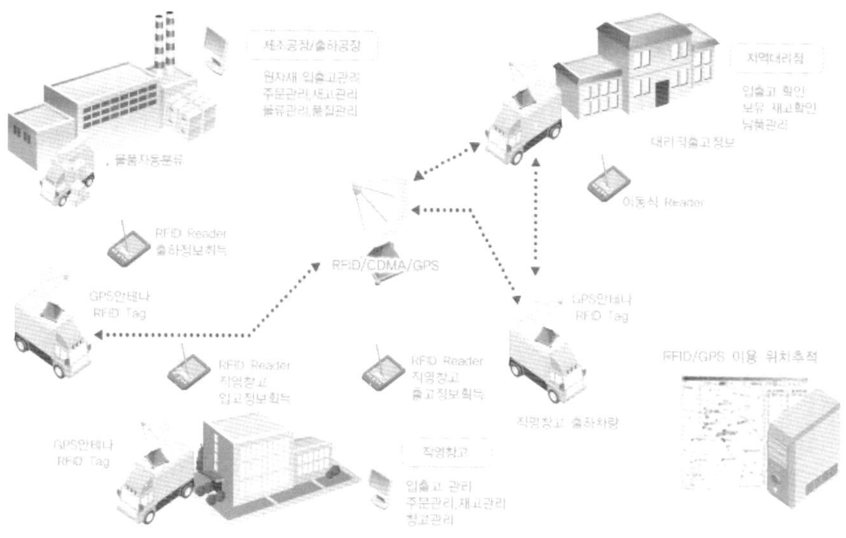

9.2.2 공급망관리의 응용기술

유통업체와 제조업체를 중심으로 CR/CRP, VMI, CMI, CAO, ECR, CPFR 등 다양한 형태의 공급망관리 기법들이 활용되고 있다.

CRP(또는 CR)

CRP(Continuous Replenishment Program)는 공급망에 참여하는 제조업체와 유통업체 간에 서로 협력하는 거래관행으로서, 재고량, 유통채널 잔존 주문량, 예측 판매량, 재고수준 등 공급업체와 유통업체의 정보공유로서 상품의 흐름을 통제하고 관리하는 것이다. 이를 통해 재고량과 재고시간을 단축할 수 있다. CRP는 판매데이터와 판매예측을 근거로 제조업체와 유통업체에서 재고관리와 수발주관리를 지속적으로 수행한다는 개념에서 생성된 용어이다. CRP는 VMI와 CMI를 모두 포함하는 형태로 간주하기도 하는데, 주문이행의 책임이 제조업체와 유통업체 중 누구에게 있느냐에 따라서 VMI와 CMI로 구분된다.

VMI

VMI(Vendor-Managed Inventory)는 제조업체 관점의 공급망관리로서, 유통업체의 물류센터에 있는 입출고 데이터, 물류센터의 재고데이터가 EDI로 제조업체에 전달되면, 제조업체는 이를 토대로 과거 데이터를 분석하고 수요를 예측하여 상품의 적정 납품량을 결정해주는 시스템 환경이다. 유통업체는 재고관리에 소모되는 인력, 시간 등 비용절감 효과를 기대할 수 있고, 제조업체로서는 적정생산 및 납품을 통해 경쟁력을 유지할 수 있다. VMI는 기본적으로 제조업체가 소매점과 협의하지 않고 단독으로 수행하며, 소매점은 자사의 POS에서 인식된 양만큼 제조업체에게 대금을 지불한다. 여기서 경우에 따라서는 중간도매상이 제조업체를 대신할 수도 있다. VMI는 P&G사가 Wal-Mart의 POS 데이터를 받아서 시행한 데에서 유래하였다. 유통업체에서 제조업체로 전달되는 판매 및 재고정보는 미래의 제품수요를 예측하는 데이터로 활용되며 동시에 제조업체의 생산공정 일정계획을 수립하는 데에도 사용된다.

CMI

CMI(Co-Managed Inventory) 혹은 JMI(Jointly-Managed Inventory)는 VMI를 한 단계 더 발전시킨 개념으로서, 전반적인 업무처리의 구조는 VMI와 같으나 제조업체와 유통업체 상호간 제품정보를 공유하고 공동으로 재고관리를 한다. 즉, VMI는 제조업체의 발주확정 후 곧바로 유통업체로 상품배송이 이루어지는 것에 비하여, CMI는 제조업체가 발주확정을 하기 전에 권고발주를 유통업체에게 보내어 상호합의 후 발주확정이 이루어지는 처리를 말한다. 권고발주를 통해 제조업체와 유통업체는 판촉활동, 지역여건, 경쟁상황을 고려하면서 적절하게 재고수준을 관리해 나가는 것이다.

소매상이 소비자에게 실제로 판매한 양을 나타내는 POS 데이터를 도매상과 제조업체가 공유하는 것은 공급망관리의 조정을 원활하게 하면서 효율을 증대시킨다. VAN을 통한 EDI, Web-EDI, 혹은 XML을 통한 제반정보의 공유는 공급망관리에 관여하는 업체의 전체효율을 증대시킨다.

CAO

기존의 수작업에 의한 발주에서는 담당직원이 일일이 상품수량을 파악하여 주문내역을 결정하고, 이를 다시 수작업을 통해 주문시스템에 입력하여 물류센터에 전달하는 방식을 취하였다. CAO(Computer-Assisted Ordering)는 판매데이터(POS)를 기초로 한 자동발주처리로서, 고객의 수요에 대한 정보와 재고 및 행사 등의 판매정보를 통합 분석하여 주문서를 작성하는 방법을 말한다. 현행 주문과정과는 대조적으로 자동발주시스템을 통해 소매업체는 보다 신속하게 소비자의 수요에 반응할 수 있을 뿐만 아니라, 동시에 운영비용을 절감하고 재고수준을 낮출 수 있다. 이는 고객에 대한 반응과 효율적 상품보충 측면에서 잠재적 개선을 이룰 수 있으며, POS 데이터와 상품보충과정을 연계함으로써 적은 비용으로 한정된 판매공간에서의 상품판매 효과를 높일 수 있고, 판촉활동에 의해 발생하는 제품수요에 즉각적으로 대응할 수 있게 된다.

ECR

ECR(Efficient Customer Response)은 고객만족에 초점을 두고 공급망의 효율을 극대화하기 위한 새로운 모델로서, 기존의 공급망관리를 가치사슬의 관점에서 재조명하여 고객, 공급업체 및 유통업체 모두가 서로의 가치를 최적화하자는 것이다. ECR이 단순히 공급망 통합과 다른 점은 산업체와 산업체 간의 표준 및 최적화를 포함한다는 점이다. QR(Quick Response)과의 차이점은 섬유산업뿐만 아니라 다른 산업부문에도 적용이 가능하다는 것이다. ECR은 크게 [표 9-2]에 정리된 바와 같이 효율적 보충, 효율적 진열, 효율적 판매촉진, 그리고 효율적인 제품개발의 네 가지 구현전략으로 구성되어 있다(Kurt Salmon Associates, 1993).

▷▷ 표 9-2 ECR 구현전략 및 목표

구현 전략	목 표
효율적 보충 (efficient replenishment)	□ 연속적인 제품보충으로 공급오류를 방지함 □ 시간과 비용 최적화
효율적 진열 (efficient assortment)	□ 진열대의 공간활용을 통하여 가장 생산성 높은 제품구색을 갖춤 □ 재고 및 고객접점에서의 점포공간 최적화
효율적 판매촉진 (efficient promotions)	□ 고객의 호감을 살 수 있게 함 □ 거래와 판촉시스템의 효율성 극대화
효율적 상품개발 (efficient product introductions)	□ 신상품개발 및 소개활동의 효과 극대화

ECR의 도입목적은 고객의 니즈에 보다 신속하고 정확하게 대응함으로써 고객만족을 극대화하는 동시에 공급망에서 도·소매점의 재고를 최소화하고, 적기납품체계를 구축하여 전체 공급망의 비용을 최소화하는 데 있다. 아울러 제조업체의 측면에서 소비자의 성향을 정확하게 파악하여 상품의 개발 및 공급에 반영할 수 있는 것이다.

CPFR

CPFR(Collaborative Planning, Forecasting and Replenishment)은 유통업체와 공급업체를 연결해 생산계획과 수요예측, 재고처리 등 협업을 가능하게 해주는 시스템이다. 수익증대와 운영비용 감소, 주기시간 감소 등을 가능하게 해주며 통합된 계획과 실행시스템과 더불어 배송과 창고관리 능력을 향상시켜 생산에서 고객전달까지 전 흐름을 최적화하는 것이다. 즉, ECR과 VMI의 장점들을 혼합한 개념으로서 구매자와 판매자들 간에 B2B 관계를 증가시키기 위하여 서로 협의된 예측데이터 및 POS데이터를 교환하여 비교함으로써 공동의 목표실행을 가능하게 해준다.

CPFR은 VMI와 CMI의 성공적인 사례를 기초하여 개발되었으며, 이로부터 CPFR 실행원칙들이 도출되었다. 이것은 제조업체와 유통업체가 면밀한 유대관계를 형성하고 공급망 상의 정보를 공유하면서 기밀을 유지할 수 있는 신뢰관계가 형성되어야만 가능하다. 공급망 내의 고객수요를 하나로 통일하여 예측하고 이 예측된 수요를 공급하는데서 발생하는 장애요인을 제거하는데 공급망 조정의 초점이 맞춰진다. 만일 고객수요에 대한 초과공급으로 재고에 대한 위험과 비용이 발생하면, 모든 참여자들은 이를 공동으로 부담한다.

VICS(Voluntary Interindustry Commerce Standards)에서 제안하는 CPFR은 9단계로 구성된다. 1단계와 2단계는 공동업무협약서(front-end agreement)를 수립하고 체결하는 것이다. 3~5단

계는 판매예측을, 6~8단계는 판매예측에 맞추어 주문예측을 실시한다. 마지막 9단계는 발주과정으로 이루어진다. CPFR에서 중요한 것은 4~5단계에서 이루어지는 판매예측에 대한 예외아이템의 처리와 7~8단계에서 이루어지는 주문예측에 대한 예외아이템 처리이다. 이들 단계에서 유통업체와 제조업체는 각자의 예측에서 오차가 발생하는 원인을 규명하고, 이를 협업적으로 해결하여 그 차이를 최소화하게 된다. 상호 간에 예측오차가 아이템별로 양자 간에 합의된 허용된 범위 내에 존재하면 이들 단계는 생략된다.

9.3 공급망과 물류

9.3.1 공급망과 물류의 기능

공급망에서 자재, 정보, 자금 흐름의 관리가 필수적이지만, 자재의 흐름을 관리하는 물류는 공급망의 하부구조에 해당하며 공급망관리의 성공 열쇠라그 할 수 있다. 미국의 물류관리협의회(NCLM : National Council of Logistics Management)에서는 물류를 "소비자의 요구에 부응할 목적으로 생산지에서 소비자까지 원자재, 중간재, 완제품, 그리고 관련 정보의 이동 및 보관에 소요되는 비용을 최소화하고 효율적으로 수행하기 위하여 이들을 계획, 시행, 통제하는 과정"이라고 정의하고 있다. 물류는 원자재 또는 부품이 완제품으로 바뀌어 고객에게 이동되는 과정에서 나타나는데, 물류를 기업의 입장에서 영역별로 나누어 보면, 조달물류, 생산물루, 판매물류, 회수물류, 반품물류, 폐기물류 등으로 나눌 수 있다.

이러한 물류는 운송, 보관, 하역, 포장, 그리고 정보활동의 다섯 가지 물류요소를 근간으로, 기업의 측면에서 보면 물류목표는 필요한 물품을, 필요한 장소에서, 필요한 시간에, 적정한 가격으로 고객에게 제공하는 것이다. 물류의 목표를 달성하는 것은 신속하게(speedy), 싸게(low), 안전하게(securely), 확실하게(surely) 고객에게 물품을 전달하는 3S1L의 기본원칙에 기반한다. 한편, 물류서비스 품질은 미국 미시간 대학의 E. W. Smykey 교수의 7R에 의해 평가할 수 있는데, 7R은 정확한 상품(right commodity), 적절한 품질(right quality), 정확한 수량(right quantity), 적절한 시기(right time), 정확한 장소(rignt place), 좋은 인상(right impression), 그리고 적정한 가격(right price)을 의미한다.

기업의 물류비즈니스 변화에 미치는 요소는 물류 하부구조 및 사회환경의 변화, 기업 내 조직의 변화, 정보기술의 발달, 전자상거래 발달, 물류비용, 고객서비스 개선 등이 있다. 한편, 제조 및 유통기업들도 물류에 대한 아웃소싱 요구, 기업 운영비 절감, 고객만족 지향, 글로벌화, 상품 수명주기 단축, 그리고 정보기술의 통합화에 따라 물류의 요구가 증가하게 되어, 물류기업들은 정보기술의 도입, 기업고객과의 협력체계, 프로세스 리엔지니어링 등으로 관련 기업과의 사업기회를 넓혀왔다. 물류산업은 제3자 물류서비스 확대와 e-Logistics를 추진해왔으며, RFID(Radio Frequency Identification) 기반의 유비쿼터스 환경으로 발전하고 있다.

제3자 물류서비스 확대

기업의 유연성 증가와 고정비용 감소를 위해 많은 기업들이 물류기능을 아웃소싱(outsourcing)하고자 한다. 특히 아웃소싱은 타 선두 산업체와 경쟁하고 내부 역량을 가지지 못하는 중소업체에 있어서는 중요하다. 기업이 직접 나서서 물류문제를 해결하기에는 투자와 시간이 보통 드는 것이 아니므로 물류전문회사에 과감히 아웃소싱하고자 하며, 물류기업은 제3자 물류(the third party logistics) 서비스로 복잡한 물류문제를 해결한다. 기업은 주력업무가 아닌 물류부분을 물류전문가에게 위탁하여 물류 전문사업자가 책임지고 원가절감과 서비스 향상을 진력하게 함으로써, 자기 조직과 투자영역을 대폭 줄이며 대외 경쟁력을 키우는 데 주력할 수 있다. 물류의 아웃소싱은 물류비용 감소(11.8%), 물류자산 감소(24.6%), 주문사이클 감소(7.1일에서 3.9일로 감소), 재고수준감소(8.2%) 등의 효과가 있다고 평가되었다(Harrington, 2000).

9.3.2 e-Logistics

e-Logistics(또는 e-Commerce Logistics)란 인터넷을 이용하여 전자적으로 물류의 개념을 적용하는 것을 의미한다(Bayles, 2001). e-Logistics는 1단계로 화물의 위치 파악, 2단계로는 실시간 단품단위의 재고파악과 웹을 통한 화주와 선주의 연계 강화, 3단계로는 화주와 선주 간 협력적 통합과 웹을 통한 온라인 계약, 운송서비스 평가, 정산 등의 응용서비스 이용의 단계로 구분할 수 있다(Seideman, 2001).

물류기업들의 전자상거래 추진현황을 보면 발송예약, 배송추적, 물류경매, 물류포탈 등 다양한 서비스를 시행한다. 대부분의 물류기업은 초기 B2C 전자상거래에 대응한 기업-소비자 간 택배서비스체계(허브를 이용한 배송계획, 익일배송 기준)로 시작하였으나, B2B 전자상거래에 맞는 기업 간 직배송체계 서비스로 발전해왔다.

효과적인 배송체계를 위해서는 실시간 배송정보의 흐름, 주문시스템과 배송시스템과의 통합, EDI 또는 XML을 이용한 정보전송, 인터넷 기반, 실시간 공급망관리 등이 함께 해결되어야 한다(Harrington, 2000). 최근 RFID, 스마트폰 등 정보기술의 발달과 보급의 확산에 따라 온라인 서비스도 계속 발전하고 있다.

발송예약

서류 또는 소화물을 보내고자 하면 과거의 전화, 팩스, 고객에 의한 직접 방문 외에 인터넷을 통하여 배송예약 접수가 가능하다. 예약자 주소, 목적지, 방문 희망일, 기타 선택항목 등을 입력하고 발송예약하면, 택배사 직원이 방문하여 발송물을 수거해 간다. 한편, 발송요금 안내, 발송시간 추정 등의 서비스를 통하여 고객들의 발송을 위한 편의를 도모한다. CJ GLS(www.cjgls.co.kr)는 스마트폰 시대에 따른 고객들의 라이프스타일에 최적화된 서비스를 제공하기 위해 앱을 개발하여, 택배예약 접수, 배송 조회, 택배 대리점 검색, 예상 요금 등의 택배서비스를 이용할 수 있도록 하고 있다.

배송추적 및 화물추적

배송추적(tracking) 서비스는 발송예약한 고객에게 인터넷으로 직접 배송정보를 보여 주거나, 온라인쇼핑몰 운영기업 등과 같은 기업고객과 연결된 엑스트라넷을 통하여 배송상태 정보를 제공하는 모델이다. 기업 간 공급체인운영이 필요한 경우 고객서비스의 질을 향상시키기 위하여 임베디드 엑스트라넷(embedded extranet)의 배송추적서비스 모델은 특히 전략적으로 중요하다. Cisco(www.cisco.com)는 이 모델에 의해 고객들이 주문한 상품에 대한 배달정보를 전적으로 FedEx(www.fedex.com)에 의존한다. 즉, Cisco의 고객들은 Cisco웹사이트에 주문상태를 요청하면, 이 웹사이트는 임베디드 엑스트라넷을 이용하여 FedEx의 서버에 배송정보를 요청하게 되고, 그 결과를 받아 고객에게 보여준다. Cisco의 고객은 FedEx에 접근할 필요가 없다. 이와 같은 임베디드 엑스트라넷은 공급망관리를 지원하는 아주 유용한 구조가 된다(Turban et al., 2000). 국내 교보문고(www.kyobobook.co.kr)의 경우 DHL(www.dhl.co.kr)과 제휴하여 이러한 서비스를 제공한다. 교보서점에서 책을 구매한 고객이 배송정보를 요청하면, 교보서점은 DHL로부터 배송상태를 받아 보여 준다. 한편, GPS를 이용한 화물트럭의 위치추적 솔루션도 다양하게 발전하여 서비스 품질을 높이고 있다.

운송경매

운송경매서비스는 대표적인 물류중개서비스 중의 하나인데, 운송입찰, 운송경매, 운송 역경매 등 여러 형태로 서비스 가능하다. 운송입찰은 운송경매의 한 종류로서, 화주가 여러 운송기업들에게 입찰공고하면, 운송기업들은 입찰에 응하고 화주는 선호하는 운송기업을 선정하여 계약한다. 운송경매는 운송회사가 운송차량을 공고하면, 다수의 화주가 주어진 시간 내에서 여러 번 경쟁적으로 운송비를 올리면서 경매에 응하게 된다. 한편, 운송 역경매는 경매의 운송입찰과 비슷하면서 운송경매 성격이 있다. 즉, 화주가 화물을 제시하면, 다수의 운송사들이 경쟁적으로 경매에 응하게 된다. 이포컴(www.e4cargo.com)은 그 예이다.

공차조회

화물자동차의 공차율을 낮추기 위해서 공동 수배송 전략이 중요하다. 화주에게는 물류비용 절감 혜택을, 물류회사에는 공차율을 낮춤으로서 수송비용을 낮추는 효과를 가져올 수 있다. 한편, 온라인에 의한 실시간 화물자동차의 공차정보 공유는 화주가 가장 가까운 지역에 있는 화물자동차의 빈공간을 값싸게 이용할 수 있게 한다.

물류 ASP

송화주, 수화주, 운송사, 운전자들을 대상으로 하는 물류 ASP(Application Service Provider) 서비스는 운송주문, 배차관리, 운송관제, 차량관리, 수출입관리, 실적정산서비스 등 다양한 부가가치 기능을 고객에게 제공한다. ASP 서비스 이용의 이점은 복잡한 물류기술의 위험성을 감소할 수 있고, 경제적 부담을 경감시킬 수 있다. 주요 ASP로는 Celarix.com, ShipLogix.com 등이 있다.

물류포탈서비스

물류포탈사이트는 물류제공자의 정보, 물류뉴스, 물류현황, 또는 회원들 간의 정보교환 및 토론의 장을 제공한다. 해외사이트로는 LogisticsWorld.com, Logisticsnetwork.com 등이 있으며, 국내 사이트로는 로지시틱스21(www.logistics21.com), TL Korea(www.tlkorea.co.kr) 등이 있다. 로지스틱스21의 경우 물류에 대한 기초 지식과 자료, 운송사, 물류센터, 관련기관, 실시간 교통정보 등 다양한 물류정보를 제공한다.

9.3.3 물류네트워크의 최적화

효율적인 공급망관리를 위해서는 물류네트워크의 최적화가 필수적이다. 물류네트워크를 최적화하는데 필요한 요인들은 화물운송 원가와 서비스관리, 배차관리, 적재계획,

운송경로와 일정계획, 창고관리가 있다(Poirier and Bauer, 2000). 본 절에서는 이러한 요인들과 일부 관련이 있는 공급망에서의 수배송, 수송 네트워크, 배송경로 설정을 위한 최적화 모형에 대하여 살펴본다.

공급망에서의 수배송

성공적인 공급망이란 수배송을 얼마나 잘 운영하느냐에 달려 있다고 보아도 무방할 것이다. Wal-Mart는 전체적인 비용을 낮추기 위하여 Responsive Transportation System을 운영한다. 낮은 재고와 잦은 배송에 의한 비용을 낮추기 위하여 공급자들로부터 서로 다른 매장으로 가는 상품들을 물류센터에 집결시키고, 크로스도킹(crossdocking)을 사용한다. 크로스도킹이란 트럭사이에 상품이 교환되어 여러 공급자들로 부터의 상품을 한 매장으로 가게끔 하는 프로세스이다. 일본의 7-Eleven 역시 지역적으로 또는 하루 시간대별로 다른 소비자의 욕구를 만족시키기 위하여, 하루에 여러 번 매장에 재고를 보충하는 Responsive Transportation System을 운영한다.

공급망에서는 수송 의사결정에 영향을 미치는 요소를 두 관점에서 보아야 할 것이다. 선주의 입장에서는 차량구매(임대)비용, 고정운영비, 배송비용, 하역비용, 수배송계획비용(IT비용 포함)의 요인 들이 있고, 화주에게는 운임비용, 재고비용, 시설유지비용, 하역주문비용 등의 운송처리비용과 추가적으로 발생할 수 있는 서비스 비용 등의 요인이 있다(Chopra and Meindl, 2001).

수송방법에는 항공기, 택배, 트럭, 기차, 선박, 송유관, 통합수송(intermodel) 등의 방법이 있다. 트럭의 경우 화물의 양에 관계없이 차량단위로 운임비를 매기는 TL(full truckload)과, 화물의 양과 거리에 따라 운임을 달리하는 LTL(less than truckload)이 있다. 택배는 한진, 현대택배, CJ GLS, FedEx(www.fedex.com), UPS(www.ups.com) 등의 회사가 있으며, 다양한 수송방법을 이용한다. 비용이 비싸지만, 여러 JIT 배송, 배송추적 등 여러 부가적인 서비스를 병행하여 전자상거래상에서 많이 이용되는 방법 중 하나로 Dell, Amazon 등이 이 방법을 이용한다.

수송 네트워크

공급망에서 이용가능한 수송 네트워크를 살펴보기로 한다. 네트워크에는 직송(direct shipment network), 우유배달(milk run)식 직송, 물류센터 경유 배송, 물류센터 이용한 우유배달, 맞춤형 네트워크(tailored network) 등이 있다. 물류센터 경유배송 방법에는 크로스도킹과 재고 배송의 두 가지 방법이 있다. 맞춤형 네트워크는 여러 가지 방법의 조합으로 구성 가능하다(Chopra and Meindl, 2001).

▶▶ 그림 9-8 공급망에서의 수배송망

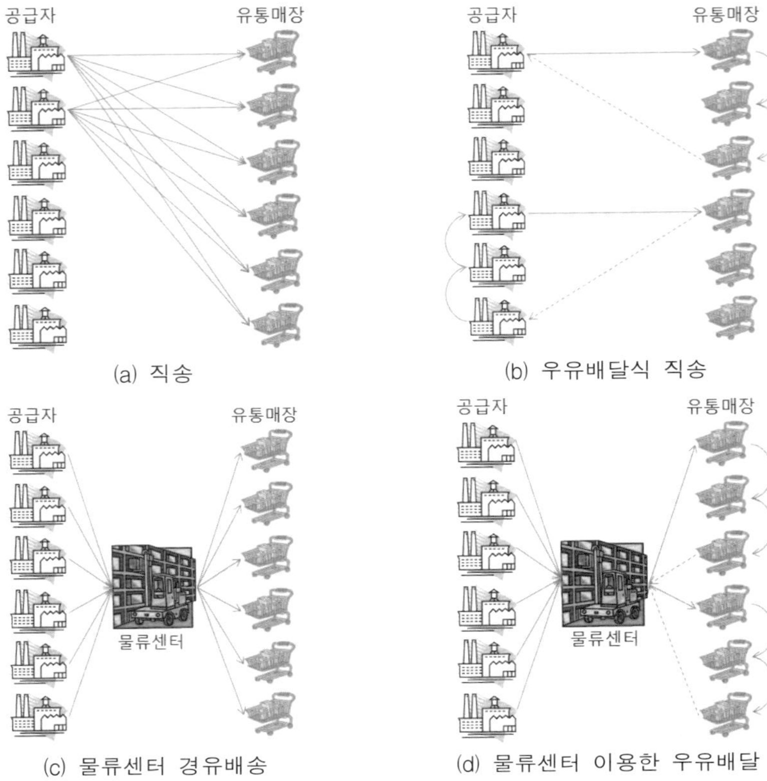

각 수송 네트워크 구조의 장단점을 요약하면 [표 9-3]과 같다.

▷▷ 표 9-3 수송 네트워크 구조의 장단점

네트워크 구조	장 점	단 점
직 송	물류센터 불필요, 조정 단순	높은 재고
우유배달식 직송	적은 물량의 낮은 수송비용, 낮은 재고	조정 복잡도 증가
물류센터 경유 재고배송	통합에 의한 낮은 유입수송비용	재고비용 증가
물류센터 경유 크로스도킹	낮은 재고요구, 통합에 의한 낮은 수송비용	조정 복잡도 증가
물류센터 이용한 우유배달	작은 물량의 낮은 유출수송비용	조정 복잡도 매우 증가
맞춤형 네트워크	상황에 따른 수송방법 선택	가장 높은 조정 복잡도

<※ 자료원: Chopra and Meindl, 2001>

반품과 역물류

전자상거래의 발달에 따른 온라인 쇼핑몰 구매의 증가로 반품 또한 증가하여 역물류의 중요성이 강조되고 있다. 미국의 RLEC(Reverse Logistics Executive Council, www.rlec.org)는 역물류를 "소비자에게서 처분 또는 회수를 목적으로 하는 곳으로 원자재, 중간재, 완제품, 그리고 관련 정보의 이동 및 보관에 소요되는 비용을 최소화하고 효율적으로 수행하기 위하여 이들을 계획 · 시행 · 통제하는 과정"이라고 정의하고 있다. 미국 내 기업들이 역물류와 관련하여 사용한 총 비용은 GDP 대비 1%로 추정되고 있다. 또한, 반품 물류의 규모는 일반적인 제조업체의 경우 평균적으로 판매제품의 6%에 이르며, 온라인매장의 경우 8%~30%에 이른다고 한다. 국내에서도 고객중심의 반품정책이 확산되면서 반품물류의 규모가 점차 증가하고 있는 추세이고, 업종별 반품율은 5%~30%에 이르고 있으며, 전체 물류비 대비 평균 4% 정도로 나타나고 있다(나호영, 이상헌, 2009). 대부분의 회사 또는 온라인쇼핑몰 들이 반품에 대한 부담을 안게 되는데, 반품처리를 효과적으로 처리하기 위하여 역물류정보시스템(reverse logistics information system)을 이용하는 것이 바람직하다(Roger and Tibben-Lembke, 1999).

FedEx, USPS(www.ups.com) 등의 여러 물류회사들은 반품처리를 쉽게 온라인 쇼핑몰과 연계를 위한 무료 온라인 도구들을 제공한다. USPS의 Electronic Merchandise-Return Service는 고객이 쇼핑몰에 반품을 요청하면, 쇼핑몰은 반품처리를 위해 고객이 라벨을 출력하여 소포로 발송하도록 지원한다. 한편, FedEx의 NetReturn이라고 불리는 Online returns-management system은 반품 요청하는 고객의 정보와 집하 일정 등을 받아 쇼핑몰로 반송처리 및 추적서비스를 제공한다. 이외 Burnham(www.burnhamcorp.com), GATX Logistics(www.gatx.com), Genco Distribution System(www.genco.com), USF Logistics(www.usf.com) 등이 있다(Bayles, 2001).

공급망 계획과 관련된 연구로는 공급망 계획을 위한 비즈니스 프로세스 패턴과 모델링에 관한 연구(이승근, 이홍철, 2004; 정한일, 장태우, 2008)와 공급망 계획시스템 도입 시 주요 성공요인에 관한 연구(하재원, 2008)가 있다. 수요예측 분야에는 공급망 수요예측에 관한 연구(김정일 외, 2005; Liang and Huang, 2006)가 있다. 재고에 관한 연구로는 공급망 재고관리에 관한 연구(유장선 외, 2008; Leonard and Cronan, 2005; Leung, 2009), 정보공유가 재고비용에 미치는 영향 분석(Strader, 1997), 전통 및 전자적 재고 보충의 공급망 효과와 가치에 대한 비교(Leonard and Cronan 2002), 공급망에서 VMI를 위한 연구(Arora et al., 2010; Dong and Xu, 2002)가 있다. 물류 관련 분야에는 제3자 물류 기반 공급망관리 전략에 관한 연구(김익성 외, 2005), 물류성과에 영향을 미치는 공급망관리 요인에 관한 연구(양일모, 2002), 물류에서의 공급망 효과 측정에 관한 연구(Lai et al., 2002), 환경친화적 물류활동과 공급사슬운영에 관한 연구(박석화, 박정섭, 2006; 임재화, 2009; 홍상태 외, 2006)가 있다. 공급자 선정과 파트너십 분야에는 경쟁력 있는 공급망을 위한 공급자 선정에 관한 연구(Ha and Krishnan, 2008; Hong et al., 2005)와 파트너십과 신뢰가 공급망에 미치는 영향에 관한 연구(이상만 외, 2007; 홍석진 외, 2007; Sodhi and Son, 2009)가 있다. 정보기술 관련 분야로는 정보기술 및 정보공유와 공급망 성과에 관한 연구(김경규 외, 2005; 김일형, 2002; 심수진, 한영춘, 2010; 이상근 외, 2006; Li and Lin, 2006), RFID 기반 공급망 모형 구축에 관한 연구(홍영지 외, 2010), RFID와 공급망관리에 관한 연구(배경한, 유인선, 2010; 백종관, 김창욱, 2007; Ustundag and Tanyas, 2009), 공급망관리를 위한 RFID의 전략적 가치에 관한 연구(Tajima, 2007)가 있다. 그 외, 공급망의 고객 만족도와 충성도에 관한 연구(Ellinger et al., 1999), 공급망에서 채찍효과 감소를 위한 연구(Zarandi et al., 2008), 공급망관리의 문제에 관한 연구(Essig et al., 1999), 공급망의 분류에 관한 연구(Harland et al., 2001), 선진업체 공급망관리 사례분석 연구(임승길 외, 2005) 등이 있다.

물류 부문은 타분야와는 달리 오프라인과 많이 연계되어 있다. 배송 관련 연구로는 효율적 수배송관리를 위한 배차계획에 관한 연구(박태영, 강승우, 2002)가 있다. VRP(Kulkani and Bhave, 1985)는 창고에서 선적하여 고객을 방문하면서 하적하고 출발지로 되돌아가는 최소 경로를 찾는 문제이며, PDP(Savelsbergh and Sol, 1995)는 VRP의 일반화된 모형으로 각 방문지에서 선적 또는 하적하는 경로문제이다. 또한, 각 방문지의 도착시간 제약 하에서 경로를 설정하는 VRP with Time Windows(VRPTW)(Solomom and Desrosiers, 1988)와 PDP with Time Windows(PDPTW)(Dumas et al., 1991) 모형이 있다. 전자상거래 관련 연구로는 전자상거래가 물류에 미친 영향에 관한 연구(Delfmann et al., 2002; Hesse, 2002), e-Logistics 발전단계(Siedeman, 2001), 전자상거래에서 마케팅채널을 지원하는 물류플랫폼에 관한 연구(Aldin and Stahre, 2003), 전자상거래상에서 다양한 배송요구에 대응하기 위한 사례기반의 라우팅을 위한 최적화모형 생성에 관한 연구(Chang and Lee, 2004), 인터넷 쇼핑몰의 물류 및 배송서비스 품질과 고객만족에 관한 연구(김정흠 외, 2011; 윤종훈, 김광석, 2006; 이충배 외, 2008), 전자상거래상에서의 물류요구의 변화분석에 관한 연구(이성룡, 최경일, 1999), 전자상거래상에서의 물류경쟁력 분석에 관한 연구(주상호, 2000), 전자상거래의 물류 아웃소싱 영향요인에 관한 연구(박영근, 김창완, 2000; 전준수, 홍의, 2002), 사이버물류시스템 구현방안(이충배, 정용균, 1999), 전자상거래에 따른 물류의 전략적 제휴에 관한 연구(김유오, 박덕우, 1999), 온라인 종합쇼핑몰에서의 배송정책 의사결정지원시스템에 대한 연구(이주영, 박양병, 2001) 등이 있다. 제휴와 아웃소싱 관련 연구로는 국내택배업체의 전략적 제휴유형 분석(마영석, 2002)과 물류아웃소싱에 대한 연구(Lieb and Randall, 1996; Maltz, 1994; Razzaque and Chen, 1998; Sheffi, 1990; Sink and Langley, 1997)가 있으며, IT 도입 관련 연구로는 물류에 대한 IT 도입의 영향에 관련한 연구(Krishnan, 2001), 물류 파트너쉽에 의한 상보성(Whang, 1998)이 있다. 또한, 역물류 관련 연구로는 공급망에서의 반품에 따른 역물류에 관한 연구(Hillegersberg et al., 2001)와 RFID 기술을 활용한 역물류 연구 동향 및 방향에 관한 연구(전홍배, 김재곤, 2008) 등이 있다.

사례 : 스마트 물류시스템을 지향하는 CJ GLS

CJ GLS는 1988년 삼성그룹의 물류시범회사로 출범하여 1991년에는 크로스 도킹 시스템을 도입하고 1994년에는 종합물류정보시스템을 구축하였으며, 1998년에는 독립법인을 설립하여 제3자 물류 및 물류컨설팅으로 시작하였다. 같은 해에는 택배사업에도 진출하였다. 다른 업체들이 차량 보유와 창고 수의 확충에 집중한 것에 반해 차별화된 전략인 SCM에 기반을 둔 선진 물류방식을 도입하였고, "최적의 SCM을 실행하는 아시아 대표 글로벌 물류기업"으로의 비전 달성을 추구하여 왔다. 사업부문은 크게 제3자 물류서비스, 택배서비스, 국제물류서비스로 나누어진다. 사업영역이 가장 큰 제3자 물류서비스는 기업의 물류를 대행하는 사업으로 공동수송서비스, 배송서비스, 통합창고 운영관리, 구매 대행, 유통가공 등이 있으며, 택배서비스는 배송서비스, 반품서비스, 콜센터에 의한 주문대행서비스로 구성되어 있다. 한편, 국제물류서비스는 국제항공택배서비스, 국제항공포워딩서비스, 수출입물류통관업무대행서비스 등의 다양한 업무를 수행하고 있다. CJ GLS는 사업진입 초창기부터 물류 비즈니스를 중심으로 하는 정보시스템을 도입하였는데, 제3자 물류를 중심으로 핵심운영시스텝을 구축하는데 정보화 역량을 집중하였다. 서브시스템은 주문정보시스템(OMS, Order Management System), 창고관리시스템(WMS, Warehouse Management System), 배송정보시스템(TMS, Transport Management System)으로 구성되어 있다. CJ GLS의 물류시스템은 e-비즈니스 기반, 모바일 비즈니스 지원, 유비쿼터스 지향으로 발전하였다. 먼저 웹 기반의 인터페이스를 도입하여 고객사와 자사 직원, 파트너사의 정보시스템 사용자들이 시스템에 용이하게 접근할 수 있도록 store front를 개발하여 UI의 편의성을 향상시켰다. 또한, 모바일 개념을 도입하여 제3자 물류의 핵심인 TMS에 GPS와 GIS를 기반으로 화물위치를 추적할 수 있는 배송관재 및 배송관리 시스템을 통하여 고객들이 화물의 도착시간을 정확히 알게 되어 좋은 반응을 보였다. TMS의 모바일화 추진은 고객만족에 어느 정도 긍정적 영향을 미쳤으나, 제3자 물류의 생산성 향상에는 기여하지 못한 한계를 안고 있었으므로 유비쿼터스 전략 수립이 절실히 요구되었다. 이에 대량의 화물을 무인화로 인식하고 화물정보를 처리할 수 있는 RFID 기술을 적용하였다. 그 효과는 SCM 프로세스 개선을 통한 경쟁력 강화, RFID 관련 국내외 산업 표준화 주도 및 신규산업 진입 가능성 제공, 산업계 전체의 국제 경쟁력 강화 등이다(김창수, 2006). 이러한 노력의 결과로 CJ GLS는 매출 경쟁력이 매년 증가하고 있는데, 2000년에 181억원, 2005년에는 1,582억원, 2009년에는 3,369억원에 달한다(현대경제연구소, 2010).

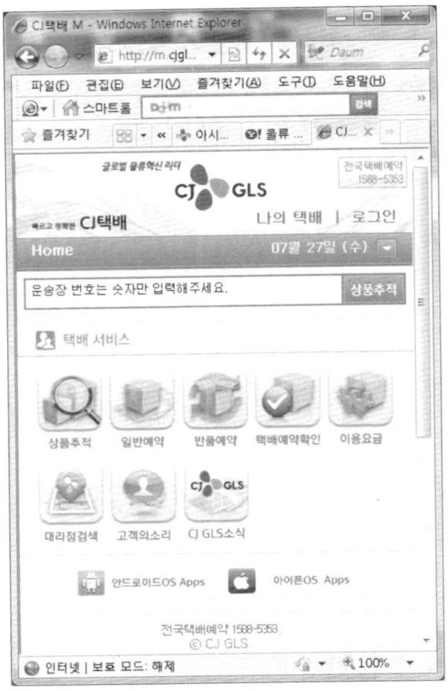

최근 스마트폰의 보급이 확산됨에 따라, CJ GLS는 스마트 물류시스템 구축에 적극 나서고 있다. 2010년에는 고객들의 라이프스타일에 최적화된 서비스를 제공하기 위해 앱을 개발하여, 택배 예약 접수, 배송 조회, 택배 대리점 검색, 예상 요금 등의 택배 서비스를 이용할 수 있도록 하고 있다. 또한, 배송 조회 전용 모바일 웹사이트(m.cjgls.co.kr)를 보완해 스마트폰 어플리케이션과 마찬가지로 모든 택배 서비스를 이용할 수 있도록 함으로써, 아이폰과 안드로이드 외의 운영체제를 탑재한 모든 스마트폰에서도 CJ택배 서비스가 가능하다. 2011년에는 자사가 운영하고 있는 파주 물류센터에 RFID와 태블릿PC를 결합한 스마트 물류시스템을 구축하였다. 이 시스템은 입고·출고·재고조사 등의 작업 시 해당 상품과 수량을 작업자에게 자동으로 알려줌으로써 쉽고 정확하게 작업을 마칠 수 있도록 해 효율성과 정확도를 한층 향상시키도록 2010년에 개발한 MPS(Multi Purpose System)와 CJ GLS에서 자체 개발한 물류정보프로그램이 설치된 태블릿PC를 결합시킨 것으로, 상품의 종류가 많고 작업 프로세스가 복잡한 경우에 특히 유용하다. 즉, 상품 주문이 발생하면 RFID태그가 부착된 피킹 박스가 컨베이어벨트에 투입되고, 각 구역마다 부착된 태블릿PC에 피킹 상품의 수량과 품목이 나타난다. 또한 해당 상품이 위치한 선반에 부착된 MPI(Multi Purpose Indicator) 단말기에 피킹할 상품 수량이 다시 한번 표시되므로 더욱 쉽게 상품을 찾을 수 있어 작업 속도가 한층 빨라진다. 작업자가 지시에 따라 피킹 박스에 상품 적재를 마치면 RFID태그 정보를 기반으로 자동으로 검수까지 완료할 수 있다. 더불

어 태블릿PC의 화면과 음성메시지로 작업자에게 지시 내용이 전달되기 때문에 오작업률이 한층 낮아지며, 피킹 박스에 별도의 라벨 출력·부착이나 바코드 스캔 작업도 필요 없어 작업시간 및 비용 절감에도 크게 기여하고 있다. 도서를 주로 취급하는 파주 물류센터는 취급 상품 종류가 15,000여 종에 달하고 일 최대 25,000건 이상의 주문을 소화하기 때문에 작업 공정이 매우 복잡하고 효율성이 떨어진다는 어려움이 있었으나, MPS와 태블릿PC를 결합한 스마트 물류시스템 도입은 생산성 향상에 큰 도움이 되고 있다(www.cjgls.co.kr).

요 약

공급망은 원자재업자로부터, 공장과 창고를 거쳐 고객에 이르기까지의 자재, 정보, 지불, 서비스의 흐름을 지칭하며, 목표는 공급망 전체적인 수익성의 창출이다. 공급망의 구성요소는 상위 흐름 공급망, 내부 공급망, 하위 흐름 공급망으로 이루어져 있으며 고객, 소매상, 도매상/유통업체, 생산업체, 부품/원자재 공급업체 등 공급망의 모든 개체가 참여하게 된다. 공급망 프로세스는 고객주문순환, 보충순환, 제조순환 및 조달순환의 연속으로 분할할 수 있으며 고객주문에 의해서 실행되는 Pull 과정과 기업의 예측으로 실행되는 Push 과정으로 나누어 볼 수 있다.

공급망의 문제점은 크게 불확실성과 빈약한 조정이며, 수요왜곡과 변화확산을 일으키는 채찍효과를 발생한다. 그 해결책으로는 적절한 공급망관리가 필요하다. 적절한 정보기술을 응용하여 공급망관리를 효과적으로 수행할 수 있으며 CRP, VMI, CMI, CAO, ECR, CPFR 등 다양한 기법들이 개발되었으며, SAP 등 많은 업체들이 다양한 솔루션을 제공하고 있다.

물류는 공급망관리의 하부구조로서, "소비자의 요구에 부응할 목적으로 생산지에서 소비자까지 원자재, 중간재, 완제품, 그리고 관련 정보의 이동 및 보관에 소요되는 비용을 최소화하고 효율적으로 수행하기 위하여 이들을 계획, 시행, 통제하는 과정"으로 정의된다. 물류산업은 제3자 물류서비스 확대와 e-Logistics로 발전하고 있다. 성공적인 공급망관리는 수배송의 운영에 좌우될 정도로 수송 네트워크의 설계가 중요하다. 공급망 상에서의 수송방법에는 항공기, 택배, 트럭, 기차, 선박 등이 있으며, 효율적인 공급을 위한 수송 네트워크 구조에는 직송, 우유배달식 직송, 물류센터 경유 배송, 물류센터 이용한 우유배달, 맞춤형 등이 있다. 전자상거래는 오프라인보다 반품률이 크기 때문에 역물류도 중요하며, 대부분의 물류회사들이 서비스하고 있다. 물류서비스는 발송예약, 배송추적, 운송경매, 물류 ASP, 물류포탈서비스, 디지털정보 전송 등 다양한 형태로 나타난다.

주요 용어정리

- 공급망(Supply Chain)
- 공급망관리(SCM : Supply Chain Management)
- 공차조회
- 물류
- 물류포탈
- 물류 ASP
- 발송예약
- 배송추적
- 반품
- 수배송
- 수송 네트워크
- 역물류
- 운송경매
- 제3자 물류서비스
- 주문제작(Build to Order)
- 채찍효과(Bullwhip Effect)
- CAO(Computer-Assisted Ordering)
- CMI(Co-Managed Inventory)
- CFAR(Collaborative Forecasting And Replenishment)
- CPFR(Collaborative Planning, Forecasting and Replenishment)
- CRP(Continuous Replenishment Program)
- ECR(Efficient Customer Response)
- e-Logistics
- e-SCM
- u-SCM
- VMI(Vendor-Managed Inventory)

연 습 문 제

[1] 공급망을 정의하고, 참여자들에 대해서 기술하시오.

[2] 특정 기업을 예로 들어 공급망을 상위흐름, 내부, 하위흐름 공급망으로 구분하여 분석해 보시오.

[3] Pull 과정의 공급망과 Push 과정의 공급망을 비교 설명해 보시오.

[4] 공급망관리의 응용기술을 서로 비교해 보시오.

[5] 채찍효과의 발생원인과 해결방안을 간략히 기술해 보시오.

[6] 공급망관리에서 물류의 중요성을 기술하시오.

[7] 제3자 물류의 장점을 설명해 보시오.

[8] e-Logistics의 서비스 내용를 분류해 보시오.

[9] 물류네트워크의 최적화 방안과 수배송 체계를 생각해 보시오.

[10] 온라인 쇼핑몰의 반품과 역물류 체계를 생각해 보시오.

참고문헌 및 참고사이트

[1] 김경규, 이창희, 박성국, 신수정, "전자적 정보공유와 상대적 흡수능력이 공급망 성과에 미치는 영향에 관한 연구-Downstream Supply Chain을 중심으로-," 경영학연구, Vol. 34, No. 6, 2005.

[2] 김유오, 박덕우, "전자상거래에 따른 물류의 전략적 제휴에 관한 연구," 물류학회지, Vol. 9, No. 1, 1999.

[3] 김익성, 박승찬, 김지영, 이헌수, "전략적 제휴 및 제3자물류 기반 총공급망 관리전략: 전자 및 자동차산업 사례연구," 로지스틱스연구, Vol. 13, No. 2, 2005.

[4] 김일형, "공급망에서의 정보공유에 관한 연구," 한국생산관리학회지, Vol. 13, No. 1, 2002.

[5] 김정일, 차경천, 전덕빈, 박대근, 박성호, 박명환, "적응적 지수평활법을 이용한 공급망 수요예측의 실증분석," 산업공학, Vol.18, No.3, 2005.

[6] 김정흠, 서석수, 이종호, "인터넷 쇼핑몰의 물류서비스 품질이 고객만족도와 충성도에 미치는 영향," 경영교육논총, Vol. 65, 2011.

[7] 김창수, "e비즈니스에서 유비쿼터스 정보화로: CJ GLS의 유비쿼터스 지향 제3자 물류시스템," 사례로 배우는 e비즈니스IV, 제7장, 전국경제인연합회, 2006.

[8] 나호영, 이상헌, "역물류를 고려한 통합물류망에서의 입지: 경로문제," IE Interfaces, Vol. 22, No. 2, 2009.

[9] 박석화, 박정섭, "환경친화적 물류활동의 변화에 관한 연구," 물류학회지, Vol. 16, No. 2, 2006.

[10] 박영근, 김창완, "전자상거래업체의 물류아웃소싱 영향요인," 마케팅과학연구, Vol. 6, 2000.

[11] 박태영, 강승우, "효율적인 수배송관리를 위한 물류정보시스템 개발에 관한 연구," 유통정보학회지, Vol. 5, No. 2, 2002.

[12] 배경한, 유인선, "RFID 기반 실시간 정보 공유체계를 운영하는 공급망의 협업시스템 분석," 상품학연구, Vol. 28, No. 5, 2010.

[13] 백종관, 김창욱, "공급망관리의 성능에 대한 RFID의 영향," 경영컨설팅연구, Vol. 7, No. 2, 2007.

[14] 산업자원부, 한국전자거래협회, 2001 전자상거래백서, 2002.

[15] 심수진, 한영춘, "정보기술 자원이 전략적 공급망 능력과 기업 성과에 미치는 영향에 관한 연구," 2010 한국산업경영학회발표논문집, 한국산업경영학회, 2010.

[16] 양일모, "물류성과에 영향을 미치는 공급망관리 요인에 관한 연구," 생산성논집, Vol. 16, No. 3, 2002.

[17] 유장선, 김신태, 홍성록, 김창욱, "시뮬레이션 최적화 방법을 이용한 다단계 공급망 재고관리," 산업공학, Vol. 21, No. 4, 2008.

[18] 윤종훈, 김광석, "인터넷 쇼핑몰의 물류서비스 품질요인이 고객만족과 구매 후 행동에 미치

는 영향에 관한 연구," 정보시스템연구, Vol. 15, No. 1, 2006.
[19] 이상근, 권종구, 강민철, "e-공급망 인프라가 경쟁전략 역량 및 경쟁우위 성과에 미치는 영향에 관한 연구," 대한경영학회지, Vol. 19, No. 5, 2006.
[20] 이상만, 이용길, 이국용, "공급망 관리(SCM) 파트너십이 기업의 경영성과에 미치는 영향," 한국생산관리학회지, Vol. 18, No. 3, 2007.
[21] 이성룡, 최경석, "전자상거래에서의 물류," 정보처리학회, Vol. 6, No. 1, 1999.
[22] 이승근, 이홍철, "선형계획법을 이용한 협업공급망계획 수립모델," 산업공학, Vol. 17, No. 4, 2004.
[23] 이주영, 박양병, "인터넷 종합쇼핑몰에서의 배송정책 의사결정지원시스템," 경영과학, Vol. 18, No. 2, 2001.
[24] 이충배, 박나리, 박선영, "인터넷 의류 쇼핑몰에서 배송 서비스 품질이 고객만족도에 미치는 영향에 관한 연구," 전자무역연구, Vol. 6, No. 2, 2008.
[25] 이충배, 정용균, "전자상거래하에서 사이버 물류시스템 구현방안," 통상정보연구, Vol. 1, No. 2, 1999.
[26] 임승길, 김재곤, 홍정만, "선진업체들의 공급망 관리 사례 분석," Entrue Journal of Information Technology, Vol. 4, No. 2, 2005.
[27] 임재화, "환경친화적 물류활동이 공급사슬운영에 미치는 영향에 관한 연구," 경영교육논총, Vol. 57, 2009.
[28] 전준수, 홍의, "전자상거래가 물류활동의 아웃소싱 증가에 미치는 영향에 관한 연구," 로지스틱스연구, Vol. 10, No. 1, 2002.
[29] 전홍배, 김재곤, "RFID 기술을 활용한 역물류 연구 동향 및 방향에 관한 연구," Entrue Journal of Information Technology, Vol. 7, No. 1, 2008.
[30] 정한일, 장태우, "통합 공급망 계획을 위한 비즈니스 프로세스 패턴 연구," Journal of information technology applications & management, Vol. 15, No. 1, 2008.
[31] 주상호, "전자상거래에서의 물류경쟁력," 한국전자거래학회지, Vol. 5, No. 1, 2000.
[32] 하영석, "전자상거래에 따른 택배업체의 물류전략," 물류학회지, Vol. 12, No. 1, 2002.
[33] 하재원, "공급망 계획시스템 도입의 주요 성공요인," Entrue Journal of Information Technology, Vol. 7, No. 1, 2008.
[34] 한동철, 공급망관리, 시그마인사이트컴, 2002.
[35] 현대경제연구소, 해운·물류정보, 통권 제1호, 2010.
[36] 홍상태, 강경식, 김현수, "환경친화적 물류활동이 물류관리 성과에 미치는 영향," 해운물류연구, Vol. 48, 2006.
[37] 홍석진, 권익환, 김미선, "신뢰가 공급망 관리상 파트너 관계 지속에 미치는 영향에 관한 연구," 물류학회지, Vol. 17, No. 3, 2007.
[38] 홍영지, 태경휘, 박진우, "RFID 기술을 이용한 실시간 공급망 모형 구축," 경영과학, Vol.27, No.3, 2010.
[39] 황승진, "변화관리가 성패의 80%를 차지한다," CIO, 9월호, 2000.
[40] 후쿠시마 요시아키, SCM경영혁명, 한국능률협회컨설팅 GPS본부 SCM팀 옮김, 21세기북스, 1999.
[41] Aldin, N. and F. Stahre, "Electronic Commerce, Marketing Channels and Logistics Platforms : A Wholesaler Perspective," European Journal of Operational Research, Vol.

144, No. 2, 2003.
[42] Arora, V., F.T.S. Chan, and M.K. Tiwari, "An Integrated Apprcach for Logistic and Vendor Managed Inventory in Supply Chain," Expert Systems with Applications, Vol. 37, No. 1, 2010.
[43] Bayles, D.L., e-Commerce Logistics & Fulfillment, Prentice Hall, 2001.
[44] Chang, Y.S. anc J.K. Lee, "Case-based Modification for Optimization Agent: AGENT-OPT," Decision Support Systems, Vol. 36, 2004.
[45] Chopra, S. and P. Meindl, Supply Chain Management : Strategy, Planning, and Operation, Prentice Hall, 2001.
[46] Delfmann, W., S. Albers, and M. Gehring, "The Impact of Electronic Commerce on Logistics Service Providers," International Journal of Physical Distribution & Logistics Management, Vol. 32, No. 3, 2002.
[47] Dong, Y. and K. Xu, "A Supply Chain Model of Vendor Managed Inventory," Logistics and Transportation Review, Vol. 38, No. 2, 2002..
[48] Dumas, Y., J. Desrosiers, and F. Soumis, "The Pickup and Delivery Problem with Time Windows," European Journal of Operational Research Vol. 54, 1991.
[49] Ellinger, A.E., P.J. Daugherty, and Q.J. Plair, "Customer Satisfaction and Loyalty in Supply Chain : the Role of Communication," Logistics and Transportation Review, Vol. 35, No. 2, 1999.
[50] Essig, M., U. Arnold and E. Scheuing, "The Year 2000 Problem in the Supply Chain : A Managerial Perspective," Journal of Supply Chain Management, Vol. 35, No. 4, 1999.
[51] Ha, S.H. and R. Krishnan, "A Hybrid Approach to Supplier Selection for the Maintenance of a Competitive Supply Chain," Expert Systems with Applications, Vol. 34, No. 2, 2008.
[52] Harland, C.M., R.C. Lamming, J. Zheng, and T.E. Johnsen, "A Taxonomy of Supply Networks," Journal of Supply Chain Management, Vol. 37, No. 4, 2001.
[53] Harrington, L.H., "Outsourcing Boom Ahead?(Logistics)," Industry Week, Jan 10, 2000.
[54] Hesse, M., "Shipping News : The Implications of Electronic Commerce for Logistics and Freight Transport," Resources, Conservation, and Recycling, Vol. 36, No. 3, 2002.
[55] Hillegersberg, J., R. Zuidwiik, J. Nunen, and D. Eijk, "Supporting Return Flows in the Supply Chain," Communications of the ACM, June 2001.
[56] Hong, G.H., S.C. Park, D.S. Jang, and H.M. Rho, "An Effective Supplier Selection Method for Constructing a Competitive Supply-relationship," Expert Systems with Applications, Vol. 28, No. 4, 2005.
[57] Johnson, M.E. and D. Pyke, "A Framework for Teaching Supply Chain Management," Management Science / Operations Research, Vol. 9, No. 1, 1999.
[58] Kulkarni, R.V. and P.R. Bhave, "Integer Programming Formulations of Vehicle Routing Problems," European Journal of Operational Research, Vol. 20, 1985.
[59] Kurt Salmon Associates Inc., Efficient Customer Response, 1993.
[60] Lai, K-H., E.W.T. Ngai, and T.C.E. Cheng, "Measures for Evaluating Supply Chain Performance in Transport Logistics," Logistics and Transportation Review, Vol. 38, No. 6, 2002.

[61] Lee, H.L., V. Padmanabhan, and Whang, S, "The Bullwhip Effect in Supply Chain," Sloan Management Review, Vol. 38, No. 3, pp. 93–102, 1997.
[62] Leonard, L.N.K. and T.P. Cronan, "A Study of the Value and Impact of Electronic Commerce : Electronic Versus Traditional Replenishment in Supply Chains," Journal of Organizational Computing and Electronic Commerce, Vol. 12, No. 4, 2002.
[63] Leonard, L.N.K. and T.P. Cronan, "Electonic Supply Chain Management : Does the Consumer Benefit?", International Journal of Integrated Supply Management, Vol. 1, No. 3, pp. 335–343, 2005.
[64] Leung, K.N.F., "A Technical Note on Optimizing Inventory Decisions in a Multi-stage Multi-customer Supply Chain," Logistics and Transportation Review, Vol. 45, No. 4, 2009.
[65] Li, S. and B. Lin, "Accessing Information Sharing and Information Quality in Supply Chain Management," Decision Support Systems, Vol. 42, No. 3, 2006.
[66] Liang, W-Y. and C-C. Huang, "Agent-based Demand Forecast in Multi-echelon Supply Chain," Decision Support Systems, Vol. 42, No. 1, 2006.
[67] Lieb, R.C. and H.L. Randall, "A Comparison of the Use of Third-party Logistics Services by Large American Manufacturers, 1991, 1994, and 1995," Journal of Business Logistics, Vol. 17, No. 1, 1996.
[68] Maltz, A.B., "Outsourcing the Warehousing Function : Economic and Strategic Considerations," Logistics and Transportation Review, Vol. 30, No. 3, 1994.
[69] Poirier, C.C. and M.J. Bauer, e-Supply Chain, Berrett-Koehler Publishers, Inc., 2000.
[70] Razzaque, M.A. and C.C. Sheng, "Outsourcing of Logistics Functions: A Literature Survey," International Journal of Physical Distribution & Logistics Management, Vol. 28, Issue 2, 1998.
[71] Rogers, D.S. and R.S.T-Lembke, Going Backwards : Reverse Logistics Trends and Practices, Reverse Logistics Executive Council, 1999.
[72] Savelsbergh, M.W.P. and M. Sol, "The General Pickup and Delivery Problem," Transportation Science, Vol. 29, No. 1, 1995.
[73] Seideman, T., e-Logistics Supplement, Logistics Management and Distribution Report, 2001.
[74] Sheffi, Y., "Third party Logistics : percent and Future Prospects," Journal of Business Logistics, Vol. 11, No. 2, 1990.
[75] Sink, H.L. and Langley Jr., C.J., "A Managerial Framework for the Acquisition of Third-party Logistics Services," Journal of Business Logistics, Vol. 18, No. 2, 1997.
[76] Sodhi, M.S. and B-G. Son, "Supply-chain Partnership Performance," Logistics and Transportation Review, Vol. 45, No. 6, 2009.
[77] Solomon, M.M. and J. Desrosiers, "Time Window Constrained Routing and Scheduling Problems," Transportation Science, Vol. 22, No. 1, 1988.
[78] Strader, T.J., "Differentiating between Traditional and Electronic Markets : Toward a Consumer Cost-based Model," Proceedings of the AIS 1997 American Conference, 1997.
[79] Tajima, M., "Strategic Value of RFID in Supply Chain Management Original Research Article," Journal of Purchasing and Supply Management, Vol. 13, No. 4, 2007.

[80] Turban, E., D. King, and J.K. Lee, Merrill Warkentin, and H. Michael Chung, Electronic Commerce: A Managerial Perspective, Prentice Hall, 2000.

[81] Ustundag, A. and M. Tanyas, "The Impacts of Radio Frequency Identification (RFID) Technology on Supply Chain Costs," Logistics and Transportation Review, Vol. 45, No. 1, 2009.

[82] Whang, S., Complementaries in Supply Chain Management, in Global Supply Chain and Technology Management, Production and Operations Management Society, 1998.

[83] Zarandi, F., M. Pourakbar, and I.B. Turksen, "A Fuzzy Agent-based Model for Reduction of Bullwhip Effect in Supply Chain Systems," Expert Systems with Applications, Vol. 34, No. 3, 2008.

[1] 교보문고 ························ http://www.kyobobook.co.kr
[2] 로지시틱스21 ························ http://www.logistics21.com
[3] 이포컴 ························ http://www.e4cargo.com
[4] 인포에스티 ························ http://www.inpoesti.com
[5] Amazon.com ························ http://www.amazon.com
[6] Ariba ························ http://www.ariba.com
[7] Burnham ························ http://www.burnhamcorp.com
[8] Cisco ························ http://www.cisco.com
[9] CJ GLS ························ http://www.cjgls.co.kr
[10] Dell ························ http://www.dell.com
[11] DHL ························ http://www.dhl.co.kr
[12] eToys ························ http://www.etoys.com
[13] FedEx ························ http://www.fedex.com
[14] Ford ························ http://www.ford.com
[15] GATX Logistics ························ http://www.gatx.com
[16] Genco Distribution System ························ http://www.genco.com
[17] Hewlette Packard ························ http://www.hp.com
[18] JDA Software ························ http://www.jda.com
[19] Oracle ························ http://www.oracle.com
[20] P&G ························ http://www.pg.com
[21] RLEC ························ http://www.rlec.org
[22] SAP ························ http://www.sap.com
[23] ToysRUs ························ http://www.toysrus.com
[24] TL Korea ························ http://www.tlkorea.co.kr
[25] UPS ························ http://www.ups.com
[26] USF ························ http://www.usf.com
[27] USPS ························ http://www.usps.com
[28] Walmart ························ http://www.walmart.com

제 10 장

10

M-커머스와 소셜네트워크

학 습 목 표

- M-커머스의 정의와 특징을 이해한다.
- 유비쿼터스 환경에서의 전자상거래의 정의와 특징을 이해한다.

저 자 소 개

이 호 근, 연세대학교 경영학과 교수, h.lee@yonsei.ac.kr
이 경 전, 경희대학교 경영학과 교수, klee@khu.ac.kr

차 례(10)

10.1 서 론
10.2 m-Commerce
10.2.1 스마트폰의 보급 및 확대
10.2.2 m-Commerce의 특성
10.2.3 스마트폰과 m-Commerce
10.2.4 m-Commerce를 통한 기업가치증대
10.3 소셜미디어(Social Media)
10.3.1 Social Media의 개념 및 등장 배경
10.3.2 Social Media의 특징
10.3.3 Social Media 서비스 종류
10.3.4 기업에서 Social Media 활용시 고려사항
10.4 U-Commerce 비즈니스 모델
10.3.1 연결완전성(Seamlessness)
10.3.2 프라이버시
10.3.3 U-비교쇼핑
10.3.4 U-추천마케팅
10.3.5 U-지불
10.5 맺음말
EC 연 구
사 례
페이스북(facebook)
근접 무선 통신(Near-Field Communication : NFC)
요 약
주요 용어정리
연습문제
참고문헌

10.1 서 론

스마트폰의 보급이 확대되고 다양한 소셜미디어가 새로이 나타나면서 전자상거래 시장도 다양한 형태로 발전하고 있다. 아이폰과 같은 스마트폰의 보급이 확대되면서 앱스토어나 안드로이드마켓과 같은 앱마켓(Application Market)이 등장하여 다양한 형태의 콘텐츠가 거래되는 새로운 경제체제가 부상하고 있다. 페이스북과 트위터와 같은 소셜미디어의 등장으로 소셜커머스라 불리는 새로운 형태의 전자상거래도 생겨나고 있다. 개방, 공유, 참여라는 특징을 가지는 소셜미디어 시대에는 소비자들이 자신의 경험과 의견을 다양한 형태로 전달하고, 소셜네트워크가 제공하는 장점을 전자상거래에 접목하는 새로운 형태의 전자상거래 비즈니스 모델이 지속적으로 소개될 것으로 보인다.

10.2 m-Commerce

Durlacher Research의 정의에 의하면 m-Commerce(mobile commerce)는 모바일 커뮤니케이션 네트워크를 통해 수행되는 금전적 가치를 지닌 모든 거래행위를 말한다. 즉, m-Commerce는 무선 네트워크를 중심으로 이루어지는 모바일 환경에서의 상거래 활동을 의미한다. 기존의 전자상거래와 유사하지만 모바일 환경에서 이동통신 단말기의 특성에 따라서 제공되는 컨텐츠 및 애플리케이션이 달라지며, 수익원을 비롯한 비즈니스 모델도 기존의 전자상거래와 차이가 있다. 공정거래위원회에 따르면 2009년 m-Commerce의 국내 시장 규모는 약 1,500억 원으로 규모인 것으로 추정된다. 아직까지 m-Commerce 시장은 초기단계로 스마트폰 보급 확대에 따라 향후 큰 폭으로 확대될 것으로 전망된다. ABI(Allied Business Intelligence)의 전망에 따르면 세계 m-Commerce시장은 2009년 183억 달러에서 2015년에는 1,190억 달러의 시장을 형성할 것으로 보인다.

10.2.1 스마트폰의 보급 및 확대

최근 스마트폰 사용자가 급증하면서 무선인터넷에 대한 관심이 높아지고 있다. 국내에서는 무선전화 가입자가 2010년 포화율 100%를 돌파하였고, 2011년 5,210만 명으로 전망된다. 2009년 말 50만 명에 불과했던 국내 스마트폰 사용자 수는 2010년 말 700만 명을 넘어섰다. 대신증권에 따르면 2011년에는 스마트폰 사용자 수가 1,500만 명을 돌파하여 인구 대비 보급률이 30%를 초과할 전망이다. 한국인터넷진흥원에 따르면 2009년 스마트폰 이용자의 무선인터넷 이용률은 80.7%로 일반이용자 48.7%보다 2배 가까이 높게 나타났다. 이렇게 스마트폰 가입자의 증가는 자연스럽게 무선인터넷 시장에 대한 전망을 밝게 하고 있다. 2001년 국내 소비자의 이동전화 이용패턴은 음성통화 대 데이터 통신 비율이 95대 5로, 전체 무선통신 서비스 가운데 데이터 부분이 5%에 불과했으나, 2010년경에는 무선 데이터 시장이 4조원을 넘었고, KT경제경영연구소에 따르면 2012년에는 5조 8천억 원으로 확대될 것으로 예상된다.

10.2.2 m-Commerce의 특성

Leavy는 "무선인터넷이 제대로 보급되기 위해서는 소비자가 무선인터넷을 사용하여 무엇인가 의미 있는 것을 하도록 하는 것이 가장 중요"하다고 하였다. 고객들에게 의미 있는 무선인터넷 서비스를 제공하기 위해서는 크게 세 가지 요소에 대한 고려가 필요하다. 첫째 무선인터넷 매체 특성에 대한 이해, 둘째 휴대폰이라는 단말기의 한계에 대한 고려, 셋째 과금 구조에 적합한 서비스의 개발이 그것이다.

스마트폰의 등장은 이러한 무선인터넷 서비스 활성화의 전제조건을 모두 충족시켰다. 스마트폰의 보급으로 단말기에 대한 한계가 거의 없어졌고, 무선랜(Wi-Fi)의 확장과 스마트폰 전용요금제(정액제)로 인해 무선 통신 요금에 대한 부담이 줄어들었다. 또한 많은 기업들이 무선인터넷의 특성을 고려한 서비스를 확장하고 있으며, 이에 따라 모바일 비즈니스는 본격화 될 전망이다.

무선 인터넷 매체 및 서비스 특성

무선 인터넷 매체와 서비스는 크게 7가지의 특성을 가지고 있다. 첫째는 어디에서나 실시간으로 네트워크에 접속해 정보 검색이 가능한 편재성(Ubiquity), 둘째는 언제 어디서나 네트워크에 접속이 가능한 접근성(Reach)이다. 셋째는 개인 전용단말기 이용에 따른 상대적으로 우수한 보안성(Security)이며, 넷째는 휴대폰, mp3 플레이어, 카메라 폰 등이 통합된 컨버전스 기기의 활용에 따른 복합성(Convergence)이다. 다섯째는 일정한 시점에서 휴대폰이나 개인 전용단말기 사용자의 위치를 파악할 수 있는 위치성(Localization), 여섯째는 단시간 내에 필요한 정보에 접근이 가능한 즉시 연결성(Instant Connectivity), 그리고 마지막으로 상대적으로 보다 고객화된 서비스를 제공할 수 있는 개인화(Personalization)라는 특성을 가지고 있다. 이러한 특성은 기존의 유선 인터넷에서의 전자상거래와 m-Commerce를 구분하는 근본적인 특성이면서 동시에 m-Commerce에서 제공되어야 할 서비스 개발에도 필수적으로 반영해야 할 요소들이다([표 10-1] 참조).

▷▷ 표 10-1 무선인터넷의 특징

특 성	내 용
Ubiquity(편재성)	어디서나 실시간 정보검색 가능
Reach(접근성)	언제, 어디서나 네트워크에 접속
Security(보안성)	개인 전용단말기 이용에 따른 보안기능
Convergence(복합성)	간단한 통신도구 이용
Localization(위치성)	특정시점에 사용자의 위치를 명확히 제공
Instant Connectivity(즉시 연결성)	단시간내에 필요한 정보를 검색 가능
Personalization(개인화)	고객화되고 차별화 된 고객 서비스 제공

10.2.3 스마트폰과 m-Commerce

스마트폰 마켓 플레이스

현재 전세계적으로 가장 많이 팔리고 있는 스마트폰 중의 하나인 애플 아이폰의 성공에 가장 큰 역할을 한 것은 앱스토어(App store)이다. 앱스토어는 Application Store의 준말로 각종 애플리케이션을 자유롭게 사고 팔 수 있는 마켓 플레이스를 의미한다. 애플은 앱스토어라는 스마트폰 마켓 플레이스를 만들어 외부개발자나 컨텐츠 제공자들이 아이폰을 위한 응용 서비스를 개발하게 함으로써 모바일 컨텐츠 시장의 비약적인 증가를 이루어냈다.

2010년 3월 현재 168,733개의 컨텐츠와 응용 서비스가 앱스토어에 올라가 있다. 이 가운데 26%(43,716개)는 무료이지만, 74%에 해당하는 125,057개가 유료로 제공되고 있다. 앱스토어 컨텐츠는 e북이 가장 많으며 그 다음 게임과 엔터테인먼트 순이다. 아이폰 사용자의 폭팔적인 증가에 힘입어 전세계적으로 34,000개가 넘는 개발자들이 앱스토어에 컨텐츠를 제공하고 있다.

가트너(Gatner) 보고서에 따르면 2009년 한해 동안 아이폰 사용자들이 앱스토어에서 25억 개의 애플리케이션을 다운로드 받았으며 그 규모는 42억 달러에 해당한다. 2013년에는 스마트폰 사용자들이 216억 개의 애플리케이션을 다운로드 받아 애플리케이션 시장

규모가 295억 달러에 해당할 것으로 전망되고 있다. 애플의 앱스토어 성공은 모바일 OS 사업자와 휴대폰 제조업자들이 유사한 스마트폰 마켓 플레이스를 도입하게 하는 계기가 되었다.

기업들은 다양한 방법으로 앱스토어를 활용하여 비즈니스 모델을 창출하고 있다. 앱스토어의 가장 일반적인 활용은 애플리케이션의 판매이다. e북, 게임, 음반, 영화 등 디지털 컨텐츠의 전반이 앱스토어를 통해 판매되고 있다. 포털 서비스, B2C 서비스, 소셜미디어 서비스 등을 제공하는 인터넷기업의 경우 비즈니스 확장을 위한 채널로 활용하고 있다. eBay는 모바일환경에 적합한 eBay 애플리케이션을 무료로 제공하여 2009년 모바일을 통해 600만 달러의 거래를 이루었다. 페이스북 역시 페이스북 애플리케이션을 무료로 제공하여 2010년 페이스북 접속자의 30%가 모바일을 통해 접속하였다. 마지막으로 샤넬, 구찌, 메르세데스-벤츠, UNIQLO, 스타벅스를 비롯한 많은 기업들이 마케팅을 위한 채널로 앱스토어를 활용하고 있다.

Instant Connectivity and Ubiquity 서비스

모바일이 가진 즉시성 또는 실시간성을 이용한 서비스는 기존의 유선인터넷에서의 전자상거래와 차별되는 점이다. 스마트폰 이용자는 항상 기기를 휴대하면서 3G나 무선랜을 통해 언제든지 인터넷에 연결할 수 있으며, 필요한 정보를 찾거나 기능을 이용하기 위해 즉시 애플리케이션을 실행하거나 웹에 접속할 수 있다. 바로 이러한 특징이 Commerce와 결합됨으로써 새로운 가치가 창출된다. 예를 들어 eBay의 경우, 스마트폰을 통해 이동 중에도 필요한 물품을 바로 구매할 수 있으며, 물건을 사고팔기 위해 사이트에 접속해 있을 필요 없이 PUSH 기능을 통해 스마트폰으로 즉시 통지를 받고 내용을 확인할 수 있다.

Localization 서비스

위치정보와 서비스를 결합하면 새로운 비즈니스가 창출된다. 스마트폰의 LBS(Location Based Service) 기능을 통해 유선인터넷 환경에 없었던 새로운 서비스가 생겨났다. 스마트폰의 보급과 함께 가장 대중화 된 LBS 관련 애플리케이션은 구글, 네이버, 다음 등의 포털기업들이 만든 지도 애플리케이션이다. 위치정보를 활용할 수 있다는 점은 스마트폰의 가장 기본적인 강점이기 때문에, 많은 애플리케이션들이 위치정보에 기반하여 사용자의 현재 위치에서 가까운 점포의 위치를 안내하고 있으며, 나아가 할인 쿠폰 발행 등을 통해 보다 적극적으로 방문을 유도하기도 한다. 이렇게 LBS는 지역업소에게 새로운 상거래의 기회를 제공해 준다. 스마트폰을 통해 오프라인과 온라인을 효과적으로 연계함으로써, 오프라인 상거래를 유도하고 수익을 창출한다.

LBS와 증강현실(Augmented Reality, AR)이 결합된 서비스도 생겨나고 있다. 증강 현실은 실제 환경에 가상의 사물이나 정보를 합성하여 보여주는 기술이다. 위치정보와 카메라를 동시에 활용한 증강현실 애플리케이션은 이용자가 위치한 실제 거리에 유용한 정보를 합성하여 보여준다. 애플리케이션에 따라 맛집을 검색해 보여주거나 은행, 병원, 주유소 등을 표시해 주기도 한다. 특정 장소에서 이용자가 세부 정보를 입력함으로써 장소에 대한 정보를 추가하거나 타인이 입력한 정보를 조회할 수도 있다. 이와 같은 모든 서비스는 이용자로 하여금 상거래를 유도하는데 이용된다. 모바일 광고는 m-Commerce와 밀접한 관계를 갖고 있는데, 위치 정보와 광고가 결합됨으로써 더 강력하게 상거래를 유도할 수 있다. 이용자에게는 광고 이상의 유용한 정보를 제공해주며, 상거래를 유도함으로써 광고주와 이용자 모두에게 혜택을 제공한다.

소셜커머스

소셜미디어 서비스는 스마트폰의 킬러앱 중의 하나로 소셜미디어와 커머스를 결합한 소셜 커머스가 큰 관심사로 떠오르고 있다. 최근 등장한 온라인 쇼핑 서비스들은 대부분 페이스북이나 트위터와의 연동을 기본적으로 지원한다. 고객들의 쇼핑활동 내역을 소셜미디어 서비스와 연계함으로써 입소문 마케팅을 일으키고 프로모션 효과를 만들어 낸다. 국내에서도 페이스북과 트위터의 가입자가 증가함에 따라 이를 활용하는 다양한 마케팅 기법과 소셜커머스 사례들이 등장하고 있다. 소셜커뮤니티 안에서 일정 수 이상의 구매자가 모이면 저렴한 가격으로 물건을 구매하게 하거나, 트위터를 통해 팔로워(follower)에게 할인쿠폰을 제공하는 이벤트도 소셜커머스의 한 가지 사례이다.

소셜커머스는 소셜 미디어를 이용하여 사용자들이 온라인에서 제품이나 서비스를 거래하는 것을 도와주는 전자상거래의 일종이라고 정의할 수 있다. 소셜미디어는 사용자들 간의 사회적 상호작용과 사용자들의 참여를 지원하는 미디어로 간단히 정의할 수 있다. 소셜커머스는 온라인 상거래의 위에 소셜이라는 한 레이어를 덧씌우는 것으로 여겨지는데, 이는 제품이나 서비스의 구매 및 판매 과정에서 친구 또는 지인들과의 상호작용이 중요한 역할을 하게 되는 것을 의미한다. 소셜커머스의 예로는 시간 제한이 걸려있는 온라인 판매 정보를 회원들간에 공유하는 깜짝 세일사이트(예 : Vente-Privee.com), 시간 제한이 걸려있는 지역의 판매 정보를 공유하도록 하는 그룹 구매사이트(예 : Groupon), 온라인에서 발견된 제품을 지인 간에 공유하는 것(이른바, 사회적 발견)을 지원하는 소셜 쇼핑사이트(예 : Lockerz.com), 상점 방문, 상품 스캐팅 정보의 공유를 공유함으로써, 상점 발견과 선택을 도와주는 소셜 쇼핑앱(예 : Shopkick), 이미 구매한 제품의 정보를 공유함으로써, 제품 발견과 선택을 도와주는 구매정보 공유사이트(예 : Blippy.com), 소비자들이 무엇을 살 것인지를 친지로부터 의견을 받도록 도와주는 퍼스널 쇼퍼사이트(예 : GoTryItOn.com) 등이 있다.

10.2.4 m-Commerce를 통한 기업가치 증대

m-Commerce를 통해 기업은 다음과 같은 가치를 창출할 수 있다.

첫째, 모바일 플랫폼이라는 새로운 채널을 통한 비즈니스 모델의 창출이다. 기업들은 다양한 방법으로 스마트폰 마켓플레이스를 활용하여 비즈니스 모델을 창출한다. 애플리케이션을 판매하거나, 비즈니스 확장을 위한 채널, 또는 마케팅을 위한 채널로 활용할 수 있다. 앞으로 모바일을 활용한 다양한 광고기법들이 나타날 것이다.

둘째, 고객의 정보 데이터를 더 많이 확보할 수 있다. m-Commerce의 중요한 특징인 위치정보와 소셜미디어 서비스를 활용해서 현재 고객이 어느 장소에서 접속하고 있는지를 알 수 있고, 또한 고객의 프로필과 활동 내역을 상세하게 확보하여 분석할 수 있다. 물론 이와 같은 부분에서 고객의 프라이버시 문제는 고려되어야 한다.

마지막으로 m-Commerce를 통해 고객의 Loyalty를 증대시킬 수 있다. 새로운 플랫폼이 성숙기에 접어들 때까지 이용자들은 이동성이 높으며, 새로운 서비스에 대한 욕구가 강하다. 그러므로 고객들의 관점에서 사용하기 쉽고 유용한 m-Commerce 환경을 제공한다면, 이러한 모바일 서비스를 통해 기업은 Lotalty를 확보하고 강력한 브랜드를 형성할 수 있다.

10.3 소셜미디어(Social Media)

10.3.1 Social Media의 개념 및 등장 배경

디지털화의 급속한 진행과 상호성을 기반으로 한 소셜미디어(Social Media)의 활성화는 기업 제반 활동에 있어 많은 변화를 주고 있다. 디지털 흐름을 주도하는 이동통신기기(스마트폰), 인터넷 서비스(Wi-Fi 서비스), 넷북 등을 근간으로 페이스북(facebook), 트위터(Twitter), 유튜브(YouTube) 등의 소셜미디어를 통해서 기업과 소비자, 소비자와 소비자는 상호의견을 주고받고 있으며, 이런 쌍방향 커뮤니케이션 활동을 통한 소셜미디어의 영향력은 더욱 커지고 있다. 따라서 기업들은 소셜미디어 도입과 효과적인 운영이 비즈니스의 성공에 필수적이란 사실을 인지하고 소셜미디어가 가져오는 기회를 최대한 활용할 수 있어야 한다.

사람들이 의견, 생각, 경험, 관점 등을 서로 공유하기 위해 사용하는 온라인 도구나 플랫폼을 소셜미디어로 정의할 수 있는데, 형태는 문자(Text), 이미지, 오디오, 비디오 등으로 다양하다. 다시 말해, 소셜미디어는 웹 2.0 기반의 사회적 활동이나 매체를 통틀어 지칭한다고 할 수 있다.

▷▷ 표 10-2 웹 1.0 Vs 웹 2.0 비교

웹 1.0	구분	웹 2.0
포털위주의 웹 포털상의 서비즈는 사용자가 변경 불가	제공서비스	플랫폼으로서의 웹 웹은 다양한 서비스를 이용하는 수단
정보/콘텐츠의 폐쇄성	정보/콘텐츠	정보/콘텐츠의 공유와 개방성을 강조
기술중심 정보전달의 효율성 추구	가치 제공 수단	참여, 공유 중심 집단적 지성을 이용한 다양성 추구
인터넷 익스플로러 → 높은 OS 종속성	브라우저	Firefox, RSS Reader 등 웹 접속 가능한 모든 프로그램
전문가, 프로그래머, 관련업체 등	정보제작자	개인이 중심이 되는 모든 네트워크 사용자
MP3.com Britannica online 개인용 홈페이지 publishing Stickiness(예시)	대응 개념 예시	Nepster Wikipedia 블로그 participation Syndication(배포)

<자료원 : LG주간경제 산업정보, 2006.5>

소셜미디어란 용어를 업계에서 최초로 사용한 사람은 뉴미디어 관련회사인 가이드와이어 그룹(Guidewire)의 창업자인 크리스 쉬플리(Chris Shipley)로 알려져 있다. 그녀는 미국 UC Berkeley의 Hass 경영대학원이 주최한 'Bolgon 2004컨퍼런스'에서 블로그와 소셜네트워크, RSS(Really Simple Mechanism) 등의 발전이 기업에 무궁무진한 기회를 가져다 줄 것이라고 하였다.

소셜미디어가 등장하게 된 배경은 첫째 첨단 정보 통신과 멀티미디어 기술의 발전 및 융합으로 사회와 문화에 새로운 패러다임이 등장하고 있다는 것이다. 인터넷의 대중화, 디지털 카메라 및 MP3의 보급 등으로 오디오, 비디오 등을 활용한 사이버상의 대인 커뮤니케이션이 발전함에 따라 사용자들이 콘텐츠를 소비하는 동시에 생산도 하는 Prosumer(프로슈머)의 활동이 가속화되었다.

둘째, 사회의 분화와 재통합에 따른 커뮤니티 문화의 진화를 들 수 있다. 개인화와 네트워크화로 대표되는 사회의 분화와 재통합이 나타남에 따라 퍼스널 미디어의 등장이 소셜 네트워킹 서비스의 등장으로 이어지고 이는 곧 퍼스널과 소셜의 융합을 촉진하게 된 것이다.

셋째 사람들의 친화욕구와 자기표현욕구가 증대하고 있다는 점이다. 개인주의화와 더불어 편리한 인터넷 매체의 발달로 누구나 손쉽게 커뮤니케이션하고 표현할 수 있는 욕구가 증대하고 있다. 이러한 트렌드의 이면에는 멀티미디어 양방향성 소통으로 인한 참여와 공유라는 새로운 문화가 자리 잡고 있다.

10.3.2 Social Media의 특징

소셜미디어의 성장은 웹 2.0(Web 2.0)의 참여 · 개방 · 공유의 가치를 내세우면서 시작되었다. '집단지성(collective intelligence)'으로 대표되는 웹 2.0의 가능성은 많은 사람들의 공감을 얻었고, 이를 실제 비즈니스로 구현할 수 있는 인터넷 인프라가 뒷받침되면서 새로운 패러다임이 확산되는 계기를 만들었다.

소셜미디어의 특징은 내용적인(콘텐츠) 측면과 기술적인 측면에서 볼 수 있다. 소셜미디어는 사용자간 관계를 활용하기 때문에 콘텐츠를 신속하게 전파할 수 있으며 한번 콘텐츠가 공개되면 영향력이 단발에 그치지 않고 지속적으로 발휘되어 진다. 전통적인 매스미디어는 영향력이 통상 자국 내로 국한되는 반면 소셜미디어는 국가와 계층의 경계를 넘어 다양한 대상에게 확산되는 특징이 있다. 즉, 소셜미디어에서는 콘텐츠가 특정한 사회집단에 머물러 있지 않고 소통이 쉽지 않은 다양한 대상과도 소통을 가능하게 한다. 뿐만 아니라 일방적 소통이 아닌 관계 맺기와 상호 작용을 기반으로 하기 때문에 기업은 브랜드를, 개인은 개성과 인간미를 효과적으로 표출할 수 있다.

소셜미디어의 주요한 기술 특징은 바로 개방성과 확장성이다. 자사의 서비스 내에서만 사용할 수 있도록 기능을 가둬두지 않고, 외부 개발자가 자신의 서비스나 애플리케이션에 연결할 수 있도록 API(Application Programming Interface)를 제공하는 것이다. API공개를 통해 유연한 확장성을 제공함으로써 소셜미디어는 외부개발사를 끌어들임으로써 검색, 광고, 게임, 쇼핑 등을 포괄하는 '소셜 플랫폼'으로까지 성장하고 있다.

소셜미디어의 최근 트렌드는 스마트 폰의 확산과 함께 모바일 환경이 중시되고 있다는 점이다. 모건스탠리는 모바일 인터넷이 유선 인터넷보다 빠른 성장을 보이고 있으며 2012년에는 스마트폰 출하량이 데스크탑과 노트북을 포함한 전체 PC 출하량을 넘어 설 것으로 전망하고 있다. 국내에서는 2009년 말 아이폰이 출시된 이후 스마트폰 시장이 빠르게 성장하면서 모바일 인터넷을 지원하는 소셜미디어가 주목을 받고 있다. 또한 모바일 인터넷이 스마트폰뿐만 아니라 태블릿 디바이스 등 다양한 플랫폼으로 확대되면서 모바일 환경을 지원하는 소셜미디어의 성장도 가속화될 것으로 보인다.

10.3.3 Social Media 서비스 종류

본 절에서는 Social Media의 대표적인 서비스를 소개하고자 한다. 소셜미디어의 종류는 관점에 따라 다양하지만 [표 10-3]에서 보는 바와 같이 사회적 실재감 및 미디어 풍요도(social presence and media richness)와 자기표현 및 노출(self-presentation and self-disclosure) 수준에 따라 크게 6가지로 구분할 수 있다. 사회적 실재감은 행위자들이 커뮤니케이션 상호작용에 참여(involve)한다는 느낌을 얼마만큼 가지는가를 의미한다. 즉, 상대가 그곳에 있다고 느끼는 정도나 상대와 직접 만나서 대화하는 것과 흡사한 느낌의 정도를 뜻한다. 이러한 사회적 실재감은 커뮤니케이션에 사용되는 매체가 얼마나 풍부한 정보를 제공해줄 수 있으며 얼마나 다양한 표현방법을 사용하는지(매체풍요도)에 따라 달라진다. 자기표현은 타인에게 자신의 아이덴티티를 표현하는 행위를 말하며, 소셜미디어에서는 개인정보, 사진 등을 통해 자신의 아이덴더티를 나타낼 수 있다. 이러한 자기표현은 자아 노출의 정도를 어느 정도 하느냐에 따라 달라진다.

▷▷ 표 10-3 Social Media 서비스 종류

		사회적 실재감 및 미디어풍요도 정도		
		낮 음	중 간	높 음
자기 표현 및 노출 정도	높음	블로그(Blogs)	소셜네트워킹 사이트 (예 : 페이스북)	가상세계-소셜월드 (예 : 세컨드라이프)
	낮음	협업 (예 : 위키피디아)	콘텐츠 커뮤니티 (예 : 유투브)	가상세계-게임 (예 : 워크래프트)

<자료원 : A.M. Kaplan, M.Haenlein, 2010>

협업(Collaborative projects)

협업은 사람과 사람, 사람과 기업, 기업과 기업 등 서로 다른 두 가지 혹은 그 이상이 서로 자신이 가진 특기나 기술을 이용하여 서로 협력하여 만들어 내는 과정으로 단순히 힘을 합하는 것이 아니라 새로운 가치 창출에 그 목적이 있다. 대표적인 서비스라 할 수 있는 위키피디아는 만들어지는 정보의 양적인 증가뿐만 아니라 부족한 내용의 보충이나 오류의 수정, 편집 방향에 대한 사용자들 간의 토론이 수시로 이루어지면서 웹 2.0이 내세운 참여·개방·공유의 가치와 함께 소셜미디어가 갖는 공유와 수평적 협업을 잘 보여주고 있다. 위키피디아(Wikipedia)는 2001년 '모든 언어로 된 자유 백과사전' 프로젝트로 시작되었다. 누구나 자유롭게 문서를 생성 · 수정 · 삭제할 수 있도록 하는 위키(Wiki)의 플랫폼을 기반으로, 사용자들의 자발적인 참여를 통해 끊임없이 성장하고 있다. 위키피디아는 현재 전 세계 272개의 언어로 1,000만 건 이상의 항목을 제공하고 있다. 위키피디아 한글판인 위키 백과(http://ko.wikipedia.org)에는 2010년 7월 14만여 개의 문서가 작성되어 있다.

블로그(Blogs)

블로그는 Web(웹)+log(일기)의 합성어로 네티즌이 웹에 기록하는 일기나 일지를 의미한다. 매일 15,000개 이상의 블로그가 새로 만들어지고 있고 전 세계적으로 그 수가 1,700만개에 달한다. 기존의 개인 홈페이지에 비해 만들고 관리하기가 매우 쉬우며 등록된 글이 시간 순으로 표시되는 대표적인 1인 미디어식 글쓰기이다. 이탈리아 명품 패션 브랜드 돌체앤가바나는 블로거를 활용하여 고객과 효과적으로 소통하고 있다. 돌체앤가바나는 2009년 가을패션쇼에 4명의 유명패션 블로거를 초청해 그들의 감상소감을 블로그에 실시간으로 올리도록 하여 이들을 따르는 전 세계 수만 명의 고객으로부터 피드백을 받을 수 있었다. 이에 반해서 델(Dell) 컴퓨터는 미국의 영향력 있는 블로거인 제프 자비스(Jeff javis)가 자신의 블로그에 델컴퓨터 수리과정에서 겪었던 여러 불만들을 올리면서 이 내용이 블로거 사이에서 화제가 되어 주가가 하락하기도 하였다. 델의 경영진이 직접 사과를 함으로써 마무리되었지만, 이사건 이후 델은 고객서비스를 강화하는 동시에 기업 블로그를 개설해 소비자와 직접 소통에 나서게 된다. 델은 자연스럽게 소비자와 소통함으로써 델이 언제나 고객의 이야기에 귀를 기울이고 있다는 인식을 심어주려고 노력하고 있다.

콘텐츠 커뮤니티(Contents communities)

콘텐츠 커뮤니티는 특정 종류의 콘텐츠를 만들고 이를 서로 공유하는 커뮤니티이다. 사진 공유를 기반으로 한 플리커(flickr.com)나 동영상 기반의 유튜브(youtube.com), 북마크 공유 서비스인 딜리셔스(del.icio.us)등이 콘텐츠 커뮤니티에 속한다고 할 수 있다. 대표적인 서비스인 유튜브(YouTube)는 2006년 6,340만 명의 이용자로 시작해 2010년에는 4억 8,800만 명으로 성장하였다. 이러한 성장에 힘입어 유튜브를 통한 기업들의 마케팅과 홍보도 급증하고 있다. 미국의 믹서기 제조회사인 블렌텍(Blendtec)은 과일뿐만 아니라 올림푸스 카메라, 아이폰, 아이패드 등 딱딱하고 비싼 물건들까지 갈아버리는 자사 제품의 모습을 동영상에 담아 유튜브에 올리고, 바이럴 마케팅을 위해 Will it Blend?(과연 섞일까?)라는 페이지도 만들어 홍보를 극대화하였다. 유튜브를 활용한 블렌텍의 사례는 뉴욕타임즈에 기사화되었고 기업 브랜드를 저비용으로 전세계에 알릴 수 있게 되었다.

소셜 네트워킹 사이트(Social networking sites)

소셜 네트워킹 사이트란 온라인상에서 공통의 관심사를 가진 사용자 간의 관계 맺기를 지원하고, 축적된 지인 관계를 통해 인맥 관리, 정보 공유 등 다양한 커뮤니티 활동을 할 수 있도록 하는 서비스를 의미한다. 커뮤니티가 주로 비슷한 관심사의 사람들이 한 장소에 모여 활동하는 그룹을 지칭한다면, 소셜 네트워킹 사이트에서는 개인이 중심이 되어 다른 개인과 관계를 맺고, 이러한 개개인의 관계가 모여 축적됨으로서 더 큰 네트워크를 형성하는 구조를 가진다. 글로벌 홍보대행사인 버슨마스텔라의 조사에 따르면 Fortune 100대 기업의 79%가 페이스북이나 트위터 등 소셜 네트워킹 사이트를 마케팅 및 홍보 채널로 활용하고 있다. 기업들은 소셜미디어를 통해 실시간으로 소비자와 이야기를 나누며 잘못된 정보를 바로잡는 등 위기 및 브랜드 관리를 하기도 한다. GM은 금융위기로 대량 해고 및 재무위기를 겪는 동안 자사 블로그 '패스트레인(fastlane.gmblogs.com)'과 트위터, 각 직원의 개별 트위터 등을 통해 소비자와 1대1 커뮤니케이션을 시도해 악성 루머나 시장 불신을 잠재웠다.

가상세계(Virtual worlds)

가상세계는 크게 두 가지 유형으로 나누어진다. 첫째는 '세컨드 라이프'와 같이 현실사회의 시뮬레이션에서 출발한 소셜형 가상세계(virtual social world)이다. 세컨드 라이프(Second Life)는 린든랩(Linden Lab)에서 개발하고 서비스한 3차원 가상공간으로 전 세계적으로 가입자 숫자가 2,000만 명에 육박하기도 하였다. 기업이 세컨드 라이프를 이용하는 가장 보편적인 방법은 자사의 브랜드를 홍보하는 방법이다. 델, 도요타, 아디다스, 나이키 등 수많은 현실 세계의 기업들이 세컨드 라이프에 진출하여 곳곳에 광고판을 설치하고 있으며 가상공간에 자사 매장을 오픈하기도 하였다. 또한 스타우드 호텔은 신축 예정인 호텔과 똑같은 호텔을 세컨드 라이프 내에 먼저 건설하고 가상세계 이용자들이 자신들의 가상호텔을 먼저 이용하게 했다. 그 결과 동선이나 내부 디자인 등 실제 호텔이 건립되었을 때 생길 수 있는 문제점들을 미리 시뮬레이션해 보고, 온라인 사용자들의 의견을 현실세계의 호텔 디자인에 반영하기로 했다.

둘째는 MMORPG(Massive Multiplayer Online Role Playing Game, 대규모 다중 사용자 온라인 롤플레잉 게임)와 같이 허구적인 공간의 시뮬레이션에서 출발한 게임형 가상세계(virtual game world)이다. 월드 오브 워크래프트(World of Warcraft, 와우[WoW])는 블리자드 엔터테인먼트에서 개발한 MMORPG로, 유료가입자가 전세계적으로 1,200만 명을 돌파한 가장 많은 인기를 얻고 있는 게임이다. 도요타 자동차는 대부분 젊은 층으로 구성된 WoW 플레이어들에게 기업의 이미지를 제고하고 제품을 홍보하기 위해 월드 오브 워크래프트에 광고를 시작하였다. 가격이나 디자인 면에서 젊은 층을 타겟으로 한 '야리스' 제품을 게임 내 광고를 통해 선보여 올드한 브랜드 이미지를 버리고 젊은 세대를 고객으로 확보할 수 있었다.

10.3.4 기업에서 Social Media 활용시 고려사항

소셜미디어가 사회제반 여러 영역에서 변혁을 가져오는 주요 동인으로 부상함에 따라 선진기업은 소셜미디어를 마케팅, 홍보는 물론 여타 분야에도 적극 활용하고 있다. 기업은 소셜미디어 확산에 따른 기회와 위협을 분석하여 제대로 활용할 필요가 있다. 기업이 소셜미디어를 비즈니스 활동에 적극적으로 활용하기 위해서는 다음과 같은 사항을 고려하여 진행하여야 한다.

운영주체 및 역할의 명확화

기업이 소셜미디어를 제대로 활용하기 위해서는 '일단 해보자'라는 의욕만으로는 성공하기 어렵다. 무엇보다도 별도의 전담인력을 구성하여 이를 전담하게 하고 지속적으로 역량을 강화하는 것이 필요하다. 소통을 담당할 전담 조직에 폭넓은 책임과 권한을 부여하여 새로운 이슈가 부상할 때, 소셜미디어 각각의 특성에 적합한 방법으로 재빠르게 대응함으로써 지속적인 쌍방향 소통이 가능하도록 해야 한다.

소셜미디어를 통한 '소통의 질' 제고를 위해 전담인력을 전문화하고 지속적으로 역량을 강화해야 한다. 전담인력이 운영자 역할을 뛰어넘어 '정보와 미디어의 큐레이터' 역할을 수행하기 위해서는 전문지식과 운영노하우가 필요하다.

뿐만 아니라, 외부와의 소통에 임직원 모두가 참여하도록 해야 한다. 모든 임직원이 참여하여 소셜미디어를 활용할 때 소통효과가 극대화된다. 특히 스타 CEO의 일거수일투족은 사내 임직원뿐만 아니라 일반인에게도 관심의 대상이므로 이를 활용하여 대외 이미지를 제고할 수 있다. 또한 전담인력과 실무 부서 담당자가 정기적으로 소통하는 자리를 마련함으로써 '일관된 목소리'를 낼 수 있는 기반도 마련하고 사내 교류를 활성화해야 한다. 이러한 활기찬 소통환경이 조성되어야 외부인도 부담 없이 기업과 소통을 시도하게 된다.

마지막으로, 외부와의 소통 시 발생할 수 있는 리스크를 최소화하기 위해 가이드라인을 수립하여 모든 임직원이 공유할 필요가 있다. 이는 구성원의 의사표현을 최대한으로 보장하면서 기밀정보 유출, 회사 공식입장의 왜곡 등과 같은 최소한의 기준에 대해서만 지침을 제시하는 게 바람직하다.

자발적인 소통생태계의 조성과 투명한 커뮤니케이션

소셜미디어를 통한 커뮤니케이션의 핵심은 '대화'이다. 일방적인 커뮤니케이션보다는 소비자와의 대화가 필요하며, 따라서 기업이 일방적으로 정보를 제공하기 보다는 소비자와의 이해와 공감대를 얻을 수 있도록 소셜미디어를 활용해야 한다. 기업이 모든 콘텐츠를 지속적으로 생산하고 전달하는 것은 과도한 자원과 역량이 요구되고 성공가능성도 불투명하다. 이에 일방적인 콘텐츠의 제공이 아닌 참여자가 자발적으로 관련 콘텐츠를 생산, 확산할 수 있도록 흥미로운 이슈 제시 등을 통해 사용자가 자발적으로 콘텐츠를 생산 할 수 있는 환경을 조성해주어야 한다. 즉, 기업의 역할은 모든 콘텐츠를 끊임없이 제공하는데 있는 것이 아니라 소통의 생태계가 조성되도록 촉매제 역할을 수행하는 것임을 인식해야 한다.

그동안 기업은 정보의 비대칭성을 이용하여 기업에 유리한 일방적, 선별적 정보만을 소비자에게 전달해 왔다. 그러나 이제는 고객들이 해당기업에 대한 정보뿐만 아니라 경쟁기업에 대한 비교정보까지 접근할 수 있게 되면서 오히려 기업보다 더 많은 정보를 가질 수 있게 되었다. 그러므로 기업이 자사에 유리하게 포장되어 있는 정보를 선별적으로 홍보하는 것이 아니라 있는 그대로의 실체를 기반으로 솔직하게 고객에게 접근하는 노력이 필요하다. 사우스웨스트 항공사는 소셜미디어 웹사이트를 이용해 기업홍보에 성공을 거둔 대표적인 사례이다. 'Nuts about Southwest'라는 표제의 자사 웹사이트를 활용하여 사우스웨스트 항공사에 대한 부정적, 비판적인 의견을 상쇄시켰다. 이 사이트는 운영 기본 방침을 '투명성'에 기본을 두고, 고객의 문의나 요구사항에 대해 정중하고 솔직한 태도로 신속하게 대응하고 있다. 사우스웨스트는 소비자들이 흥미를 갖는 정보만 나열하는 것이 아니고 회사에 대해 부정적인 얘기를 할 수 있는 장을 마련함으로써 기업의 진정성을 바탕으로 한 회사와 소비자 간의 신뢰구축에 역점을 두고 있다.

미디어의 통합적 관리(Cross Media Strategy)

기업은 매스미디어와의 통합적 관점에서 소셜미디어를 활용하여 그 시너지 효과를 극대화해야 한다. 소셜미디어는 매스 미디어의 대체재가 아니라 상호보완재임을 인지하고 크로스 미디어 전략으로 접근하여야 한다.

이를 위해 소셜미디어와 매스미디어를 포트폴리오화 하여 각각의 특성별로 목적과 상황에 따라 유연하게 활용할 수 있어야 한다. 시간과 공간이 한정적인 매스 미디어에서는 사실 위주의 간결한 메시지를 전달하고, 소셜미디어는 충분히 주변 정보를 함께 제공하는 것이 바람직하다. 또한 다양한 소셜미디어를 통합적으로 관리함으로써 사용자 편의성 및 확산 효과를 제고함과 동시에 운영 효율성도 추구해야 한다. 즉, 블로그, 트위터, 유튜브 등을 서로 연동시켜 자유롭게 이동하며 사용할 수 있도록 사용자 환경을 개선하여 상호간 교차 트래픽을 유도하여야 한다.

사업영역, 제품 · 서비스, 소통대상, 지역별로 소셜미디어를 세분화하여 유기적으로 운영하는 것도 기업의 소셜미디어 활용시 효과적인 방법이다. 신속성이 중요한 소셜미디어의 특성상 동일한 채널이라도 지역별로 별도 계정을 운영하여 모니터링 역량과 현장 대응력을 강화할 수 있다. IBM의 경우 기업 트위터 개설시 본사 차원의 통합계정이 아닌 각국 지사별로 자체 계정을 개설하여 현지 밀착형 소통을 추구하고 있다. 또한 제품 · 서비스 단위로 별도의 소통채널을 개설하여 이슈를 명확히 하고 전문성을 강화하고 있다.

10.4 U-Commerce 비즈니스 모델

U-Commerce는 사업자, 소비자, 상품 그리고 서비스 사이에 이음매 없는(seamless) 커뮤니케이션이 가능케 하는 상업적 작용으로 정의할 수 있다. 이 정의는 U-Commerce가 기존의 상거래와 비교해볼 때 본질적으로 갖고 있는 특징이 Seamlessness(연결완전성)[1)]이며 이러한 연결완전성으로 가능해지는 가상 디지털 공간과 물리 공간의 통합(Integration)이라는 특징을 강조하기 위한 것이다. 여기서 연결완전성의 의미는 상거래 프로세스 안에서 제품, 서비스, 공간, 경제주체 등의 정보가 상호 끊김 없이 전달된다는 것을 의미하고, 이런 특징이 나타날 수 있게 된 원인은 모든 사물에 디지털 정보가 내재(embed)되기 때문이다. 임베드된 디지털 정보는 소비자가 아날로그 정보를 디지털 정보로 바꾸는 비용(예 : 타이핑)을 없애주어 끊어짐 없이 정보의 흐름이 진행되도록 하기 때문이다.

끊어짐 없는 정보의 활용은 물리 공간과 가상 디지털 공간과의 통합을 이끄는데, 이것은 물리 공간에서의 상거래 활동에서도 정보들이 가상 디지털 공간처럼 끊어짐 없이 이용되어 두 공간의 구분이 없는 상태를 의미한다. 이런 특징을 지닌 U-Commerce환경은 거래비용이 감소하는 효과를 낳고, 거래정보의 품질을 향상시키며 거래 과정을 투명하게 하는 특징을 가지고 있다. 끊어짐 없는 정보의 활용은 긍정적인 효과를 이끌지도 하지만, 정보가 어디에 어떻게 저장되고 활용되느냐에 따라 프라이버시를 침해할 수 있는 부정적 가능성 또한 가지고 있다. 정보의 연속성이라는 특징이 정보의 수집을 용이하게 할 가능

1) Seamlessness : 본서에서는 연결완전성으로 번역하였다. Seam이란 파이프의 이음매와 같은 두 사물을 연결한 부분을 일컫는 말로, Seamless하다는 것은 이음매가 없이 깔끔히 연계된다는 것을 의미한다. 결국 Seamlessness는 연결이 완전함을 의미하는 용어가 된다.

성을 가지고 있기 때문이다. 더욱이, U-Commerce 환경에서는 개인의 정보 및 상거래 정보를 체계적으로 저장할 수 있을 것이고, 체계적인 정보 저장이 오용될 경우 심각한 프라이버시 위협을 받을 수 있기 때문이다. 따라서 U-Commerce 환경에서는 정보의 연결완전성과 프라이버시는 trade-off 관계가 있다고 할 수 있다.

<그림 10-1>은 프라이버시와 Seamlessness의 관계를 나타낸 것으로 U-Commerce 기술로 인해 더 높은 프라이버시 보호와 동시에 Seamlessness가 더 높아지는 지점(A에서 B로)으로 이동될 수 있는 방안을 찾아야 함을 나타내고 있다.

▶▶ 그림 10-1 프라이버시(Privacy)와 연결완전성(Seamlessness)과의 관계

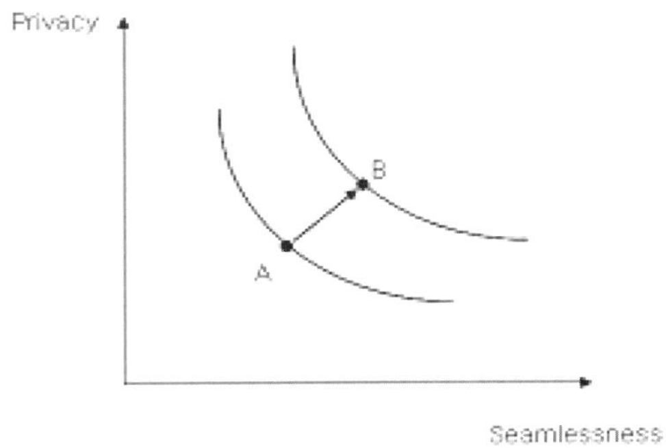

10.4.1 연결완전성(Seamlessness)

시나리오 A: 디지털 카메라를 사기 위해 집 근처의 전자제품 상점을 찾은 Tom은 매장을 둘러보다가 마음에 드는 모델을 발견했다. 점원이 친절하게 몇몇 정보를 알려주었지만, 상세 정보와 상품평을 알아보고 싶어 자신의 단말기를 꺼내 제품의 RFID 태그 정보를 스캐닝 했다. 단말기에 기본적인 정보가 디스플레이 됐고, 또 부가 정보들의 링크가 제공되었다. 기본 정보 및 궁금한 점이 링크된 페이지를 확인해본 결과 괜찮다는 생각을 했고, 더 싼 가격으로 상품을 공급하는 상점이 근처에 있음을 알게 되어 그곳에서 구입을 하였다. 물론 제품을 진열하여 Tom에게 정보의 링크를 제공한 디스플레이어에게도 경제적 인센티브가 돌아갔다.

시나리오 B: Jane은 근무를 마친 뒤 지하철을 타고 친구의 생일파티 장소로 가고 있었다. 지하철 안에서 앞에 앉은 여자의 핸드백을 보고 친구의 생일선물로 사주면 좋겠다는 생각을 했다. 안면이 없기 때문에 직접 물어보기 어려워 RFID 리더기(reader)가 장착된 자신의 단말기를 이용해 앞에 앉은 여성의 가방에 부착된 태그를 스캐닝 했다. 이때 주

변의 반경 2m안에 있는 다양한 상품들의 태그가 동시에 스캔 됐지만 제품 필터링을 통해 가방에 대한 정보만을 추출하였다. 가방에 대한 기본정보를 본 후 가방과 관련된 추가적인 정보를 얻기 위해 웹 접속을 한 후 친구의 생일파티 장소 근처의 상점에 들러서 친구의 생일선물로 상기 가방을 구입했다. Jane이 스캔을 한 가방의 주인은 가방 판매사로부터 일정 금액의 보상을 받았다.

위의 A, B 두 시나리오는 U-Commerce 환경에서 끊어짐 없는 정보 활용의 상거래가 이루어지는 예를 보여주는 것이다. A시나리오는 디스플레이어에게 경제적 인센티브가 돌아가는 예를 보여주는 것이고, B시나리오는 약간의 프라이버시 침해가 있음에도 인센티브를 제공하는 비즈니스 모델을 통해 사업자 및 사용자들의 참여를 유도하는 예를 보여주는 것이다. 두 시나리오 모두 연결완전성으로 인한 경제적 인센티브 가능성을 보여주고 있다.

위의 시나리오 A는 U-Commerce 환경 중 물리공간의 상점에서 소비자들이 어떻게 해당 상품의 정보를 획득하고 활용하는지를 보여주고 있다. Tom은 상품의 정보를 최초로 획득할 때 직접 타이핑을 하지 않고 상품에 임베드된 디지털 정보를 읽어 옴으로써 상거래 프로세스에서 정보의 흐름이 끊어지지 않고 정보를 활용할 수 있었다. 이런 연속적 정보 활용은 상거래 중 특정정보가 언제 어디서 어떤 과정 중에 발생했는지 근원지를 알 수 있도록 하기 때문에 인센티브 체계가 만들어질 수 있도록 이끄는데, 이 때문에 디스플레이어에게 인센티브를 제공할 수 있었다.

시나리오 B의 경우는 프라이버시가 약간 침해되더라도, 선구매자들에게 인센티브를 제공하여 단점을 극복하겠다는 것이 주요 골자이다. RFID 태그가 부착된 옷을 착용하고, 다른 소비자의 디바이스에서 스캐닝이 가능하도록 허용한다면, 구전마케팅과 비슷하게 소비자가 입고 있는 옷이 광고로 활용될 수 있다. 그러나 입고 있는 옷의 정보(e.g. 브랜드/가격)를 알리게 되어 의도하지 않았지만 프라이버시를 침해당하는 기분을 느낄 수도 있다. B시나리오는 이에 대한 경제적 보상을 제공하여 참여자를 유인하려는 것으로, 인센티브를 통해 연결완전성이 지속되도록 하고 있다.

10.4.2 프라이버시

U-Commerce 환경은 상거래 정보의 질을 높여 인센티브 체계를 세우는 효과를 이끌지만, 반대로 역효과를 낳을 가능성을 가진다. 체계적 정보 저장이 프라이버시 침해로 이어질 가능성을 지니고 있기 때문이다. B시나리오는 약간의 프라이버시 침해를 인센티브를 제공하는 비즈니스 모델로 극복하는 예를 제공하였다. 그러나 아무리 인센티브 체계를 잘 정립하여 각각의 경제주체들에게 이익과 효용을 제공한다 할지라도 프라이버시가

심각하게 침해될 요인이 존재한다면, U-Commerce에 참여하지 않는 소비자들이 생길 것이다. 이탈자들이 많이 생겨난다면 디지털 네트워킹에서 중요한 네트워크 효과가 발생하지 않게 될 것이므로 앞의 두 모델이 활성화될 가능성이 줄어든다. 따라서 프라이버시를 보호할 수 있는 방안이 반드시 제공되어야 할 것이다.

10.4.3 U-비교쇼핑

앞서 설명한 시나리오 A의 사업 참여자는 디스플레이어, 쇼핑 네트워크, 판매자(Retailer), 그리고 소비자(Customer)로, <그림 10-2>, <그림 10-3>은 시나리오 A를 추상화 하여 표현한 것으로 <그림 10-2>는 RFID-based Comparison Shopping에서의 검색 프로세스를 <그림 10-3>은 구매와 지불 프로세스를 추상화한 것이다.

<그림 10-2>의 프로세스는 다음과 같은 순서로 진행된다. ①, ①-1에서 유비쿼터스 쇼핑네트워크인 SN은 사전에 회원사를 모집하고, ②의 경우 디스플레이어는 자신이 등록된 SN ID를 입력한다. ③의 단계에서는 PID(프로덕트 ID)로 다른 끊어짐 없이 자동적으로 SN에 접속할 수 있고 이때 차후 인센티브를 위해 디스플레이어를 식별할 수 있는 DID(디스플레이어 ID)가 자동적으로 따라가게 된다. ④, ⑤의 단계를 거쳐 소비자들은 SN에 접속해 자신이 원하는 판매자의 리스트를 받아보게 된다.

[그림 10-3]은 지불과 인센티브의 프로세스가 포함된 것이다. ⑥의 단계에서 소비자가 SN에게 지불을 하면 ⑦-1의 단계에서 SN이 스캐닝을 통해 정보를 검색하도록 제공한 디스플레이어에게 인센티브를 제공하며 ⑦-2의 단계에서는 디스플레이어에게 인센티브를 제외한 나머지 금액을 송금한다. ⑧의 단계는 배송을 의미한다.

▶▶ 그림 10-2 U-비교쇼핑에서의 상품 정보 및 판매자 탐색 및 발견 과정

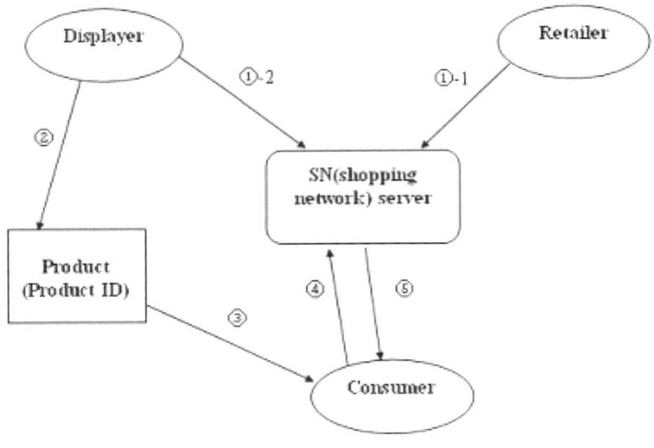

▶▶ 그림 10-3 U-비교쇼핑에서의 구매와 지불 과정

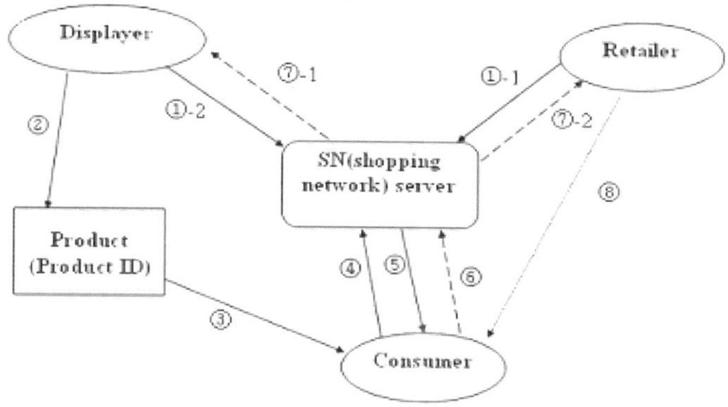

이 비즈니스 모델에서 가치의 흐름은 상품의 RFID 태그에 임베드된 정보가 유저의 단말기에서 스캐닝된 후 쇼핑 네트워크를 통해 가격을 검색한 다음 상품을 구매하는 것으로, 기존의 상거래에서 찾아볼 수 없었던 연속적인 정보의 흐름으로 분석할 수 있을 것이다. 참여자들이 얻을 잠재적 이익은 디스플레이어와 판매자의 공정한 수익 보장과 소비자의 정보획득 용이성이며, 사업주도자가 얻을 가치는 쇼핑 네트워크를 제공함으로써 얻을 수수료가 될 것이다.

RFID-based Comparison Shopping 모델은 오프라인 매장에서 최초 정보를 제공한 디스플레이어에게 인센티브가 돌아가도록 설계한 모델이다. U-Commerce 환경 이전의 소비자의 모습은 웹사이트에서 미리 가격 검색을 하고 Tom의 상점에 방문해 상품을 눈으로 확인 후 가격 흥정을 한 후 검색 가격과 차이가 심하면 다른 매장으로 이동하는 것이었다. 최근 대형 쇼핑몰에 젊은 층의 학생이 방문하면 점원이 고객응대를 하지 않는 이유도 앞의 이유처럼, 이미 가격검색을 하고 매장을 방문하는 것이라고 생각하여, 해당 매장의 가격이 인터넷의 가격보다 높은 경우 다른 매장으로 손님이 이동할 것이라고 예측하기 때문이다. 그러나 RFID-based Comparison Shopping은 정보를 제공한 디스플레이어에게 인센티브를 제공하기 때문에 디스플레이어의 역할을 포기하지 않아 디스플레이어에게도 그리고 매장을 방문한 손님에게도 이익이 되는 win-win 모델을 제공한다. 디스플레이어는 매장을 방문한 손님이 상품을 물리적으로 확인하고, 더 낮은 가격의 상품을 제공하는 상점을 비교 쇼핑을 통해 구입하지만 그 구입 횟수에 비례한 경제적 보상이 뒤따르므로 면대면 접촉을 하는 손님에게 최선을 다할 것이다. RFID-based Comparison Shopping 모델은 사업자에게도 디스플레이어에게도 소비자에게도 가치를 제공하지만 반드시 디스플레이어가 판매자이고 싶은 욕구를 이겨낼 수 있을 정도로 매력적이어야 하며 본 모델을 최초 제공시 현재 하나의 역할을 두 역할로 분리할 때 가질 수 있는 거부감을 최소로 하여 많

은 참여자가 생기도록 해야 할 것이다.

위의 모델을 실현하기 위한 기술적 요구사항으로는 소비자의 단말기에 RFID 리더 모듈이 장착되어야 하며, 쇼핑 네트워크는 현재의 PC 기반의 비교 쇼핑결과와 같은 다양한 정보를 소비자의 작은 액정에 효율적으로 디스플레이 해야 하는 점이다. SK텔레콤은 2011년부터 NFC/QR코드를 활용한 전용 매장 Q-Store를 시범 운영하고 있는데, 매장에는 전시를 위한 샘플 상품만 비치하여 각각의 상품에 NFC Tag와 QR코드 부착되어 있고, 소비자가 모바일 폰으로 이를 리딩하여 상품에 대한 정보를 얻는 방식이다. 소비자가 정보를 획득하고, 모바일로 주문을 하면 온라인 쇼핑몰 11번가에 주문이 접수되어 상품이 배송되는 형태이다. 이 모델은 NFC가 활성화되기 이전에 QR코드와 함께 Tag를 부착하는 좋은 사례이나, NFC태그와 QR코드로 연결된 후 가격에 대한 확신이 없어서, 확산에 어려움이 있을 것으로 판단된다. 그러나 향후 본 절에서 설명한 U-비교쇼핑 모델과 결합된다면, 앞으로 확산될 수 있는 상거래 모델이라고 판단된다.

▶▶ 그림 10-4 NFC와 QR코드를 이용한 SK텔레콤의 Q-Store

10.4.4 U-추천 마케팅

앞의 모델이 B2C(Business-to-Consumer)적인 예라면 B시나리오는 C2C(consumer-to-consumer)적 모델이다. B시나리오의 참여자는 선 구매자, 네트워크 사업자, 그리고 정보를 스캐닝하고 상품을 구입하는 잠재 구매자인데, 그 프로세스는 다음과 같다. 잠재고객이 RFID 모듈이 장착된 단말기를 통해 마음에 드는 상품을 스캐닝하여 정보를 요청하고, RFID에 내장된 기본적인 상품정보와 상품의 광고서버의 callback URL[2]을 보내주면, 상품의 세부정보를 요청하고, 고객 DB에 상품의 스캐닝 횟수를 기록하며, 요청한 세부 정보를 상품 DB에서

호출하여 보내주는 과정으로 이루어진다.

이 비즈니스 모델에서 가치의 흐름은 상품의 태그에 임베드된 정보가 구매자의 단말기에서 스캐닝된 후, 사업자의 상품 DB를 통해 상품을 검색하고 구입을 하면, 선구매자에게 인센티브를 제공하는 것으로 분석할 수 있다. 참여자들이 얻을 잠재적 이익은 구매자의 정보 획득의 용이성과 선구매자의 경제적 보상 그리고 네트워크 사업자의 홍보효과 등이 될 것이다.

U-Referral Marketing은 소비자가 또 다른 소비자의 상품 정보를 스캔을 통해서 획득하고 이에 따른 구매가 이어졌을 때 정보제공자에게 경제적 인센티브를 보장해주는 모델이다. U-Referral Marketing 모델은 광고주가 특정 모델을 통하여 TV, 잡지, 인터넷 등의 매체에서 따로 광고를 하는 것이 아니라 상품을 소비하는 소비자들이 광고 모델이 되고 그에 따른 경제적 보상을 받는 형태이다. U-Commerce 환경 이전에 가장 유사한 모델로 기존의 구전 마케팅이나 암웨이 모델을 가장 가까운 예로들 수 있을 것이다. 그러나 기존의 구전 마케팅은 인센티브 체계가 없다는 단점을, 암웨이는 인센티브 체계는 갖추고 있지만 그 네트워크의 구조가 고정적, 폐쇄적이라는 단점을 지니고 있다. 반면, Referral Marketing 모델에서는 스캐닝을 한 사람이 어떤 사람으로부터 스캐닝을 했는지 정보의 근원지를 알 수 있기 때문이 인센티브 체계를 만들 수 있어 합리적이며, 동시에 스캐닝을 당하는 사람, 스캐닝을 하는 사람 모두에게 자유와 주체적 동의를 허락하기 때문에 피해를 입지 않도록 하는 가치를 참여자들에게 제공하고 있다.

U-Referral Marketing 모델도 RFID-based Comparison Shopping 모델처럼 소비자의 단말기에 RFID 리더 모듈이 장착되어야 하는 수준의 인프라가 요구된다. 한편, 사회적 필요조건으로는 프라이버시 보호가 있다. 선구매자가 손쉽게 정보 제공의 결정 권한이 있어야 하며, 스캐닝을 하는 소비자가 상품의 정보를 제공하는 선구매자의 신원을 파악할 수 없도록 익명성을 보호해야 한다. Referral Marketing 모델이 성공하기 위해서는 소비자가 스캐닝을 통한 정보의 획득과 이를 제공한 사람에게 인센티브가 부여되는 프로세스를 거부감 없이 받아들이고, 하나의 구매(소비) 패턴으로 받아들일 수 있도록 이끄는 것이 중요하다.

RFID-based Comparison Shopping(Lee & Seo, 2005)과 Referral Marketing(이경전 & 이종철, 2005) 두 비즈니스 모델 모두 정보를 제공하고 있는 사람들에게 경제적 보상이 돌아가도록 설계된 예이다. 또한 두 모델이 시사하는 바는 정보의 연결완전성이라는 성격 때문에 인센티브를 줄 수 있게 되었고, 인센티브를 줄 수 있기 때문에 연결완전성이 완성된다는 점이다. 그리고 연결완전성 때문에 프라이버시 문제로 발생할 수 있는 이탈자를 비즈니스

2) Call Back URL : 이동전화 문자메시지를 받았을 때 확인 버튼을 누르면 해당 메시지가 유도하는 모바일 인터넷 사이트로 연결되는 경우가 있다. 이렇게 연결이 가능한 것은 해당 문자 메시지에 Call Back URL이 내재되어 있기 때문이다.

모델이라는 제도적인 시스템의 도입으로 유인책을 마련함을 보여주고 있다.

위에서 설명한 U-추천마케팅과 완전히 같은 모델은 아니지만 유사한 사례로, KT의 모바일스탬프가 있다. 커피 전문점인 카페베네는 NFC를 기반으로 한 '모바일스탬프' 서비스 실시하고 있는데, 이에 따라 카페베네 매장을 이용하는 고객은 NFC 기능이 탑재된 단말기를 통해 쿠폰을 관리할 수 있다. 고객이 매장에 비치되어 있는 NFC 터치패드에 접촉해서 사용할 수 있으며 최초 터치 시에는 다운로드 화면으로 이동하여 모바일스탬프 애플리케이션을 다운받게 되고 다운받은 애플리케이션을 실행시켜 NFC 터치패드에 터치하면 애플리케이션의 커피아이콘에 스탬프가 찍히게 되는 구조이다.

▶▶ 그림 10-5 KT의 모바일스탬프

10.4.5 U-지불

'지불'의 경우는 상거래 프로세스 중 프라이버시 위협이 가장 큰 과정이다. 지불 이전까지는 소비자의 노력을 통해 자신을 알리지 않을 수 있지만, 지불을 하게 되면 실제로 누가 해당 상품을 구매했는지 알 수 있기 때문이다. 이경전 & 정무정(2005)의 연구에서는 연결완전성이 지켜지면서도 소비자의 프라이버시가 지켜질 수 있는 시나리오를 제시하고 있다. 소비자인 James가 원피스 선물을 사기 위해 결제를 하려고 할 때, 점원이 상품 태그 정보를 스캐닝하자 James의 단말기에 결제정보 어플리케이션이 실행이 되고 James가 공인인증서를 통해 결제명령을 내리자 상점의 계좌 확인 창에 해당 금액이 입금되고, James는 자신의 단말기에 전자 영수증을 전송받는다는 내용이다. 아래의 <그림 10-6>은 위의 시나리오의 지불 프로세스를 추상화한 것이다.

▶▶ 그림 10-6 제안된 U-지불의 구조

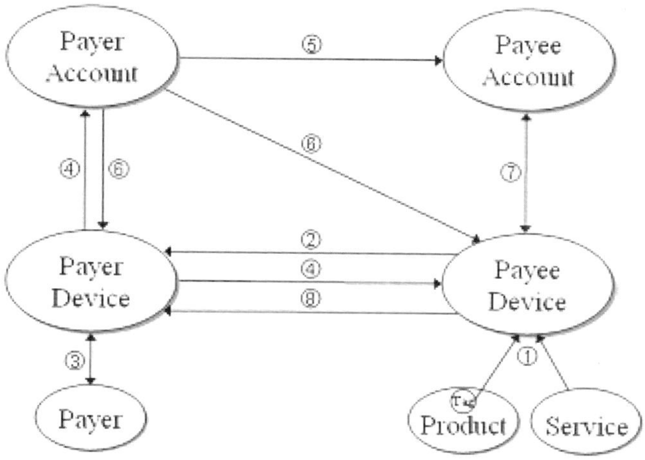

각각의 순서는 ①에서 상품을 선택한 후 구매자가 지불을 하려고 할 때 판매자가 단말기에 스캐닝을 하면 판매자 단말이 상품 태그를 인식하고, ②의 단계에서 구매자 단말이 판매자 단말이 생성한 상품 ID, 가격, 암호화된 판매자 ID(ID와 계좌주소), 판매자 트랜잭션 ID(TID)를 인식한 후 ③의 단계에서 상품목록 및 가격 확인 흐 공인인증서 인증(구매자의 결제승인)을 실시한다. 이후 ④의 단계에서는 판매자 단말로 구매자 TID와 판매자 TID를 전송하고, 동시에 구매자 금융기관에 TID와 함께 지불명령을 내린다. ⑤는 송금을 실시하는 것을 의미하고 ⑥에서는 TID와 송금결과 전송, ⑦에서는 수금을 확인하며, 끝으로 ⑧의 단계에서 판매자의 결제완료확인이 인증된 영수증 TID 생성(Receipt_TID, 최종 TID)한 후, 이를 구매자 단말이 인식한다.

위의 시나리오는 지불 시스템이 소비자의 단말기에서 시작된다는 점이 기존의 C/S 구조와 대조를 이룬다. 먼저 U-Commerce 이전의 신용카드 거래의 경우는 지불 정보가 신용카드사까지 도착하는데 중간에 불필요한 벤더를 거치게 되는 반면 이 시나리오는 지불프로세스에 구매자(Payer), 판매자(Payee), 그리고 그들의 주거래 금융기관들만이 참여하는 구조로 불필요한 참여자들을 줄이는 차이점을 가지고 있다. 또 다른 차이점은 바로 트랜잭션 ID를 생성하는 것으로 구매자과 판매자의 ID 노출 없이 금융기관을 이용한 결제가 가능하게 한 것인데, 트랜잭션 ID를 거래 하나당 구매자과 판매자의 디바이스에서 생성된 두 트랜잭션 ID가 결합되어 유일한 트랜잭션 ID가 되며 이 트랜잭션 ID 중 지불 프로세스 참여자가 필요한 정보만을 소유하게 되는 구조이다.

위에서 설명한 U-지불은 소비자가 휴대폰을 가지고 터치 행위를 통해 지불을 하는 모델인데, 이의 현실 사례로, 구글은 2011년 5월 모바일 전자결제 서비스인 '구글 월릿

(Google Wallet)을 정식으로 공개하였다. 구글 월릿은 NFC를 이용해 휴대폰으로 모바일 결제를 할 수 있게 하는 서비스로, 소셜 커머스인 구글 오퍼스(Google Offers)와도 동기화되고, 이에 따라 구글 오퍼스에 참여하고 있는 상점에서는 상품을 구매할 때 바코드를 보여줌으로써 쿠폰을 사용할 수가 있게 된다. 구글 월릿을 통해서 구글은 소매상들에게 더 정교한 수준의 고객 데이터 제공이 가능해지며, 소매상들은 더 타겟 고객에게 광고와 쿠폰을 발송할 수 있게 되는 효과가 있다. 국내에서는 KT의 올레터치가 있는데, NFC 기능과 올레터치 애플리케이션이 탑재된 스마트폰을 이용하여 올레터치 제휴 매장에서 쿠폰 사용, 멤버십 포인트 적립, 신용카드 결제 등을 할 수 있는 서비스이다. SK텔레콤의 T캐쉬는 휴대폰에 T cash 프로그램을 설치하고 T-money 잔액을 충전한 후 지하철/버스/택시/편의점, 온라인 등에서 휴대폰으로 결제할 수 있는 서비스로, NFC폰 이외의 스마트폰에서도 지원이 된다. 또한, 신용카드 8장, 멤버십카드 30장까지 저장할 수 있는 'T-스마트 월렛'은 스마트폰으로 카드 가맹점의 모바일 전용 단말기에 갖다 대면 USIM과 RF(무선주파수)를 통해 비자·마스터 카드 신용 결제가 가능한 시스템이다.

10.5 맺음말

정보통신의 발전과 보급으로 인터넷을 이용하는 형태가 바뀌고 있다. 전자상거래나 e-Business라는 용어가 우리에게 친숙하게 된지 얼마 되지 않아 m-Commerce라는 새로운 용어가 새로이 태어났고, 이제는 스마트 TV를 활용한 t-Commerce(TV-Commerce)와 v-Commerce (Video-Commerce)라는 비즈니스 용어들이 등장하고 실생활에 적용되고 있는 추세이다. t-Commerce는 컴퓨터가 아닌 스마트 TV 수신기로 인터넷을 사용할 수 있게 만든 웹 TV로 주부, 노인 등 컴퓨터에 익숙하지 않은 일반인들도 간단한 리모콘 조작을 통해서 손쉽게 인터넷에 접속할 수 있다는 점에서 현재 많은 주목을 받고 있다.

e-Business가 확대되는 미래에 오프라인 비즈니스는 어떻게 변할 것인가? e-Business는 오프라인과는 다른 특성을 가지고 있다. 제품을 직접보고 검사하면서 구매 의사결정을 내리는 오프라인 쇼핑과는 달리 인터넷 쇼핑에서는 컴퓨터 스크린에 나와 있는 정보에 의존하여 구매에 대한 의사 결정을 내려야 한다. 또한 온라인 구매 즉시 제품을 소유할 수 있는 것이 아니라 구매와 제품의 소유 사이에 택배라는 서비스 기간이 필요하다. 따라서 온라인으로 쇼핑을 하더라도 제품품질에 대한 위험이 적은 표준화된 제품이나 구매 의사 결정과정에서 "touch & feel"이 중요하지 않은 제품, 그리고 구매 후 일정기간이 지나서 소유를 하더라도 큰 문제가 없는 제품거래가 온라인 시장으로 흡수될 가능성이 크

다. 현재 인터넷에서 가장 큰 시장을 형성하고 있는 서적, 음반, 컴퓨터와 같은 제품군은 이러한 특성을 만족하고 있다. 결론적으로 오프라인 소매시장의 모든 제품이 온라인 쇼핑의 대상이 될 수 없으며 따라서 인터넷 쇼핑시장이 아무리 발달하더라도 기존의 오프라인 가게를 완전히 대체하리라 보기는 어렵다. e-Business는 오프라인 소매점을 대체하기보다는 기존의 오프라인 소매서비스를 보완하는 것으로 인식해야 한다.

Apple Inc.의 iPhone의 성공에 힘입은 스마트폰의 활성화는 전자상거래에도 새로운 변화를 가져오고 있다. 계속적으로 발전하는 유비쿼터스 컴퓨팅 환경은 이른바 U-커머스라는 새로운 상거래의 모습을 예고하고 있다. 본 장에서는 U-커머스에 대해서 설명한다. U-Commerce는 사업자, 소비자, 상품 그리고 서비스 사이에 이음매 없는(seamless) 커뮤니케이션이 가능케 하는 상업적 작용으로 정의할 수 있다. 끊어짐 없는 정보의 활용은 물리공간과 가상 디지털 공간과의 통합을 이끄는데, 이것은 물리 공간에서의 상거래 활동에서도 정보들이 가상 디지털 공간처럼 끊어짐 없이 이용되어 두 공간의 구분이 없는 상태를 의미한다. 이런 특징을 지닌 U-Commerce환경은 거래비용이 감소하는 효과를 낳고, 거래정보의 품질을 향상시키며 거래 과정을 투명하게 하는 특징을 가지고 있다.

무선전자상거래의 가치사슬에 대한 분석(Barnes 2002), 무선인터넷 서비스에 대한 전반적인 동향과 파급효과에 대한 연구(이명호 외 2000), 고객관점에서 무선전자상거래에 대한 분석(Coursaris and Hassanein 2002)을 통해 무선전자상거래의 중요성에 대한 연구들이 있다.

무선전자상거래의 애플리케이션 측면의 연구에서는 다양한 무선전자상거래 애플리케이션과 무선네트워크의 향후 전망에 대한 연구(Malladi and Agrawal 2002), 모바일 컨텐츠의 비즈니스 모델 사례 분석(Baldi and Thaung 2002, Jonason and Eliasson 2001), 무선장비를 이용한 결재시스템 연구(Herzberg 2003), 위치기반무선인터넷 서비스(김욱 외 2000), 텔레매틱스 서비스의 도입과 업체별 제휴 전략(문형동과 이재환, 2003)에 대한 연구가 대표적이다.

기술적인 측면에서는 다양한 모바일 서비스 플랫폼을 기반으로 한 보안기술(박남제와 송유진, 2001), 무선전자상거래를 위한 정보보호 기반기술 및 프로토콜에 대한 연구(이석준 외 2002), M-commerce 보안 플랫폼상의 무선 전자지불시스템 설계 및 구현(김성한 외 2002)에 대한 연구가 있다.

사례 : 페이스북(Facebook)

페이스북은 2004년 2월 하버드 재학생 마크 주커버그(Mark Zuckerberg)가 개인의 사진이나 동영상 음악 등 다양한 콘텐츠의 배포 및 공유를 목적으로 학내 콘텐츠 공유 사이트로 시작하였다. 페이스북은 본격적인 서비스를 시작한지 5년만인 2010년 말 현재 가입자 수가 5억 명을 넘어서고, 전체 인터넷 이용자의 25%가 접속하는 등 소셜네트워킹 업체 중 가장 두드러진 성장세를 보이고 있다. 파이낸셜타임스(FT)는 미국 월스트리트 최대 투자은행인 골드만삭스가 페이스북의 자산가치를 500억달러로 산정했다고 보도했다. 이 같은 자산 가치는 이베이나 야후, 타임워너를 능가하는 것으로, 페이스북 이용자 1명이 100달러의 가치가 있는 셈이다.

페이스북이 이처럼 성공할 수 있었던 요인은 여러 가지 측면에서 조명될 수 있겠지만 크게는 소비자의 요구사항에 대한 변화를 정확하게 파악한 점과 페이스북의 개방정책에서 찾을 수 있다. 먼저 소비자의 요구변화 측면에서는 인터넷 이용자의 정보수집과 소비행태의 변화를 들 수 있다. 이는 이용자의 인터넷에 대한 관점이 정보 탐색과 소비의 수단으로서 뿐만 아니라 이용자들간 소통수단으로서의 유용성을 인식하게 된 것을 의미한다. 페이스북은 사용자간 의사소통이 대화중심으로 쉽고, 일상적으로 사용할 수 있는 적합한 서비스를 제공함으로써 서비스의 사용자를 확대하였다. 또한 소통방식의 기술이 모바일 환경으로 변화하는 추세를 읽고 모바일 의사소통에 적합한 가벼운 플랫폼을 지향하는 등 소통방식과 관련한 기술의 변화를 정확하게 파악하고 그에 걸맞은 서비스를 개발하여 제공하였다. 키워드 중심의 검색엔진 기술을 이용한 일반적인 검색 서비스와 비교해 볼 때 페이스북은 많은 정보를 제공하기 보다는 사용자가 신뢰할 수 있는 정보를 제공한다. 즉, 정보의 양이 많아질수록 사용자는 믿을 수 있는 정보원(源)을 선호한다는데 착안하여 자신과 관계를 가지고 있는 사람들로부터 얻을 수 있는 정보의 즉시성(real time)과 의미성(semantic)의 측면에서 유용한 검색 서비스를 제공하고 있다.

페이스북 개방정책측면에서는 오픈전략을 통한 페이스북 사이트의 플랫폼화를 들 수 있다. 페이스북은 2007년 5월 소셜 네트워킹 업계 최초로 API(Application Programming Interface) 공개를 통해 외부개발자가 게임을 비롯한 다양한 애플리케이션을 개발하여 수익을 얻을 수 있도록 하였다. 개발자에게는 수익을, 소비자에게는 다양한 제품과 서비스를 이용할 수 있는 기회를 제공함으로써 자신을 플랫폼화한 것이다. 다양한 애플리케이션이 제공되면서 유저들이 페이스북 내부에서 음악 듣기, 소셜게임 등 할 수 있는 것이 많아지게 되었고, 페이스북에서 보내는 시간 및 재방문률이 높아지게 되었다. 마침내 페이스북은 플랫폼 개방을 통해 급성장하여 2008년 6월 마이스페이스(Myspace)를 누르고 전세계 1위 자리를 차지하게 된다.

2008년 12월 페이스북은 Facebook Connect 서비스를 통해 타 사이트, 애플리케이션, 이동단말기, 게임시스템 등에서 이용자들이 페이스북 계정으로 로그인하여 함께 쓸 수 있게 하였다. Facebook Connect는 데이터 이동성을 적용한 서비스로 출시 당시 Facebook Connect를 적용한 제휴사이트가 100여개였으나, 2010년 말 기준 80,000개 이상으로 급속히 증가해 출시 1년 만에 80배 이상 성장하였다.

페이스북의 개방전략을 통한 다양한 애플리케이션의 공급 증가는 이용자 수의 빠른 확대, 체류시간의 증가, 재방문율 제고 등으로 이어지고 이는 다시 보다 많은 외부개발자의 참여로 이어지는 선순환 고리를 확립하게 된 것이다.

사례 : 근접 무선 통신(Near Field Communication: NFC)

2002년 개발된 NFC는 13.56Mz 주파수 대역을 사용하는 비접촉식 근거리 무선 통신 모듈로 10-15 Cm(4인치) 이내 거리에서 단말기 간 데이터를 전송하는 기술이며, 기존 RFID에서 확장된 개념이다. NFC칩은 데이터를 교환하기 위해 일일이 세팅해야 하는 블루투스나 무선랜과 달리 근거리에서 자동적으로 데이터를 교환할 수 있는 기술인데, 이미 시장에는 블루투스나 지그비 등의 근거리 통신기술이 선보이고 있지만, NFC는 이들에 비해 보안과 편의성에서 앞선다는 평가가 있다. 특히 근거리 전송 시 암호화 기술을 적용시킬 수 있기 때문에 강력한 보안이 요구되는 금융결제나 개인정보 관리 등에 보안 염려 없이 적용할 수 있다는 장점이 있다. NFC는 태그가 내장된 단말기를 능동형(active) 모드로도 작동할 수 있어 태그로서의 기능뿐만 아니라, 태그를 읽는 리더(reader), 태그를 입력하는 라이터(writer)의 기능도 갖고 있으며 P2P도 가능(NFC 호환기종간 4cm 이내 인접 시)하다. NFC는 결제뿐만 아니라 슈퍼마켓이나 일반 상점에서 물품 정보나 방문객을 위한 여행 정보 전송, 교통 등에 광범위하게 활용될 것으로 예상되고 있다.

▶▶ 그림 10-7 NFC폰을 위한 NFC 칩과 NFC USIM

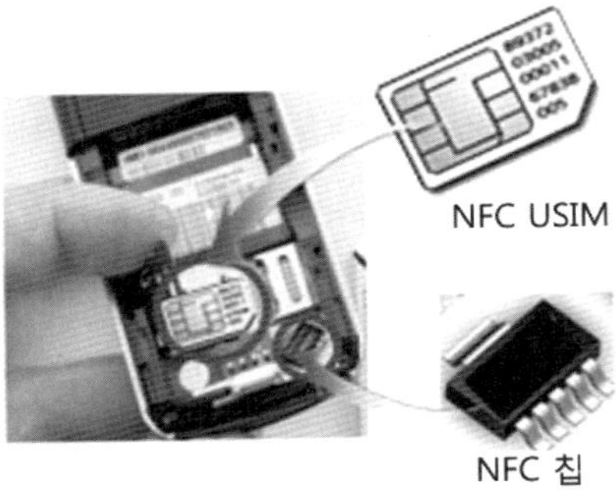

▶▶ 그림 10-8 NFC 시스템 구성도

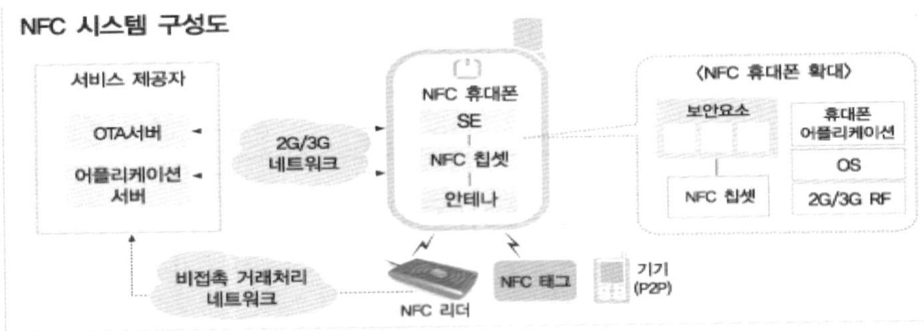

요 약

스마트폰의 보급이 확대되고 다양한 소셜미디어가 새로이 나타나면서 전자상거래 시장도 다양한 형태로 발전하고 있다. 아이폰과 같은 스마트폰의 보급이 확대되면서 앱스토어나 안드로이드마켓과 같은 앱마켓(Application)이 등장하여 다양한 형태의 콘텐츠가 거래되는 새로운 경제체제가 부상하고 있다. 페이스북과 트위터와 같은 소셜미디어의 등장으로 소셜커머스라 불리는 새로운 형태의 전자상거래도 생겨나고 있다. 개방, 공유, 참여라는 특징을 가지는 소셜미디어 시대에는 소비자들이 자신의 경험과 의견을 다양한 형태로 전달하고, 소셜네트워크가 제공하는 장점을 전자상거래에 접목하는 새로운 형태의 전자상거래 비즈니스 모델이 지속적으로 소개될 것으로 보인다.

주요 용어정리

- 앱스토어
- LBS(Location Based Service)
- 증강현실
- 소셜커머스
- 소셜미디어
- Radio Frequency Identification(RFID : 무선식별)
- NFC(Near Field Communication)
- 연결 완전성

연습문제

[1] 스마트폰이 모바일 산업의 생태계에 미친 영향은 무엇인가?

[2] 소셜미디어는 무엇이며, 어떠한 형태가 존재하는가?

[3] 기업이 소셜미디어를 활용할 때 인식해야 하는 요소는 무엇인가?

[4] 소셜미디어가 기업에게 제공하는 기회와 위협요인이 무엇인지 논의해 보자.

[5] 소셜미디어와 전자상거래가 결합된 소셜커머스의 비즈니스 모델에 대해 논의해 보자.

[6] U-Commerce에서 연결완전성과 프라이버시를 동시에 제고할 수 있는 방안에 대해 논의해보시오.

[7] 기업 경영에서 유비쿼터스 기술을 활용하여 생산성과 효과성을 향상할 방안을 생각해보시오.

[8] 유비쿼터스 비즈니스 모델을 하나 구상하고 동료들과 토론해보시오.

[1] 공영일, "페이스북의 부상(浮上)과 시사점", 정보통신정책, 2010.10.
[2] 김범섭, "국내 스마트폰 대중화 시대의 모바일 커머스 동향 및 전망", KT경제경영연구소, 2010.
[3] 김종대, "모바일 시장에 부는 기회의 바람, 앱스토어", LGERI 리포트, 2009.8.
[4] 김재윤, "무선인터넷 비즈니스의 이해", 삼성경제연구소, 2001.10.
[5] 류한석, "모바일 커머스가 가져올 새로운 변화", KT경제경영연구소, 2010.
[6] 문광영, RFID의 대중화와 모바일 RFID, 경영과 컴퓨터, 2006년 6월호.
[7] 박천교, "m-Commerce 기술 및 시장동향", ETRI, 2003.
[8] 삼성경제연구소, "소통방식의 변화를 주도하는 페이스북", 2010.10.
[9] 삼성경제연구소, "확산되는 소셜미디어와 기업의 신소통전략", 2010.7.
[10] 이경전, 이종철, 유비쿼터스 구전 마케팅 시나리오와 비즈니스 모델 개발, 한국지능정보시스템학회 논문지, 12(1), 2006.
[11] 이경전, 정무정, 연결완전성 제고와 프라이버시 보호를 위한 유비쿼터스 지불 프로세스의 설계, 한국지능정보시스템학회 논문지, 12(3), 2006.
[12] 이경전, 주정인, 유비쿼터스 상거래 환경에서 디지털 영수증 비즈니스 모델의 제안, 경희 비즈니스 연구, 2006.
[13] 이경전, 주정인, 유비쿼터스 상거래의 연구 동향과 접근 방향, 경희 비즈니스 연구, 2005.
[14] 이경전, 주정인, U-Media에 기반한 상거래 비즈니스 모델의 제안, 경희비즈니스연구, 제3권 제2호, 121-135, 2006.
[15] 이경전, e-Business 용어 사전, 산업자원부/전자거래진흥원, 2004.
[16] 이정우, "무선인터넷 응용프로토콜의 동향분석 및 ME와 WAP을 활용한 무선인터넷 게임 개발에 관한 연구", 석사학위논문, 연세대학교 산업대학원.
[17] 조위덕, 이경전, 이호근, 권오병, 김경규, 이은종, 유비쿼터스 패러다임과 u-소사이어티, 진한 M&B, 2006.
[18] 진재영, "국내 무선인터넷 시장 활성화를 위한 제언," 정보통신정책, 제15권 13호, 2003.7.
[19] 전자신문, "소셜 네트워크로 기업 위기관리?" 2010.02.15.
[20] 정제호, "스마트폰 마켓플레이스 도전과 기회", 산업정책연구 2009.10.
[21] 한국인터넷진흥원, "2009 무선인터넷이용실태조사", 2009.12.
[22] 한국정보산업연합회 조사 연구팀, "소셜미디어(Social Media)란 무엇인가?", 2007.
[23] KT 경제경영연구소, "페이스북의 오픈그래프 전략을 통해 살펴본 웹의 진화방향", 2010.
[24] LG경제연구원, "social Media 시대에 걸맞는 기업 브랜드 관리", 2009.9.
[25] A.M. Kaplan, M.Hanlein, "Users of the world, unite! The challenges and oppertunities of social media", Kelley school of business, 2010.
[26] Drew Leavy, "A mobile internet must first be built before it can sell," Marketing, 2000.12.
[27] eBay, "eBay Annual Report" 2009.
[28] Kim, H., Lee, K., Kim, J., A Peer-to-Peer CF-Recommendation for Ubiquitous Environment, Lecture Notes in Computer Science 4088 : 678-683, 2006.

[29] Lee, K. and Lee, J., Design of Ubiquitous Referral Marketing : A Business Model and Method, Lecture Notes in Computer Science 4082 : 103–112, September, 2006.
[30] Lee, K. and Seo, Y., Design of a RFID-Based Ubiquitous Comparison Shopping System, Lecture Notes in Artificial Intelligence 4251 : 1251–1267, 2006.
[31] Lee, K., Jeong, M., Ju, J., Seamlessness & Privacy Enhanced Ubiquitous Payment, Lecture Notes in Computer Science 4082:143–152, September, 2006.
[32] Lyytinen, K. and Yoo, Y., "Issues and Challenges in Ubiquitous Computing", Communications of The ACM, Vol. 45, No. 12, 2002, pp. 63–65.
[33] Mark Weiser, Some Computer Science Issues in Ubiquitous Computing, CACM, July 1993.
[34] Thomas R.Eisenmann, Brian feinstein, "facebook platform", harvard business school, 2008.
[35] Watson, R. T., L. F. Pitt, P. Berthon and G. M. Zinkhan, "U-Commerce: Extending the Universe of Marketing." Journal of the Academy of Marketing Science, 30(4), 2002, pp. 329–343.
[36] W.G. Mangold, D.J Fualds, "social media: the new hybrid element of the promotion mix", Kelley school of business, 2009.

제 11 장

11

전자상거래 관련 법률과 제도

학 습 목 표

- 전자거래기본법을 이해한다.
- 전자서명법을 이해한다.
- 전자상거래 관련 법규의 개요를 파악한다.
- 전자상거래 관련 제도를 알아본다.
- 전자상거래 관련 지침 및 표준약관을 알아본다.

저 자 소 개

장 재 경, 정보통신산업진흥원 연구위원, jasmine@nipa.kr

차 례(11)

11.1 전자상거래 기본 법규

11.1.1 전자거래기본법

11.1.2 전자서명법

11.1.3 전자상거래 등에서의 소비자보호에 관한 법률

11.1.4 전자금융거래법

11.2 전자상거래 관련 법규

11.2.1 소비자기본법

11.2.2 약관의 규제에 관한 법률

11.2.3 정보통신망 이용촉진 및 정보보호에 등에 관한 법률

11.3 전자상거래 관련 제도

11.3.1 전자거래분쟁조정위원회

11.3.2 에스크로(Escrow) 제도

11.3.3 전자상거래의 조세제도

11.3.4 공인전자문서보관소 제도

11.4 전자상거래 관련 지침 및 약관

11.4.1 전자상거래 등에서의 소비자보호지침

11.4.2 개인정보 보호지침

11.4.3 전자상거래(인터넷 사이버몰 이용) 표준약관

- **요 약**
- **주요 용어정리**
- **연습문제**
- **참고문헌 및 참고사이트**

11.1 전자상거래 기본법규

11.1.1 전자거래기본법

개 관

전자거래기본법은 정보통신기술의 발전과 인터넷 활용 증가됨에 따라 안전하고 신뢰할 수 있는 전자상거래를 촉진하기 위하여 전자거래기본법(1999년 2월 8일, 법률 제5834호, 이하 법이라 한다)이 제정되어 동년 7월부터 시행이 되었다. 그 후 전자상거래의 확산과 전자상거래 기술과 환경의 변화에 따라 전체적 틀을 정비하여 한 차례 개정(2002년 1월 19일 법률 제6614호)되었고, 이 법은 공인전자문서제도를 도입하면서 다시 개정(2005년 3월 31일 법률 제7440호)되었고 총 8장, 46개 조문으로 구성되어 있다.

2002년 법 개정의 배경에는 전자상거래가 전통적인 상행위와 동일한 수준의 법률적인 효력을 부여할 필요가 있었다. 전자거래는 재화나 용역을 거래함에 있어서 그 거래의 전부 또는 일부를 전자적으로 처리해야 하기 때문에, 기존의 상법 등 법제로는 해결할 수 없는 문제, 즉 전자상거래의 법적 효력을 부여하기 위해 유엔국제전자상거래법위원회(UNCITRAL) 전자상거래모델법을 기초로 거래당사자간 전자문서 송·수신·저장 등에 따른 전자문서의 효력에 대한 근거규정을 마련하였다. 이를 토대로 하여 기업과 소비자 간 전자상거래는 물론 기업 간 전자상거래, 기업과 정부 간 전자상거래 및 개인 간 전자상거래 등을 포괄하여 전자거래의 안전성을 확보할 수 있도록 법적 기틀을 마련하였다.

2005년 법 개정에는 개별 법률에서 정하고 있는 기록, 보고, 보관 등의 문서행위를 전자문서로 할 수 있도록 규정하였고 또한 공인전자문서보관소 규정을 신설하여 신뢰할 수 있는 전자문서의 기록 보관에 대한 법적 체계를 정립하였다.

전자거래기본법의 목적

이 법은 전자거래의 법률관계를 명확히 하고 전자거래의 안전성과 신뢰성을 확보하며 전자거래의 촉진을 위한 기반을 조성함으로써 국민경제의 발전에 이바지함을 목적으로 한다. 이는 전자거래를 전통적인 상행위와 동일한 수준으로 법률적 효력을 부여하면서 이용자가 신뢰하고 안전하게 전자거래를 활용할 수 있도록 하고 민간의 자율적인 전자거래를 촉진하기 위하여 제정되었다.

전자거래기본법의 적용범위

전자거래기본법은 다른 법률에 특별한 규정이 있는 경우를 제외하고 모든 전자거래에 적용된다(법 제3조). 이 법의 적용범위에 관하여는 원칙적으로 민간부분과 공공부분에서 전자문서에 의하여 이루어지는 모든 거래에 대하여 적용된다. 즉 민간부분에서의 민·상사거래와 공공부분에서의 전자문서에 의한 거래의 모든 분야에 적용된다.

주요내용

(1) 전자상거래에서 전자문서의 효력

전자상거래가 전통적인 상행위와 동일한 수준으로 법률적 효력을 부여받기 위해서는 기존 상거래의 증빙서류인 종이문서와 동등하게 전자문서의 효력이 인정될 수 있어야 한다. 따라서 전자문서의 법적효력을 명확히 할 수 있도록 전자문서 및 관련된 송수신 시점, 장소 등에 관한 규정, 공인전자문서보관소 제도 등의 법제 틀을 마련하고 있다.

전자문서의 개념

전자상거래는 구매자가 온라인상에서 구매의사를 전자적으로 표시하고 판매자가 판매를 승인함으로서 이루어진다. 이때 전자적으로 표시하는 수단이 전자문서이다. 이것은 유엔 전자상거래모델법의 "데이터 메시지(Data Message)"를 우리말로 표현한 것이다. 최근 유엔국제거래법위원회의 국제전자계약협약에서는 종래 "데이터메시지(Data message)"라는 용어를 대신하여 "전자적 의사표시(electronic communication)"를 사용하고 있는데, 이는 당사자가 "데이터메시지"의 방법으로 행한 모든 의사표시를 말하는 것으로 "데이터메시지"보다 확장된 개념이다.[1] 전자문서에 대한 기본법 역할을 하는 전자거래기본법에서 전자문서의 정의는 광의의 개념으로 사실상 전자적 형태의 기록은 모두 전자문서에 속하게 된다. 따라서 개인이 컴퓨터에 작성한 한글문서에서부터 이메일, 휴대전화 문자메시지, 기업의 전자결재 문서, 인터넷 홈페이지 화면 등 정형 및 비정형화된 다양한 형태가 모두 포함된다. 전자거래기본법에서 전자거래란 재화나 용역을 거래함에 있어서 그 거래의 전부 또는 일부가 전자문서에 의하여 처리되는 거래를 말한다(제2조 5호). 즉 전자거래를 전자문서에 의한 재화나 용역의 매매나 도급 또는 이와 관련된 결제 등 부수적인 행위가 컴퓨터 등의 정보처리장치에 의하여 이루어지는 것으로 하였다. 어떤 거래의 일부가 전자문서에 의하여 처리되는 경우에도 전자거래에 해당하므로, 반드시 전자문서에 의하여

---

1) United Nations Convention on the Use of Electronic Communications in International Contracts. <http://www.uncitral.org/pdf/english/texts/electcom/06-57452_Ebook.pdf>

서만 모든 거래가 성립되거나 계약이 체결될 되어야 하는 것은 아니고, 거래의 한 과정에서 컴퓨터 등 정보처리조직에 의한 전자문서가 이용되는 경우는 전자거래에 포함된다고 본다.

전자문서의 무결성

전자문서는 기술적으로 신뢰할 수 있는 정보처리 시스템으로 처리되어 무결성에 대한 신뢰할 만한 증명이 있어야만 원본성이 인정될 수 있다(UNCITRAL 전자상거래모델법 제8조1항). 전자문서는 종이문서와는 달리 쉽게 위조 또는 변조될 수 있으며 무결성을 확인하기가 쉽지 않다. 때문에 종이문서의 작성자가 기명날인 또는 서명을 하는 경우에 전자문서의 무결성을 위하여 전자서명을 활용한다. 전자상거래에서 전자문서에 전자서명이 첨부되지 않았다면 전자문서 원본으로서의 효력이 상실된다고 할 수 있다.

전자문서의 송·수신 시기 및 장소

전자문서의 도달시기 및 장소는 전자문서의 효력 발생과 전자거래당사자의 이해관계에 있어서 매우 중요하다.

전자문서는 수신자 또는 그 대리인이 당해 전자문서를 수신할 수 있는 정보처리시스템에 입력된 때에 송신된 것으로 본다(제9조 제1항). 전자문서는 다음에 해당하는 때에 수신된 것으로 본다(동조 제2항). 첫째, 수신자가 전자문서를 수신할 정보처리시스템을 지정한 경우에는 지정된 정보처리시스템에 입력된 때, 다만, 전자문서가 지정된 정보처리시스템이 아닌 정보처리시스템에 입력된 경우에는 수신자가 이를 출력한 때를 말한다. 둘째, 수신자가 전자문서를 수신할 정보처리시스템을 지정하지 아니한 경우에는 수신자가 관리하는 정보처리시스템에 입력된 때이다. 전자문서는 작성자와 수신자의 영업소 소재지에서 송신 또는 수신된 것으로 본다. 이 경우 영업소가 2이상인 경우에는 당해 전자문서의 주된 관리가 이루어지는 영업소 소재지에서 송신·수신된 것으로 본다. 다만 작성자 또는 수신자가 영업장을 가지고 있지 아니한 경우에는 그의 주된 거주지에서 송신·수신된 것으로 본다(제3항).

정보통신기술을 이용하여 전자문서를 송신하거나 수신하는 경우 송·수신시기와 장소를 확정하는 것이 용이하지 않으므로 전자거래에 있어서 정보시스템의 위치 문제보다 객관적인 표준으로써 소위 당사자의 영업소 소재지를 전자문서의 송·수신장소로 본다는 규정을 두고 있다.

공인전자문서보관소

전자적 문서보관이 종이문서로 보관하는 것과 동일한 법적 효과가 주어져야 할 것이다. 이를 위해 개정법에서는 공인전자문서보관소 지정제도를 두고 있다. 공인전자문서보관소에 대한 자세한 사항은 별도의 장(11.3.4)에서 설명한다.

◉ 전자문서의 법적 효력

전자문서는 다음과 같은 3가지 중요한 법적효력을 가짐을 규정한다.

■ 문서로서의 효력

전자문서는 다른 법률에 특별한 규정이 있는 경우를 제외하고는 전자적 형태로 되어 있다는 이유로 문서로서의 효력이 부인되지 않는다(법 제4조). 기존의 일반 법률은 종이문서를 전제로 하여 그 법적 효력을 인정하고 있으므로, 종이문서 대신 전자문서를 사용하는 경우 그 법적 효력에 의문이 있을 수 있다. 개별법에서는 당해 법의 목적을 달성하기 위하여 전자문서의 법적 효력을 종이문서와 똑같이 인정하고 있는 것을 볼 수 있다(예, 무역자동화촉진법, 대외무역법 등). 전자거래기본법은 이러한 개별법이 산발적으로 규정하고 있던 전자문서의 효력에 대한 일반적인 규정을 두고 있다는 점에 의의가 있다. 법 제4조는 "전자문서는 다른 법률에 특별한 규정이 있는 경우를 제외하고는 문서로서의 효력이 부인되지 않는다"고 함으로써 특별히 다른 법률에서 전자문서의 효력을 부인하는 경우에는 전자문서의 효력이 없음을 규정하고 있다. 이는 전자문서의 효력이 인정되지 않는 예외적인 경우가 있다는 것을 주의적으로 규정한 것이라고 본다.

■ 법정에서 증거능력

전자문서는 재판 기타의 법적 절차에서 전자적 형태로 되어 있다는 이유로 증거능력이 부인되지 아니한다. 개정전 법에서는 이와 같은 규정이 있었으나 우리나라는 민사소송법상 법관의 자유로운 심증에 따라 증거가 될 수 있음을 판단하게 됨으로 중복적인 위 규정을 삭제하게 되었다. 전자문서도 민사소송에서 증거능력이 인정된다.

■ 보관된 전자문서의 효력

전자거래에 관하여 당사자 간에 분쟁이 발생하거나, 후에 전자거래를 입증하거나 혹은 전자거래의 법률관계를 감독할 목적으로 사용하기 위하여 전자문서의 보관이 필요하다.

종이문서 환경에서와는 달리 전자문서환경에서는 전자문서의 보관에 있어서 그 매체선택과 보존의 수준이 고려되어야 한다. 본 조는 전자문서가 종이문서의 보관에 갈음할 수 있는 보관요건을 세 가지로 규정하고 있다. ① 전자문서의 내용을 사후에 열람할 수 있어야 한다(사후 열람가능성 혹은 재현 가능성), ② 전자문서가 작성 및 송·수신된 때의 형태로 보존되어 있을 것(형태보존요건), ③ 전자문서의 작성자, 수신자 및 송·수신일시에 관한 사항이 보존될 것(작성자 및 송·수신일시의 기록요건) 등이다.

특히 공인전자문서보관소에 전자문서를 보관하는 경우 부여되는 법적 효력은 첫째, 공인전자문서보관소가 전자문서를 보관하는 경우에는 전자거래기본법의 규정(제5조 제1항)

에 의한 전자문서의 보관이 행하여진 것으로 간주되는 효력이 있다(제31조의 6). 둘째, 공인전자문서에 보관된 문서는 보관 기간 중에는 그 내용이 변경되지 아니한 것으로 추정한다(제31조의 7 제1항). 또한 공인전자문서보관소에 보관된 전자문서의 보관 사실, 작성자, 수신자 및 송신 및 수진일시 등에 관한 사항에 대한 증명서를 발급한 경우에 그 증명서에 기재된 사항은 진정한 것으로 추정되는 효력을 갖는다(제31조의 7 제2항).

(2) 전자거래의 안전성 확보와 소비자보호

전자거래는 인터넷 등 정보통신기술을 이용하여 거래 당사자가 대면하지 아니하고 온라인에 의하여 거래가 이루어지기 때문에 일방 당사자 또는 제3자에 의한 개인정보의 침해, 해킹 및 사기적 거래에 의한 피해 등이 발생할 수 있다. 또한 인터넷을 통하여 기업간 거래는 물론 기업과 개인, 개인간 거래가 가능하기 때문에 전자거래의 안전성을 제공하고 개방된 인터넷 환경에서 발생할 수 있는 피해를 예방하여 소비자보호가 할 수 있는 환경조성이 필요하다. 전자거래기본법은 전자거래의 안전성을 확보하고 소비자 보호를 위하여 중요한 다음과 같은 몇 가지 사항에 대하여 안전장치를 마련하고 있다.

개인정보보호

정부는 전자거래의 안전성 및 신뢰성 확보를 위하여 전자거래 이용자의 개인정보 보호를 위한 시책을 수립하여야 한다(제12조 제1항). 전자거래 사업자는 전자거래 이용자의 개인정보를 수집·이용·제공 및 관리함에 있어서 정보통신망 이용촉진 및 정보보호 등에 관한 법률 등 관련 규정을 준수하여야 한다(제12조 제2항).

영업비밀보호

전자거래 사업자는 전자거래 이용자의 영업비밀을 보호하기 위한 조치를 강구하여야 하고(제13조 제2항), 전자거래 이용자의 동의를 얻지 아니하고는 당해 이용자의 영업비밀을 타인에게 제공하거나 누설하여서는 아니 된다(동조 제3항). 나아가 정부는 전자거래의 안전성 및 신뢰성을 확보하기 위하여 전자거래 이용자의 영업비밀을 보호하기 위한 시책을 수립하여 시행하여야 한다(동조 제1항).

암호제품의 사용

전자거래 사업자는 전자거래의 안전성 및 신뢰성을 확보하기 위하여 암호제품을 사용할 수 있다(제14조 제1항). 정부는 국가안전보장 등을 위하여 필요하다고 인정하는 경우에는 암호제품의 사용을 제한할 수 있으며, 암호화된 정보의 원문 또는 암호기술에의 접근에 필요한 조치를 할 수 있다(동조 제2항).

◉ 소비자보호를 위한 정부의 기본책무

전자거래에 있어서 소비자보호를 위한 정부의 기본 책무를 다음과 같이 네 가지로 규정하고 있다. 첫째, 전자거래 소비자의 기본권익 보호와 신뢰성 확보를 위한 소비자보호시책 마련(제15조 제1항), 둘째, 전자거래사업자 및 사업자단체의 자율 행동규범 제정을 통한 자율규제 권장(제15조 제2항), 셋째, 전자거래 소비자에 대한 피해발생 예방을 위한 정보제공과 교육의 확대 시책수립・시행(제16조 제1항), 넷째, 전자거래 소비자 불만과 피해를 신속하고 공정하게 처리할 수 있도록 조치를 마련할 의무(제16조 제2항) 등이다.

◉ 소비자보호를 위한 전자거래 사업자의 준수사항

전자거래 소비자보호를 위한 전자거래 사업자의 일반적 준수사항으로 다음과 같은 여섯 가지의 일반적 준수사항으로 정하고 있다(제17조). 이러한 규정들은 전자거래 사업자에게 전자거래와 관련되는 소비자를 보호하고 전자거래의 안전성 및 신뢰성을 확보하기 위하여 소비자의 알권리 보장과 계약 해지권을 확보하기 위해 전자거래 사업자에게 강제되는 의무사항들이다.

1. 상호 그 밖에 자신에 관한 정보와 재화・용역・계약 조건 등에 관한 정확한 정보의 제공
2. 소비자가 쉽게 접근・인지할 수 있도록 약관의 제공 및 보존
3. 소비자가 자신의 주문을 취소 또는 변경할 수 있는 절차의 마련
4. 청약의 철회, 계약의 해제 또는 해지, 교환, 반품 및 대금환급 등을 쉽게 할 수 있는 절차의 마련
5. 소비자의 불만과 요구사항을 신속하고 공정하게 처리하기 위한 절차의 마련
6. 거래의 증명 등에 필요한 거래기록의 일정기간 보존

◉ 전자거래 사업자에 대한 인증

정부는 소비자를 보호하고 전자거래 사업자의 건전한 발전을 위하여 우수한 전자거래 사업자에 대한 인증사업을 지원할 수 있다(제18조). 소비자가 믿고 거래할 수 있는 전자거래 사업자를 선정하여 신뢰성을 인정하고 인증마크를 부여하는 사업을 정부가 지원할 수 있도록 한 규정이다. 1997년 미국의 TRUSTe 마크, BBB 온라인 마크 등이 시행되면서 우리나라의 경우 2000년부터 eTrust 인증마크 제도가 운영되고 있다. eTrust 인증마크제도는 지식경제부와 정보통신산업진흥원에서 웹사이트의 소비자 보호 및 개인정보 보호정책 그리고 구매전 과정을 공정하고 엄격하게 심사하여 소비자가 믿고 거래할 수 있는 우수전자거래 사업자에게 부여된다.[2]

---

2) 2010년 12월말 현재 d&shop, G마켓, 롯데닷컴 등 138개 업체가 우수전자거래 사업자로 인증되어 있음.

◉ 전자거래 사업자의 손해배상책임

전자상거래 사업자는 실제로 약관에 개인정보 보호규정을 두고 있지 않은 경우가 많고, 약관에 개인정보 보호규정이 있는 경우에도 개인정보의 분실, 도난, 유출, 변조 등에 의한 책임은 개인정보 관리자나 해당 담당자만이 부담하도록 규정하는 경우가 많다. 이러한 규정은 개인정보의 분실, 도난 등의 사고 시에 그에 대한 귀책사유를 묻지 않고 해당 담당자만이 책임을 지게하고 사업자가 피용자의 고의 또는 과실로 인한 사용자 책임(민법 제756조)을 배제하는 것이 되어 타당하지 않다.

따라서 '인터넷 사이버몰 이용 표준약관'에서 규정하고 있는 바와 같이 전자상거래 사업자는 약관 제정시에 개인정보 보호규정을 두고(표준약관 제15조 6항), 아울러 정보관리자나 종업원 등이 개인정보를 유출하거나 분실, 도난당함으로써 이용자가 손해를 입은 경우 이를 배상할 책임을 진다는 내용을 약관에 명시하여야 할 것이다. 현재 전자거래 사업자가 주문받은 물품을 소비자에게 배송하지 못함으로 인하여 소비자가 입은 피해를 보상하는 보험으로 전자거래 쇼핑몰 보험이 개발되어 판매되고 있다(서울보증보험에서 판매하는 쇼핑몰 보험).

(3) 전자거래 진흥정책

◉ 전자거래 정책 및 추진체계

정부의 전자거래 기본정책은 다음과 같은 몇 가지 원칙에 따라 수립되고 시행된다. 즉 민간주도에 의한 추진, 규제의 최소화, 전자거래의 안전성 · 신뢰성 확보, 국제협력의 강화 등의 원칙이다(법 제19조). 정부는 이 원칙에 따라 전자거래촉진계획을 수립 · 시행하여야 하며 국가정보화 기본법 제9조에 의한 국가정보화전략위원회의 심의를 거쳐 이를 확정한다(법 제20조 제3항).

◉ 전자거래 진흥 전담기관

정부는 「정보통신산업진흥법」 제26조에 따른 정보통신산업진흥원으로 하여금 전자거래의 촉진을 위한 사업을 효율적 · 체계적으로 추진하고 전자거래와 관련된 정책의 개발을 지원하기 위한 사업을 하게 할 수 있다(법 제22조).

◉ 전자거래의 촉진 및 기반조성

정부는 전자문서의 이용을 촉진하기 위하여 각종 법령의 정비 등 필요한 시책을 수립 · 시행하여야 한다(법 제23조).

- 전자거래의 표준화
- 전자거래의 전문인력 양성

■ 공공부분의 전자거래 추진
■ 전자거래 통계 등 실태조사
■ 전자거래의 국제화 및 전자상거래지원센터

11.1.2 전자서명법

개 관

전자서명법(이하 법이라 한다)은 총 6장 33개조 및 부칙으로 구성되어 1999년 2월 5일 법률 제5792호로 제정되었고, 1999년 7월 1일부터 시행되었다. 당시 미국을 중심으로 독일, 말레이지아, 싱가폴 등이 전자서명법을 제정하였으며 영국, 일본 등이 법제정을 추진하고 있는 등 이미 다수 국가들이 전자서명법을 실시하고 있거나 추진 중에 있었다.

국내에서도 전자서명 인증기술 개발 및 인증서비스 제공을 위한 준비가 민간을 중심으로 추진되었고, 전자상거래 및 전자서명인증제도가 활성화될 필요성이 있다는 의견이 제기되어 이를 입법화 하였다. 1999년 제정 이후 2차례의 주요 개정이 있었다. 제정당시 주요내용은 전자서명의 효력, 공인인증기관, 공인인증서의 발급, 인증관리체계 및 관리업무 등이 되었다.

이후 2001년 12월에 디지털서명기술에 특정된 공인인증제도를 정비하고, 유엔국제거래법위원회(UNCITRAL)의 전자서명모델법 등 각국의 입법사항을 반영하여 장래 국가간 상호인정에 대비하는 한편, 공인인증업무의 안전성과 신뢰성 확보를 위한 인증업무요건의 구비를 공인인증기관의 지정조건에 포함하고, 공인인증업무의 기준과 방법 등 세부적인 사항을 인증업무지침에서 정하도록 하였다.

2005년 12월 개정에서는 비영리법인과 특별법에 의해 설립된 법인에 대해서는 공인인증업무 영역을 구분하여 지정하고, 공인인증정책 심의위원회를 설립하였다. 또한 공인인증업무준칙의 작성표준 마련, 공인인증서의 부정사용 및 양도·대여를 금지, 공인인증기관의 손해배상책임을 보장하기 위하여 보험가입을 의무화하였다.

전자서명법의 목적

전자서명법은 전자문서의 안전성과 신뢰성을 확보하고 그 이용을 활성화하기 위하여 전자서명에 관한 기본적인 사항을 정함으로써 국가사회의 정보화를 촉진하고 국민생활의 편익을 증진함을 목적으로 제정되었다.

주요내용

(1) 전자서명에 대한 효력

인터넷 환경에서 전자상거래를 하는 경우 개인정보가 보호되어야 할 뿐 아니라 거래 상대방의 신원을 확인하여 거래권한을 확인하고 또한 거래 내역(전자문서)이 누출되거나 변조되지 않도록 관리하기 위하여 전자서명이 활용되고 있다. 이러한 전자서명에 대한 법적 효력을 명확히 하여 부여할 수 있도록 공인인증제도를 두어 법적 기틀을 마련하였다.

전자서명의 개념

전자서명이란 서명자를 확인하고 서명자가 당해 전자문서에 서명을 하였음을 나타내는데 이용하기 위하여 당해 전자문서에 첨부되거나 논리적으로 결합된 전자적 형태의 정보를 말한다(제2조 제2호). 개정된 전자서명법은 일반 전자서명과 공인전자서명의 두 가지를 규정하고 있다(제2조 2호, 3호).

일반적으로 광의적 전자서명은 모든 전자적 형태의 전자서명을 포괄하며, 수기서명의 스캐닝이미지, 키보드 서명, 접근제어를 위한 비밀번호 등의 기술, 생체측정에 의한 기술 또는 이와 유사한 절차가 전자서명을 위하여 사용될 수 있다. 전자서명법에서는 협의의 전자서명으로 공개키 암호화기법에 의한 디지털 서명이 사용된다. 최근의 전자서명방식으로는 생체정보를 이용한 지문, 홍채, 정맥, 얼굴인식 방식들이 사용되기 시작하였다.

전자서명의 효력

개정된 전자서명법은 공인전자서명의 효력에 대하여 다음과 같은 두 가지를 규정하고 있다(제3조 제1항, 2항). 비공인전자서명의 효력은 당사자 간의 약정에 따른 서명, 또는 기명날인으로서의 효력을 갖는다(제3조 제3항).

■ **서명(署名) 또는 기명날인으로서의 효력**

다른 법령에서 문서 또는 서면에 서명, 서명날인 또는 기명날인을 요하는 경우 전자문서에 공인전자서명이 있는 때에는 이를 충족한 것으로 본다. 공인인증기관의 공인전자서명만이 이러한 효력을 가지며, 비공인인증기관의 전자서명은 이러한 효력을 갖지 못한다. 법률에서 기명날인 또는 서명을 요건으로 하는 경우에는 전자서명법상의 공인인증기관에 의한 공인전자서명을 사용하여야만 당해 법률이 요구하는 서명 또는 기명날인으로서의 법적 효력을 인정받을 수 있다.

예컨대 민법상 기명날인 또는 서명을 요구하는 경우로서 법인 설립시의 정관작성(민법 제40조, 제43조), 지시채권의 배서 시 배서인의 기명날인 또는 서명(민법 제510조), 등이 있고, 부동산등기신청서의 신청인의 기명날인(부동산 등기법 제41조 1항), 민사소송법상의 변론조서 등의 기명날인(민사소송법 제142조, 제150조, 제151조) 등이 있다. 또한 상법에서도 대차대조표의 작성 시 작성자의 기명날인 또는 서명(상법 제30조), 중개인계약서(상법 제96조), 운송장에 송하인의 기명날인 또는 서명(상법 제126조) 등 기명날인 또는 서명을 요구하는 규정이 다수 있다. 그리고 행정행위의 발령은 원칙적으로 특별한 규정이 있는 경우 외에는 문서로 행하여야 하기 때문에(행정절차법 제23조 1항), 이러한 행정행위에는 책임소재를 명확히 하기 위하여 처분청의 서명이나 기명날인이 요구된다.

이처럼 개별 법률에서 어느 법률행위에 서명 또는 기명날인을 요건으로 정하고 있는 경우에는 전자서명법상의 공인인증기관에 의한 공인전자서명을 하여야만 법률이 요구하는 서명 또는 기명날인으로서의 효력을 갖는다.

■ **추정적 효력**

공인전자서명이 있는 경우에는 당해 전자서명이 서명자의 서명, 서명날인 또는 기명날인이고, 당해 전자문서가 전자서명된 후 그 내용이 변경되지 아니하였다고 추정한다.

공인전자서명의 추정적 효력은 첫째, 서명자의 신원의 동일성 확인과, 둘째, 전자문서의 위조 및 변조가 없었다는 사실 즉 전자문서의 무결성을 추정하는 효력이다. 즉 전자서명법상의 전자서명이 있으면, 그 전자서명은 당해 전자문서의 명의자의 서명 또는 기명날인이라는 사실이 추정된다. 또한 당해 전자문서가 전자서명 된 후 그 내용이 변경되지 아니하였다고 추정된다.

한편, 공인전자서명 외의 일반전자서명은 당사자 간의 약정에 따른 서명, 또는 기명날인으로서의 효력을 갖는다(법 제3조 제3항). 전자서명은 본래 신원확인 기능, 무결성, 부인봉쇄 등의 기능을 갖고 있는 것이기 때문에 공인인증기관에 의한 전자서명 이외의 전자서명도 이러한 신원 확인적 효력, 무결성 보장적 효력, 부인봉쇄의 효력을 갖는 것이다.

다만 이러한 일반전자서명은 공인인증기관의 전자서명에 비하여 어느 정도의 효력을 갖게 될 것인지는 구체적인 사건에서 법관의 자유재량에 따라 판단되며, 당사자 간에 정한 효력의 범위 안에서만 인정된다.

(2) 전자서명의 공인인증제도

◉ 공인인증기관

인증기관이란 전자서명사용자(가입자)의 공개정보 및 기타 정보에 자신의 전자서명을 첨부하여 인증서를 발형함으로써 인증서비스를 제공하는 신뢰할 수 있는 제3의 기관이다. 전자서명법은 행정안전부 장관의 지정에 의하여 인증업무를 안전하게 수행할 수 있다고 인정된 자를 공인인증기관이라고 규정하고 있다(제4조).

공인인증서

공인인증기관이 신원증명이 된 가입자에 대하여 발급한 인증서로서, 전자서명 생성정보가 가입자에게 유일하게 속한다는 사실을 확인하고 이를 증명하는 전자적 정보이다(제2조 7호).

인증서에는 가입자의 신원정보와 공개정보가 포함되어 있고, 거래상대방은 가입자의 공개정보를 인증서로부터 추출하여 가입자의 비밀정보로 전자서명한 전자문서를 복호화하는 방식으로 가입자 즉 전자문서 작성자의 신원과 전자문서의 무결성을 확인할 수 있게 된다.

인증업무의 안전성 및 신뢰성 확보

전자서명법에서는 공인인증기관은 안전성과 신뢰성을 확보하여 전자서명관리를 할 수 있도록 다음과 같은 기준에 대한 관리방침을 마련하고 있다.

- 인증업무준칙(CPS, Certification Practice Statements)
- 전자문서의 시점확인
- 공인인증기관의 외부적 침해, 재해로 부터 설비 등 보호조치
- 공인인증업무에 관한 안전한 설비운영과 정기점검
- 공인인증기관의 손해배상책임

전자서명 인증정책

정부는 전자서명이 국제적으로 원활하게 연동되도록 전자서명 인증제도의 발전을 위하여 시책을 수립・시행하여야 하고(제26조의2), 전자서명 기술개발 및 인력양성을 위하여 필요한 사항을 추진한다(제26조의4). 아울러 전자서명의 이용확산을 위하여 전자서명 시범사업을 추진하고(제26조의5) 전자서명이용촉진을 위한 금융지원과 수수료감면 등의 시책을 수립・시행할 수 있다(제26조의6).

11.1.3 전자상거래 등에서의 소비자보호에 관한 법률

개 관

전자상거래 등에서의 소비자보호에 관한 법률(이하 법이라 한다)은 총 7장 45개조 및 부칙으로 구성되어 2002년 3월 30일 법률 제6687호로 제정되었고, 2002년 7월 1일부터 시행되었다. 이 법은 2005년, 2007년, 2010년까지 3차례의 주요 개정이 있었다. 먼저 2005년 개정은 비대면(非對面) 선불거래방식인 통신판매에 있어서 소비자의 피해를 방지하기 위

하여 소비자의 결제대금을 제3자에게 예치하는 에스크로우 제도를 도입하고, 통신판매업자의 무차별적인 구매권유광고로 인하여 발생하는 소비자의 불편을 해소하기 위하여 소비자가 구매권유광고의 수신을 거부하는 의사를 인터넷을 통하여 등록할 수 있는 시스템을 운영함으로써 전자상거래상의 소비자보호를 강화하였다.

2007년 개정은 통신판매업자가 청약철회 등을 한 소비자에게 지급하는 지연배상금의 산정기준이 되는 지연이자율을 그 범위에 대한 구체적인 기준을 제시하지 아니한 채 공정거래위원회가 정하여 고시하도록 하던 것을, 거래당사자의 예측가능성을 높이고 행정부의 자의적인 행정입법을 개선하고자 그 지연이자율을 연 100분의 40 이내의 범위에서 「은행법」에 따른 금융기관이 적용하는 연체금리 등 경제사정을 고려하여 대통령령으로 정하도록 하였다.

2010년 개정은 제44조의 양벌규정이 영업주가 종업원 등에 대한 관리 · 감독상 주의의무를 다하였는지 여부에 관계없이 영업주를 처벌하도록 하고 있어 책임주의 원칙에 위배될 소지가 있으므로, 영업주가 종업원 등에 대한 관리 · 감독상 주의의무를 다한 경우에는 처벌을 면하게 함으로써 양벌규정에도 책임주의 원칙이 관철되도록 하였다.

전자상거래 소비자법의 목적

이 법은 전자상거래 및 통신판매 등에 의한 재화 또는 용역의 공정한 거래에 관한 사항을 규정함으로써 소비자의 권익을 보호하고 시장의 신뢰도 제고를 통하여 국민경제의 건전한 발전에 이바지함을 목적으로 한다(법 제1호). 즉 전자상거래 및 통신판매에서 물건이나 서비스의 공정한 거래에 관한 사항을 규정하여 소비자를 보호하는데 목적이 있다. 여기에서 전자상거래는 전자거래(전자거래기본법 제2조제5호의 규정에 의한 전자거래를 말한다)의 방법으로 상행위를 하는 것을 말하며, 통신판매는 우편 · 전기통신 그 밖의 방법에 따라 재화 또는 용역의 판매에 관한 정보를 제공하고 소비자의 청약에 의하여 재화 또는 용역을 판매하는 것을 말한다.

전자상거래 소비자보호법의 적용제외

이 법은 사업자가 상행위를 목적으로 구입하는 거래에 대하여는 적용하지 아니한다(법 제3조 제1항). 이 법은 소비자를 위한 법률이기 때문에 사업자가 상행위를 목적으로 구입하는 행위에는 적용되지 아니한다. 그렇지만 사업자라 하더라도 사실상 소비자와 같은 지위에서 다른 소비자와 같은 거래조건으로 거래하는 경우에는 그러하지 아니하다. 예를 들어 김밥가게 주인이 김밥판매를 위해 단무지를 구입하는 행위는 이 법에 적용되지 아니하나 자신의 집에서 먹을 쌀을 구입하는 경우에는 이 법의 적용을 받게 되는 것이다.

전자상거래 또는 통신판매에서의 소비자보호에 관하여 이 법과 다른 법률의 규정이 경합하는 경우에는 이 법을 우선 적용하되 다른 법률을 적용하는 것이 소비자에게 유리한 경우에는 그 법을 적용한다(법 제4조). 동일한 사안에 대하여 이 법과 다른 법이 서로 중복적으로 적용되는 경우에 원칙적으로 전자상거래 또는 통신판매에서의 소비자보호에 관해서는 이 법을 먼저 적용한다. 그리고 예외적으로 다른 법을 적용하는 것이 소비자에게 유리한 경우에만 다른 법을 적용하도록 하였다.

주요내용

(1) 소비자 정보제공

사이버몰의 운영

전자상거래를 행하는 사이버몰의 운영자는 소비자가 사업자의 신원 등에 관하여 쉽게 알 수 있도록 다음 각 호의 사항을 총리령이 정하는 바에 따라 표시하여야 한다(법 제10조 : 상호 및 대표자 성명, 영업소 소재지 주소(소비자의 불만을 처리할 수 있는 곳의 주소를 포함한다), 전화번호·전자우편주소, 사업자등록번호, 사이버몰의 이용약관, 그 밖에 소비자 보호를 위하여 필요한 사항으로 대통령령이 정하는 사항).

사업자는 전자상거래 또는 통신판매를 위하여 소비자에 관한 정보를 수집, 이용, 제3자에게 제공하고자 하는 경우에는 정보통신망 이용촉진 및 정보보호 등에 관한 법률 등 관련 규정에 따라 이를 공정하게 수집 또는 이용하여야 한다(제12조 제1항).

사업자는 재화 및 용역을 거래함에 있어서 소비자에 관한 정보가 도용되어 당해 소비자가 재산상의 손해가 발생하였거나 발생할 우려가 있는 특별한 사유가 있는 경우에는 본인 확인이나 피해의 회복 등 필요한 조치를 취하여야 한다(제12조 제2항).

통신판매업자의 표시 및 광고시 거래조건 제공

통신판매업자는 소비자가 계약체결 전에 재화 등에 대한 거래조건을 정확하게 이해하고 실수 또는 착오 없이 거래할 수 있도록 적절한 방법으로 표시·광고 또는 고지하고, 계약이 체결된 경우에는 계약자에게 기재된 계약내용에 관한 서면을 재화 등을 공급할 때까지 교부하여야 한다(제13조 제2항).

1. 재화 등의 공급자 및 판매자에 관한 사항
2. 재화 등의 명칭·종류 및 내용
3. 재화 등의 가격과 그 지급 방법 및 시기
4. 재화 등의 공급 방법 및 시기
5. 청약의 철회 및 계약의 해제의 기한·행사방법 및 효과에 관한 사항

6. 재화 등의 교환 · 반품 · 보증과 그 대금 환불의 조건 및 절차
7. 전자매체로 공급이 가능한 재화 등의 전송 · 설치 등과 관련하여 요구되는 기술적 사항
8. 소비자피해보상, 재화 등에 대한 불만 및 소비자와 사업자간 분쟁처리에 관한 사항
9. 거래에 관한 약관
10. 소비자가 구매의 안전을 위하여 원하는 경우에는 재화 등을 공급받을 때까지 대통령령이 정하는 제3자에게 그 재화 등의 결제대금을 예치하는 것(결제대금예치)의 이용을 선택할 수 있다는 사항 또는 통신판매업자의 소비자피해보상보험계약 등의 체결을 선택할 수 있다는 사항(선불식 통신판매에 한한다)
11. 그 밖에 소비자의 구매 여부 판단에 영향을 주는 거래조건 또는 소비자의 피해구제에 필요한 사항으로서 대통령령이 정하는 사항

통신판매업자는 미성년자와 재화 등의 거래에 관한 계약을 체결하고자 하는 경우에는 법정대리인이 그 계약에 대하여 동의를 하지 아니하면 미성년자 본인 또는 법정대리인이 그 계약을 취소할 수 있다는 내용을 미성년자에게 고지하여야 한다(제13조 제3항).

(2) 통신판매업자의 신고

통신판매업자는 대통령령이 정하는 바에 따라 상호, 주소, 전화번호, 전자우편주소, 인터넷 도메인이름, 호스트서버의 소재지, 기타 사업자의 신원확인을 위하여 필요한 사항을 공정거래위원회나 특별시장, 광역시장 또는 도지사에게 신고하여야 한다. 다만, 소규모 통신판매업자 등 대통령령이 정하는 통신판매업자의 경우에는 그러하지 아니하다(제12조).

(3) 청약의 확인

통신판매업자는 소비자로부터 재화 등의 거래에 관한 청약을 받은 경우 청약의 의사표시의 수신확인 및 판매가능여부에 관한 정보를 소비자에게 신속하게 통지하여야 한다. 통신판매업자는 계약체결 전에 소비자가 청약의 내용을 확인하고, 정정 또는 취소할 수 있도록 절차를 갖추어야 한다(제14조).

(4) 청약의 철회

소비자는 사업자로부터 계약내용에 관한 서면을 교부받은 날부터 7일 이내에 당해 계약에 관한 청약철회 및 계약의 해제를 할 수 있다. 다만, 그 서면을 교부받은 때보다 재화 등의 공급이 늦게 이루어진 경우에는 재화 등의 공급을 받거나 공급이 개시된 날부터 7일 이내에 할 수 있다(제17조 제1항 제1호).

그리고 계약내용에 관한 서면을 교부받지 않은 경우, 통신판매업자의 주소 등이 기

재되지 아니한 서면을 교부받은 경우 또는 통신판매업자의 주소 변경 등의 사유로 제1호의 기간 이내에 청약철회 등을 할 수 없는 경우에는 그 주소를 안 날 또는 알 수 있었던 날부터 7일 이내에 할 수 있다(제17조 제1항 제2호).

또한 재화 등의 내용이 표시광고 내용과 다르거나 계약내용과 다르게 이행된 경우에는 당해 재화 등을 공급받은 날부터 3월 이내, 그 사실을 안 날 또는 알 수 있었던 날부터 30일 이내에 청약철회 등을 할 수 있다(제17조 제3항).

(5) 청약의 철회 제한

소비자는 다음 각 호의 어느 하나에 해당하는 경우에는 통신판매업자의 의사에 반하여 청약철회 등을 할 수 없다(제17조 제2항).

1. 소비자에게 책임 있는 사유로 재화 등이 멸실 또는 훼손된 경우. 다만, 재화 등의 내용을 확인하기 위하여 포장 등을 훼손한 경우를 제외한다.
2. 소비자의 사용 또는 일부 소비에 의하여 재화 등의 가치가 현저히 감소한 경우
3. 시간의 경과에 의하여 재판매가 곤란할 정도로 재화 등의 가치가 현저히 감소한 경우
4. 복제가 가능한 재화 등의 포장을 훼손한 경우
5. 그 밖에 거래의 안전을 위하여 대통령령이 정하는 경우

다만, 통신판매업자가 청약철회 등이 불가능한 재화 등의 경우에는 그 사실을 재화 등의 포장 기타 소비자가 쉽게 알 수 있는 곳에 명기하거나 시용(試用)상품을 제공하는 등의 방법으로 청약철회 등의 권리 행사가 방해받지 아니하도록 조치하여야 함에도 조치를 하지 아니하는 때에는 제2호 내지 제4호에 해당하는 경우에도 청약철회 등을 할 수 있다.

(6) 청약의 철회 방법 및 효과

청약의 철회는 구두 또는 서면에 의하여 할 수 있고, 서면으로 청약철회를 하는 경우에는 그 의사표시가 기재된 서면을 발송한 날에 청약철회의 효력이 발생한다(제17조 제4항). 소비자가 청약을 철회한 경우에는 이미 공급받은 재화 등을 통신판매업자에게 반환하여야 하고, 통신판매업자는 재화 등을 반환 받은 날부터 영업일 3일 이내에 대금을 환급하여야 한다. 대금환급을 지연한 경우에는 지연이자를 지급하여야 한다(제18조 제1항, 제2항).

또한 소비자가 신용카드와 같은 결제수단으로 대금을 지급한 경우에는 통신판매업자는 지체 없이 당해 결제업자에게 대금의 청구를 정지 또는 취소하도록 요청하여야 하고, 통신판매업자가 결제업자로부터 이미 대금을 지급받은 때에는 지체 없이 이를 결제업자

에게 환급하고, 그 사실을 소비자에게 통지하여야 한다(제3항).

통신판매업자로부터 환급받은 결제업자는 지체 없이 대금을 소비자에게 환급하여야 하고, 환급이 지연된 때에는 지연이자(지연배상금)를 소비자에게 지급하여야 한다(제4항, 제5항).

재화 등의 반환비용은 소비자가 이를 부담하여야 하고, 통신판매업자는 소비자에게 청약철회 등을 이유로 위약금이나 손해배상을 청구할 수 없다(제9항). 다만, 재화 등이 표시광고의 내용과 다르거나 계약내용과 다르기 때문에 청약을 철회한 경우에는 통신판매업자가 반환비용을 부담하도록 하였다(제10항).

한편 청약철회에 따른 대금환급과 관련하여 소비자는 환급받을 금액에 대하여 결제업자에게 통신판매업자에 더한 다른 채무와 상계를 요청할 수 있도록 하였고, 상계를 정당한 사유 없이 게을리 한 경우 결제업자에 대하여 대금의 결제를 거부할 수 있도록 하였다(제6항, 제7항).

(7) 통신판매 중개자의 책임

통신판매 중개자가 재화 등을 판매함에 있어서 책임이 없다는 사실을 약정하지 아니하거나 미리 고지하지 아니하고 통신판매의 중개를 한 경우에는 통신판매와 관련하여 통신판매의 중개를 의뢰한 자의 고의 또는 과실로 소비자에게 발생한 재산상의 손해에 대하여 그 통신판매 중개자는 중개를 의뢰한 자와 연대하여 배상할 책임을 진다(제20조 제1항).

통신판매 중개자에게 통신판매의 중개를 의뢰한 사업자는 통신판매 중개자의 고의 또는 과실로 인하여 소비자에게 발생한 재산상 손해에 대하여 중개자의 행위라는 이유로 면책되지 아니한다. 다만, 소비자에게 피해가 가지 아니하도록 상당한 주의를 기울인 경우에는 그러하지 아니하다(제3항).

통신판매 중개자는 통신판매의 중개를 의뢰한 사업자의 신원에 관한 정보를 열람할 수 있는 방법을 소비자에게 제공하여야 하고 통신판매의 중개를 의뢰한 자가 사업자가 아닌 경우에는 주소·전화번호 등 대통령령이 정하는 사항에 관하여 통신판매의 중개 대상이 되는 거래의 당사자들에게 거래상대방에 관한 정보를 열람할 수 있는 방법을 제공하여야 한다(제4항).

11.1.4 전자금융거래법

개 관

전자금융거래법(이하 법이라 한다)은 총 7장 51개조 및 부칙으로 구성되어 2006년 4월

28일 법률 제7929호로 제정되었고, 2007년 1월 1일부터 시행되었다. 이 법은 인터넷뱅킹 등 전자금융거래가 확산되고 전자화폐 등 새로운 전자지급수단이 출현함에 따라 비대면성(非對面性) 등과 같은 전자금융거래의 특성을 반영하여 거래당사자의 권리 · 의무 등 법률관계를 명확히 하는 한편, 전자금융업무를 영위하는 자에 대한 허가 · 등록 및 감독에 관한 사항을 체계적으로 정비함으로써 전자금융거래의 안전성과 신뢰성을 확보하려는 것이다.

이 법은 2006년 제정 이후 2009년 1차례의 개정이 있었다. 2009년 개정은 최근 빈번히 발생하는 전자금융거래의 오류로 인한 금융이용자의 불안을 해소하기 위하여 금융기관 또는 전자금융업자가 스스로 또는 이용자의 요구에 의해 전자금융거래의 오류를 인지한 경우에는 그 원인과 처리결과를 이용자에게 통지하도록 하고, 타인명의의 통장을 절취 또는 대여 · 양수하여 사용하는 이른바 “대포통장”을 활용한 범죄에 적극 대처하기 위하여 전자식카드 등의 접근매체를 양도, 양수, 부정 대여 또는 질권 설정행위를 하거나 이런 행위들을 알선하는 행위를 금지하고, 이를 위반한 자에 대한 처벌을 강화하였다.

전자금융거래법은 전자상거래에서 구매대금의 결제에 해당하는 부분을 규율하는 법률로서 전자지급거래의 효력발생시기, 오류의 정정절차 등 전자금융거래 법률관계를 명확히 하고 있다.

전자금융거래법의 목적

이 법은 전자금융거래의 법률관계를 명확히 하여 전자금융거래의 안전성과 신뢰성을 확보함과 아울러 전자금융업의 건전한 발전을 위한 기반조성을 함으로써 국민의 금융편의를 꾀하고 국민경제의 발전에 이바지함을 목적으로 한다(제1조). 여기서 전자금융거래란 금융기관 또는 전자금융업자가 전자적 장치를 통하여 금융상품 및 서비스를 제공(이하 “전자금융업무”라 한다)하고, 이용자가 금융기관 또는 전자금융업자의 종사자와 직접 대면하거나 의사소통을 하지 아니하고 자동화된 방식으로 이를 이용하는 거래를 말한다.

주요내용

(1) 전자금융거래 당사자의 권리와 의무

금융기관 또는 전자금융업자는 전자금융거래를 위하여 접근매체를 선정하여 사용 및 관리하고 이용자의 신원, 권한 및 거래지시의 내용 등을 확인하여야 한다(제6조 제1항).

금융기관 또는 전자금융업자가 접근매체를 발급할 때에는 이용자의 신청이 있는 경우에 한하여 본인임을 확인한 후에 발급하여야 한다. 금융기관 또는 전자금융업자는 이용자가 전자금융거래에 사용하는 전자적 장치를 통하여 거래내용을 확인할 수 있도록 하여야 한다(제7조 제1항).

금융기관 또는 전자금융업자는 이용자가 거래내용을 서면으로 제공할 것을 요청하는 경우에는 그 요청을 받은 날부터 2주 이내에 거래내용에 관한 서면을 교부하여야 한다(제7조 제2항).

이용자는 전자금융거래에 오류가 있음을 안 때에는 그 금융기관 또는 전자금융업자에게 이에 대한 정정을 요구할 수 있다(제8조 제1항). 금융기관 또는 전자금융업자는 전자금융거래 오류의 정정요구를 받은 때에는 이를 즉시 조사하여 처리한 후 정정요구를 받은 날부터 2주 이내에 오류의 원인과 처리 결과를 문서 또는 이용자가 요청하면 전화 또는 전자우편 등의 방법으로 이용자에게 알려야 한다(제8조 제2항).

금융기관 또는 전자금융업자는 접근매체의 위조나 변조로 발생한 사고, 계약체결 또는 거래지시의 전자적 전송이나 처리과정에서 발생한 사고로 인하여 이용자에게 손해가 발생한 경우에는 그 손해를 배상할 책임을 진다(제9조 제1항). 그럼에도 불구하고 금융기관 또는 전자금융업자는 다음 각 호의 어느 하나에 해당하는 경우에는 그 책임의 전부 또는 일부를 이용자가 부담하게 할 수 있다(제9조 제2항).

1. 사고 발생에 있어서 이용자의 고의나 중대한 과실이 있는 경우로서 그 책임의 전부 또는 일부를 이용자의 부담으로 할 수 있다는 취지의 약정을 미리 이용자와 체결한 경우
2. 법인인 이용자에게 손해가 발생한 경우로 금융기관 또는 전자금융업자가 사고를 방지하기 위하여 보안절차를 수립하고 이를 철저히 준수하는 등 합리적으로 요구되는 충분한 주의의무를 다한 경우

(2) 전자지급 거래

금융기관 또는 전자금융업자는 지급인 또는 수취인과 전자지급거래를 하기 위하여 체결한 약정에 따라 수취인이나 수취인의 금융기관 또는 전자금융업자에게 지급인 또는 수취인이 거래 지시한 금액을 전송하여 지급이 이루어지도록 하여야 한다(제12조 제1항). 금융기관 또는 전자금융업자는 자금의 지급이 이루어질 수 없게 된 때에는 전자지급거래를 하기 위하여 수령한 자금을 지급인에게 반환하여야 한다. 이 경우 지급인의 과실로 인하여 지급이 이루어지지 아니한 때에는 그 전송을 하기 위하여 지출한 비용을 공제할 수 있다(제12조 제2항).

전자지급수단을 이용하여 자금을 지급하는 경우에는 그 지급의 효력은 다음 각 호의 어느 하나에서 정한 때에 생긴다(제13조).

1. 전자자금이체의 경우 : 거래지시된 금액의 정보에 대하여 수취인의 계좌가 개설되

어 있는 금융기관 또는 전자금융업자의 계좌의 원장에 입금기록이 끝난 때

2. 전자적 장치로부터 직접 현금을 출금하는 경우 : 수취인이 현금을 수령한 때
3. 선불전자지급수단 및 전자화폐로 지급하는 경우 : 거래 지시된 금액의 정보가 수취인이 지정한 전자적 장치에 도달한 때
4. 그 밖의 전자지급수단으로 지급하는 경우 : 거래 지시된 금액의 정보가 수취인의 계좌가 개설되어 있는 금융기관 또는 전자금융업자의 전자적 장치에 입력이 끝난 때

(3) 전자화폐

전자화폐는 이전 가능한 금전적 가치가 전자적 방법으로 저장되어 발행된 증표 또는 그 증표에 관한 정보로서 일정기준 이상의 지역 및 가맹점에서 이용되며, 발행인 외의 제3자로부터 재화 또는 용역을 구입하고 그 대가를 지급하는데 사용되며, 구입할 수 있는 재화 또는 용역의 범위가 5개 이상이며, 현금 또는 예금과 동일한 가치로 교환되어 발행되며, 발행자에 의하여 현금 또는 예금으로 교환이 보장되는 것을 말한다. 전자화폐 보유자가 재화를 구입하거나 용역을 제공받고 그 대금을 수취인과의 합의에 따라 전자화폐로 지급한 때에는 그 대금의 지급에 관한 채무는 변제된 것으로 본다(제17조).

11.2 전자상거래 관련 법규

11.2.1 소비자기본법

개 관

소비자기본법(이하 법이라 한다)은 총 11장 86개조 및 부칙으로 구성되어 1980년 1월 4일 법률 제3257호로 제정되었고, 1982년 9월 13일부터 시행되었다. 이전에는 소비자보호법으로 불렸으나 2006년 법개정으로 소비자권익을 증진하여 소비자의 주권을 강화하고자 소비자기본법으로 명칭을 변경하였다.

전자상거래에서 소비자보호에 대한 사항은 주로 전자상거래 소비자보호법의 적용을 받지만 전자상거래 소비자보호법에서 규정하지 아니한 일반적인 소비자보호에 관한 사항은 소비자기본법에 규정된 사항에 따라 전자상거래의 소비자도 자신의 권익을 보호받게 된다.

주요내용

(1) 소비자의 기본 권리와 역할

소비자는 스스로의 안전과 권익을 위하여 다음의 권리를 향유한다.

1. 모든 물품 및 용역으로 인한 생명·신체 및 재산상의 위해로부터 보호받을 권리
2. 물품 및 용역을 선택함에 있어서 필요한 지식 및 정보를 제공받을 권리
3. 물품 및 용역을 사용 또는 이용함에 있어서 거래의 상대방·구입장소·가격·거래조건 등을 자유로이 선택할 권리
4. 소비생활에 영향을 주는 국가 및 지방자치단체의 정책과 사업자의 사업활동 등에 대하여 의견을 반영시킬 권리
5. 물품 및 용역의 사용 또는 이용으로 인하여 입은 피해에 대하여 신속·공정한 절차에 의하여 적절한 보상을 받을 권리
6. 합리적인 소비생활을 영위하기 위하여 필요한 교육을 받을 권리
7. 소비자 스스로의 권익을 옹호하기 위하여 단체를 조직하고 이를 통하여 활동할 수 있는 권리(동법 제3조)

(2) 사업자의 의무

사업자는 소비자보호에의 협력의무(동법 제15조), 위해방지의 의무(동법 제16조) 등을 부담한다.

(3) 소비자분쟁조정위원회

한국소비자원에 소비자분쟁조정위원회를 설치한다(동법 제34조). 소비자는 한국소비자원에 물품 및 용역으로 인한 피해의 구제를 청구할 수 있고, 보호원은 피해의 구제청구 당사자에 대하여 합의를 권고할 수 있다(동법 제39조, 제42조). 피해구제 청구일로부터 30일 이내에 합의가 이루어지지 않으면, 소비자분쟁조정위원회에 조정을 요청하고 그 결정에 따라 처리하게 된다(동법 제43조). 분쟁조정위원회가 분쟁조정신청을 받은 때에는 30일 이내에 분쟁조정을 하여야 한다. 분쟁조정이 있는 때에는 지체 없이 그 결과를 당사자에게 통보하고 통보일로부터 15일 이내에 조정을 수락한 경우에는 조정서를 작성하고 당사자가 기명·날인한다. 분쟁조정의 내용은 재판상의 화해와 동일한 효력을 갖는다(동법 제45조).

11.2.2 약관의 규제에 관한 법률

개 관

약관규제법(이하 법이라 한다)은 6장, 전문34조와 부칙으로 구성되고, 1987년 법률이 제정되어 7차례의 개정이 있었다.

약관법은 불공정한 약관을 규제하기 위한 법이며, 사업자와 소비자간의 거래뿐만 아니라 사업자와 사업자간의 거래에 이용되는 약관에 대해서도 적용된다. 약관법은 경제법의 일종이며, 행정법규로서 사업자가 불공정한 약관을 사용한 경우에 일정한 요건 아래 행정적 규제를 받게 된다. 이 법은 사업자가 그 거래 상의 지위를 남용하여 불공정한 내용의 약관을 규제하여 건전한 거래질서를 확립함으로써 소비자를 보호하고 국민생활의 균형 있는 향상을 도모함을 목적으로 한다.

주요내용

(1) 약관의 명시 설명의 의무

사업자는 고객이 약관의 내용을 쉽게 알 수 있도록 한글로 작성하고, 표준화・체계화된 용어를 사용하며, 약관의 중요한 내용을 부호・문자・색채 등으로 명확하게 표시하여 알아보기 쉽게 약관을 작성하여야 한다(제3조 제1항). 사업자는 계약을 체결할 때에는 고객에게 약관의 내용을 계약의 종류에 따라 일반적으로 예상되는 방법으로 분명하게 밝히고, 고객이 요구할 경우 그 약관의 사본을 고객에게 내주어 고객이 약관의 내용을 알 수 있게 하여야 한다(제3조 제2항). 사업자는 약관에 정하여져 있는 중요한 내용을 고객이 이해할 수 있도록 설명하여야 한다(제3조 제3항). 사업자가 제2항 및 제3항을 위반하여 계약을 체결한 경우에는 해당 약관을 계약의 내용으로 주장할 수 없다(제3조 제4항).

(2) 개별약정의 우선원칙

약관에서 정하고 있는 사항에 관하여 사업자와 고객이 약관의 내용과 다르게 합의한 사항이 있을 때에는 그 합의 사항은 약관보다 우선한다(제4조).

(3) 불공정 약관조항

불공정약관의 면책금지조항(제7조), 과도한 손해배상액의 예정(제8조), 계약 해제・해지에 관한 조항(제9조), 채무의 이행에 관한 조항(제10조), 고객의 권위보호(제11조), 의사표시에 관한 의제(제12조), 대리인의 책임가중(제13조), 소송제기의 금지(제14조) 등에 관한 각각의 불공정 조항에 해당하는 조항은 무효로 한다고 규정한다.

(4) 약관의 규제

불공정약관에 대한 공정거래위원회의 시정조치(제17조의 2), 약관의 심사청구권(제19조)을 규정하고 있다. 표준약관(제19조의 2)은 사업자 및 사업자단체 일정 거래 분야에서 표준이 될 만한 약관을 마련하여 공정거래위원회에 심사 청구할 수 있도록 하고 소비자단체 또는 한국소비자원에서도 표준약관을 공정거래위원회에 요청할 수 있도록 하고 있다.

11.2.3 정보통신망 이용촉진 및 정보보호 등에 관한 법률

개 관

정보통신망 이용촉진 및 정보보호 등에 관한 법률(이하 정보통신망법이라 한다)은 온라인상에서 정보보안과 개인정보 보호를 위한 법률이다. 정보통신망법은 종래의 '전산망보급확장과 이용촉진에 관한 법률'을 개정하여 '정보통신망이용촉진법'으로 하였고(1999년 12월 전면개정), 여기에 다시 정보보호관련 규정을 첨가하여 현재와 같은 법률명칭으로 변경된 것이다. 이 법은 정보통신망의 안전한 이용환경을 조성하고, 정보통신서비스를 이용하는 자의 개인정보를 보호하기 위하여 만들어진 법으로써 민간부분의 개인정보보호에 관한 기본법으로서의 역할을 한다. 총 10장 76개조 및 부칙으로 구성되어 있다.

주요내용

(1) 제한적 본인확인제도

제한적 본인확인제도는 악성댓글을 방지하기 위한 목적으로 국가기관, 지방자치단체, 정부투자기관 등 공공기관 등과 정보통신서비스 유형별 일일평균 이용자수 10만 명 이상으로서 전년도 말 기준 직전 3개월간의 일일평균 이용자수가 10만 명 이상이면 그 정보통신서비스제공자가 게시판을 설치・운영하는 경우에는 게시판 이용자에 대한 본인확인을 위하여 필요한 조치를 취하도록 하고, 정보통신서비스 제공자가 본인확인을 위하여 필요한 조치를 취하지 않은 경우 방송통신위원회는 시정명령을 하도록 하고 정보통신서비스 제공자가 이를 이행하지 않은 경우에는 과태료를 부과하도록 하였다. 정보통신망법에서 정보통신서비스 제공자에는 전자상거래 사업자가 대부분 포함됨으로 전자상거래 사업자의 경우에도 일일평균 이용자수 10만 명 이상에 해당하는 사업자가 게시판을 설치・운영하는 경우에는 게시판 이용자에 대한 본인확인조치를 취하여야 한다. 그러나 제한적 본인확인제도는 인터넷 실명제와 유사하여 이용자의 표현의 자유, 정보통신서비스 제공자의 언론의 자유, 사생활의 비밀과 자유 등을 침해하여 이용자와 정보통신서비스 제공자가 스스로 자기검열을 할 수밖에 없다는 비판도 있다.

(2) 주민등록번호 이외의 회원가입 방법 의무화

정보통신망을 통하여 회원으로 가입할 경우에 이용자의 주민등록번호만을 사용할 경우에는 개인정보의 침해가능성이 많으므로 정보통신서비스 제공자로서 유형별 일일 평균 이용자 수가 일정 기준에 해당하는 자는 이용자에게 주민등록번호를 사용하지 아니하고도 회원가입을 할 수 있는 방법을 의무적으로 제공해야 한다(법 제23조의2). 전자상거래사업자도 정보통신서비스 제공자에 대부분 해당되므로 이 규정을 적용받는다. 이때 전자상거래 서비스의 경우는 전년도 말 기준 직전 3개월간의 일일평균 이용자수가 1만명 이상인 정보통신서비스 제공자가 여기에 해당되어 주민등록번호 이외의 회원가입방법을 의무적으로 마련해야 한다(시행령 제9조의2 제1항 제3호). 정보통신서비스 제공자는 주민등록번호를 사용하는 회원가입 방법을 따로 제공하여 이용자가 회원가입 방법을 선택하게 할 수 있어야 한다.

(3) 개인정보의 보호

정보통신서비스 제공자는 이용자의 개인정보를 이용하려고 수집하는 경우에는 개인정보의 수집·이용 목적, 수집하는 개인정보의 항목, 개인정보의 보유·이용기간 등을 이용자에게 알리고 동의를 받아야 한다. 변경하려는 경우에도 또한 같다(제22조 제1항). 그러나 다음의 어느 하나에 해당하는 경우에는 동의 없이 이용자의 개인정보를 수집·이용할 수 있다. 첫째 정보통신서비스의 제공에 관한 계약을 이행하기 위하여 필요한 개인정보로서 경제적·기술적인 사유로 통상적인 동의를 받는 것이 뚜렷하게 곤란한 경우, 둘째 정보통신서비스의 제공에 따른 요금정산을 위하여 필요한 경우, 셋째 이 법 또는 다른 법률에 특별한 규정이 있는 경우 등이다(제22조 제2항). 정보통신서비스 제공자는 사상, 신념, 과거의 병력(病歷) 등 개인의 권리·이익이나 사생활을 뚜렷하게 침해할 우려가 있는 개인정보를 수집하여서는 아니 된다. 다만, 이용자의 동의를 받거나 다른 법률에 따라 특별히 수집 대상 개인정보로 허용된 경우에는 그 개인정보를 수집할 수 있다(제23조 제1항). 정보통신서비스 제공자는 이용자의 개인정보를 수집하는 경우에는 정보통신서비스의 제공을 위하여 필요한 최소한의 정보를 수집하여야 하며, 필요한 최소한의 정보 외의 개인정보를 제공하지 아니한다는 이유로 그 서비스의 제공을 거부하여서는 아니 된다(제23조 제2항).

(4) 스팸메일 발송제한

전자상거래 사업자를 포함하여 누구든지 전자우편이나 그 밖에 수신자의 연락처로 부호 · 문자 · 화상 또는 영상을 전자문서 등 전자적 형태로 전송하는 매체를 이용하여 수신자의 명시적인 수신거부의사에 반하는 영리목적의 광고성 정보를 전송하여서는 아니 된다(제50조 제1항 및 제61조 제1항). 수신자의 전화 · 모사전송기기에 영리목적의 광고성 정보를 전송하려는 자는 그 수신자의 사전 동의를 받아야 한다.

다만, 다음의 어느 하나에 해당하는 경우에는 사전 동의를 받지 아니한다(제50조 제2항). 첫째 재화 등의 거래관계를 통하여 수신자로부터 직접 연락처를 수집한 자가 그가 취급하는 재화 등에 대한 영리목적의 광고성 정보를 전송하려는 경우, 둘째 「전자상거래 등에서의 소비자보호에 관한 법률」 제13조 제1항에 따른 광고 및 「방문판매 등에 관한 법률」 제6조 제3항에 따른 전화권유의 경우이다. 원칙적으로 전자상거래 사업자는 수신자(고객)의 전화 · 모사전송기기에 영리목적의 광고성 정보를 전송하려고 하면 그 수신자의 사전 동의를 받아야 한다.

다만 수신자(고객)가 기존에 전자상거래 사업자의 물건이나 서비스를 이용한 적이 있으면 전화, 문자메시지, 팩스 등을 통해 영리목적의 광고정보를 발송할 수 있는 예외가 적용된다. 그러나 이 경우에도 오후 9시부터 그 다음 날 오전 8시까지의 시간에 영리목적의 광고성 정보를 전송하려고 하면 별도의 사전 동의를 받아야 한다(법 제50조 제3항). 전자상거래사업자가 영리목적의 광고성 정보를 전자우편이나 그 밖에 정보통신망을 통하여 수신자의 연락처로 부호 · 문자 · 화상 또는 영상을 전자적 형태로 전송하는 매체를 이용하여 전송하는 자는 다음의 사항을 광고성 정보에 구체적으로 밝혀야 한다. 첫째 전송정보의 유형 및 주요 내용, 전송자의 명칭 및 연락처, 전자우편주소를 수집한 출처(전자우편으로 전송하는 경우에만 해당한다), 수신거부의 의사표시를 쉽게 할 수 있는 조치 및 방법에 관한 사항(제50조 제4항) 등이다. 이상의 내용을 위반한 전자상거래 사업자에게는 3천만원 이하의 과태료가 단계적으로 부과된다.

또한 영리를 목적으로 광고를 전송하려는 전자상거래 사업자는 다음의 어느 하나에 해당하는 기술적 조치를 하여서는 아니 된다. 첫째 광고성 정보 수신자의 수신거부 또는 수신동의의 철회를 회피 · 방해하는 조치, 숫자 · 부호 또는 문자를 조합하여 전화번호 · 전자우편주소 등 수신자의 연락처를 자동으로 만들어 내는 조치, 영리목적의 광고성 정보를 전송할 목적으로 전자우편주소를 자동으로 등록하는 조치, 광고성 정보 전송자의 신원이나 광고 전송 출처를 감추기 위한 각종 조치 등이다(제50조 제6항). 이를 위반한 경우에는 1년 이하의 징역 또는 1천만원 이하의 벌금에 처해진다.

(5) 통신과금서비스

통신과금서비스는 정보통신망을 이용한 재화 및 용역의 구매에 있어 거래대금과 정보이용료 등을 통신요금에 합산하여 통합 청구하는 통신사업자의 후불형 부가서비스이다. 이러한 통신과금서비스는 기존 「전자금융거래법」이 대상으로 하는 전자금융거래와 서비스의 구조 및 성격에 차이가 있음에 따라 그 서비스의 특성에 맞는 개념정의와 규제원칙 및 서비스의 법적 근거를 마련함으로써 해당 서비스의 활성화를 도모하는 한편, 사업자의 재무건전성 등의 확보를 위한 등록제도를 도입하고 이용자 보호를 위한 사업자간 역할과 책무 등을 명확하게 규정하였다. 이러한 사업자에는 전자결제 대행서비스 사업자, 휴대전화 소액결제서비스 사업자 등 전자상거래사업자가 해당된다. 통신과금서비스 사업의 건전성 등을 확보하기 위하여 통신과금서비스를 제공하려는 사업자는 자본금·출자총액 또는 기본재산이 5억원 이상인 자로서 대통령령이 정하는 바에 따라 인력과 물적 설비 등을 갖추어 방송통신위원회에 등록하도록 한다(제53조). 통신과금서비스 제공자는 통신과금서비스를 통한 거래의 안전성과 신뢰성을 확보하기 위하여 회계처리를 구분하고, 정보보호시스템을 구축하도록 하며, 통신과금서비스 이용자의 보호를 위하여 구매·이용내역, 이의신청 방법 등을 고지하고, 통신과금서비스에 관한 기록을 5년의 범위에서 대통령령으로 정하는 기간 동안 보존하여야 한다(제57조 및 제58조). 통신과금서비스 이용자에게 손해가 발생한 경우에 그 손해가 통신과금서비스 이용자의 고의 또는 중과실에 의한 경우를 제외하고는 통신과금서비스 제공자가 배상하여야 한다(제60조).

11.3 전자상거래 관련 제도

11.3.1 전자거래분쟁조정위원회

전자거래기본법에서는 전자거래에 관한 분쟁을 조정하기 위하여 전자거래분쟁조정위원회(이하 이 장에서 "위원회"라 한다)를 두도록 하고 있다(법 제32조 제1항). 전자거래분쟁조정위원회는 신속·공정한 분쟁조정으로 전자거래로 인한 피해구제 및 공정한 거래 관행 정착으로 건강한 사이버세상 구현과 전자거래 관련 산업진흥 및 소비자 권익보호 도모를 위해서 전자거래기본법 제32조에 따라 2000년 4월부터 정보통신산업진흥원내(舊한국전자거래진흥원)에 설치·운영되고 있다.

위원회는 3가지 주요 기능을 수행한다. 첫째 사전적 분쟁예방기능이다. 전자거래 분쟁예방을 위한 교육 및 홍보사업 추진하고 있다. 둘째 사후적 분쟁해결기능이다. 전자거래 분쟁해결을 위한 상담 및 조정서비스를 제공하고 있다. 셋째 건전한 전자거래 시장환경 조성이다. 건강한 사이버 세상 구현을 위하여 경찰청 사이버 테러대응센터, 국민권익위원회 등 유관기관과 공조사업 추진하고 있다.

분쟁조정은 전자거래와 관련한 피해의 구제와 분쟁의 조정을 받고자 하는 자는 누구나 신청을 할 수 있다(법 제33조 제1항). 기업과 소비자 간(B2C), 개인 간(C2C), 기업 간(B2B), 정부와 기업 간(G2B), 정부와 개인 간(G4C) 등 전자거래 관련 모든 분쟁이 대상이 된다.[3] 위원회는 분쟁조정 신청을 받은 날부터 45일 이내에 조정안을 작성하여 분쟁당사자에게 이를 권고하여야 하며(법 제33조 제2항), 분쟁조정을 위하여 필요한 자료의 제공을 분쟁당사자 또는 참고인에게 요청할 수 있다. 이 경우 당해 분쟁당사자는 정당한 사유가 없는 한 이에 응하여야 한다(법 제34조 제1항). 조정방법으로는 대면조정, 서면조정, 전화조정 그리고 사이버조정이 있다. 특히 사이버조정은 온라인 채팅 프로그램 방식 또는 음성화상조정 시스템으로 진행되며, 신청인이 사이버조정센터에 접속하여 온라인상에서 조정절차의 전부 또는 일부를 진행함으로써 조정기한 단축 및 제반비용과 시간절감의 효과를 거두고 있다.

11.3.2 에스크로(Escrow)제도

전자상거래 등에서의 소비자보호에 관한 법률(이하, 법이라 한다)에서는 전자상거래 소비자보호를 위하여 제3자의 결재금액예치를 통한 거래안전장치를 마련하였다.

에스크로 제도

전자상거래에서 10만원 이상 거래시 결제대금을 은행 및 믿을 수 있는 제3자가 예치하고 있다가 소비자가 상품을 받은 뒤 판매자에게 대금을 지급하도록 하였다(동법 제13조).

※ 에스크로 제도의 적용을 받지 않는 경우(동법 제24조 3항)
- 신용카드로 구매하는 거래
- 배송이 필요하지 않는 재화 등을 구매하는 거래
- 10만원 미만의 소액거래 또는 분할되어 공급되는 재화 등을 구매하는 거래

---

3) 예를 들어 배송 관련(배송지연, 미인도, 배송비), 계약 관련(계약취소 거부, 계약조건변경, 약정불이행), 상품정보 오기(가격오기 등), 반품 및 환불, 개인정보(침해, 유출 등), 온라인게임, 대정부 전자민원 분쟁 등 전자거래 관련 모든 분쟁이 여기에 해당된다(2010 전자거래분쟁조정사례집, 325면).

▶▶ 그림 11-1 에스크로 서비스 구성도

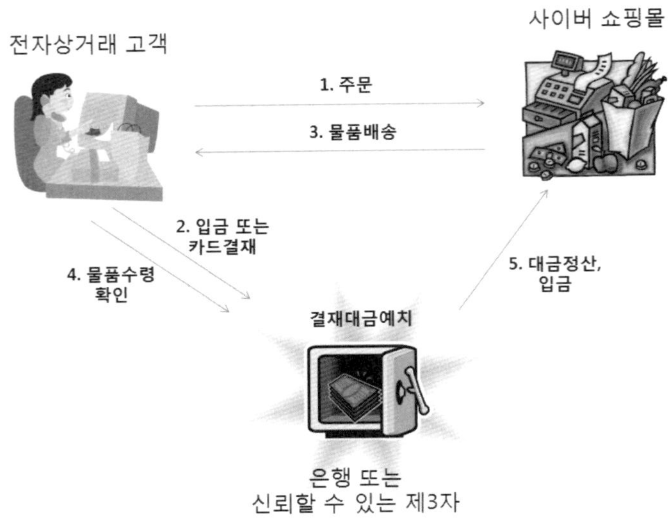

11.3.3 전자상거래의 조세제도

전자상거래의 조세문제는 2000년 초 OECD논의가 중심이 되어 '전자상거래를 포괄하는 국제적인 서비스 및 무형재 거래에 대한 소비세 과세'를 대상으로 하고 있다. 소비세의 대표적인 부가가치세는 최종 소비자가 부담하는 일반 소비세로서, 기본적으로 생산자인 기업은 세 부담을 지지 않는다. 부가가치세는 국제 교역에 있어서도 중립적으로 작용한다. 수출품에는 영세율을 적용하고, 수입품에 대해서는 과세하는 원칙을 적용한다. OECD에서 논의에 따른 전자상거래에 있어서 소비세 과세의 원칙은 다음 두 가지로 요약된다.

- 소비지(消費地)에서 과세한다.
- 법률에서 명시적으로 규정된 경우를 제외하고는 부가가치세의 세 부담이 기업에게 지워져서는 안된다.

이 원칙에 대하여 OECD회원국들이 대부분 동의하고 있지만 과세원칙 세부내역은 국가별로 다르기 때문에 소비자의 정의, 공급자와 소비자의 판별, 납세의무자의 판별, 과세시점, 서비스나 무형재의 과세 기준으로서의 가치, 공급되는 서비스나 무형재의 성격 등에 대하여 국가 간에 보다 심도 있는 논의가 필요하다고 보인다.

전자세금계산서 제도

우리나라는 전자상거래 환경에 대응하여 전자적 조세행정 방침에 따라 부가가치세법을 개정하여 2001년 국세청에서는 전자세금계산서 제도를 시행(동법 시행령 제53조)은 인터넷을 이용하여 세금계산서를 작성 보관하는 것에 불과하였다.

2010년 국세청에서는 전자세금계산서 관련고시(제2010-21호)를 전면 개정하여 지금까지 법인·개인사업자가 발행해 왔던 종이세금계산서 대신 인터넷을 이용해 전자세금계산서로 발행 및 교부하고 그 내역을 실시간으로 국세청 서버에 전송하는 방식으로 고도화하였다. 개정된 전자세금계산서 제도는 「전자거래기본법」에 의거한 표준을 채택하여 과세관청의 전자세금계산서 시스템과 기업의 ASP, ERP 등 정보시스템과 연계를 통해 전자상거래 정보기술을 활용할 수 있게 되었다.

2011년 1월 1일부터 법인사업자를 대상으로 전자세금계산서를 의무화하고 개인사업자에게 단계적으로 의무시행토록 하고 있다. 전자세금계산서 제도는 세금계산서 발급명세를 지연전송 또는 미전송한 경우 가산세를 단계적으로 적용할 방침이다.

11.3.4 공인전자문서보관소 제도

공인전자문서보관소 제도는 전자문서의 위변조를 방지하고 전자문서 보관업무를 안전하고 신뢰성 있게 수행할 수 있는 인적, 기술적 능력과 재정 능력 및 시설과 장비 능력의 구비 여부를 정부가 심사하여, 이러한 능력을 갖춘 자를 정부가 공인전자문서보관소로 지정하는 제도를 말한다. 전자문서 보관업무는 정부로부터 지정받지 않은 자도 영위할 수 있는 것이지만 전자거래기본법 상의 요건을 충족하여 정부로부터 지정받은 전자문서보관소를 '공인전자문서보관소'로 하여 그 보관 증명에 일정한 법적인 효력을 부여함으로써 이용자들의 전자문서를 안전하고 믿을 수 있는 기관에 맡겨서 보관할 수 있게 된다.

주요내용

(1) 공인전자문서보관소 지정 및 운영

전자거래기본법은 공인전자문서보관소로 지정받을 수 있는 자를 법인으로 한정하고 있으며 지정요건으로는 전자문서보관의 인력 및 기술능력, 재정능력 이외에 시설, 장비 등의 지정기준을 정하고 있다.

공인전자문서보관소 운영을 위해 보관업무 준칙에 대한 신고 의무나 변경명령제도를 운영하도록 하고, 이용자에게 손해를 입힌 경우에는 손해를 배상하기 위해 손해배상책임 제도를 운영하고 있다.

(2) 공인전자문서보관소의 증명서 발급

공인전자문서보관소는 당해 보관소에 보관된 전자문서의 보관사실, 작성자, 수신자 및 송신·수신일시 등에 관한 사항에 대하여 증명서를 발급할 수 있다. 그 증명서에 기재된 사항은 진정한 것으로 추정된다(제31조의 7 제2항).

(3) 공인전자문서보관소의 신뢰할 수 있는 전자기록의 의무

공인전자문서보관소는 전자문서의 내용 훼손·변경 방지조치로서 전자적 침해행위로부터의 보호조치, 외부인의 출입통제 등의 조치, 화재·수해 등 재해대비 조치, 그 밖의 전자문서 보관 등에 관한 기술의 안정성 확보를 위한 관리적인 조치를 취하도록 한다(동 시행령 제15조의 9).

11.4 전자상거래 관련 지침 및 약관

전자상거래 이용자 관련한 지침과 약관으로는 다음과 같은 것이 있다.

11.4.1 전자상거래 등에서의 소비자보호지침

전자상거래 등에서의 소비자보호지침(이하 '지침'이라 한다)은 공정거래위원회가 2003년 제정되고, 2005년, 2006년, 2009년 각각 개정되어 공정거래위원회 고시(2009-53)하여 시행되고 있다.

동 지침은 「전자상거래 등에서의 소비자보호에 관한 법률」 제21조 및 제23조 규정에 근거하여 법률내용 중 구체화가 필요한 사항에 대하여 기준을 제시하고, 전자상거래 및 통신판매사업자의 자발적 준수를 통하여 소비자의 불만과 피해를 예방할 필요가 있는 사항에 대하여 규정하고 있다.

■ **사업자가 표시 광고를 할 때**

「표시·광고의 공정화에 관한 법률」과 「중요한 표시·광고 사항 고시」(공정거래위원회고시 제2005-18호), 「부당한 표시·광고행위의 유형 및 기준 지정 고시」(공정거래위원회고

시 제2001-13호) 등의 관련 규정을 준수하여야 한다.

■ **사업자가 거래조건을 정하거나 이를 소비자에게 알릴 때**

「독점규제 및 공정거래에 관한 법률」, 「약관의 규제에 관한 법률」, 「할부거래에 관한 법률」 등 거래조건에 관한 법령의 규정을 준수하고 소비자가 거래조건을 용이하게 전자문서로 저장하거나 인쇄하여 보존할 수 있도록 하여야 한다.

■ **사업자가 청소년을 대상으로 전자상거래 및 통신판매를 할 때**

「청소년보호법」 제2조 제3호의 규정에 의한 청소년 유해매체물 등 타 법령에 의하여 청소년의 접근이 제한된 재화와 정보 등에 대해서는 청소년의 접근을 제한하고 이를 구매할 수 없도록 하기 위한 조치를 강구해야 한다.

■ **기타**

소비자가 해당 사이버몰에서 본인의 거래기록을 열람 확인할 수 있어야 하며, 소비자의 조작실수를 방지하기 위해 청약내용을 확인하고 정정 또는 취소할 수 있도록 절차가 마련되어야 하며, 사업자와 전자결제업자 등이 전자적 대금지급 사실을 소비자에게 즉시 통지하는 것을 원칙으로 하고, 소비자의 정보에 대한 수집을 공정하게 하여야 하며, 사업자자 도용에 의하여 변조된 소비자에 관한 정보의 원상회복을 위한 조치를 취해야 한다.

11.4.2 개인정보 보호지침

개인정보 보호지침은 방송통신위원회가 정보통신망법 시행령 제3조에 근거하여 개인정보 보호를 위한 구체적인 기준을 제시하고 사업자로 하여금 개인정보 보호규정에 대한 자발적인 준수를 하도록 하기 위하여 방송통신위원회 고시(제2008-2호)로 고시하고 있다.

주요내용

(1) 개인정보 보호를 위한 일반원칙

누구든지 자신의 의사에 반하여 자신의 개인정보가 위법하게 침해되거나 공개되지 않을 권리를 가지며, 개인정보를 자율적으로 통제할 수 있어야 한다. 개인정보를 수집, 이용, 제공 또는 관리하는 자는 개인정보 보호원칙을 따르고 개인정보를 보호하기 위하여 적극 노력하여야 한다.

(2) 개인정보의 수집

개인정보의 수집하는 경우 당해 이용자의 동의를 얻어야 하고(제5조), 서비스제공자는 개인정보 보호방침을 정하여 인터넷 홈페이지 등 이용자에게 공개하여야 하며(제7조), 서비스 제공자는 이용자의기본적인 인권을 침해할 우려가 있는 개인정보수납을 제한하고 있다(제8조).

(3) 개인정보의 이용 및 제공

서비스제공자 등이 영업의 전부 또는 일부를 양도하거나 합병·상속 등으로 그 권리·의무를 이전하는 경우 이용자에게 통지하여야 하며(제13조), 개인정보 관리책임자를 지정하여 업무의 책임소재를 명확히 하도록 하고(제15조) 기술적·관리적 보호조치(제17, 18조) 및 개인정보의 파기(제19조)를 통해 개인정보 관리업무를 체계적으로 규정하고 있다.

(4) 이용자의 권리

이용자가 개인정보 수집 또는 제공에 대한 동의철회(제20조) 및 열람 및 정정요구에 대한 조치(제21조) 등 이용자의 권리를 규정하고 있다.

11.4.3 전자상거래(인터넷 사이버몰 이용) 표준약관

공정거래위원회에서 「전자상거래(인터넷 사이버몰) 표준약관」 2010년 12월 개정 승인하였다(표준약관 제10023호). 동 표준약관의 목적은 전자상거래 사업자가 운영하는 사이버몰에서 제공하는 인터넷 관련 서비스를 이용함에 있어 사이버몰과 이용자의 권리 의무 및 책임사항을 규정하고 있다.

개정된 표준약관의 주요 내용으로는 사이버몰 서비스 운영에 관한 조항, 회원관리운영에 관한 조항, 계약에서 청약철회까지의 운영조항, 개인정보 보호 및 저작권의 귀속, 분쟁해결에 대한 표준규약을 두고 있다.

주요내용

(1) 약관의 명시

사이버몰 운영하는 사업자(이하 '몰'이라 한다)는 약관의 내용과 상호 및 대표자 성명, 영업소 소재지 주소(소비자의 불만을 처리할 수 있는 곳의 주소를 포함), 전화번호·모사전송번호·전자우편주소, 사업자등록번호, 통신판매업 신고번호, 개인정보 관리책임자 등을 이용자가 쉽게 알 수 있도록 사이버몰의 초기 서비스화면에 게시한다(제3조).

(2) 청약철회 및 청약철회 등의 효과

'몰'과 계약을 체결한 이용자는 수신확인의 통지를 받은 날부터 7일 이내에 청약의 철회를 할 수 있다(제15조). "몰"은 이용자로부터 재화 등을 반환받은 경우 영업일 3일 이내에 이미 지급받은 재화 등의 대금을 환급하고 청약철회 등의 경우 공급받은 재화 등의 반환에 필요한 비용은 이용자가 부담한다(제16조).

요 약

정보통신기술의 발전과 인터넷 활용으로 이제 전자상거래는 기업간 거래(B2B), 기업과 소비자간(B2C)에서 거래규모가 커지고 있으며 제조업에서 뿐만 아니라 서비스업, 건설업 등에서도 폭넓게 활용하게 되었다. 1998년에서 2002년에 우리나라에서는 전자상거래 기본법규로 전자거래기본법과 전자서명법이 제정되어 기틀을 마련하였고 전자거래기본법과 전자서명법은 신뢰성 있고 안전하게민간 자율적인 전자거래 촉진을 위하여 각각 전자문서와 전자서명의 법적효력을 확보하기 위한 노력을 하여왔다. 전자거래기본법은 종이문서 대신 전자문서의 활용을 촉진하기 위하여 신뢰적인 전자문서 보관을 지정하는 공인전자문서제도를 창제하였고, 반면 전자서명법은 공인전자서명의 법적 효력을 공공히 하기 위하여 공인전자서명제도를 운영하고 있다.

전자상거래관련 소비자보호법은 2002년 제정되어 개정을 거치면서 전자상거래 및 통신판매 등에 의한 재화 또는 용역의 공정한 거래에 관한 사항을 규정하고 전자금융거래법은 2006년 제정되어 비대면 거래라는 전자금융거래의 특성을 반영하여 거래 당사자의 권리, 의무 등 법률 관계를 명확히 하는 등 전자금융 거래의 안전성과 신뢰성 확보를 기하였다.

전자상거래 관련 법규로는 소비자기본법, 약관의 규제에 관한 법률, 정보통신망 이용 촉진 및 정보보호에 등에 관한 법률 등에 관한 법률 등이 있다. 전자상거래 이용자들에게 필요한 제도로 전자거래 분쟁조정위원회, 에스크로제도, 전자세금계산서 등 조세관련 제도 및 공인전자문서보관소를 소개하였다. 또한 전자상거래 관련지침 및 표준약관으로 전자상거래 등에서의 소비자보호지침, 개인정보보호지침, 전자상거래(인터넷 사이버몰 이용)표준약관 등 이용자에게 필요한 지침을 정리하였다.

주요 용어정리

- 공인인증기관
- 디지털서명가이드라인
- 부가가치세
- 세금계산서
- 소비자기본법
- 소비자분쟁조정위원회
- 유엔국제상거래법위원회
- 인증서
- 전자세금계산서
- 정보통신망법
- 정보통신서비스제공자
- 한국소비자원
- 한국전자거래진흥원

연 습 문 제

[1] 전자문서의 효력에 대해 설명하시오.

[2] 전자거래의 개념에 대해 정의하시오.

[3] 전자서명의 종류와 그 효력은 무엇인가?

[4] 공인인증서란 무엇인가?

[5] 정보통신망법상 개인정보보호에 관한 기본원칙은 무엇인가?

[6] 전자상거래소비자보호법상 청약철회의 내용과 그 효력은 무엇인가?

[7] 전자거래분쟁조정위원회에 대해 설명하시오.

[8] 에스크로 제도에 대하여 설명하시오.

[9] 공인전자문서보관소에 대하여 설명하시오 .

[10] 개정된 전자세금계산서의 의의와 적용되는 정보기술에 관해 설명하시오.

참고문헌 및 참고사이트

[1] 공정거래위원회, 전자상거래 등에서의 소비자보호지침(공정거래위원회 고시 제2009-53호).
[2] 공정거래위원회, 전자상거래(인터넷사이버몰) 표준약관, 표준약관 제10023호(2010.12.17 개정)
[3] 국세청고시 제2010-21호, 세금계산서를 전자적으로 교부하고 보관하는 방법에 관한 고시, 2010.5.18
[4] 정보통신산업진흥원,'전자거래분쟁조정위원회, 2010 전자거래분쟁조정사례집, 2010.
[5] 정보통신산업진흥원, 공인전자문서보관소 해설가이드, 2010.
[6] 정완용, 전자상거래법, 법영사, 2009.
[7] 정진명, "전자화폐의 법적 문제", 인터넷법률 제4호, 법무부, 2000.
[8] 이병준, "전자상거래에 관한 법제의 현황과 과제", 외법논집 제32집, 2008.11.
[9] 이응세, "전자서명과 인증," Cyber Law의 제문제(下), 법원도서관, 2003.
[10] 한국정보화진흥원, 2010 국가정보화 백서, 2010.
[11] 한국전자거래진흥원, e비즈니스 백서 2007.
[12] Ronald J. Mann. Electronic Commerce, Aspen Publishers, 2008.
[13] Turban, Efraim. Electronic Commerce 2010, Prentice-Hall, 2009.
[14] UNCITRAL(유엔국제거래법위원회), http://www.uncitral.org

찾 아 보 기

■ 한 글 편 ■

[ㄱ]

가격 통제 32
가상계좌 186
가치사슬 44
간접자재 203
개인 방화벽 183
개인간 송금 170, 191
개인자산관리 142
개인정보보호 168
개인키 173, 175
거래비용 21
검색광고 86, 91, 105
게임 내 광고 93
결제 39
결제 서비스 169
경매 27
경험재 154
계좌이체 184
계좌통합서비스 145
고객 강화 70
고객 성장 70
고객 유지 70
고객 충성도 60
고객 획득 69
고객관계관리 54, 66
고정 배너 90
공개키 173, 175, 177
공개키 기반구조 177
공개키 암호화 방식 174
공급망 234
공급망관리 202, 203, 239
공인인증기관 178, 311
공인인증서 312
공차조회 254
광고 네트웍스 101
광고가 첨부된 무료 미디어 광고 96
광고대비 구매율 88
교차 광고 90
교차 전략 99
구글 103
구글 월릿 292
구매 정보 공유 사이트 274
구매 컨소시엄 209
구매의사결정과정 55
구매자 위주 전자시장 211
구전광고(바이럴 마케팅) 92
균형 21
그룹 구매 사이트 274
근접마케팅 95
기밀성 168, 174
기업간 전자상거래 202, 219
깜짝 세일 사이트 274

[ㄴ]

내부 공급망 234
내부 전자시장 205, 212
네덜란드식 경매 119
능동적 전략 98

[ㄷ]

다각형연결구조 185
다대일 전자시장 205
다이렉트 이메일 광고 92
다자 밀봉입찰 경매 121
다중속성경매 124
대규모 다중 사용자 온라인 롤플레잉 게임 280
대기화면 97
대체거래시스템 152
대칭 키 암호화 알고리즘(비밀키 암호화 알고리즘) 172

데이터 마이닝 99
데이터 웨어하우스 203
도메인 광고 86
돌출광고 97, 105
동영상 광고 86, 91
디렉토리 38

ㄹ

라이프 사이클 67
랜덤 배너 90
링크 교차 99

ㅁ

맞춤상품 41
맞춤형 네트워크 255
메모리 해킹 167, 182
메시지 다이제스트 174
메시지인증코드 175
메일 뱅킹 193
모계좌 186
모바일 검색 광고 95
모바일 결제 170, 188
모바일 광고 86, 101
모바일 배너 광고 95
모바일 뱅킹 147
모바일 전자상거래 188, 191
무결성 168, 173, 174
문자메세지 86
물류 13, 251
물류 ASP 254
물류네트워크 254
물류비용 21
물류센터 경유 배송 255
물류센터 이용한 우유배달 255
물류포탈 254
미디어 경험기반 모바일 광고 96

ㅂ

바이러스 백신 183
반품 257
방문 89
방카슈랑스 147
배너 광고 90
배너 교차 99
배너(Banner) 광고 86, 90, 105
배송예약 253
배송추적 253
보안 166
보안 공격 182
보안 요건 168
보안 위협 166, 167
보안카드 179
복호화 171, 175
본인인증 179
부가가치세 328
부인방지 168, 173, 174
분석적 CRM 75
블로그 279
블루캐스팅 95
블루투스 95
비교 유통업 26
비교 중개업 26
비대칭 키 암호화 알고리즘(공개키 암호화 알고리즘) 173
비밀키 172
비밀키 알고리즘 176
비밀키 암호화 방식 174
비접촉 결제 170, 188, 189

ㅅ

사이버 증권거래 149
상위 흐름 공급망 234
상인 중개 64
상품 중개 63
상품 통제 33
상호작용성 58
상황기반 모바일 광고 96
생체정보 인증 180
서버형 전자화폐 188
서치엔진 90
세션키 175
세컨드라이프 280
소비자 행태 모형 54
소비자기본법 320

소비자분쟁조정위원회 321
소셜 네트워크 전략 99
소셜 네트워킹 사이트 280
소셜 미디어 270, 276
소셜 쇼핑 사이트 274
소셜 쇼핑 앱 274
소셜 커머스 270, 274
소셜네트워크 채널 158
소셜형 가상세계 280
소액결제 169, 188
수동적 전략 98
수시구매 203, 210
수직 전자시장 207, 208
수평 전자시장 207, 208
수확체감의 법칙 22
순수인터넷모델 24
스마트 물류시스템 260
스마트카드 179
스멋지 167
스크린 스크래핑 146
스팸메일 93
스플래쉬 스크린 94
신용카드 169, 184, 185
실시간 계좌이체 187

[ㅇ]

아이폰 272
악성 프로그램 182
안드로이드마켓 270
안심클릭 185
안전결제 185
암호문 171
암호화 171, 175
암호화 알고리즘 172
암호화 통신 174, 176
애드 뷰 87
애드센스 103
애드워즈 103
앱마켓 270
앱스토어 270, 272
어플리케이션 내 구매 191
어플리케이션 장터 191
에스크로(escrow) 서비스 117, 147
에이전트 25
역경매 114, 155
역물류 257
연결완전성 283
연관 광고 99
연속 다자 경매 121
영국식 경매 118
오사이후케이타이(지갑휴대폰) 190
오프라인모델 24
온-오프라인병행모델 24
온라인 광고 86
온라인 뱅킹 140
온라인 여행사 155
온라인 증권거래 149
온라인 트레이딩 149
옵토 아웃메일 93
옵트인 메일 93
외부 전자시장 205
우유배달(milk run)식 직송 255
운송경매 254
운송입찰 253
운영적 CRM 75
원격 결제 170, 191
웹 마이닝 70
웹 체인 71
위치기반 모바일 광고 95
위치기반 서비스 159
위키 백과 279
위키피디아 278
유엔국제전자상거래법위원회 302
유통업 모델 25
이동비용 21
이메일 98
이메일 광고 86
이베이 112
익스체인지 205, 207, 209
인증 168, 173, 174
인증기관 177
인증기관 계층구조 177
인증서 177, 185
인터넷 결제 170
인터넷 광고 86, 100

인터넷 광고 비용 100
인터넷 마케팅 10, 90
인터넷 뱅킹 140
인터넷 쇼핑몰 13, 36
인터넷 식료품 배달 서비스 160
인터넷 전업(Internet-Only) 은행 142
인터머시알즈 94
일대다 전자시장 205
입찰 27, 204, 211

[ㅈ]

장외전자거래시스템 152
재구매 55
재구매율 72
전략적 구매 203, 211
전문 쇼핑몰 25
전문중개형 40
전문직판형 40
전자거래 303
전자결제시스템 11
전자고지 및 납부(인터넷빌링) 시스템 148
전자봉투 174, 175
전자상거래 4
전자서명 174, 175, 310
전자세금계산서 329
전자수표 169
전자시장 202, 205
전자인증서 177
전자자금이체 169
전자조달시스템 216, 220
전자화폐 169, 184, 188
전화승인 182
정보 제공자 26
정보통신망법 323
정보통신서비스제공자 323
제3자 물류 252
조합경매 125
종합 쇼핑몰 25
종합자산관리 에이전트 154
종합중개형 40
종합직판형 40
주문전달 33
주문제작 236
중간채널 24
중개업 모델 25
중개자 위주 전자시장 204, 205, 207
증강현실 274
지불중계업체 184
지속시간 89
지식관리 222
지역검색기반 모바일 광고 96
직렬연결구조 185
직송 255
직접 판매 31
직접마케팅 155
직접자재 203
집단지성 277

[ㅊ]

차 최고가 밀봉입찰 방식 119
채널 갈등 31
채찍효과 242
최고가 밀봉입찰 방식 119
최상위 인증기관 178

[ㅋ]

컨텐츠 90
콘텐츠 커뮤니티 279
콘텐츠광고 105
크로스도킹 255
클릭 87
클릭률 88, 90
키 172
키 교환 172
키보드 로깅 167, 182
키워드 배너 90

[ㅌ]

탐색비용 21
트위터 270, 274
틈새 또는 팝업 광고 93

[ㅍ]

판매 컨소시엄 209
판매자 위주 전자시장 204, 205, 206
판매자 제시가격 205
팝업 배너 90
패킷 스니핑 167
퍼미션 마케팅 93
퍼스널 쇼퍼 사이트 274
페이스북 270, 274
페이지 87
페이팔 192
평문 171
평생 가치 68
폰뱅킹 140
표적 집단 73
프록시 입찰 129
피싱 167
필요 인식 63

[ㅎ]

하위 흐름 공급망 235
한국소비자원 321
해쉬 174
해쉬 값 174, 175
행동 기반 모바일 광고 96
협상 64
협업 상거래 202, 214
협업적 CRM 75
협찬광고 93
휴대폰 과금 결제(폰빌) 188
휴대폰 인증 182
히트 88

■ 영 문 편 ■

[A]

Account Aggregation Service 145
Ad view(Page view, Impression, Exposure) 87
AdSense 103
advertising networks 101
AdWords 103
Analytical CRM 75
API(Application Programming Interface) 277
App Marketplace 191
App store 270, 272
Application Market 270
AR(Augmented Reality) 274
Asymmetric Key Algorithm(Public Key Algorithm) 173
ATS(Alternative Trading System) 152
Authentication 168, 173, 174
Authentication 179

[B]

B2B 37
B2B Exchange 6
B2C 36
Bancassurance 147
Banner Exchange 99
Banner Exchange Strategy 99
BBB 온라인 마크 307
BTO(Build To Order) 236
Business-to-business(B2B) EC 6, 202, 219
Business-to-consumer(B2C) EC 6
Business-to-government(B2G) EC 6
Button 87
Buyer-centric e-Marketplace 211
buying-oriented consortia 209

[C]

CA Hierarchy 177
CA(Certificate Authority) 177
CALS 5
CAO(Computer-Assisted Ordering) 249
c-Commerce 202, 214
CDSS 65
Click Rate 90
Click(click-through, ad click) 87
Clicks and Mortar 6
Click-through rates 88
CMI(Co-Managed Inventory) 248
Collaborative CRM 75
collective intelligence 277
Combinatorial Auction 125
Confidentiality 168, 174
Consumer-to-Business(C2B) EC 6
Consumer-to-consumer(C2C) EC 6
Contactless Payment 170, 188, 189
Contents 90
Continuous Double Auction 121
Conversion rate 88
CPFR(Collaborative Planning, Forecasting and Replenishment) 250
CPM(Cost Per Mile) 87
Craigslist 159
CRM 23
crossdocking 255
CRP(Continuous Replenishment Program) 248
CTR 71
CVC(CVV) 코드 180

[D]

data mining 23
data warehouse 203
Deep Discount Broker 150
DES 172, 176
Digital Certificate 177
Digital Envelope 174, 175

Digital Signature 174, 175
direct marketing 155
Direct Material 203
DoS(DDoS) 167
Duration Time(Stickiness) 89
Dutch Auction 119

【 E 】

eBay 112
EBPP(EIPP) 시스템 148
ECC(Elliptic Curve Cryptography) 173
ECN(Electronic Communications Network) 152
ECR(Efficient Customer Response) 249
e-Logistics 252
e-marketplace 202, 205
English Auction 118
e-procurement system 216, 220
e-SCM 246
eTrust 마크 307
exchange 205, 207, 209
experience good 154
external e-marketplace 205

【 F 】

First Price Sealed Bid Auction 119

【 G 】

Google 103

【 H 】

Hit 88
horizontal e-marketplace 207, 208
HSM(Hardware Security Module) 179, 181

【 I 】

IC 카드 169
IC 카드형 전자화폐 188
In-App Purchase 191
indirect material 203
Integrity 168, 173, 174
Intermediary-centric e-Marketplace 204, 205, 207
Intermercials 94
internal e-marketplace 205, 212
IP Spoofing 167
ISP(Internet Secure Payment) 185

【 J 】

JIT 배송 203, 220
JIT Delivery 203, 220

【 K 】

Key Exchange 172
Knowledge Management 222

【 L 】

last-minute 상품 155
LBS(Location Based Service) 273
Link Exchange 99

【 M 】

MAC(Message Authentication Code) 175
many-to-one e-market-place 205
m-Commerce 188, 191
m-Commerce(mobile commerce) 270
MD5 174
Message Digest 174
MMORPG(Massive Multiplayer Online Role Playing Game) 280
MRO(Maintenance, Repairs, and Operations) 203, 208
Multi Attribute Auction 124

【 N 】

N 스크린 191
NFC 288
NFC(Near Field Communication) 188, 189
NNR 71
Non-repudiation 168, 173, 174

【 O 】

OIB 71
one-to-many e-marketplace 205

Operational CRM 75
OTP(One-Time Password) 179, 180

[P]

P2P 금융서비스 148
P2P Transfer 170, 191
Page 87
PayOn 189
PayPass 189
PayWave 189
PC뱅킹 140
PCR 71
PFMS(Personal Financial Management Service) 142
PG(Payment Gateway) 184, 185, 187
Phishing 167
PIN(Personal Identification Number) 179, 180
PKI(Public Key Infrastructure) 177
Pop-up ad 93
PPC(Pay Per Click) 89
PPL 93
Privacy 168
Private exchange 210
Private Key 173, 175
Proxy Bidding 129
Public exchange 210
Public Key 173, 175, 177
Pull or Passive Strategy 98
Push or Active Strategy 98
Push/Pull 237

[Q]

QR(Quick Response) 249
QR코드 94, 95

[R]

Remote Payment 170, 191
reverse auction 155
Reverse Auction 204, 211
RFID 태그 284
RMC(Ready Made Contents)채널 91
Root CA 178
RSA(Rivest-Shamir-Adleman) 173

[S]

SCM(Supply Chain Management) 23, 239
Screen Scrapping 146
SDT(Secure Direct Transaction) 188
Sealed Bid Double Auction 121
Seamlessness 283
Second Life 280
Second Price Sealed Bid Auction 119
Secret Key 172
SEED 172, 176
Seller's Posted Price 205
Seller-centric e-Marketplace 204, 205, 206
Selling-oriented consortia 209
Session Key 175
SET(Secure Electronic Transaction) 168, 178, 185
SHA 174
SMS(Short Message Service) 98
Smudge 167
Social Network Strategy 99
Soulder Surfing 167
Splash Screen 94
Spot Buying 203, 210
SQL Injection 167
SSL(Secure Socket Layer) 174, 176, 185
Static Banner 90
Strategic sourcing 203, 211
Supply Chain 234
Supply Chain Management 202, 203
Symmetric Key Algorithm(Secret Key Algorithm) 172

[T]

the third party logistics 252
3-D Secure 185
TRUSTe 마크 307
TV 전자상거래(t-Commerce) 191
Two Channel Authentication(2 채널 인증) 181
Two Factor Authentication(2 요소 인증) 180

【 U 】

UCC(User Created Contents) 광고 86, 92
UCC(User Created Contents) 채널 91
U-Commerce 283
U-Referral Marketing 289
u-SCM 246
USIM 189

【 V 】

vertical e-marketplace 207, 208
Viral Marketing 92
Visit 89
VMI(Vendor-Managed Inventory) 248

【 W 】

Wikipedia 278

【 X 】

XML(eXtensible Markup Language) 222
XRML(eXtensible Rule Markup Language) 222

저 자 소 개

☞ **이경전**[편저자, 본서 1 · 10장 담당]

KAIST 경영과학 학/석/박사, 서울대 행정학 석, 박사(수료)를 취득하였고, **경희대 경영대학 정교수**로 재직중이며, 비즈니스 모델 연구소(BMER.net)장으로 있다. CMU 초빙과학자, 고려대 경영대 조교수, 서울대 행정대학원 초빙조교수, MIT와 UC 버클리 풀브라이트 초빙교수를 역임하였고, 세계인공지능학회(AAAI)의 혁신적 인공지능응용상을 2회 수상하였으며, 28편의 국제학술지 논문을 게재하였다. KT, SK텔레콤, NHN, BC카드, 다날, 한국인터넷기업협회 등과 전자상거래 관련 연구프로젝트와 자문을 수행하였으며, 한국의 전자상거래 대표기업(주)예스이십사의 사외이사를 역임하고 있다. 2010년 국제전자상거래학회의 프로그램 공동위원장을 역임하였으며, 국제학술저널 Electronic Commerce: Research and Applications의 Area Editor를 역임하고 있다. 2010년에는 NFC(Near-Field Communication)기반 전자상거래 회사 LoveisTouch.com을 창업하였다.

☞ **송용욱**[본서 2장 담당]

한국과학기술원에서 1990년도와 1995년도에 각각 석사 및 박사학위를 취득하였으며, 경상대학교 경영학부 교수를 거쳐 현재 **연세대학교 경영학부 교수**로 재직하고 있다. 그의 연구분야는 전자상거래, 전자결제 및 보안, 경영분야 문제에의 전문가시스템 응용, 전문가시스템 및 수리계획법과 전자상거래의 통합 등이다. 그의 연구논문들은 Management Science, Annals of Operations Research, 한국지능정보시스템학회 논문지, Information Systems Review, 정보과학회지 등에 게재되었다. 그는 "UNIK를 이용한 전문가시스템의 개발"이라는 전문가시스템 책을 공동 저술하였으며, 전문가시스템 개발도구인 UNIK의 핵심부분을 개발하였다. 또한 1998년까지 (사)국제전자상거래연구센터의 책임연구원으로 있으면서 메타랜드 전자쇼핑몰과 SET 기반 전자지불시스템을 개발한 바 있다.

☞ **김우주**[편저자, 본서 3장 담당]

연세대학교 상경대학 경영학과를 졸업하고, 한국과학기술원(KAIST) 경영과학과에서 경영정보학 석사 및 박사를 취득하였고, 한국과학기술원 경영정보공학과에서 대우교수, 전북대학교 산업시스템공학과 교수로서 재직 경력을 가지고 있으며, 현재 **연세대학교 정보산업공학과 교수**로 재직 중이다. 미국 George Manson Univ.의 ECEB(E-Center for E-Business)의 연구 교수로 활동한 바 있고, 현재 대표적으로 국제 저널인 ECRA(Electronic Commerce Research and Applications)의 편집위원, 웹코리아 포럼 시맨틱웹분과 위원장, 산업자원부 전자거래분쟁조정위원회 조정위원 및 국제전자상거래연구센터(ICEC) 이사 등으로 활동 중이다. 최근의 주요 연구 관심 분야는 지능형 웹(Intelligent Web)을 위한 시맨틱 웹, 웹 서비스, 온톨로지 기반 검색, 웹 에이전트, e-마켓플레이스 에이전트 등이며, Decision Support Systems, Electronic Commerce Research and Applications, Expert Systems with Applications, New Review of Applied Expert Systems, AI Magazine 등의 국제학술지를 포함한 약 90여 건의 국내외 학술 논문, 학술 발표, 및 저서 실적을 보이고 있다.

☞ **이현정**[본서 4장 담당]

이화여자대학교 물리학과에서 학사, 전자계산학과에서 석사, **한국과학기술원(KAIST) 경영공학 박사를 취득하고 성균관대학교 연구교수**로 재직 중이다. 주요관심분야는 Product Customization, Recommendation, Semantic web service, Nomadic computing service 등이며, 학술대회 및 저널에 다수의 논문을 발표하였으며, EC 관련 저서를 공동으로 집필하였다.

저 자 소 개

☞ **박 종 한** [본서 5장 담당]

한국외국어대학교 경영학과에서 학사, **한국과학기술원(KAIST) 경영공학 석, 박사를 취득하고 현재 ㈜올레브에 재직** 중이다. 주요 관심분야는 인터넷 경매, 기업간 거래, SCM 등 인터넷 상거래 분야이고, 국내외 학술대회 및 저널에 다수의 논문을 발표하였다.

☞ **권 순 범** [본서 6장 담당]

서울대학교에서 경영학 학사, KAIST에서 경영정보학 석사와 박사를 취득하고, 국방부 산하 국방정보체계연구소 선임연구원을 거쳐 현재 **국민대학교 경영정보학부 교수**로 재직하고 있다. 국제전자상거래연구센터(ICEC)의 연구교수이며 '경영정보학연구', 'Information System Review', '한국전자거래학회지'의 편집위원과 '지능정보연구'의 편집위원장을 역임하였다. 주요 연구분야는 지능정보시스템의 설계, 인터넷 비즈니스 전략, e-비즈니스모델, IT 기반의 서비스 비즈니스 기획, 모델링, 개발 등이다. 주요 저서로 '서비스사이언스(2006)', 'ERP와 경영혁신(2008)', '인터넷과 마케팅(2003)', '인터넷비즈니스(2001) 등 20여권이 있다. Expert Systems with Applications, 지능정보연구, 경영정보학연구, 경영과학, IT서비스학회지 등에 논문을 발표하고 있다.

☞ **성 기 윤** [본서 7장 담당]

한국과학기술원 산업공학과를 졸업하고 동 대학원에서 경영공학 석사 취득, 현재 동 대학원 **박사과정에 재학 중**이며, **에프앤비씨㈜에 재직 중**이다. 주요 관심분야는 인터넷 결제 · 보안 · 인증 및 인터넷 뱅킹, 인터넷 증권 거래 등 인터넷 금융 분야이다.

☞ **임 규 건** [본서 8장 담당]

KAIST 전산학 학사, POSTECH 전자계산학 석사, KAIST 경영공학 박사학위를 취득하였고, 삼성전자, KT 연구개발본부 전임연구원, 국제전자상거래연구센터(ICEC)의 연구위원, 세종대학교 경영학과 교수로 재직하였으며 현재 **한양대학교 경영대학/기술경영전문대학원 교수**로 재직하고 있다. 한국지능정보시스템학회, 한국IT서비스학회, 한국전자거래학회, 한국경영정보학회 등 주요학회 임원 및 UCI협의회 정책위원장, 국가DB포럼 운영위원 등의 활동을 하고 있다. 주요 저서로는 경영을 위한 정보기술(2007, 교보문고), e-비즈니스 경영(2005, 이프레스), 디지털경제시대의 경영정보시스템(2003, 사이텍미디어) 등이 있으며, 관심분야는 e-Business, 기술경영, Intelligent IT Service 등 이며, 다수의 프로젝트 참여 경력과 Electronic Commerce Research and Applications, Journal of Artificial Societies and Social Simulation, Journal of Organizational Computing, 한국전자거래학회지, 한국IT서비스학회지, 경영정보학회지 등의 논문과 관련 특허가 있다.

저 자 소 개

☞ **장용식** [본서 9장 담당]

서강대학교에서 물리학을 전공하였으며 수학을 부전공으로 졸업하였고, 포항공과대학교에서 물리학으로 석사학위를 취득하였으며, 한국과학기술원(KAIST) 테크노경영대학원에서 경영공학 전공으로 경영정보시스템 분야의 공학박사학위를 취득하였다. 현재 **한신대학교 경상대학 e-비즈니스학과 교수**로 재직하고 있다. 한편, 포스데이타㈜ 등에서 경영정보와 전자상거래(EC) 관련 시스템 개발 및 컨설팅, ㈔국제전자상거래연구센터(ICEC)에서 다수의 EC 시스템 개발 및 연구 프로젝트를 수행한 경력이 있다. Decision Support Systems와 Journal of Organizational Computing and Electronic Commerce 등 국내외 저널 및 학술대회에서 EC에 관한 다수 논문을 발표하였으며, EC 관련 저서를 공동으로 다수 집필하였다.

☞ **이 호 근** [본서 10장 담당]

서울대학교에서 산업공학 학사, 한국과학기술원(KAIST) 경영과학과에서 경영정보학 석사를 취득하고 University of Texas at Austin에서 경영학 박사학위를 취득하였다. 네덜란드의 Erasmus University 와 홍콩과학기술대학에서 강의와 연구를 수행하였으며, 현재 **연세대학교 경영학과 교수**로 재직하고 있다. 국제학술지인 International Journal of Electronic Markets과 Pacific Asia Journal of AIS 편집위원을 맡고 있으며, International Conference on Electronic Commerce와 Pacific Asia Conference on Information Systems 등 다수의 국제활술대회 조직위원으로 활동하고 있다. 인터넷 비즈니스, 전자상거래, 모바일 상거래 등의 분야에서 연구를 수행하고 있으며 Information Systems Research, Communications of the ACM, Journal of Management Information Systems, International Journal of Electronic Commerce, Information & Management 등의 국제학술지에 다수의 논문을 발표하고 있다.

☞ **장재경** [본서 11장 담당]

연세대학교 문헌정보학 학/석사, KAIST 경영공학 박사학위를 취득하였으며, 한국전자거래진흥원(KIEC) 표준개발팀장, 산업디지털연구센터장, 산업진흥본부장을 거쳐 **정보통신산업진흥원(NIPA)** 지식서비스 단장, 현재 **연구위원**으로 재직하고 있다. 지난 12년간 우리나라 전자거래 기반 조성에 필요한 표준화, 기술개발, 법률, 정책연구와 함께 전자거래와 유관한 전자무역, 이러닝, 지식서비스, 공인전자문서보관소, RFID/USN 등 다양한 부문의 정부정책을 추진하였다. 국제적으로는 전자거래국제전자상거래표준의 보급 확산을 위해 e비즈니스아시아위원회 사무국장을 맡았고, 현재 우리나라 공인전자문서보관소의 국제표준제정을 위해 ISO TC46 SC11 WG7부의장을 맡고 있다.

편저자 **이 재 규**(李 在 奎) *http://iis.kaist.ac.kr/~jklee*

서울대학교 공과대학 산업공학과 학사, 한국과학기술원 산업공학과 석사, University of Pennsylvania, The Wharton School 경영정보전공 박사를 취득하고 **KAIST 경영대학 교수**로 재직하고 있다. KAIST 경영대학장, Singapore Management University, School of Information Systems의 부학장을 역임하였으며, 현재 KAIST EEWS (Energy, Environment, Water and Sustainability) 기획단장(학장)을 맡고 있다. Carnegie Mellon University, University of Texas at Austin, University of Pennsylvania, City University of Hong Kong의 교환 교수를 역임하였다.

The Third World Congress on Expert Systems(1996), International Conference on Electronic Commerce 의장 1998, 2000, 2001)을 역임하였다. Electronic Commerce Research and Applications (Elsevier)의 초대 Editor-in-Chief를 역임하였고 International Journal of Electronic Commerce, Decision Support Systems, Organizational Computing and Electronic Commerce, Expert Systems with Applications 등 국제 학술지 편집위원으로 활동하고 있다. 한국경영정보학회장, 한국지능정보시스템학회 초대회장, 전자산업 CIO 협의회장등을 역임하였고, International Center for Electronic Commerce의 Director를 맡아 ICEC국제학술대회를 지원하고 있다. 주요 저서로는 Electronic Commerce : Managerial Perspective(Prentice-Hall, 2010); Artificial Intelligence in Finance and Investing(Irwin, 1995), 전자상거래원론(법영사), 인터넷환경의 지식시스템(법영사)가 있으면 국내외 논문 100여편을 게재하였다. 주요학술상은 Hawaii International Conference on System Science, 한국경영정보학회, 한국지능정보시스템학회, 한국경영과학회 등에서 최우수 논문상을 수상함. 최근에 "맑고 푸른 나라 설계"를 편저하였고, 시집 "너는 나의 시인이라"를 출간하였다.

[제 5 판] 전자상거래 원론

2012년 3월 10일 제5판 인쇄
2012년 3월 15일 제5판 발행

편 저 자 이재규 · 김우주 · 이경전
발 행 인 고 준 영
발 행 처 法 英 社

(135-280) 서울특별시 강남구 대치동 611
전화 (501)8898 FAX (501)8895
등록 1987. 11. 5 제3-125호(윤)
Homepage : www.bubyoungsa.co.kr
E-mail : bypuco@chol.com

파본은 교환해 드립니다. **정가 25,000원**

ISBN 978-89-7032-280-3